中小学生核心素养发展的实践探索

关强　　张莉　主编

辽宁大学出版社

图书在版编目（CIP）数据

中小学生核心素养发展的实践探索/关强，张莉主
编 . —沈阳：辽宁大学出版社，2019.1
ISBN 978-7-5610-9516-4

Ⅰ.①中… Ⅱ.①关…②张… Ⅲ.①课堂教学－教
学研究－中小学 Ⅳ.①G632.421

中国版本图书馆 CIP 数据核字（2018）第 250320 号

中小学生核心素养发展的实践探索
ZHONG XIAO XUESHENG HEXIN SUYANG FAZHAN DE SHIJIAN TANSUO

出 版 者：辽宁大学出版社有限责任公司
　　　　　（地址：沈阳市皇姑区崇山中路 66 号　　邮政编码：110036）
印 刷 者：抚顺北方胶版彩色印刷有限公司
发 行 者：辽宁大学出版社有限责任公司
幅面尺寸：170mm×240mm
印　　张：23.5
字　　数：430 千字
出版时间：2019 年 1 月第 1 版
印刷时间：2019 年 1 月第 1 次印刷
责任编辑：于盈盈
封面设计：徐澄玥
责任校对：齐　阅

书　　号：ISBN 978-7-5610-9516-4
定　　价：58.00 元

联系电话：024-86864613
邮购热线：024-86830665
网　　址：http://press.lnu.edu.cn
电子邮件：lnupress@vip.163.com

聚焦核心素养，深化课程改革
（代为序）

　　学生发展核心素养的培养是当今教育改革的最强音，深化课程改革，将学生发展核心素养培养贯彻到底，是当前教育改革最重要的任务。2016 年 9 月，教育部专家组正式发布《中国学生发展核心素养》框架体系和内容，中国学生发展核心素养以"培养全面发展的人"为核心，分为文化基础、自主发展、社会参与三个方面，综合表现为人文底蕴、科学精神、学会学习、健康生活、责任担当、实践创新等六大素养，具体细化为国家认同等十八个基本要点，内容具体规范，为教育改革指明了方向。核心素养是党的教育方针的具体化，是连接宏观教育理念、培养目标与具体教育教学实践的中间环节。

　　核心素养指导、引领着课程改革实践，是深化课程改革的基础。"培养全面发展的人"从根本上要求每个教师都成为培养学生全面发展的教育者，学科教师不是单一学科知识的传授者，更负有育人的责任，教育渗透在学科教学之中，蕴含在与学生的共同生活之中；教学不仅仅是传授知识，而是对人的全面发展的培养，教学改革不单是方式方法的改革，而是面向全面育人的根本性的转变，各个学科以核心素养为基础，以学生全面发展为目标，打破学科壁垒，实现整个教学的统筹统整。课程不只是知识的载体，同时也是育人的载体，课程要面向不同层次学生发展的需求，并且要促进不同层次学生的发展，使其潜能得到最好的发展。

　　深化课程改革，促进核心素养落地，基础教育应从以下几个方面进行探索：

一、教师专业成长，保障核心素养落地

钟启泉教授在与《中国教育报》记者对话中指出："新改革的成败取决于课堂教学的改革，而课堂教学改革的成败归根结底取决于教师角色的转型。"一语道出了教师在课程改革中的关键性的定位。习近平总书记在北京市八一学校讲话时指出："教师是培养品德的引路人，是学习知识的引路人，是创新思维的引路人，是奉献祖国的引路人。"习总书记的讲话，明确了教师的角色和关键性的地位。推进教育改革，培养学生核心素养，关键在教师。学生核心素养的培养要求教师转变教育思想、定位角色、找准位置、调整教育教学方法，在课程改革过程中尽快完成专业成长，保障核心素养落地。

教师须积极学习核心素养的内涵，充分理解课程改革的目的、意义和方法，掌握国家教育改革的发展思路和方向。认真学习、研究学科核心素养的基本内容以及培养方法，充分认识、反思传统教学与核心素养培养的内在差异和联系，站在全面育人的角度重新定位教师角色。核心素养的内涵超越知识传授，强调人的全面发展，强调教育过程中知识、能力、情感、态度、价值观的融合，因而教师不再只是知识的传授者，而应该成为引领学生发展核心素养的导师，促进学生发展核心素养的合作者。在教学方法上，教师应采取多种形式教学，增加体验式教学、探究式教学，注重学生在学习过程中的态度、情感、价值观的培养。总而言之，教师要在教育思想转变、教育目标的把握、教育教学方法的改善等方面迅速成长，全面提升专业水平，将核心素养的培养落到实处。

二、课程体系建设，提供全面发展课程资源

教育改革的核心环节是课程改革，完备的课程体系建设是培养核心素养的基础工作。全国第八次基础教育课程改革初步建立了国

家、地方和学校三级课程管理体系。地方教育行政部门在贯彻执行国家课程计划和课程标准的同时，要从地方实际出发，制定国家课程实施的具体方案，根据地方发展的实际情况和资源，开发具有地方特色和满足地方人才发展需求的地方课程，指导学校合理地实施地方制定的课程。学校在课程体系建设中肩负着更具体、更富有创造性的任务。学校校本课程的建设，从内容上，一方面，要满足学生全面而有个性发展的学习需求；另一方面，要将社会经济发展对多样化人才的需求有机结合。从结构上，一方面，校本课程建设要在核心素养培养的大目标下设计课程结构；另一方面，要处理好各类课程的内在关系，从全面育人、促进人的全面发展、特长发展、终身发展的角度进行教学设计。依托学校现有资源建立以开放、多元、创生为特征的新课程体系。

三、教学方式探索，实现教学向教育转化

以往的教学方式，更多地注重知识的传授，不重视学生品格和能力的培养，学科教师的主要任务是传授知识，对学生的教育涉及较少，教学过程中重知识、轻能力和品格培养，重结果、轻过程，重知识接受、轻思维培养。在核心素养的培养目标下，教学不是单一知识的传授，教学更注重对学生全面培养的过程。教学要将知识在学科中的意义转变为知识在核心素养培养中的意义。教学不仅要关注学生的基础知识和基本技能，还要关注学生的品格形成和能力提升，关注学生的社会实践和学生生活经验，注重学生的创新精神、实践能力以及社会责任感的培养。教学要面向人的全面发展，从知识、态度、情感、价值观等方面促进学生全面发展，实现教学向教育转变。

四、问题导向，科研先行，探索科学之路

在教育改革进程中，从课程目标的确立与推行、教师的专业成

长、教学方式的转变、课程体系的建设到教育评价机制的建立，是一个庞大而复杂的过程，是一个边探索边实践的过程。推行过程中的新情况、新问题须具体分析，具体解决。如何分析？如何解决？要有科学依据，不是想当然，这就要依托教育科研工作。科学的教育研究在深化教育改革的过程中具有不可替代的作用。大数据时代，为教育科学研究提供了便利条件，网络问卷、微信平台是很好的调查方式，可以帮助科研部门及时、大量搜集信息，帮助教育行政管理部门及时了解基层情况，听取教师、学生、家长的反馈，为决策提供科学而实际的数据支持。基层学校应充分利用科研平台，将深化改革过程中遇到的实际问题、前瞻性工作通过运用教育科学研究的方法进行探索和科学性尝试，经过科学论证，再进一步决策，保证教育实践的科学性。问题导向，科研先行，是推进课程改革的科学之路，必将使教育改革沿着核心素养培养的方向，科学、健康前行。

五、完善评价机制，促进课改稳步发展

学校评价机制、教师评价机制、学生评价机制的完善是教育改革稳步推进的制度性保障工作。教育改革的各要素需要在评价中规范、调整、推进、发展。

对于学校的评价应建立多元、多层的评价机制，课程改革过程中，学校办学质量的评价必然以是否实现核心素养培养为核心评价标准。由此可细化为四方面的内容：一是学校是否能够带领教师认真领会改革精神，在深化改革过程中起到引领和执行作用；二是国家课程、地方课程的执行情况，校本课程的开发与实施情况与效果；三是学校的常规管理是否规范；四是学校教育教学质量是否提高。

建立可持续性教师评价机制，一方面，以学生全面发展状况来评价教师工作业绩，将职业道德、对学生全面培养、教学水平综合起来。另一方面，关注教师专业成长，包括教师继续学习、教育教学研究、教育思想等方面的提升。教师评价机制即关注教师当前的工作业绩，又关注教师专业能力可持续发展。

建立学生发展性评价机制，以促进学生全面发展、和谐发展为核心的评价机制，既要关注学生的学业，又要发现和发展学生多方面的潜能，帮助学生充分认识自我，找到努力的方向；既要关注学生学习的结果，又要关注学习过程中的情感、态度、价值观的变化，促进学生形成正确的价值观念。

基础教育重新定位于学生发展核心素养的培养，顺应时代发展，回归教育本质。高水平的教师队伍、丰富的课程资源、灵活的教育方式、科学的探究方法、完善的评价机制，在深化课程改革的过程中将发挥积极作用，并不断推进课程改革。我们期待基础教育谱写更加精彩的乐章！

抚顺市教育局副局长

关　强

目　录

中小学生发展核心素养的理论认识

高中阶段学生发展核心素养的实践研究

中小学生发展核心素养的理论认识

核心素养的培育：素质教育的再出发

王君鹏①

20世纪90年代，素质教育的浪潮推动了我国第八次基础教育课程改革的启动，而近两年，教育领域内的热词无疑是核心素养。2016年2月，中国教育学会《中国学生发展核心素养（征求意见稿）》出炉，历时半年，经过不断地修订与完善，2016年9月13日，《中国学生发展核心素养》总体框架颁布，标志着中国深化课程改革已经悄然启动。核心素养无疑是深化课程改革的引擎！

一、核心素养的培育与素质教育是一脉相承的

新中国的教育事业的发展是令人瞩目的。尤其是1977年恢复高考以来，我国对于教育的不断探索，已经取得了累累硕果，但也是在这种情况下，中高考的指挥棒也把中国教育引向了应试教育的泥淖。为了应对新世纪知识经济（20世纪90年代的说法）的到来，克服应试教育的种种弊端，素质教育应运而生了。素质教育成了一股时代飓风，推动了我国第八次基础教育课程改革。

在素质教育理念的指引下，义务教育2001版《课程标准》（实验稿）出台，原来的教学大纲不复存在。它指引了我们的十年课改，2011年，原来的《课程标准》（实验稿）演变为新《课程标准》（2011年版）。2012年，党的十八大把立德树人作为教育工作的根本任务，开始从国家的层面更加深入地思考"教育要培养什么样的人？怎样培养人"这一教育最根本的问题。2013年，国家教育部委托北京师范大学资深教授林崇德先生及其团队，启动了中国学生发展核心素养项目——部级委托课题。如今，阶段成果也已经问世，那就是《21世纪学生发展核心素养研究》（北京师范大学出版社，2016年3月）。

林崇德教授及其团队在此书中关于核心素养的界定，也基本为国内业界认

---

① 王君鹏，男，抚顺市清原满族自治县第二高级中学，校办公室主任，执教高中政治19年。

识、认同，那就是，学生在接受相应学段的教育过程中，逐步形成的适应个人终身发展和社会发展需要的必备品格和关键能力。

此后的半年，关于核心素养框架体系通过修订，由原来的9大素养25个指标修订为三个方面、六大素养、十八个基本要点。笔者把它归结为一道数学乘法题："三六一十八"（3×6＝18）。

通过对核心素养的定义，我们不难发现：素质教育是我们的教育目标，素质教育的提法也永远不过时；而核心素养的培育成了落实素质教育的一条有效渠道，在通往素质教育的道路上，落实核心素养教育，我们采摘的成果便是学生的综合素质。

透过历史，我们发现，在每一次课程改革之前，都不能缺少顶层设计。素质教育引领《课标》实验稿的出台，继而就是十年课改；核心素养引领的高中新《课程标准》（征求意见稿）的颁布实施也必将推动新一轮的课程改革。

二、核心素养培育的价值所在

1. 立德树人目标落实的有力抓手

"立什么德？树什么人？"是党的十八大对于教育目标的重新认识，是从党和国家的角度，对我们党和国家的教育方针的再次修订，把立德树人作为教育的根本任务。而在现实生活中，究竟如何把立德树人的目标落实到教书育人的各个环节当中，是值得每一位教育工作者认真思考的。把立德树人作为教育的根本任务是对素质教育的进一步发展，更加明确了德育为先的基本理念。借用魏书生的一句话再恰当不过了：那就是宁出次品，不出危险品！原国家教委副主任柳斌在"中国学生发展核心素养第十五届中国教育明德论坛"开幕词中说："我们有些人不缺知识、不缺能力，但就是缺德！"中国学生发展核心素养框架体系的出台，无疑给我们落实"立德树人"提供了有力的抓手。我们在实际的教育教学工作中就是要把核心素养的三个方面、六大素养、十八个基本要点落实到教育教学的每个细节中。

2. 适应未来社会发展需要的本领

核心素养的定义就是培养公民具有21世纪社会发展需要的必备品格和关键能力。那么，未来社会需要我们具备哪些必备品格和关键能力？在这里，笔者只列举几项，供大家参考。

首先，2013年被视为大数据元年，此后，基于大数据时代带来的变革冲击着每个人的生活。云存储、云计算、电子商务、移动终端设备等，让我们目不暇接、疲于应付。这种情况下，没有信息素养，没有对信息的鉴别能力、没有对信息的筛选与整合能力，你就会湮没在海量的信息中。

其次，信息时代的飞速发展，学校教育已经不再是信息来源的主要渠道，移动终端设备已经把小小的世界奉送给您，慕课、翻转课堂、虚拟现实等已经把各类教学资源呈现在你面前，学会学习成了当务之急。

再次，团队意识、合作共赢是未来人才必备的品格。独生子女的自私自利意识，已经威胁到孩子的生存和发展；缺乏合作沟通能力，沉迷于虚拟世界中，封闭自我；以自我为中心，心中没有他人等诸多问题，已经摆在我们面前。更加呼唤具有核心素养的中国公民。

3. 提高我国教育竞争力的有力武器

教育是一个国家和民族振兴的基石，决定着一个国家和民族的未来。当今世界，国际竞争日趋激烈，各国之间的竞争归根到底是教育的竞争和人才的竞争。那么，究竟什么样的人才才能在未来社会立足并独占鳌头呢？显然是具备这样一些综合素质的人：有知识，会学习；有健康，会生活；有责任，能担当；有实践，能创新；会质疑，能探究；会审美，能反思……这些无疑要依托核心素养的培育，祛除原来重智轻能、高分低能的教育顽疾。

4. 促进教师专业成长的推进剂

中国学生发展核心素养框架体系业已出台，那么，核心素养的落地生根当然要靠老师。"中国的发展关键在教育，教育的发展关键在教师。"核心素养的推进与落实，无疑要求教师要尽快走上专业发展的道路，实现教师的专业成长。换句话说，教师也要有其从教的核心素养。

首先，2012年部发文件《中小学教师专业标准（试行）》已经为教师的发展做出了详细的规划，基本理念的第一位就是师德为先。作为教师，首先要有高尚的师德，依法执教、为人师表。

其次，在日常教学实践中，注重发展提升自身能力，促进自身成长，寻找职业幸福。突出教书育人的实践能力，提升专业化水平。

再次，教师要有与时俱进的优良品质。落实到《标准》中就是要终身学习，不能抱守残缺，不思进取。要具有终身发展、可持续发展的意识。

5. 课程标准修订的助推器

《课程标准》是指导教学的纲，是理论；那么，日常教学就是实践。理论指导实践，实践反过来促进理论的完善。正如前面所述：核心素养成了理论联系实际的纽带，它是一个有力抓手，必将引领我们反思实践，从而修订课程标准中不适应社会发展需要的东西。

三、核心素养培育的落实

1. 深化课程改革

从核心素养的体系来看，它不是分学科的分类素养，而是贯穿在整个学段学生发展的一个全面、综合的素养，具有跨学科性。那么，要想把学生发展核心素养真正落到实处，就必须深化课程改革。

2. 改革课堂教学评价机制

众所周知，课改的最大障碍就是考试制度。考试制度不改，我们的课改是很难得到贯彻与落实的。在 2016 年中国教育学会基础教育评价专业委员会苏州年会上，平江中学特级教师王恒昌介绍了该校的《绿色评价"绿"在过程》的经验交流。她认为，教学评价要关注三个培养：一是培养学生自主学习能力；二是培养学生自主反思能力；三是培养学生自主管理能力。这得到与会专家的一致好评。

3. 提升教师职业素养

不久前，网曝在线辅导教师王羽一小时的收入高达 18842 元。这是一堂高考物理在线直播课，课长 45 分钟，每一名报名听课的学生需要交纳 9 元钱费用，当时共有 2623 人报名参加，扣除在线平台 20% 的提成，这位老师果真在一小时内赚到了 18000 多元。教师参与在线培训的合法性，我们不做讨论，关键是教师是否具备这一素养，有效地把信息技术与学科教学有机融合，来提高经验教学质量。

又如中国大学慕课，那里有上万节名师专门课程，学生可以根据自己的喜好选择学习，不必拘泥于大学校内教授及院校的局限。享受到更加优质的教学资源。同时，最近出台的科研人员、高校教师可以在不影响本职工作的前提下到校外兼职兼薪。这都为广大教师提供了新的思路。不是无用武之地，就怕你没用。

4. 长期性和艰巨性

任何一个新生事物总要受到各种非议和指责。核心素养的提出也一样，有的专家认为不是核心素养，而是综合素养；也有的认为核心素养太宽泛，应该简明扼要；现在开来，由于它植根于素质教育，它的生命力是很顽强的。立德树人更是对素质教育认识的一次飞跃，而核心素养是基于立德树人这一根本任务的，只不过落实核心素养需要很长一段时间，就像当年的素质教育一样，需要长期的摸索与实践。它要走下上位，为广大一线教师，尤其是农村中学的一线教师所接受，还需要很长的一段路要走，这也是其艰巨性所在。

总之，核心素养的提出是新时期素质教育的再出发，是关于立德树人的顶层设计。从素质教育到立德树人，反映了党和国家对于教育的殷切希望，更反映了教育的与时俱进。核心素养的提出已经并必将引起我国教育事业的新的崛起。作为新时期的教师，我们要坚持与时俱进，日新又新我常新，以一颗年轻的心去迎接教育改革的每一次浪潮，做一个时代的弄潮儿，担起中国公民核心素养培育的使命！且改且行，且行且珍惜！

浅析倡导中国学生"核心素养"
对教育改革的意义

毕春梅[①]

教育工作影响深远，利在千秋。教育工作的最终目的是培养有能力参与社会生活，并在社会生活实践过程中最大限度地发挥个人自身能力的人才，在此过程中，社会生活参与者是积极主动的，是每个个体价值的充分体现。从 20世纪 80 年代提出"素质教育"思想以来，我国教育事业改革随着社会发展在不断推进。2016 年，我国教育专家正式发布了"中国学生发展核心素养"的具体内容，是应时代发展对"素质教育"的延伸和具体化，具有更强的现实意义，是教育改革的时代风向标。在中国的教育史上首次提出了"核心素养"这一概念，更加凸显了教育工作在培养学生素质和修养方面的重要性，更加明确了教育工作的最终成果要回归社会生活实践这一本源。

一、教育思维的转变

此次提出的"核心素养"分为文化基础、自主发展、社会参与三个方面。文化基础表现为人文底蕴和科学精神；自主发展表现为学会学习，健康生活；社会参与表现为责任担当和实践创新。笔者认为，"核心素养"是我们培养教育学生，需要学生在我们老师身上获得的最根本的养分，是今后立足社会，充分发挥自身个性化创造力、实践能力的基本需求。培养和提高学生的综合素养，不再过于或者单纯强调学科教育，"以分数论英雄"，而是把学科教育与运用和实践能力相结合，培养具有综合运用知识技能、开放性思维模式或探究技能，以及积极乐观的态度和正确价值观的人才。核心素养教育理念是教育改革必然趋势和努力方向，通俗而言，我们的教育目标是培养高智商、高情商、高能力，有责任心、有担当，能够对社会做出贡献的人才。

---

① 毕春梅，女，抚顺市第五十中学一级教师，执教初中语文 16 年，2016 年被评为"抚顺市新抚区骨干教师"。

教授学生知识与技能目前仍是我国教育的侧重点，而在引导学生培养开放性、拓展性思维，以及知识与技能的综合运用，积极主动地、乐观地投入社会生活等方面的教育培养有所不足。我们的学生习惯了固定的解题过程，过于追求标准答案，往往忽略了学习的本质，禁锢了思维，压制了创造性和动手实践能力。因此，我们要适时转变教育思维，顺应时代和中国以及国际社会发展的需求，调整教育工作上的偏差。

二、教育工作重心的转变

深化教育改革，推进课改进程，笃实力行学习方式和教学模式的变革是当下教育工作需要做的首要任务。从大环境来看，"分数定乾坤，成绩定终身"的人才评价和启用模式仍有相当的滋生土壤，给教育改革带来一定的困扰和阻碍，造成"学本领"与"会运用"在事实上的不匹配、不协调甚至相互脱节，学生在进入社会之后，需要较长的时间培养和提高实际能力，所谓的高分低能也即在这种境况下产生。从小环境来看，对学校及教师的评价仍过多地局限于学生取得分数高低及学生升入上一级重点学校多少这一现实指标，也就是通过学生在校期间的学科学习情况来作为评价学校及教师水平的标准，缺乏对学生走出校门参与社会生活后所取得的成果追踪，即学习后的应用期评价较少，甚至忽略。要真正做到学以致用，有效的教育和培养工作是新时期乃至未来时期需要我们努力的方向。教育工作的着眼点应该放在更远处，工作重心着力在更具有实效性上面来。不管是培养专业性人才还是复合型人才，在踏入社会大门之后能够尽快发挥其能力，学以致用，学用结合，而不是边学边用，实则现学现用。核心素养理论的提出恰中要害，为学生在校学习期间和步入社会后的价值体现提供了更为广阔的发展空间。以人为本，方成大计。

三、教学工作方向转变

我们的教学工作需要完成两种课程的设计，一是学科课程，二是跨学科课程（即综合性课程）。学科课程设计的目的是要让学生掌握学科知识，学生通过学习获取间接经验。跨学科课程是学生在现实的社会活动中切身体验和获得直接经验的过程，需要在社会生活和活动中能够对所学知识加以运用。过去，尽管我们强调教育工作要注重能力培养，但事实上的教育工作方向是将学科教育作为唯一基础教育，对跨学科教育抓得不够紧，懈怠松散。

笔者认为，知识与技能、过程与方法、情感态度与价值观的三维目标教育体系是新的教育体制初期尝试，是"核心素养"的雏形。但是，由于三维目标在落实过程中没有将"三维"摆在同等地位，片面地将学习知识和技能置于主导核心地位，忽视了知识和技能的运用，而情感态度与价值观则被独立于其外，即思想教育内容。"核心素养"理论的提出，是具体化、人本化的三维目标，或者说是将教学工作的硬性目标感性化，教学方向不再剑指分数、升学率，而是如何培养实实在在有担当、有责任感、有能力，能充分运用所学知识和技能，在社会生活中发挥自身能量的人才。"教书育人"这句老话值得我们深刻咀嚼，"传道、授业、解惑"需要我们再细细解读，在新的历史时期，在课改进程不断更新完善的背景下，我们的教学方向应适时调整了。学生既然是学习的主体，我们就应该真正把学生放在主导地位，培养具有综合性、个性化，有开放性思维，有创造精神，有发展意识，能够展示并且善于展示自身的能力和价值的人才。

四、教学方法的转变

一直以来，教师都是劳心劳力的职业，劳心在于对学生的管理以及思考如何把知识和技能传授给学生，劳力则主要是授课过程中要不停讲解，课毕音止，一天下来疲惫不堪，脑力和体力都要经受考验。课改的目的是最高效率地传授学生以知识，最大限度地降低教师劳动强度，最终取得最好的效果。最好的效果是什么呢？就是围绕核心素养，培养出具备自觉学习意识、具备创造精神、具备拓展思维、具备实际运用能力的人才。此类人必定是积极乐观的，具有独立的个性，更拥有丰富情感，拥有符合社会和大众的价值观，能够与团队协作，在社会生活中实现自身的价值。那么，落实在教学上，我们该怎样做呢？

随着教学改革的深入，一言堂、"填鸭式"教学逐渐被淘汰，以学生为主体，充分发挥学生的主观性逐渐成为教学方式主流。多媒体、讨论式课堂等越来越多的教学模式和教学手段被运用到教学活动中。在明确了"核心素养"教育理念之时，我们的教师队伍综合素质要求会进一步提高，思路要更加宽，手段要不断翻新。既然学生是学习主体，我们何不尝试"放手教学"，学生学习完全成为主动行为。教师按照教学计划和要求向学生提出课题，学生围绕课题来学习，教师则以引导启发为主，解惑关键点和难点，规范化、程式化的教学方式方法存在的局限性弊端被打破，我们的学生不再是"模式化""标准化"的接班人。这样的课堂教学方式必然会具有强烈吸引力，成效显著。与此同时，由于学生真正成为教学主体，教师的工作强度会得到缓解。

当然，现如今还不完全具备"放手教学"的社会环境支撑，人们充分接受"放手教学"的思想观念以及学生的实际能力也不适合完全放手的自主学习。我们不能好高骛远，为追求提高学生的核心素养而急功近利，忽略事物发展的阶段性。在现阶段，我们在教学中可以运用小组合作讨论、师生互动、学生亲自动手等方法，在学生能力范围内，在教师的引导下调动学生的自主学习积极性，让学生在学习过程中打开思维空间，自主消化理解知识。兴趣是最好的老师，让学生怀着感兴趣的心理学习，在自主学习中找到乐趣，在乐趣中掌握知识，这就要求教师做好课程设计（1）。教师本身就要有大胆创新的精神，更要有教学活动的大局意识，把自己所教的学科知识与其他学科知识进行贯穿、链接起来。

　　作为初中语文教学老师，笔者曾在课堂上做过将多学科内容贯穿起来的尝试，教程在轻松活跃的气氛中完成。课堂上，师生围绕教学主体内容，将知识拓展开来，涉及了历史、地理、物理等其他学科的知识。在学生之间、师生之间互动和相互讲解过程中，把自己的感知和理解无限制地表达出来。学生表示这种学习方式有意思，学的不累，记忆深刻。目前，由于这种跨学科拓展式教学还没有成熟的经验以供参考借鉴，不能在各学科形成系统完善的教学方法和模式，还处于摸索研究中，但从课改动向看，以人为本，培养和提高学生核心素养，给学生以充分的发展空间，打破模式化、"同批次"人才培养的禁锢势在必行。

　　国家在发展，社会在进步，人才的标准在提高，越来越切合社会发展进步的需求，也充分尊重人本个体，个人发展的意愿。关乎百年大计千年大业的教育工作重要性日益突显，难度也随之提高。教育改革需要与时俱进，课改工作首当其冲，需要我们基层教师在实际工作中不断探索，积累经验。

中国学生发展的核心素养理论和实践研究

邢丽丽[①]

目前，我国学生发展核心素养理论与实践的研究已经被纳入我国教育研究中，学校必须进一步加强深入的理论研究和实践探索，准确理解核心素养的概念，立足中国学生的发展实际，以党的教育方针为引领，全面贯彻社会主义核心价值观，致力于传承中国优秀文化，用中国声音表达中国教育改革和发展对中国学生发展核心素养体系的要求。要让核心素养理论研究贯彻到实践中，一要做到教学改革，二是教学实践，其两方面的重点和难点都是中国学生发展核心素养理论和实践研究中的重要问题，这就需要我们寻找有效的方式、方法，去解决这些问题。

一、以共识作为出发点，研讨学生发展的核心素养学业标准

1. 以共识作为出发点

以共识作为出发点去完善中国学生发展核心素养制度，建立健全核心素养理论与实践研究的质量问题。目前，我国正式发布的中国学生发展核心素养与实践研究的这一标准在某种程度上逐渐显现了我国在学生的教育教学方面的具体化要求，我们应以此为出发点，研讨这方面行之有效的实施方案并将其落到实处。

2. 建立适合学生自身发展的核心素养体系

有关学者提出，不能单一地开设一门核心素养理论教育的课程，而是应该将核心素养和每一门学科进行有效的结合，都必须要有涉及，这是因为中国学生发展核心素养是以培养"全面发展的人"为核心，这样也更有利于培养学生

---

① 邢丽丽，女，抚顺市第十二中学中级教师，执教高中数学 13 年，2011 年被评为"校优秀班主任"。

能够适应终身发展和社会发展需要的综合能力。学校应根据本学段学生的特点制订出适合学生自身发展的核心素养体系方案，使其真正能为学生的发展进行有效的实践，要将学生的学业水平与其自身的综合能力进行评价，学生的综合能力可以反映出其自身以后发展的道路，是学生离开学校后重要的方向。

3. 各学科教学在核心素养中质量的重要性

各学科教学在核心素养中所占据的地位是十分重要的，在基础教育方面，学生在课堂上所学的知识是用来衡量其学业水平的标准，使学生能有效利用课堂时间学会更多的知识是教师课堂教学的主要任务。最近几年来，我国教育部门在教育教学方面做出了改革，并在新教育改革中取得了很大的进步，教师在教学中逐渐转变教学观念，通过实际的教学经验研究出适合学生发展的教学方法，在课堂教学、实践教学中都取得了非常大的成就。从我国关于课程标准的基本要求来看，组织、表达、实施内容等方面都是主要强调标准的清晰度和明确教学内容的可观性，一套完整的教学课程标准不仅仅是能描绘学生心理，还能描绘出学生所知道的理论知识和其技术的掌握程度。对这些表现进行衡量看其是否能达到指定的目标，完善学生核心素养的质量问题，有关研究者提出了核心素养和学生的学业质量问题应共同进行。

二、以核心素养为基础设计现有教学教材

1. 以核心素养来完善学生课程教材设计理念

以核心素养为基础来设计现有的课程教材，这样的设计有利于现代学生在课堂中所学知识能够在社会实践中得到有效的运用，增强学生在社会上的学习能力。核心素养在每个学科中都有涉及，这让学生在学校课堂上做到边学边实践，既学到了课堂的知识技能，又能让这些知识技能在实践中得以运用，让学生自身的思维能力也得到展现。学生在课堂上的学习是不能和教师分开的，所以教师在学生教学中承担着非常重要的任务，这也是让其自身重新学习的一种方式，巩固自身学习的知识又能教授给学生，要从科学合理的角度对其进行分析，然后从中找到有效的解决措施来进行完善改进。在核心素养与知识为本，教学学科为本的课程教材设计中，核心素养为基础的课程教材是离不开有关教学内容背景的，也离不开现实的相关问题的，这都是需要学生自己去思考并决定自己对待事物的看法，这样可以锻炼学生的自主思维能力、明辨是非的能力，从而去找到解决问题的方法，现如今在教育方面倡导核心素养为本，怎样

去构建核心素养为主的教学评论体系，其自身难度是非常高的，其并不是不可能的，有关学者对这方面还在进行深入的研究讨论。

2. 建立基于情景的评论设计理念，集中核心素养

核心素养和实践研究是一种培育人才的模式，可从多个途径引导课程设计、教学实践、教育评价等各教育环节的改革，这对于推动教育改革创新，提高人才培养质量，落实立德树人根本任务具有重要意义。核心素养中不一样的情景评价其结果都会是不一样的，这方面的重点是在于自身的思想。这和传统的评价结果不相同，现如今的核心素养和传统的评价有着很大的差别，首先可以从核心素养的难点来看，其教育人才的方式实施起来是具有一定难度的，在现实教学实践中，有很少的知识涉及该教学学科和其他学科之间的有关共识点。然而，学生核心素养的评价关注主要是基于情景中的素养测评，核心素养要关注情景中的素养问题，特别是要关注其真实情景中的教学方式，要时刻观察课堂上学生自己从教学模式中所获得的知识技能，教师要在适当的时候选择适合学生的教学方式来进行表达，这样有利于学生能更快地掌握知识重点，而不是为了完成自身的教学而不管学生的接受知识能力，这样是不能让学生学到有用的知识的。教师在课堂上可以运用多元化的教学模式，有趣、幽默、学生和教师课堂相结合的教学模式，这样才能达到教学的目的。

三、中国学生发展的实践研究

1. 加强学习，更新思想

思想的认识是落实核心素养的主要源泉，教师对核心素养的内涵认知和理解还不够通透，没有在其思想上引起重点关注。必须要组织学校教师进行学习，使得教师能从深层次上认识和理解学生发展的核心素养并转变教学观念，要从基本出发点来落实教育方针，要实施社会主义的核心价值观，要落实立德树人的根本，强调社会责任感，创新学生的实践能力，要促进学生的全面发展，从而使中国社会主义接班人在这些学生中产生。要让老师认知到不能对学生教授负面的知识，要让学生形成自己独立思考的能力，要让学生把所学知识得以运用到实践中，教师可以多思考学生未来的发展以及特色社会主义所需要的迫切人才，根据学生的自身情况进行有效的培养，要让学生在思想上认识到核心素养的真正意义，这样核心素养才能有效地落到实处。

2. 提升素质，落实教学课改

教学课程改革是落实核心素养的主要载体，由于我国目前的教学现状，有很多偏远的地区教师不具备高学历，现在又是处于退休教师和新上任教师的交替阶段，年龄相对较大的教师较多，年轻的教师自身素质有高有低，这就需要我们教师在提升核心素养认知的同时，还要从各个方面来对教师自身的素质进行提高，这样才能有效地提升教师的业务能力，培养教师全面综合能力的发展，落实教学课改，让教师能有效地认识到核心素养的重要性。在课堂教学中对学生灌输核心素养的内容，在授课时要增加学生树立德、智、体的协调发展思想。在课堂教学过程中要时刻以核心素养理论为基础，要做到教学知识和核心素养共同进行，加大学校实践活动的开展，让实践活动贴近教学课程内容，做到服务于学生。

3. 健全制度，系统规划

健全制度是落实核心素养的有效保障。学校必须要建立一套系统的制度，用以保障核心素养的落实，可以用制度去限制教师和学生，在教学中要时刻以核心素养为前提，严格要求教师在培育人才时以核心素养为向导，培养出更适合社会所需人才，要让制度有核心素养的影子所在，有效地形成系统制度体系。

中国学生发展的核心素养的落实实施不是依靠口头上的话语去实现的，而是要将其落到实处，需要每位有志之士参与进来共同努力，需要长期的坚持。构建基于学生发展的核心素养的课程教材体系，改善现有的课程教材是发展核心素养理论的有效途径；增加学生的自主创新能力，有效地增加自身实践能力，为中国学生发展核心素养理论和实践研究做出有效的贡献。

浅析学生发展核心素养的意义与方法

邵　珊①

迄今为止，学界对学生发展核心素养的关注点主要在素养和核心，大家围绕素养还是素质、核心还是共同等开展了讨论，尚无人对学生发展核心素养的意义和教学方法进行讨论。从全球的经验来看，学生发展核心素养的落实要通过课程、教学和评价，但无论是教育理论界还是实践界，关注点主要在学生发展核心素养的课程转化，对课堂教学如何落实学生发展核心素养的讨论尚不充足。有关课堂教学促进学生核心素养发展的讨论和实践探索主要集中在如何创设问题情境上，把基于学生核心素养发展的教学窄化为教学流程或方式变革，尚无基于学生核心素养发展的教学体系构想。教学与学生发展的关系问题，也不是什么新问题。杜威的经验与发展关系的研究、赞科夫的发展性教学研究成果都已为我们所熟知，国内由裴娣娜教授主持的学生主体性发展教学实验也曾在基础教育界产生过广泛影响。十年前的教学论工作者也曾专题讨论过教学与学生发展问题，达成了教学论要回到原点，关注学生真正、真实的发展，从课堂中来，再回到课堂中去，让学生先学会做人，在学会学习，教育理论和实践界更多地关注学生发展核心素养的创新意义，很少就学生发展核心素养的发展内涵价值与以往发展性教学主张的异同进行比较分析。鉴于此，笔者认为，学生发展核心素养要走向教学，需要在历史与现实的维度上完美地结合。

一、学生发展核心素养的意义

学生发展核心素养的确定经历了从界定到筛选的过程，学生发展核心素养是价值选择的结果。那么，学生核心素养的发展体现了何种价值追求？价值理念是否清晰合理？这个问题关系到基于学生发展核心素养的教育教学活动的根本走向是否合理。特别是在当前多数地区和学校把核心素养的提出作为大势所

---

① 邵珊，女，清原满族自治县铁北小学副校长，一级教师，执教 24 年，曾获"2017 年全国教研优秀论文一等奖"。

趋、不可逆转的改革方向。现在这个趋势是，我们教育行业格外关注学生核心素养的发展，进而提升孩子的终身学习能力。从国际组织，特别是经合组织（OECD）的学生核心素养的价值取向来看，更是明确地指出发展学生核心素养的目的是为了满足学生成功或幸福人生和功能健全的社会发展的需要。基于学生发展核心素养的文本解读，我们可以推断，学生核心素养的发展体现的价值取向有如下特点。

（1）个人本位和社会本位的统一。全面发展教育的目的是为了造就建设者和接班人，满足国家经济建设和政党政治的需要。素质教育的目的是为了满足科教兴国战略的需要。两者均体现了社会本位的价值取向。与之相比较，学生核心素养的发展明确地把个人终身发展和社会发展并提，体现了教育价值个人本位和社会本位的统一或超越。

（2）经济发展和社会公平的统一。学生发展核心素养是每一个公民必备的知识、技能和态度，不是少数人才具有的高级素养。学生核心素养的获得不仅要满足知识经济时代国家经济竞争力的需要，也要考虑多元分化的社会不同阶层整合的需要，为一个学生的幸福人生奠基。

（3）文化继承和创新的统一。学生发展核心素养的提出考虑到了全球化背景下社会、政治、经济文化和科技发展的需要，同时也考虑本土民族文化传承的需要。

（4）个人自由与社会责任的统一。学生核心素养发展不仅要求学生自主行动，还要求培养学生的社会参与和社会责任。

（5）科学性和人文性的统一。在学生发展核心素养的文化基础维度，强调人文底蕴与科学精神的统一。

二、学生发展核心素养的方法

学生核心素养的发展作为培养目标如何落实？依照中国学生发展核心素养的框架性方案，同时考察国际学生核心素养的培养途径，落实学生发展核心素养的途径归结起来有三个方面，即课程、教学和评价。在教学的主张上，主要强调以学生为中心，注重真实情境的创设和问题解决的学习。笔者认为，这些落实学生发展核心素养的主张要么不具体，要么把基于学生核心素养的教学窄化为一种教学方式或某种单一的教学任务，没有突出学生发展核心素养的培养目标导向意义。

要使学生核心素养的发展通过课堂教学来落实，需要对教学活动做整体系统的思考，构建基于学生核心素养发展的教学系统并开展实验研究。正如赞科夫为了落实学生一般发展的教学任务构建发展性教学系统并开展长达 27 年的发展性教学实验一样，在构建基于学生核心素养发展的教学体系之前，需要对学生发展核心素养走向教学的一些基本问题进行理论思考，包括基于学生核心素养发展的教学性质、教学目标、教学过程和教学评价。

1. 落实学生核心素养发展的教学活动性

学校的一切教育教学活动都是为学生发展而组织的。以往在对教学活动性质定位时，往往把教学作为教学双方围绕学科内容或间接经验展开的活动，是一种特殊的认识活动。同时，把注重知识传授，转变成注重能力提升的教育。教育工作者通过各种活动，鼓励学生积极参与，在活动中提升各方面的能力，养成终身学习的能力。学生发展核心素养是学校与自我，社会和文化工具打交道必备的知识、技能和态度。如果坚持教学活动的学科知识和认识活动定位，那么，教学活动的作用可能局限在培养学生与文化工具打交道所需要的素养，而不是全部的素养，或者学生全面发展的需要。因此，从全面落实学生核心素养发展的任务出发，我们有必要重新审视教学活动的性质，突出教学活动的教育性。从历史的情况来看，赫尔巴特的普通教育学中已经提出了不存在无教学的教育或无教育的教学的概念。赫尔巴特强调通过教学培养学生对事物、对人、对社会等多方面的兴趣。这和当今核心素养提出的全面育人或学科育人的要求是一致的。同时，综合实践、课外活动、学生活动等都纳入到了学校课程体系，而所有课程的落实都需要通过教学活动来进行。因此，落实学生发展核心素养，必须拓展教学活动的内涵和类型，从把教学仅仅看成传授社会历史文化经验的活动转向教师对学生学习和发展进行指引的活动。

2. 明确学生核心素养发展的教学目标

学生核心素养发展要通过教学来完成，必须在教学活动前提出学生核心发展的教学任务和目标。目前的课堂教学主要以完成学科知识、能力和态度为目标。学生发展核心素养作为跨学科、跨学习领域的素养，如何在学科教学目标中得以体现？笔者认为，可以在目前的教学目标的内容（学科知识）与行为（认知、技能和情感变化）维度基础上，加入情境维度。在学科教学落实学生核心素养发展任务的过程中应注意，学生的核心素养与学科目标之间并非一一对应或全部落实的关系。各学科对个体面对自我、社会和工具有不同的作用。因此，每个学科完成学生发展核心素养的任务应有所侧重。

3. 拓展学生核心素养发展的教学内容

教学是教师和学生根据教学材料开展的活动，教师对学生学习的指导体现在为学生选择发展的材料或环境。以往教学活动强调学生的发展通过掌握科学知识来实现思维发展。中国学生发展核心素养任务提出后，由于文件中只明确了品格和能力，没有提到知识，以至于有人认为学生发展中知识隐身了。在教材编写中也出现了关注情境、话题和任务，不关注知识的系统和逻辑的问题。笔者认为，缺乏科学知识和智慧含量的教学活动可能导致肤浅雷同的学习。但是，我们也应该认识到，以往仅仅着眼于科学知识内容的学习在当今信息社会存在局限性。学生发展核心素养中提到人与工具的交互作用素养。在信息社会，学生和世界打交道的工具不仅包括科学知识，还包括信息和计算机工具。学生学习的文本，包括以文字符号呈现的连续性文本和以图表、图像呈现的非连续性文本。因此，教学落实学生发展核心素养，需要打破文字符号为主导的教学内容形态，突出学生与各种工具的交互作用。

4. 变革学生核心素养发展的教学过程和方式

学生核心素养是学生承担未来生活角色需要具备的知识、技能和态度，需要在真实的情境中生成。因此，基于核心素养的教学过程需要通过创设真实的任务情境，把学习任务问题化，把教学过程变成学生解决实际生活情境中问题的过程。同时，在教学过程中发挥学生主体的自主学习作用。这要求教学过程要将从接收到应用的过程转变为问题探究发现的过程。在问题情境教学中，情境与学生生活的关联性、适切性，以及问题能否形成链条，引导学生走向深度的学习，这是基于核心素养的教学过程最终能否带给学生真实发展效果的关键。

5. 加强学生核心素养发展的教学效果评价

学生核心素养作为学生在复杂的生活情境中解决与个人、社会和工具有关问题所需的知识、技能和态度，需要通过真实的情境来表现。因此，对学生核心素养发展效果的评价需要创设真实的表现情境，需要设计认知、能力和态度发展水平等级，需要通过观察和动手操作等工具来测评。这要求教学评价从去情境化的纸笔测验转向基于问题情境的真实性评价。在基于核心素养的真实性评价过程中，应注意关注学生的实际获得，关注不同群体的学生在核心素养上的发展效果，警惕核心素养测评造成学生学习效果的巨大差异，警惕使学生发展核心素养由全体学生具备的共同素养变成少数高水平学生才能具备的特殊才能。

三、学生发展核心素养的发展应走向深化

总体来看，学生发展核心素养的发展为教学提出了新的任务、新的价值取向和改革方向，需要对教学活动的性质、场所和教学实践活动系统做出变革。但是，基于学生核心素养发展的教学变革并非易事，需要考虑实施核心素养的教师是否具备与异质群体打交道、善用工具、善待自我的核心素养，需要考虑落实学生发展核心素养的学段培养目标、课程标准、教材等是否配套。目前，学生发展阶段性目标尚在研制中，体现学生发展核心素养的学科课程标准之间尚存在连贯一致性问题，体现学生发展核心素养的教材尚未出版。因此，学生核心素养要全面走向教学，尚需要一系列的转化过程和条件。但是，关注学生发展的教学理论和实践探索一直在进行中。学生发展核心素养的研制和落实引发的不是教学是否要关注学生发展问题的思考，而是在新的社会、历史、文化条件下，面对多元复杂的教育教学价值取向，我们应坚持何种学生发展观，如何才能找到学生发展的正确方向、真实动力和有效途径。这些问题需要进一步通过发展性教学理论和实践探讨来走向深化。

中国学生发展的核心素养培养路径之探析

黄　博^①

在中国的教育中，讲究师道尊严。讲究师门，门派众多，师者各有千秋，各有所长。而今虽已步入现代社会几个时代了，但我们的教育一直植根于传统文化的沃土，对教育中教师的期待一直不同于其他行业，教师成为一个特殊的行业。

当下的中国学生核心素养培养更多关注学生，成为单向传递，学生指向严重。而在教育功能中，教师自我身份缺失，他者身份显著，使核心素养培养教育中的教师角色严重缺失。所以，学生的核心素养培养从教师开始，教师的专业成长及自我栽培成为学生发展的核心素养培养的首要路径，即追求"幸福者、学习者、探索者"三者合一的教师境界，复兴师道，重塑核心素养培养中的教师角色。

一、成为幸福者，回归教育本原，重塑教师价值观

"春蚕""蜡烛"在很多时候成为教师的比喻，多少有些悲情，笔者更喜欢园丁的比喻，因为教育和农业有很多相似的地方，需要时间，需要陪护，需要浇灌，需要爱，而秋的收获的喜悦和教育中自我及学生成长的喜悦都是其他物质所无法衡量的，"桃李不言，下自成蹊"。所以，教师的职业是幸福的职业，播种幸福，幸福自己，幸福他人，也可以上升到利国、利民、利己的层面。

只有体会了教育职业的幸福感，才能传递幸福，幸福地从教，把幸福的种子播种在学生的心里，让学生快乐学习，体会学习的快乐，让学生成为什么样的人就让自己就成为什么样的人，首先就是成为幸福的教师，回归教育本原。为教师发展的需求建立表达机制，给教师一个表达自己的渠道和平台，为教师幸福地从教铺路。

---

① 黄博，女，抚顺市望花区教师进修学校高级教师，从教 25 年，2015 年获"辽宁省教育学会系统学会先进工作者"称号。

二、成为学习者，把握学习向度，重塑教师职业观

教育是一种精神事业，上承往世，下启后代，精神的构建与传递在教师的传授中呈现，大而言之，我们的文化传统，民族命运，无不在教育中传承和把握，教育影响的不仅是青年们的明天，也是民族的明天。

以民族传统文化栽培自己，陶冶学生。提升学习力，把握学习向度，保持学习意愿与需求，让自己成为传统文化的学习者与传播者，让自己的专业发展拥有不竭的动力。

1. 努力学习，重新认识教师

重新认识教师的职业特点，尤其是基础教育中体现教育的文化特征。当今，教师多数是知识的搬运工与传递者，教的是书本或技能，同西方相似，专注传授各种专门知识，使下一代只知获得些知识，谋求一种高薪的职业，与中国传统的教育理想有所不同，把"师道"中的"道"分割开来，有"师"无道，缺失了教育精神。而传统教育的教育精神贯穿在教育各个阶段的始终，我们在幼儿时期就讲求"蒙以养正"，一以贯之，并在师者身上得以显现，而西方只在大学中讲究教育精神。基础教育培养的是合格的社会公民，是一种通识教育，为大学教育打基础。当今所需人才，不在不聪明而在不忠实；不在知之不足，而在行之无实，所以教育精神的回归迫在眉睫，作为基础教育队伍中的一员必须明确基础中教育任务的定位，明确基础教育是教师的职责担当。

2. 努力学习，重构知识体系

成为学习者，重构知识体系，以传统文化为自然基底，重新建构自然基底之上的专业知识体系。唤醒自己，成为一名终身学习者，而且是传统文化的终身学习者，引发自身学习精神，保持饱满的学习情绪，努力学习传统文化，提升自身的文化修养，修身正己，努力让自己成为有着深厚传统文化底蕴的教师，践行传承传统文化的使命。通过学习传统文化，唤醒自己，唤醒学生，让学生成为中国人，成为有着中国文化的中国人，使我们的民族文化代代相传。

教师不求成为传统文化的研究者，但一定是传统文化的涉猎者，涉猎传统文化的各个领域；不求了解但求知道，以便能点亮学生的传统文化之灯、推开学生的传统文化之窗、打开学生的传统文化之门。

三、成为探索者，深化自然基底，重塑教师事业观

1. 在"研践"中，成为探索者

教学不能降低到技术层面，应该是来自教师的自身认同和自身完整，而这个过程的实现，伴随着不懈怠的追求。在中小学课题研究中培养中小学教师的课题研究能力，在探索中栽培自己，逐渐成长。

中小学教师承担和完成课题研究任务应具备的六种基础性能力，包括教育科研理论的学习能力、教育科研信息的处理能力、教育科研的逻辑思维能力、课题选题能力、课题方案设计能力、课题方案实施能力。

通过开展培训、搭设平台、专题研究、专家引领，依托区域课题共同体，培养区域中小学教师课题研究核心能力，使区域课题研究在"高度、精度、硬度、厚度"上有所提高，整体提高区域课题研究质量，推动教师专业发展，实现学生核心素质培养。

（1）开展三维培训，培养中小学教师学习能力、处理能力，提升课题研究的高度

①组织开展培训活动，激发教师学习内动力。做到区域培训层次化，校本培训个性化，培养教师的教育科研信息的获取、甄别、分类、重组能力和文字的表述能力。最终目的是通过三维培训实现自我培训，成为学习型教师。

②开展形式多样的教育科研理论学习活动，提升教师的科研素养和信息素养，形成个人教育思想，为课题研究打基础，使课题研究有宽度。

（2）搭设三维平台，培养中小学教师教育科研的逻辑思维能力，提升课题研究的厚度

通过刊物发表、学术活动、研究活动的三维平台促使教师对教育教学中一些现象和问题进行观察、比较、分析、综合、抽象、概括、判断、推理，准确而有条理地表达自己思维过程，培养课题研究教师的教育科研逻辑思维能力。

（3）推广专题研究，培养中小学教师课题选题能力，提升课题研究的精度

"小、近、实"的专题研究更能体现研究者发现问题、解决问题，转化教育行为的能力。为此，在学科骨干专题研究的基础上开展区域性的专题研究，以此培养中小学教师的课题选题能力。

依托课题研究共同体，在区域、学校不定期召开三级课题研究教师的圆桌会议，学习、讨论优秀案例，培养中小学教师的课题选题能力。

（4）提倡个人研究，培养中小学教师方案设计能力、实施能力，提升课题研究的硬度

课题研究走进课堂，走进教室，让更多的课题研究教师经历"发现问题——拟定课题——设计方案"的过程，经历想法变做法的演变过程，培养课题方案设计能力、实施能力。

①专家引领，培养课题研究教师的方案设计、实施能力。

聘请专家做高质量专题讲座，为中小学教师答疑解惑，培养中小学教师的方案设计、实施能力。

②实施三级课题研究，培养中小学教师的方案设计、实施能力。

在区、市、省三级课题成立课题组时呈现研究教师层次性，在组成上要有初级、中级、高级课题研究教师，以实现操作层面的传帮带、老带新的作用，是提高教师课题研究能力的最简便途径。

有效实施培养策略，培养教师的课题研究核心能力，促进教师专业发展，实现教书匠向教育者的转变，成为研究者。唯善研究，主动自我发展、自我栽培，提升教师自身的密度、精度、高度，才能真正地传承中国师道，传承教育精神，实现人师的目标，真正"传道、授业、解惑"，无愧教师的称号。

2. 在"记录"中，成为探索者

教师记录自己的成长痕迹，在生存性和发展性的需求中做自己的史官，研究自己的发展，基于问题研究，基于实践成长，以史为鉴，完善教育教学行为，绘出自己的研究图景。教师要善于依持自身工作环境，自我定位，主动反思、检视自身的教学实践，构建优良的教学资本，实现自身的全面发展，成为探索者。

"吾日三省吾身"，内视、内省，在工作和生活中不断地了解自己，明确自身优劣，取人之长补己之短，在教育路上播种、收获，在成就学生的同时也成就自己。了解自身的最近发展区，并且尽可能地保存自身的发展档案，在记录的发展史中完成自我完善。

在文化复兴全面进行的今天，在学生核心素养培养中，自尊自重，自奋自发，对教育事业有信心，对青年前途有热忱，在此种信心与热忱中，立基址，循道路，群策群力，一心一意，重建师道，提高自身的人格修养，成就一种无上的收获。

浅论中学生发展核心素养的理论和实践

张　引①

中国学生发展的核心素养是指学生应具备的、能够适应终身发展和社会发展需要的必备品格和关键能力。研究学生发展核心素养是落实立德树人根本任务的一项重要举措，也是适应世界教育改革发展趋势、提升我国教育国际竞争力的迫切需要。中国学生发展的核心素养综合表现为九大素养，具体为社会责任、国家认同、国际理解、人文底蕴、科学精神、审美情趣、身心健康、学会学习和实践创新。

作为一名初中教师，既是班主任，同时又兼教授数学学科，通过多年的工作实践研究，再结合我国学生发展的核心素养，笔者认为初中阶段的中学生应该具备的核心素养，笔者概括为12个字，即德才兼备、手脑并用、文武双全。

一、中学生应该具备的第一个核心素养是德才兼备

这四字成语，对于大家来说应该非常的熟悉。笔者认为，"德才兼备"应该是初中生具备的第一个核心素养。在笔者的班主任工作中，每接一个新七年班级，在与孩子们进行第一次整体交流时，笔者都会把这四字成语送给学生，并且在黑板上对"德才兼备"这四个字进行详尽地剖析。笔者会问学生"德才兼备"为什么不叫"才德兼备"？有的学生会说"这是因为这个成语就是这样固定搭配的"，还有的学生会说"自古以来就叫德才兼备，读起来也顺口"。而笔者认为，前人的想法应该是德行比才学对于一个人来说更为重要，所以德在前，才在后。多年的班主任工作让笔者深刻地体会到，对于初中生核心素养的提升，必须先从德行开始抓起。曾经教授过一名学生，学习成绩特别优异，可是与同学的关系却总是不那么融洽，后来通过对班级同学的了解和交谈，原来有些同学因为他的成绩优异，课下总爱请教他一些问题，可是这名学生却不愿

---

① 张引，女，抚顺市第十八中学一级教师，执教初中数学18年，2017年获"辽宁省'数学一师一优课优秀课'奖项"。

意帮助同学，导致这名学生的人际关系特别紧张。班级开展的一些活动，同学也不愿意和他分为一组，这就是因为他自私、自负，所以大家才不愿意与他共同学习。再有，2013年的复旦投毒案，复旦大学是国内的一流大学，能够考入复旦大学的学生，才学一定是非同一般的。可是光有高高的学历，却不懂得提升自己的品行，遇到一些问题走极端，不能够采取积极的方式、方法去解决问题，最终伤害了别人，也失去了自我。由此可以判断，一个人的学识再高，没有一个积极的、健康的、向上的德行，学识也不能够真正地发挥出去。现在的中学生，虽然国家的生育政策已经放宽，但独生子女的比重还是很大的，有很多孩子，自私自利，在班级中，事不关己，高高挂起，身上无任何的责任感；在家里，衣来伸手，饭来张口，认为所有的这些都是老师和家长应该做的，空有学识，却不知感恩，将来怎样为社会的发展肩负起责任呢？所以，笔者认为，作为一个初中生应该具备的第一个核心素养就是德才兼备，只有做到真正的德行和才学兼备，才能真正成为社会所需要的人才。

二、中学生应该具备的第二个核心素养是手脑并用

这四字词语作为初中生具备的核心素养，有些人可能不能理解。这个素养的总结，笔者是通过平时的班级管理和教学实践总结出来的。这个核心素养在数学教学中显现得更为突出。为什么呢？在数学教学中，最重要的就是代数和几何两大领域。在数学的学习中总是在不同的阶段会出现学习困难的学生，笔者就在思考，学习代数和学习几何困难的学生到底在哪儿出现了困难呢？通过笔者的调查、观察以及实践，笔者发现大部分出现数学学习困难的学生都有一个共同的特点，就是不爱动手动笔。比如，一道简单的数学计算题，直接口算就能快速地算出结果，那就不用动笔计算了，可是就是因为这种坏习惯的养成，出现较为复杂的计算题时，有些学生已经养成了不爱动手动笔的习惯，就一直看题，动脑算算算，可是不动笔，复杂的计算题中间步骤一步也不书写出来，就会导致用脑袋计算的过程中出现记忆错误，如果能够养成爱动笔、爱动手的习惯，相信学习代数困难的学生应该还会减少。再有几何的学习，众所周知，几何研究的就是图形，在初中的数学几何学习中，有一些几何证明题，题中直接就会给出图形，还有一些证明题，题中没有图形，这就需要学生根据已经条件自己把图形完整地画出来，可是有些学生就是懒惰，不爱动手动笔，所以导致证明题证不出来。例如，数学人教版八（下）习题中的一道几何题：正方形 $ABCD$ 的边长为3cm，E 为 CD 边上一点，$\angle DAE=30°$，M 为 AE 的中点，过点 M 作直线分别与 AD，BC 相交于点 P，Q。若 $PQ=AE$，则 AP 的

长是多少？这道题如果学生手懒，不爱动手，不爱动笔画图，那么，这道题是一定不能够得满分的，因为这道题只有在不断地画图思考、思考画图中才能够发现此题的答案并不唯一，能够出现两种满足条件的情况，因而结合数学学科的学习，学生出现的学习困难，笔者觉得初中生应该具备的第二个核心素养就是手脑并用。在教育教学中，尤其是平时的教学中，应该有意识地训练、培养学生的这一素养，未来的社会需要的人才并不能完全是用脑袋去想，应该是动脑的同时要更多的动手实践操作，通过实践才能够验证大脑里自己思考总结出的规律、方法和结论是否正确。

三、中学生应该具备的第三个核心素养是文武双全

为什么说中学生还应该要文武双全呢？文，就是文化知识，这个就不用再解释了，无论何时何地，学习文化知识是一项终身学习的事务。而武，大家熟知的就是武术，现在已经是和平年代，不再需要舞刀弄枪，也不是战争年代。笔者所说的"武"，在现在的和平年代指代的是每个中学生应该有个健康的体魄。笔者所教授的班级无论是男生还是女生小胖子特别多，不爱运动的学生特别多。比如，笔者现在所工作的学校，每天第二节下课，全校的大课间活动安排是跑操活动。每一天组织跑操的体育老师都会根据当天的天气情况计划跑操的圈数以及速度，可是班级的个别同学总是找到一些理由不跑或少跑，再者就是中间偷懒少跑一圈或两圈，还有个别同学平时缺乏运动，速度稍稍快了一点，就跟不上整个班级的速度，未来的中国能需要具备这样体质的人才吗？每年一到换季的时候，班级里一定会有几个孩子去医院报到，扎点滴，身体素质这么差，一方面和饮食休息有关，一方面就是和运动有关，所以初中生核心素养的培养真的需要这个"武"。现在的初中学习，在九年级时还有个中考体育加试测试，笔者在思考，为什么国家教育部会制定在中考考查文化知识的同时还要进行体育达标测试，笔者觉得就是想把中国的孩子最终培养成"文武双全"的优质人才，而不是体弱多病的学习生。往长远看并且综合来看，体育运动是以身体活动为主要形式，而身体活动并不仅仅是生理上的作用，它还伴随着知识的信息、心理的活动、情感的体验等一系列因素的同时出现。因此，很多体育运动不仅强健身体，还可以培养学生吃苦耐劳、坚忍不拔的意志品质。与此同时，通过体育运动可以体验"成功感"和"收益感"，形成科学用脑、讲究规律的现代生活模式，但最终我们要通过体育锻炼提高身体素质，使精力充沛，开发大脑，能够更好地学习文化知识。

中学生应该具备的核心素养，笔者用了"德才兼备、手脑并用、文武双

全"这 12 字高度概括，但笔者所总结的核心素养其实一直遵循着国家所制订的中国学生应该具备的核心素养。比如，"德才兼备"就是社会责任、国家认同以及人文底蕴的浓缩，"手脚并用"就是科学精神、学会学习、实践创新的浓缩，"文武双全"就是身心健康的浓缩。既然是高度概括，肯定在我的实践研究中还有一些细节的东西没有挖掘出来，如国际理解和审美情趣，所以这些没有挖掘出来的东西将会成为笔者继续研究的动力和方向，为培养我们中国未来所需要的全方面人才而努力，但最终还是要让每一个孩子通过在初中的学习和生活使自己具备能够适应终身发展和社会发展需要的必备品格和关键能力，使每一个孩子成人后都会是一个快乐、健康、充实的有用人！

谈中国学生发展核心素养的具体实践与构想

卢可思①

一、发展核心素养

目前，我国学生发展核心素养主要讲的是学生所具备的，可以适应其终身发展与社会发展的必备品质与自身能力。核心素养的教育工作是循序渐进的，是需要经过课程教学与教师的培训等多方面融合的，教师素养会在很大程度能够觉得核心素养教育是否可以真正得以落实，教师们承担传授知识、传递思想、传播真理的使命，并肩负着塑造学生们灵魂的时代重任，是我国教育发展中的第一资源，也是民族振兴、国家富强、人民幸福重要的基石。目前，世界范围内，都处在大变革、大发展、大调整的发展中，教育一定要适应现在，并要面向未来发展，教师们更加要提高核心素养，改变我国传统教育的现状。从国家层面来讲，我国教育部门很早就提出了核心素养教育的号召，志在培养孩子们的综合素质。在 2016 年，我国发布了《中国学生发展核心素养》，"一核心""三方面""六大素养""十八个基本点"，从核心素养细化到学科素养再细化到基本点，从基本点再细化若干小点进入课堂，这是极其复杂的系统工程。以将孩子们培养成全面发展的人作为核心理论，还提出了自主发展、文化基础、社会参与等六大综合素养的标准。我们要从课程、德育、管理等方面入手，用爱与智慧为学生搭建多元化的舞台，让每一个学生都能在这片广阔的天空中璀璨绽放。

二、中国学生发展核心素养的具体实践

1. 加强教育改革

随着我国人才选拔与国家考试体制改革，培养孩子们的综合能力与适应终

---

① 卢可思，女，抚顺德才高级中学二级教师，执教高中英语 5 年。

身发展的品格，现已成为我国中小学教育与教学改革中新的发展方向，在许多学校也在使用在线教育产品，来帮助培养孩子们的综合素养。例如，公立学校到老师与学生一起作业，一起作业可以在大数据当中收集分析资料，教学模式活泼趣味，围绕着发展核心素养，打造出教育生态设计，把能力、知识、情感、态度以及价值观以综合形态在孩子们的成长世界里面完美地呈现出来。关于学生核心素养，作为教书育人的教师们，一定要认识到"核心素养"真面目，既要站在最高层全方位透视，又要身在"教育实践"中，这样才能"不畏浮云遮望眼"，才能从复杂的"核心素养"中找到最关键、最必要且居于核心地位的"核心"。培养学生的核心素养的目的是要培养学生的核心能力。思想的认知也是切实落实发展核心素养的基础，目前，许多教师们对核心素养的认知与理解还不够，在思想上重视程度也不高，因而一定要组织教师们进行系统的培养学习，教师们一定要认识到，学生们发展核心素养的根本出发点，就是全面贯彻党的教育方针，要践行社会主义的核心价值观，切实落实立德树人的根本任务，要突出强调教师们的社会责任感，并具备创新精神与实践能力。在教师们的督促下，学生们要全面发展，进而成为具有中国特色可靠合格的社会主义接班人。教师们还要意识到，不能够仅仅向学生传授知识，还要经常思考，给予学生们除了已经学习过的知识，还可以给予学生们什么？要考虑到学生们将来走入社会中要怎样发展？社会需要什么样的人才？要根据社会发展趋势来培养学生。学校领导与教师们要有担当、有责任，并具备民族忧患意识，要在思想上意识到核心素养真正的含义，这样核心素养才能够切实落实到实处，并取得不错的成绩。

2. 完善规范制度

完善的规范制度可以有效保证核心素养的落实，学校一定要有系统的保障制度，来保障核心素养的具体实施，用应用相关制度来约束每一个老师，在工作时要以核心素养作为前提，教师们在教书育人时一定要时时刻刻以核心素养作为向导，培养出适应我国社会发展趋势的人，要是教师们违反了制度，一定要有处罚制度，各个制度之间要环环相扣，紧密相连，使得学校里每个制度都存在核心素养的影响。

3. 落实课程改革

要想落实核心素养就一定要进行课程改革，课程改革是载体。近年来，作为新课改的标志性课程和推进素质教育的重要途径，综合实践活动课在许多学校都得到了不同程度的实践，也取得了一定成效，但整体上不尽如人意，发展也不均衡。我们要开展的综合实践活动课，以其全新的实践理念和独树一帜的推进发展核心素养教育。我国教育现状是，乡镇老师们往往没有太高的学历，目前又处于新老教师的交替期，年龄较大的老师比较多，年轻老师的职业素质却参差不齐，这时候与领导们探讨有效提高认识，还需要从各个方面来提高老师们的专业技术能力，并提高老师们的职业素质，并切实落实课程改革，使得老师们从主观上意识到核心素养是多么重要，老师们在日常教学中要将核心素养渗透其中，在传授知识文化的同时，要做到树人、立德，使课堂成为核心素养的载体。学生核心能力培养有两关键点：一是思维能力，二是问题解决能力。其中，思维能力是核心能力的核心，而思维能力的核心包括创造力和想象力。初中教育阶段是思维能力发展的关键期，如果我们错过了这个关键期，就可能遭受不可弥补的损失。要想给学生提供展示自我的平台，培养学生的思维力、创造力和想象力，就要以综合实践活动为载体，开设指向核心素养课程。在综合实践活动中，我们特别注重在实践中培养学生的创新能力和自主意识，学校精心策划、认真组织对学生影响大、印象深、效果好的，有益学生身心的各种类型的综合实践活动。学校要周边社区与单位密切联系，紧密合作，充分利用社区资源，通过志愿服务、社区服务等活动，培养学生的社会服务意识和社会责任感，形成育人合力。以探究性学习为重点开设综合实践活动课，将社区服务、社会实践、学科教学与探究性学习相结合，将会是我国课程改革的一大特色。老师们在日常的课堂教学中，要时刻将核心素养当作理论依据，课堂知识和核心素养要同时进行，学生们在老师们的教育与引导下，可以得到全面发展。在设置课程的施工、育人导向上要更加重视培养学生们的理想信念与核心素养，课堂教学要更加关注综合化课程的建设，要重视主体化的发展趋势。进行实践活动会更加关注学生们的学习体验与动手能力，以及培养学生们的创新意识，学校的课程会更加贴近学生们的日常生活，要更加服务于学生。

4. 要全员参与

在落实核心素养中，全员参与是其中的关键，每个新事物的出现与发展都不是一帆风顺的，仅仅依靠几个人的参与，是没有办法得到实施与运用的，落实核心素养不仅是领导们的任务，也不仅是班主任的事情，是全体老师们的责任。俗话说，众人拾柴火焰高，只要齐心协力，切实为学生们想，为国家想，为祖国未来想，氛围是极其重要的，使得人人都在讲核心素养，每个人都实施核心素养，方方面面都有核心素养，要营造出每个人都重视，每件事都重视，时时刻刻都重视核心素养，这样核心素养才能够切实得以落实与实施。

5. 建造活动场所

活动场所是核心素养得以落实的前提，产生爱国情感，培养创新能力，提高责任意识等。并非学点知识就会所有的东西了，一定要让学生们多多参与一些活动，实验活动多进行些，还要多多经历一些事情。要想做上述这些活动，就一定要有活动场所，实验需要一些设备，并需要投入资金，为学生们创造条件。要让学生们积极地参与其中，亲身经历，切身体会，切实感受到活动带来的效果。要让学生们的情感与血液相互融合，要在骨子里产生一种意识，会感受到有火苗正在燃烧，动力在驱使。现如今的孩子们都像是生活在温室中的花朵，看着美好，但经不起挫折，因而一定要让他们多去经历，多去参与，多多体会，要为他们提供活动场所，迎着风雨健康成长。

6. 传承优秀文化

要想发展核心素质教育，也需要传承优秀文化，营造出来的育人环境一定要积极向上，每位学生都是评价对象，要努力做到客观、全面地评价每位学生，积极促进学生们的全面发展，每位学生都要有自己的特长，成为对社会有用的人。要让学生们拥有比较健康的生活，要有爱的能力、实践能力、学习能力、创新能力、合作能力以及担当能力等，并养成习惯，要用评价来帮助学生们发展进步。对每位学生都要进行全面、客观的评价，多维度提升其品格，活动要常态化，养成良好的学习习惯。对学生来说，古典诗词的教学，不单单是传授文化知识，还是塑造思想品德的重要方法。根据"基础教育课程改革纲要"规定的综合实践活动课程目标，学生以小组为单位，在教师的指导下，结合学校的综合社会实践活动，围绕中华传统文化、二十四节气等内容进行合作探究。通过制订研究计划、查阅文献资料、设计研学手册、实践体验、动手操作等过程，培养学生发现问题、解决问题的能力，形成科学的研究方法。要重视培养学生们的好习惯，要重视传承与发展中华传统优秀文化，重视经典诗词与古文教学，并进行白话文的解释，学生们在阅读课上要自行阅读并背诵这些诗词，老师们一定要根据学生们的实际需求进行讲解，一些经典文献，如《三字经》与《弟子规》，学生们可以在理解阅读背诵中体会到传统文化的精髓，随着年龄增长，学生们自己的理解会不断深化，进而不断提高自身的文化素养。

总之，落实核心素养不仅仅依靠几句话，或者几个人就能够实现的，需要每一位教育工作者与家长们共同努力，并长期不懈地努力坚持来实现的。我们可以预见，为了我国会更加重视素质教育，家长们可以带给孩子们最珍贵的财富，除了智商以外要让他们不间断地学习，不断成长，使其变得更强大，更自信。这样才能让中国学生的核心素养真正地落实到实处，真正使学生受益，使国家受益。

浅谈中国学生发展的核心素养

田　竹[①]

在 2016 年 9 月正式颁布的《中国学生发展核心素养》为学生成长发展提出了新的发展理念，本文旨在研究中国学生发展核心素养的基本内涵，并在深入了解内涵大的基础上，深入剖析我国学生存在的问题，并探索核心素养理念下如何帮助中国学生更好地成长的策略和建议。

一、浅谈中国学生发展核心素养发展内涵

学生发展核心素养，主要指学生应该具备的，能够适应终身发展和社会发展需要的必备品格和关键能力。它包括三个方面，六大要素，十八个基本点。研究学生发展核心素养是落实立德树人根本任务的一项重要举措，也是适应世界教育改革发展趋势、提升我国教育国际竞争力的迫切需要。中国学生发展核心素养以培养"全面发展的人"为核心，分为文化基础、自主发展、社会参与三个方面，又具体分为六大素养，即人文底蕴、科学精神、学会学习、健康生活、责任担当、实践创新等，具体细化为国家认同等十八个基本要点，各素养互相联系、互相补充、在不同情境中协同一致发挥整体作用。

1. 文化基础

文化是一个民族的灵魂，中国有着源远流长的中国优秀传统文化，这是我们成长营养，也是中国学生发展的基石。现在我国大力倡导文化强国，文化也作为一种软实力影响着我国整体的发展，文化基础又包括两个方面，即人文底蕴和科学精神。人文底蕴需要学生掌握古代文学知识基本的文化常识，科学精神主要是探索科学世界和在生活中运用所学。从文化基础可以看出，对于学生的学习要关注学生知识积累的宽度和深度，使学生积累丰厚的文化底蕴知识，

[①]　田竹，女，抚顺县海浪乡九年一贯制学校教师。

从而形成正确的世界观、人生观和价值观，为以后的学习和生活做好准备。

2. 自主发展

自主性就是学生作为学习的主体，有充分的主观能动性去学习知识。学生的成长需要自主发展，自主发展重在认识到自我实现的价值，不断地发挥自身潜力，它主要包括学会学习和健康生活。学习能力的培养对一人的一生的发展都会重要，总有离开校园步入社会的时刻，现在也倡导终身学习，终身学习就必须培养自主发展的学习能力。自主发展方面还重在养成学生的学习发展意识，能够自主学习，有明确的人生追求，勇于实现梦想，追求理想的人生。

3. 社会参与

教育的本质属性就是社会性，教育最终还是为社会培养人才，培养社会主义事业的接班人。社会参与方面包括责任担当和实践创新，责任感是现在学生很缺乏的意识，作为一个学生有多重的责任，注重培养学生的社会担当能力，做一个有担当的人，才能够爱国家、爱家人、爱集体。实践创新是时代发展的要求，现在是创新的社会，国家需要创新型人才，为我国的高科技事业做出贡献。

二、中国学生发展核心素养过程中出现的问题

1. 文化基础不牢固

在现在中国应试教育的体制下，学习更多的是为了升学和考试，对于文化基础的学习，学生往往会出现不扎实的现象，在学生的课程教学中也很少涉及人文积淀、人文情怀和审美情趣的专门课程，就导致了大部分学生文化基础不牢固。作为浓缩文化基础之一的语文课程，从小学就开始真正的学习语文课程，语文课程作为文化基础的主要传递者，给学生带来了丰富的文化营养。但是，在教学的过程中更多的是记诵课文知识，采用死记硬背的方式进行学习，不但学生的文化基础不牢固，也导致了学习人文情怀和审美情趣的丧失。

2. 自主发展不自主

在现在中国应试教育的体制下，在教学的目标上，过于重视知识的传授，不注重发展自主的能力，按照统一的要求、统一的模式进行培养学生，学生的创新思维和创新能力得不到开发，在教学的内容上，教材成了学生学习知识的

主要途径，太多的知识局限于课本的学习。在教学的方法上，更多的是填鸭式、注入式的教学，教师更多的重视知识的传授，而忽视了学生自主的是思考。在教学的形式上，课堂成了学生学习知识的主阵地，理论知识的学习更需要实践来检验。在师生的关系上，教师主导占据重要地位，忽视了学生的主体性，真正的课堂最大限度地调动了学生的积极性和主动性，让学生充分投入到课堂中来。

3. 过少的社会参与

学生的学习离不开社会、学校和家长的配合。现在学生更多的在校园里接受教育，很少有社会的参与。社会的参与能带给学生不同的学习体验以及情感的建立。在社会的大环境下，学生会接触到更加真实的东西，把学习的理论在社会中进行实践，得出实践经验，获得直接经验的体验，对于学习知识的掌握和核心素养的培养都尤为关键。

4. 农村教育滞后

作为一名在农村小学任教的教师，笔者更加熟悉的是农村的学生们。随着乡镇企业的崛起，农村经济结构也逐步改变，许多家长就近在一些乡镇企业上班，由于工作忙，就疏忽了对孩子的教育管理。另外，还有大量年轻父母外出务工，把年幼的孩子留给年迈的父母，孩子成了留守儿童。在这样的家庭里，多数的爷爷奶奶文化程度不高，课外阅读对孩子的重要性认识不够，导致孩子没有机会接触到更多的书籍。

农村地区经济发展水平有限，在学校的学习时间和学习的书籍也有限，导致农村学生理解能力相对较差，农村教育滞后。理解能力不只是在语文学科有所体现，在数学等学科中，也有一些学生因为读不懂题，不能理解题意而解题错误。

三、发展中国学生核心素养的实践

1. 贯彻落实新课改的目标，科学培养

在教学目标上，从现在的知识与技能、过程与方法、情感态度与价值观"三维"目标出发，在学好文化基础的前提下，培养学生的综合能力。在教学的内容，让学生自主探索，充分发挥学生的主观能动性去学习，让学生走出去，让教材以外的课本走进来，丰富学生学习的内容，不仅有广度还有深度。

在教学方法上，采用多种形式的教学方法，综合运用讲授法、讨论法、直观演示法、练习法、任务驱动法、参观教学法、现场教学法、自主学习法等多种多样的教学方法，让学生爱上学习。在认识与把握核心素养上，不仅采用班级授课，还要采用个别教学、导生制、分组教学、开放教学、小队教学等多种教学形式，充分发挥课堂的作用以及课堂外学习的作用。在师生关系上，老师要做学生的人生导师，摆脱传统观念的束缚，建立平等互助的师生关系，深入了解学生，从内心深处做学生的良师益友，还要解决好相关的师生问题，建立良好师生关系。

2. 从兴趣入手，自主发展

兴趣是学生学习最好的老师，主观能动性的来源也是兴趣。兴趣可以让学生主动地去发展、去研究所学习的知识，所以激发学生的学习兴趣，潜移默化地影响学生的学识修养和人格修养十分重要。对于年龄小的孩子，可以充分地借助游戏，寓游戏于教学中，将游戏用于识字、拼音、课文学习、数学计算中，充分利用孩子的年龄特性，分层次地组织游戏，通过游戏环节激发孩子乐学。通过游戏，高于游戏的制高点来激发学习的兴趣。对于高年级的学生，要让学生有更多的自主探索的机会，发掘每个学生身上的发展潜力。

3. 紧跟时代，发挥教育合力

在中国学生的发展核心素养中关键的一点是社会的参与，社会是一个大的网络，人们在社会中成长，在社会中发展。学校也是一个小型的社会，学生在学校中学习知识，为进入社会做准备。学生的发展离不开社会的参与，社会为学生提供更多的资源。信息化时代的到来给学生提出了更高的要求。所以，要让中国学生更好地发展，就要发挥好家庭、学校、社会的教育合力，最大化地利用各种资源，帮助学生更好地成长，在核心理念的指导下，更好地发挥教育合力。促进中国学生紧随时代发展的要求，培养新一代的社会主义接班人。

21世纪是科技的时代，中国学生发展核心素养的提出为中国学生的发展指明了方向。在培养学生的过程中，"教无定法、贵在得法"，每个学生都有自身的特点和无限的发展潜力，在核心理念的指导下，从因材施教的角度出发培养学生。在以后的工作中，人民教师应当更加积极实践新的教育教学方式，争取运用科学的、合理的教育教学方法给传统课堂注入新鲜的血液，使我们的课堂教学充满活力，使每个孩子都能得到全面的提高。

中国学生发展核心素养评价难题的分析与破解措施

吴雪培[①]

教师作为知识的传递者、课程的构建者，在学生核心素养培养教学中起到了有效的引导作用。为了发挥教师的整体水平，提高核心素养培养的质量，我们要将教师作为核心素养培养教学改革的突破口，做到科学化的教育和人性化的指导，对学生做出有效的评价。但就目前而言，学生核心素养培养评价仍面对很多问题。开展中国学生发展核心素养评价，要做好教师思想的转变，进而提高教师的教学水平，促进核心素养培养学科的创新发展。

一、创新中国学生发展核心素养评价的价值分析

1. 提高现代教育评价认知水平

在传统教育形式下，学生在理解和掌握知识的过程中存在较多的问题。因为受传统教育观念的影响，灌输式教育是现代教育普遍采用的形式，并且老师因为具有一定的授课压力，所以在教学过程中对于学生的关注程度不够，一味追求教学进度的情况屡见不鲜。出现这种现象的原因有很多，其主要原因是当前面临着严峻的升学和考试压力，并且由于现代教育教学评价体系滞后，因而考试成绩成为评价学生学习情况和老师教学水平的重要参考指标，所以老师在教学过程中完全按照考试大纲对学生进行知识讲解。在这样的教学背景下，如果学生的基础知识薄弱，将不能很好地理解现代教育知识。在课堂教学过程中培养学生的创新能力，让学生在理解所学知识的基础上进行创新，这对于提高中国学生发展核心素养具有积极意义。

[①] 吴雪培，女，抚顺市育才中学一级教师，执教初中英语 21 年，2007 年参加辽宁省课题结题。

2. 摆脱传统教学理念的束缚

在当前的素质教育形势下，陈旧的教学理念是影响中国学生发展核心素养评价质量的主要因素，并且在教学实践中，学生的考试水平和考试技巧成为老师教学的重点内容。而综合能力，尤其是创新能力的培养，老师却很少关注，这显然不符合素质教育的主流趋势，长此以往，不仅影响学生综合素质的全面提升，而且会使其失去学习的兴趣，对以后的深入学习产生不利影响。在现代教育课堂教学中培养学生的核心素养，可以在一定程度上摆脱传统教育观念的束缚，帮助学生在理解和掌握所学知识的基础上，突破能力提升的壁垒，在深化现代教育教学效果的基础上，提升创新意识，进而为学生今后的学习奠定坚实基础。

3. 符合素质教育发展的整体趋势

随着教育形势的不断发展，只有进行符合时代发展特点的学生评价变革，才能更好地适应当前教育的基本要求，更好地为学生以后的成长和发展服务。因此，在现代教育课堂教学实践中，各方面能力的培养逐渐成为教师关注的主要问题，这也是素质教育的大势所趋。核心素养是学生在学习过程中应该具备的主要能力，良好的创新意识和实践能力也是学生适应未来竞争的基本要素。由于传统教学过于重视知识的讲解和灌输，忽视学生创新能力的评价与培养，导致学生在以后的发展过程中遇到瓶颈。因此，在现代教育课堂教学中重视培养学生的创新能力，符合当前课程改革发展和素质教育的本质要求，同时，对于提高现代教育质量也具有重要作用。

二、导致中国学生发展核心素养评价出现问题的因素

1. 应试思想固化、缺乏全局意识

很多中国教师仍是应试教育的忠诚维护者，将核心素养培养教学固化为顺利通过考试的教学，并将成绩作为权衡教学得失的唯一标准，严重阻碍了课堂教学效果的发挥，让学生陷于被动思考的境地。这种思想的由来与教师一直坚持的应试教育是分不开的，虽然改变不了环境的限制，但核心素养培养不能用这样的标准来禁锢自身的思想认识，将核心素养培养机械化，忽略了学生兴趣与能力是保证学习效果的基础，因而让核心素养培养评价走向误区，教师自身也难以得到提升。教师会一直伴随学生的整个教学时段，要明确目标，使学生

对核心素养培养学习具备足够的心理和智力准备，但能做到这一点的教师少之又少，无形中给核心素养评价带来了很大的阻力。

2. 教学创新不足，缺乏内在实效

随着课程改革的不断推进，各种全新的教学形式开始不断涌现出来，这些教学形式如果能够得到较好的应用，不仅能够在一定程度上改变传统教学模式存在的缺陷，而且对于中国学生发展核心素养评价也具有十分重要的作用。在当前的教育实践中，老师为了紧跟时代发展形势，提升教学质量，也将这些全新的教学模式运用到了教学过程中，但这其中仍然存在一定的问题。具体来说，由于部分教师对于教学方式的理解程度不深，仅仅停留在字面意思之上，没有领会其实质，因而在进行运用的过程中也只是简单地进行形式上的应用，从而导致教学创新流于表面形式，降低核心素养培养与评价质量。

3. 重视理论说教，忽视学生实践

学习知识的最终目的就是为了应用，同样也不例外，但从当前的教育实践来看，老师在教学过程中过于注重理论知识的讲解，忽视与现实生活的联系，导致理论与实践相互割裂，不利于中国学生发展核心素养评价。理论知识学习只是教育的一个方面，在素质教育的背景下，学生创新精神和实践能力的培养同样是至关重要的，而实践能力就需要通过理论联系实际的过程进行锻炼和培养，通过对知识的实际应用，学生可以对知识有更加深刻的体会和感悟，同时对于学习理论知识过程中难以理解的问题，实践中也会找到相应的答案，这对于学生综合素质提升具有非常大的作用。因此，要想提升中国学生发展核心素养评价质量，必须从实践入手。

4. 课业压力繁重，学生疲于应对

在当前的社会形势下，对于人才的需求变得更加多元化，只有具备过硬综合素质的人才才能在未来的竞争中脱颖而出，创新能力是人才必备的素质，因而应该在中国学生发展核心素养评价中强化对创新能力的培养。老师应该在教学过程中采取适合学生创新能力发挥的方式，培养和提高学生的综合素质。一直以来，现代教育饱受应试教育机制困扰，在考试中得到高分成为现代教育的唯一目标。为此，面临着严重的课业压力，并且这种压力与日俱增，在这种情况下，学生对于课堂知识都疲于应付，根本无暇顾及其他方面的因素，学习过程中缺乏自我思考和总结的过程，创新能力和实践精神更是无从谈起，这对于核心素养的培养是非常不利的。

三、优化中国学生发展核心素养评价方式的具体路径

1. 倡导自主和谐的现代教育体系

核心素养培养需要满足知识与能力的双重目标，对于教师的要求也需要靠这两方面来衡量。为了达成教学目标的要求，提高中国学生发展核心素养评价效果，教师需要不断转变自身的思想认识，提高学生核心素养培养的质量。素质教育要求我们在课堂教学中营造和谐的课堂范围，将教学主体地位归还给学生。这种要求正是保证核心素养培养有效性的手段，为此，教师要积极创设这样的学习环境，尤其在课程内容复杂的情况下，为了促进学生自主性的发挥，教师要有意识地进行教学梯度的划分，保证每个学生都是课程的参与者，而非旁观者，这就要求教师能够有效掌握学生的情况，通过观察与学习，提高自身对教学的认识，把握教育发展的趋势，提高自身的理论水平与业务能力。

2. 对教学计划和评价体系进行优化

在传统教学模式之下，教学计划都是由老师独立设计完成的，所采用的也都是老师的角度，受应试教育观念的影响，传统教学计划过于注重理论知识的灌输，忽视学生能力的锻炼和培养，这对于学生核心素养培养与评价是非常不利的。在新的教育发展形势之下，为了更好地适应素质教育的基本要求，有效提升学生的综合能力，老师应该对教学计划进行重新调整，为教学制定一个相对明确的指导方向。具体来说，老师应该在平时的教学过程中注重观察学生的学习特点和对知识的掌握情况，然后结合学生的实际特点进行综合评估，在充分掌握学生基础水平的基础上，对之前的教学计划进行针对性的调整，优化教学内容，在符合教学大纲要求的情况下，把培养和锻炼学生综合能力贯穿到教学的全过程中。

3. 不断完善教学评价方式

在现代教育实践中，教学评价方式陈旧也是影响教学质量提升的主要障碍，针对这个问题，学校和老师应该对此给予足够重视，及时创新和改进传统教学评价形式。在之前的教学过程中，考试成绩作为学生学习质量检测的唯一标准，并且也以此标准来评价老师的教学素质，这是传统教学评价形式的最大缺陷。因此，在新的教育形势下，学校应该及时改变这种评价形式，降低考试成绩在学生评价过程中所占的比重，将学生综合能力的考察纳入到学生评价体

系之中，重新制定完整的教学评价机制，重点考察学生的综合素质，为教学方法的创新应用扫清障碍，减轻老师的授课负担，让老师能够根据学生的实际情况进行教学模式的创新升级，从而促进教学质量不断提升。

综上所述，在开展中国学生发展核心素养评价优化过程中，教师要针对教学问题进行深入分析，探索多样化的教学创新路径，提升对学生核心素养的培养效率和培养质量，从考核评价角度出发，引领现代中国学生不断提升自我综合素养。

基于公共道德视角的中国学生核心素养培育

张　沫[①]

中国人的素质一直以来备受诟病，在现代社会条件下，随着流动性的持续增加与社会活动范围的不断扩展，这种"素质"不仅会影响到中国人的形象，也会对构建具有中国特色的社会主义和谐社会、文明社会，以及习总书记所说的"人类命运共同体"造成一定的阻碍。因此，按照邓小平同志的教育理念，即"教育要从娃娃抓起"的基本要求，有必要在现阶段按照现代社会运转的公共道德视角对中国学生核心素养的培育问题做出具体探讨。

一、基于公共道德视角的社交素质培育

现代社会以市民社会为主体，由于中国特殊的国情所致，现阶段的市民主体来自于社会各个阶层，因而在道德视角审视之下，必然会显示出参差不齐的素养。按照马克思主义的基本社会原理，认为社会是人与人之间的关系所构成。因此，应该在这个层面抓住人与人之间的社交属性，先从培育社交礼仪方面的素质实践入手。具体如下：首先，在现代社会公共道德视角之下，应该为中国学生植入"长幼有序"的基本认知，它与传统时期的"辈分"既有相同之处，也存在诸多差异，这种长幼有序，一方面应该注重在社会公共领域的"尊老爱幼"，遇到年长者应该对应选择不同的称呼，如父亲、母亲、爷爷、奶奶、叔叔、阿姨等。另一方面，它是指在社会公共空间领域内对于陌生人的一般社交礼仪。其次，在公共道德视角下，社交礼仪的培育应该将其落实到衣、食、住、行各个方面。以穿衣为例，应该从孝道的立场，帮助家里的老年人进行衣物的洗换，注重自我管理中的衣物整理。以食为例，则需要注重在饭桌中的座次，尤其是记得长辈的位置与自己所处的位置，通过这种"位置"的科学安排而实现礼仪社交的合理性。以住为例，长辈应该住在家里最适宜的卧室，确保

---

① 张沫，女，抚顺市第六中学一级教师，执教高中数学16年，"'十二五'骨干教师"。

长辈住得舒适。而在出行方面，则宜注重对于长辈的照顾。最后，作为学生，应该在教师与同学之间始终建立一种"君子之交淡如水"的礼仪化社交，确保知识所塑造的"知识分子形象"，使各种有利于人提升的互相尊重、仰慕有度、谈话风度等得到较好应用。从整体上观察，社交素质的培育不仅仅是一种对于社交能力的培养，它更加注重对于中国学生的"守礼"思想的培育，以及对于传统文化的发扬，从而促进家庭和谐与社会和谐。所以，该路径下的中国学生核心素养培育的根本目标是使其在整个过程中得到形象塑造。

二、基于公共道德视角的情感素质培育

传统时期对于中国学生核心素养培养中，共情能力的培养一直处于"缺席"状态。但是，进入现代文明社会之后，对于社会人的素质衡量往往需要通过社会伦理道德来实现，尤其是在公共空间中的公共道德已经成为检验一个人是否具备社会人的基本素质的条件之一。英国经济学家亚当·斯密曾在其《道德情操论》中将其命名为"同情心"。下面就结合这种同情心或同理心的培育做出讨论：情感培育是一个非常复杂的过程，它要求具有一定的场景体验才能得到有效激发，因而在现阶段培育中国学生核心素养的初级阶段，应该注重对于场景的设置，从而增强中国学生对于这种情感的体验与感受，进一步为其内心植入同情心。比如，可以借助中国传统文化中的经典著作《孟子》这部书，提炼其中与同情心相关的要素，如人性本善的理论，然后，从人性之善的角度切入，使学生明白对于其他客体拥有"恻隐之心"是人之常情，而之所以未能体现的原因则是"受到了外物的束缚"，因而要懂得"格物"之理，才能真正地进入承载情感的内心深处，使其得到有效的发挥，实践中教师可以举出一个人面对掉入井中之人而本能地去求助的同情心理。再如，在现阶段教师可以运用多媒体等互联网工具及相关平台，在多媒体教室设置相关的场景，使学生身临其境地感受同情心之存在，如观看唯美的自然画面，了解壮美的山川河流，分析著名的风景，以及通过对于艺术品的鉴赏等来获得这种对于美好事物的感受，从而将其转化为对于万事万物的同理之心，使自身内心深处的同情心通过共情能力的途径得到有效培养。

三、基于公共道德视角的诚信素质培育

根据马斯洛的需求理论，人除了那五种基本的需求之外，它会通过对社会的感受来增强或弱化此类需求。比如，社会运转的好与坏，人们体会到在社会

中的幸福程度多取决于主体的公信力，包括诚实守信的能力以及整个社会的信用体系。而中国社会的现实情况所暴露无遗的"假、大、空"积习已久，其改善仍然有赖于对社会公共环境下的信用体系之建设，并将其落实到个体行为之中，反过来，个体行为的信用指数越高，其所活动的社会信用体系也就会随之而完善。下面结合对信用体系相关知识的学习与理解对诚信素质培育做出说明：诚信素质的培养的前提是"真"，由于在现实社会中存在"美言不善，善言不美"（《老子》）的真实情况，加之中国社会中的人际关系网络相对复杂，所以大部分人在诚信方面，会选择说一些"漂亮话"，办一些"漂亮事"而获得相关利益。因此，建议在针对中国学生核心素养培育的实践中，应该努力从人格培养的基础做起，使其尽可能在现代社会中"冲破关系网络之束缚"，学习巴金的格言"说真话"。也只有在学生学习的阶段，通过"说真话"的人格之培养才能使其较多地感受到"诚信价更高"的实际意义。目前，可以通过"引入银行体系中的信用记录"这个专题进一步使学生理解诚信在公共空间中的价值。另一方面，为了使学生具备这种素质，可以通过"写作教育"来持续强化，因为写作过程中，写作主体会对所看、所听、所想按照个体化原理进行重新梳理与组织，并借助"内心之眼"将其一五一十地写在自己的私密空间，相当于"与自己对话"。根据现代心理学研究的基本认知，人在面对自己的时候，往往会揭开伪善面具，显现出那个内在"本我"。所以，鼓励学生持续写日记与写作，培养自身"言必行，行必果"的性格，抒发内心真诚感受，是增强中国学生核心素养中的诚信素质的有效路径。

四、基于公共道德视角的理性素质培育

启蒙运动时期的伟大哲学家康德在其《实践理性判断》中提出了"理性人"的说法，认为一个有理性的人，就是敢于在公共空间内使自身那种正直的品性得以显现。与这种对更理性的理想化追求相比，中国社会中所出现的"老人碰瓷"现象却令人感到无比的悲哀，而且已经到了即使要扶一个摔倒的老人，也要先拍段视频以证清白的地步。但是，这种现象并不能阻碍对于中国学生正直理性素质的培育。具体如下：一方面，可以通过对公共道德视角下的各类非理性的社会现象进行收集，并将其编写成具体的案例，然后从案例讲解的角度对学生进行解剖式的分析，使其真正地理解这种现象背后所存在的"利益驱动"，同时，使学生从多元的角度解除对此类现象的偏见。另一方面，在解除疑惑之时，应该通过一些正面的案例进行研究分析，挖掘正直理性之所以产生的根源来自于人们对于公共事物的尊重，以及公共利益给人类所产生的各类影响。比如，在这个方面就可以举出伟大的文艺复兴作为实际案例，使学生明白只有在那种高度发达的文明程度之中，正直理性的公共品质才能得到更好地加强，从而促进学生对于理性与文明关系的理解，并借助这种关系的进一步深入探索，使自身的公共理性得到科学培育。

五、基于公共道德视角的文明素质培育

选取公共道德视角培育中国学生的文明素质，是一个可大可小的话题，从大的方面来讲，它属于一个民族、一个国家的所建立的文明表达；从小的方面来讲，它属于同一文明下的个体所传达出来的文化修养。因此，当在公共空间发生不文明行为，或违背了现代社会人们常识中已经得到共识的公共道德之时，就会产生非常厌恶的感觉，甚至会通过文明公约而对不文明行为的实践者进行"行为禁止"，如禁止其出境游等。因此，文明素质需要通过文明行为来体现，可以将其理解为现代社会文明规范下的行为培养。这个方面的培养应该偏重于"行"的一面。比如，在公共道德视角之下，吐痰属于一种不文明行为，就可以利用个人卫生的角度切入，使学生在培养自我管理能力，提高个人卫生管理的同时注重个人修养，养成不随地吐痰的文明行为。再如，中国人在旅游过程中往往会留下"×××到此一游"的字迹，以表示自己曾经来过，或者留下某个印记，或者作为纪念等。面对这种情况，教师可以导入心理分析，使学生明白这种留下印迹的行为来自于"动物的领地意识"（如动物就会通过撒尿、放屁、斗争、巡视宣示自己的主权或领地），而人属于高级动物，应该从意识培养的角度，逐渐认识到它的低级趣味，从而通过意识转化与观念理选而规避这种不文明行为的发生。

总而言之，基于公共道德视角的中国学生核心素养培育是一个牵涉"中国人的素质"的大问题，但其落实需要借助每个中国个体而实现。因此，以学生为主体的培育，应该站在"社会人"的立场，综合分析现代社会对于人的基本素养要求，按照"大处着眼，小处着手"的基本原则，使学生能够切身的将所学到的文明素质知识运用到现实的学习与生活之中，体现在社会活动的各个方面，以此显示出"文明人精神"，以及"现代人"行为，净化自我、净化周边事物、净化更多的"不文明行为"，最终推动下一代中国人素质的整体提升。

基于专业标准 提升校长实施核心素养的领导力

王 月[①]

　　随着国际全球化与信息化时代的到来，机遇与挑战并存，国家之间表现出的合作与竞争意识愈发强烈。国际竞争归根结底是人才的竞争，百年大计，教育为本，要培养具备何种知识、能力与情感态度的人才及怎样培养这样的人才，是各国基础教育领域不断研究探讨且无法规避的核心问题。2016 年 9 月 13 日，教育部发布《中国学生发展核心素养》（以下简称核心素养），成为我国实现教育立德树人根本任务的具体操作性范本。校长作为一所学校的管理者、引领者，有责任且有义务，基于专业标准，提升自身实施核心素养的领导力，从而深入贯彻落实学生核心素养，使其落地生根。

一、核心素养概述

1. 核心素养的背景

　　核心素养伴随着国际课程改革推进及我国课程改革深化应运而生，是学生全面健康发展的需要。21 世纪以来，多个国家及一些重要的国际组织已通过对本地基础教育阶段学生学习与生活的情境脉络进行研究，提出了各自的"核心素养"要求，如 2003 年联合国教科文组织提出的"教育五柱"、2009 年大洋洲墨尔本大学提出的"4 类 10 项技能"等，其中大致可分为"成功生活取向的思维核心型、终身学习取向的知识核心型、个人发展取向的价值核心型、综合性取向的教育系统型"四种类型，并以此为导向，开展了相应的基础教育课程改革。

　　在国内外基础教育课程改革如火如荼之时，我国基于 2014 年教育部研制

---

　　① 王月，女，抚顺市教师进修学院干训教师，中学一级教师，工作 5 年。

印发的《关于全面深化课程改革，落实立德树人根本任务的意见》要求，研究制定了符合我国实际的学生发展核心素养，为立德树人的根本任务树立了具体的规范与标杆。

2. 核心素养的内涵

核心素养以培养"全面发展的人"为核心，分为文化基础、自主发展及社会参与三个方面，综合表现为人文底蕴、科学精神、学会学习、健康生活、责任担当及实践创新六大素养，具体细化为国家认同等 18 个基本要点。核心素养是学生能够适应终身发展和社会发展需要所必备的品格和关键能力，是关于学生知识、技能、情感、态度、价值观等多方面要求的综合表现。

3. 核心素养的意义

核心素养的"根本任务是将党的教育方针具体化、细化，落实立德树人根本任务，培养全面发展的人，提升 21 世纪我国人才核心竞争力。"它在党的宏观教育目标及教育理念与学校教育教学实践之间架起一道桥梁，使两者实现有机整合，为我国中小学学生应具备的品格与能力，提出国家层面的、统一规范的、便于理解的具体目标，成为最具权威的发展标准，从中观层面深入回答了"立什么德、树什么人"的根本问题，也将会引领课程设计、育人模式及评价体系的深度变革。

二、专业标准是提升校长实施核心素养的领导力的重要依托

1. 校长专业标准的内涵

为进一步推动义务学校校长专业化发展，规范并完善校长职业行为，建设高素质校长队伍，深入推进义务教育均衡发展，教育部研究制定了《义务教育学校校长专业标准》（以下简称专业标准）。专业标准包含基本理念、基本内容及实施要求三大部分，为校长明确了规划学校发展、营造育人文化、领导课程教学、引导教师成长、优化内部管理及调试外部环境六大专业职责。每条专业职责又分为专业理解与认识、专业知识与方法及专业能力与行为 10 点具体要求。专业标准内容全面，层次清晰，逻辑严谨，既涵盖意识形态方面的认识理解要求，又包含实践层面的行为能力要求，是校长工作的规范和准绳，也是衡量其称职与否的标尺。

2. 专业标准是提升校长实施核心素养的领导力的有效保障

校长是负有促进学校发展、引领教师成长、助推学生成才的学校领导与管理责任的专业技能从业人员，专业标准从理念和技术方面，规定了校长应具备的专业技能与素质、行为规范与准则，是制定校长任职资格标准、培训课程标准、考核评价标准的重要依据。而学生核心素养的落实，正需要校长依托专业标准，将其作为重点纳入其中。专业标准是落实核心素养的载体和途径，而培养学生核心素养又是校长依据专业标准履行专业职责的目的所在，可以说，将两者融会贯通、紧密结合，充分体现了校长的教育追求与情怀、教育智慧与担当。

三、依托专业标准，提升校长实施核心素养的领导力

校长应依托"规划学校发展、营造育人文化、领导课程教学、引导教师成长、优化内部管理及调试外部环境"六项专业标准，找准其中的核心素养契合点，打破藩篱、精耕细作，才能提升其实施核心素养的领导力，切实促进学生全面发展。

1. 规划统领，核心素养有的放矢

学校发展规划是学校未来一定阶段内发展方向、目标、途径等方面已达成全校共识的，用以统筹、指导学校教育教学实践的纲领性文件。学校发展规划的制定须以当时国家的大政方针、教育政策为指导，紧紧围绕本校校情与本土优势，把握时代脉搏，彰显时代特色，以发展的眼光，指明学校前进方向，绘制师生美好愿景。校长是学校发展的领衔人，规划学校发展是校长专业能力之首，关系到该校是否能找准办学定位与特色，是否能继承传统开拓创新，是否能体现并达成国家教育目标与要求。

全方位贯彻落实核心素养，首要任务就是充分认识核心素养对于学生全面发展的重要性，将其写入学校发展规划，上升到与学校发展休戚与共的战略高度，从宏观规划层面予以落实，以指导本阶段学校各项工作的运行。在抚顺市"十三五"专家型校长培养工程实施过程中，市教育局与市教师进修学院举办以"核心素养和学校发展"为主题的系列高端论坛，特旨在"十三五"开局之年，核心素养发布之初，增强校长们制定五年规划的能力，提高校长们对核心素养的重视程度，使之将其与学校发展深入融合，达到以核心素养渗透发展规划、发展规划统领学校发展的目的。

2. 文化浸润，核心素养润物无声

"学校文化是学校的名片，校长就应该是文化的组织者和创建者。"2017年8月，教育部印发的《中小学德育工作指南》中提及文化育人，指出要开展校园文化建设，提高校园文明水平，让校园处处成为育人场所。营造育人文化是校长专业标准中重要的一项能力要求，也是新时期德育工作的重要方面。

核心素养三大内容之一便是要求学生积淀文化基础，这决定了学生拥有怎样的人文底蕴。为使学生在潜移默化中得到文化熏陶，达到核心素养的要求，首先，校长应将文化育人作为办学治校的重要内容和途径，加强学校文化体系建设；其次，校长自身应加强对中国优秀传统文化兴趣的培养，理解其时代意义，利用其教育价值，同时，提高自身欣赏水平，培养良好的艺术鉴赏力和资源整合力；最后，应兼顾硬件文化的设计规划和软件文化的继承创新。硬件文化方面，要求校长对学校文化定位有独特思考，强化校园内基础设施及环境再设计的宏观把控，将育人文化融入其中，可突出主题化、有序化，在给学生以美的感官享受的基础上，散发并彰显更为丰富厚重的文化底蕴。软件文化方面，要遵循不同学段学生的身心发展规律，围绕国家传统节日、纪念日、学校特定节日等创办或开展相关主题教育活动，达到文化育人、活动育人的目的，从而使学校文化浸润于师生心灵，使核心素养润物无声。

3. 课程强化，核心素养掷地有声

课程教学是学校运行最重要的环节之一，是落实核心素养最直接有效的途径。校长要加强课程教学领导力，寓核心素养于其中，开发不同的课程体系、教学策略，使核心素养渗透课堂，滋润内心。

首先，校长应掌握课程设计与开发、实施与评价相关的理论知识和实践经验，以核心素养为导向，深化课程改革，统筹国家、地方、学校三级课程，在落实国家及地方课程的基础上，挖掘特色、因地制宜，着重打造、编制特色校本课程及教材，将核心素养要求贯穿于多样化的课程之中，培养学生全面发展。其次，校长应认真落实义务教育课程标准，在重视学校德育的基础上，找准人文科学学科、自然科学学科与核心素养的契合点，利用现代化教育信息技术，拓展多样化教育形式，改进教学策略，培养学生核心素养之文化基础，积淀人文底蕴，涵养人文情怀，同时，使学生具备科学精神，锻炼理性思维，敢于批判质疑，勇于探究真理。再次，校长还应注重体育和美育课程，对体育运动与健康、音乐和美术学科要开足开全课时，关注学生身心健康，培养学生审美情趣，使其理解、尊重多元文化，增强发现美、欣赏美乃至创造美的意识，

并具备将积极健康的审美态度迁移于学习、指导于生活的能力。最后，校长要积极组织教科研活动，建立常态化听评课制度，指导并监测课堂教学情况，以核心素养为依据，完善促进学生全面发展而非片面注重考试成绩的课程评价机制，只有如此，才能从根本上转变课程教学方式，使核心素养掷地有声。

4. 教师引导，核心素养实施有序

相较于校长作为决策者对学校教育教学工作进行宏观把控来讲，处于学校改革发展最前线的教师们便是学校教育教学制度的执行者，他们对学生的影响更直接，也更关键。教师在学校起到承上启下的作用，他们是学校管理层同学生之间信息的传递者，是学校一切规划、制度的践行者，是学校改革发展的先驱者，更是学生们成长进步的第一引导者。专业标准要求校长引领教师成长，为教师队伍建设指明方向、阐明措施，这也成为提升校长实施核心素养的领导力之关键所在。

从某种程度上讲，教师是校长深入学校的触角，提升校长核心素养领导力自然需要提升教师对核心素养的引导力。首先，校长应在明确教师队伍建设重要性的基础上，尊重教师专业发展之规律，明确教师职业素养之内涵。其次，注重教师培训，完善教研训一体机制，建设学习型教师队伍，使教师善于捕捉、把握国家教育方针和政策，及时转变思想，完善教学策略。再次，校长应加强教师们对核心素养的深刻理解，适时指导教师开展教育教学实践与研究，改变现尚存在的"学科本位"和"知识本位"现象，引领教师们依据各自学科特点，将核心素养渗入每节课堂教学中。最后，校长还应重视师德师风建设，打造"四有"教师队伍。只有教师充分发挥对学生的直接示范与引导作用，才能使核心素养真正走进学生中间，得到他们的认同和共鸣，实施起来才更加稳妥有序。

5. 管理保障，核心素养落实有据

优化内部管理，是校长专业标准的要求之一，是助推依法办学、科学治校的重要保障。校长应加强依法治校意识，以德立校，公正严明，明确"法治"而非"人治"的观念，校长虽是学校的管理者，但他所履行的管理职责也需在国家法律和地方、学校相应制度下运行，且自觉接受师生、家长、上级单位和社会各界的监督。作为学校管理者，校长还需具备相关的管理专业知识，把握每一时期国家对校长职业的职责范围与履职要求，将核心素养的日常实施纳入学校管理之中，创建科学适宜的评价验收机制，编制可量化、易操作的评估考核标准，时时监测、定时评估，以便依据监测结果对核心素养的落实措施进行及时的细节调整，使其更加适应校情、符合学情，进一步增强核心素养的实效性。

6. 协同共建，核心素养资源共享

教育从来不只是学校的责任，积极协调外部环境，充分调动家、校、社会资源，协同共建，举社会之力创设良好育人条件，是校长办学治校、专业发展所必备之能力。核心素养是数所高校、百位专家历时三年研究而成的智慧结晶，理论层面已在社会各界中达成共识。校长一是要掌握学校周边、社区及学生家庭基本情况，发挥学校与社区之间的作用与反作用力，为学生创设参与社区劳动与服务的机会，同时，也利用社区对学校的积极影响，邀请相关人士走进学校为学生讲解社区活动相关的知识与趣闻，加强学生与外界的正向联系，激发他们的社会责任感和参与感，从而培养科学的社会观及正确处理自我同社会的关系和学习同实践的关系的能力；二是掌握学生家庭与家长的构成情况，架起家校桥梁，畅通沟通渠道，建立健全家校合作育人机制，如开设家长学校、家长委员会、家长开放日等，调动家长配合学校教育积极性，使之产生正向合力共同助推核心素养落实；三是争取社会公共服务组织、职业机构及其他社会资源对学校的教育支持，优化外部育人环境，依据德育工作指南要求，掌握实践育人的德育实施方法，重在培养学生的实践能力和创新精神，也可通过职业特点介绍、职业场所参观进行必要的学生生涯教育，使学生树立远大志向，尽早为理想而奋斗。

在立德树人根本任务下，校长们更当不忘初心、牢记使命，依托专业标准，提升实施核心素养的领导力，躬身前行，在培养中国特色社会主义事业合格建设者和可靠接班人的道路上，无悔无怨，奋斗一生。

基于发展学生核心素养实践途径
之教师自身转型研究

张　倩[①]

习近平总书记在党的十九大报告中指出，建设教育强国是中华民族伟大复兴的基础工程，要全面贯彻党的教育方针，落实立德树人根本任务，培养德智体美全面发展的社会主义建设者和接班人。此外，报告还提出了要"以培养担当民族复兴大任的时代新人为着眼点"的重要论断。"立什么德，树什么人"成为当今教育迫切要回答和解决的问题。落实立德树人的根本举措之一，就是发展学生的核心素养——主要包括文化基础、自主发展、社会参与三个方面，具体表现为人文底蕴、科学精神、学会学习、健康生活、责任担当、实践创新六大素养。学校是教育的主阵地，是帮助学生立德并将其培养成新时代的优秀青年的重要场所，而教师便是这重任的肩负者。本着"打铁还需自身硬"的原则，作为教师，应加快自身转型，将培养学生学科素养贯穿教育任务始终，努力把学生培养发展成为能够担当起民族复兴重任的时代新人，使其能够符合新时代中国学生发展核心素养的各项要求。

学生时代，在导师的引导下读到了余秋雨先生的《中华文化四十七讲》，印象最深的并不是书中了解到的文学历史知识，而是他与北大学生、台湾大学学生之间的"闪问""闪答"的对话模式，在轻松、愉悦的氛围下进行的严谨又不失幽默的文化切磋和传授。走出校园，走进工作之后，站在三尺讲台之上，通过在课堂教学过程中与学生的互动反馈状态、对历史问题的概况了解、对历史教育的理解以及学科素养的要求，反观传统经验型教学模式已经很难适应高中历史学科的教学要求，也很难符合新时代中国学生发展核心素养的要求。因此，在坚持《普通高中历史课程标准》的原则要求下，教育模式应不断改进，授课内容和方式也应该与时俱进，做到因材施教，尽快调整以往应试教育的刻板模式和传统理念。《荀子·致士》中曾提到"师术有四，而博习不与

[①]　张倩，女，抚顺县第二高级中学一级教师，执教高中历史 3 年。

焉。尊严而惮，可以为师；耆艾而信，可以为师；诵说而不陵不犯，可以为师；知微而论，可以为师"，翻译过来的意思就是，教师除了具备渊博学问之外，还应具备四个基本条件——有尊严和威信；有崇高的信仰和丰富的阅历；有讲授儒家经典的能力；有精通教材和钻研的能力——这就需要具备自我进修与开展研究的愿望、能力和行动，能够站在学科教育改革的前沿，使自己的教学模式能够适应新时代的发展和需要，以此提高自身专业研究力、学识拓展力、个人公信力及形象展示力；同时，还要有比较深厚的学科知识功底以及教育心理学和社会学的相关知识，提高个人自信力和个人影响力，才能研究适合学情的科学的教学预案。教师是一种特殊的职业，承担着传承优秀文化的教育使命，这就需要教师要有深厚的人文底蕴、勇于探索的科学研究精神及肩负新时代教育使命的责任担当，才能帮助学生发展核心素养，使其能够获得成功生活，更好地适应个人终生发展和社会发展。

一、深厚的人文底蕴功底

教师的人文底蕴功底深厚，自身储备丰富，才能满足学生的知识需求，丰富学生的文化底蕴。笔者认为，读书是夯实基本功的最好途径。一本好书就像一艘小船，它能够带领我们向广阔的大海驶去，带领我们畅游知识的海洋。只要科学读书，才能达到事半功倍的效果。这就需要遵循以下几点原则：首先要多读理念之书——即选择品位较高的书籍。这就需要教师时刻关注教育理论发展的新动向，选择更加前沿的学科动态，掌握主流的教学理论，保持学科方向的正确性；其次是根据教学的现实需要，有选择地、有目的地读书——既读历史专业书籍，也读与教育理论相关的书籍。这一点即要求教师要顺应时代发展，搜集专业发展的新知识，不断开发、整合新的教学资源，将知识点融会贯通，进而精心组织编排授课内容。要达到这一境界，单凭学科的知识储备是不够的，而是要在夯实学科功底的基础之上，掌握更多的教育学、心理学、社会学的发展成果，实时更新自身知识储备。基于学生特点，引导学生进行自我教育，适时调整教学内容和模式，满足学生的学习和发展需要，利用优秀历史人物的先进事迹教育学生，树立学生正确的世界观、人生观、价值观，逐步完善其个性发展；最后在阅读模式上，采取泛读与精读的结合。余秋雨先生的一次公开演讲的主题是"别在假阅读中浪费生命"，即呼吁年轻人从信息洪流中逃离出来。读书贵于精而不贵多，不要以量取胜，要在丰富自身内涵的阅读过程中学会找到适合的书籍，不跟风，不炫耀，避免浪费时间导致的事倍功半。

二、勇于探索的科学研究精神

　　教师的研究能力是创新教育、创造教育佳绩的保证之一，只有教师本身探索出一套适合学生教育求知，素质发展的方式、方法，培养学生自主探究的科学精神，才能保证学生的自主能力的提升。对于教师而言，提高教学的实效性和对学生的学科兴趣，依赖于教育教学研究能力的提升。因此，必须达到以下几点要求。一是要做课题研究。通过查阅和收集大量的学科专业知识和与课题相关的非学科专业性资料，带着问题去学习和研究，在研究中不断升华，自觉地以研究的眼光去关注、思考并解决教育教学过程中出现的各类难题，进而主动反思、改进自己的教育教学模式；二是努力争取外出观摩学习和继续教育培训的机会，利用校内外的教研活动、教学设备、网络资源等先进条件，扩大信息来源，拓宽视野，不断更新已有的知识理念、授课模式和方法，提高教学质量，把课外学习作为教育生涯中的一项常规工作，努力站在学科领域的前沿；三是注重网络资源对增添教育智慧的重要性。新一轮课改要求教师更新教育理念和教学方法，运用新技术便是教师要学习的内容之一。多媒体自身具备了交互性、集成性等优点，因而教师需要不断学习教学媒体的运用，以便提升教学质量和课堂实效性，激发学生对知识的兴趣和渴望。

三、肩负新时代教育使命的责任担当

　　无论是《礼记》里"修身齐家治国平天下"的人文理想，还是《岳阳楼记》中"先天下之忧而忧，后天下之乐而乐"的大任担当，抑或是陆游"家祭无忘告乃翁"的忠诚执着，家国情怀从来都不只是摄人心魄的文学书写，而是人们内心之中的精神归属。《普通高中历史课程标准》中历史学科核心素养的最后一点是"家国情怀"，对于高中学生而言，具体体现为具有正确的国家观——即对祖国的认同；正确的民族观——即对民族的认同，树立民族自尊心和自豪感；正确的文化观——即对中华优秀传统文化、革命文化和社会主义先进文化的认同；认同社会主义核心价值观；确立积极进取的人生态度，塑造健全的人格，正确树立世界观、人生观和价值观。因此，作为教师，除了拥有丰厚的人文功底、勇于探索的科学精神以外，还要有一定的责任担当，在教育工作中，培养学生的家国情怀。这就要求教师做到以下几点：首先，正确认识和准确把握世界与国家发展的大势，掌握马克思主义理论，具备宽广的视野，自觉践行社会主义核心价值观，坚定道路自信、理论自信、制度自信、文化自信，提升自身修养境界；其次，勇于担当教育使命，牢固树立为共产主义远大理想和中国特色社会主义共同理想而奋斗的信念和信心，把自身价值的实现同教育事业的发展紧密结合起来；最后，严谨笃实、学以致用、知行合一，在日常的教育教学中为学生树立优秀的榜样，本着"学为为师，行为世范"的原则，让学生在学习和探究历史知识中，具备更高的人为追求，为国家强盛、民族自强和人类社会的进步而服务。

德国的哲学家雅思贝尔斯曾说过："教育就是一棵树摇动另一棵树，一朵云推动另一朵云，一个灵魂唤醒另一个灵魂。"作为历史学科的一名年轻教师，笔者希望通过自身素养的加强，自身格局的提升，自身知识的夯实，让学生能够在教学过程中主动将学科知识内化，改变学生以往对历史课的刻板印象，改变学生对历史知识学习的消极态度，改变以往历史学科教学的填鸭模式，用教师的"素养灵魂"唤醒学生在高考压力下面对学科知识即将沉睡的灵魂，激起学生渴望探索历史知识的兴趣，在教育教学活动中，不断发展学生的核心素养，提升学生全面发展的能力，给予学生最好的教育，陪伴学生较为轻松地走过压力重重的高中备考时光。

实践基地教学活动落实"责任担当"的思考

冯冬梅①

实践基地是依据国家政策而建设的、为区域内中小学生提供教育实践的场所，是组织学生开展实践探索创新活动的新型载体，实践基地的教学活动是培养学生综合素养和关键能力的跨学科实践活动。随着国家在国际社会上地位的不断提高，教育也急需提升竞争力，落实学生发展核心素养就成了教育的迫切任务，实践基地教学要将其落地生根，就需要结合各阶段学生身心发展特点和教育教学实际情况才能真正落到实处。

实践基地成立以来，一直把培养学生的实践能力和创新精神作为主要教学目标来实施，学生在活动中得到锻炼和提升，取得了一定成效。但是，现在社会上披露的诸如"寒门贵子""精日行为""掌掴警察"等或共性或极端的现象，给教育敲响了警钟，也使六大核心素养中的"责任担当"显得尤为重要，其基本要点"社会责任、国家认同、国际理解"正是学生成为甘心为国家效力的人才的基础，实践基地作为学校教育教学的补充，有责任落实核心素养中的"责任担当"，将立德树人根本任务融入教育教学的血脉中。

一、课程内容精挑细选，在强化顶层设计中落实"责任担当"

2017 年 9 月，教育部颁布了《中小学生综合实践活动课程指导纲要》（以下简称《指导纲要》），将实践基地的课程整合到中小学校的综合实践课程之中，成为基础教育课程体系的重要组成部分，具体内容以自主开发为主。每个实践基地的管理者面临课程规划时，无论是已有的课程还是新增的课程，都应按照《指导纲要》推荐的主题，遵从学生生活与发展的实际来规划课程内容，赋予内容"责任担当"的灵魂，再通过制作、体验等方式实现自我、自然、社会多方面的和谐。例如，茶艺、礼仪、拓展等课程，不仅让学生懂得感恩长

---

① 冯冬梅，女，抚顺市望花区青少年素质实践基地教学主任，一级教师，执教综合实践活动 10 年，2016 年获"抚顺市优秀教师"称号。

辈、信任朋友、互助互敬，培养社会责任感，还能了解祖国的悠久历史、传统文明、先进文化，获得国家认同感，为自己是中国人感到自豪，更会在捍卫国家利益基础上，立志向全世界传颂中华民族，促进世界和平与发展；模拟驾驶、车模、海模、航模等课程，在落实"责任担当"时应突出培养学生规则和法制观念，树立复兴中国梦的理想，关注世界发展动态，以为国效力为己任；新能源科技等课程，指导学生尊重自然，启动绿色环保生活，为全人类的共同生存与发展做贡献。

实践基地的课程作为落实学生发展核心素养的载体，重在使不同情境整体发挥作用。基地在规划课程时，应做到"胸中有丘壑"，特别是"责任担当"比较偏重于思想性。因此，课程必须坚持正确引领，教学指导要站得高、望得远，这样教师在进行活动设计时才能始终贯彻正确的价值观。否则，基地课程仅仅是存在于表象的动手操作，又何谈培养学生的核心素养和关键能力。

二、活动流程衔接顺畅，在优化管理过程中落实"责任担当"

实践基地每学期面向中小学生开展活动，学生参与次数少，流动性大，参加活动间隔时间长，像学校那样以日常养成为主的教育活动难以在实践基地实施，这种难度亦是挑战。基地在管理过程中应扬长避短，进行合理优化，在每个环节中预设教育主题，落实"责任担当"，以生成的效果带给学生惊鸿一瞥，让他们对基地活动记忆深刻，哪怕核心素养中只有某一条能对学生的思想和未来产生一定影响，也是达到了教育目的，为学生全面发展尽了微薄之力。

基地活动流程分为"前－中－后"三段，其中的主要工作各有侧重，"前"是指学生参加活动到达基地之前的工作，重在了解、激趣；"中"体现的是在基地进行活动具体实施的环节，重在参与、体认；"后"是指学生离开基地回到学校、家庭后的做法，重在践行、传承。三段流程相互作用，旨在活动不息，教育不止，落实核心素养不拘一格。

1. 活动前：发挥教师的组织作用

可以组织基地教师提供课程资源的相关链接地址，通过微信群、QQ群、微博等信息手段，使学生在活动前对基地和相关课程有所了解，对学生进行课程的初步宣传，创设学习悬念，激发学习兴趣；或者通过走进学校，走近学生，利用小卡片、小问卷等形式，有意识地落实"责任担当"素养，为到基地参加活动做好铺垫。

2. 活动中：发挥学生的主体作用

根据《指导纲要》中强调的"让学生通过亲历感悟、实践体验、行动反思等方式实现教育目标"要求，学生来到基地后，首先，可以结合重大节日纪念日、社会事件、生活现象等节点对学生进行"责任担当"教育，或者通过团队游戏增强学生"责任担当"的意识，或者以短小采访、随机问答的形式提示学生树立"责任担当"的观念。总之，抓住上课之前的黄金时间，引领学生思想回归本位，消除学生"我到基地就是来休闲来玩儿的"这些没有学习目标的茫然想法，让他们领悟到来基地参加活动的价值所在。

然后，充分利用课间和午间时分，与学校带队领导和老师一起，从学生自律、文明、友善、奉献等方面抓事例、树榜样，集中点评，用适当的激励手段将"责任担当"落到实处。

3. 活动后：发挥家长的联动作用

采用多种形式接收学生反馈和心得感受，鼓励学生利用照片和美篇等手段呈现与家长的互动，适时举办展示活动，邀请家长与学生共同表演，便于学生有延展性地学习专业技能，传播核心素养，使所学所感在生活中有所用有所为。同时，及时收集各校的科学做法用以相互借鉴，及时调整活动方案，解决在活动中发生的共性和个性问题，保证落实工作在经验提炼上步步前行，凸显基地教育活动的成效。

三、教师引领真实体验，在细化教学行动中落实"责任担当"

基地课程作为学校课程的补充，同样承担着立德树人的任务，教师在课程实施中与学生的情感交流、经验分享、活动反馈等过程，除了达到学生学会知识掌握技能的目的，更重要的是培养全面发展的人。教师针对各校、各年段学生的差异和他们体现出的问题和特点，反复调整教学方式，补充改进教学内容，与学生共同实践课程，必然要将发展核心素养扎实地贯彻到实际教学中。

1. 内容的开发和目标的确定

实践基地的课程是在国家综合实践课程提出的推荐主题基础上结合各方面实际情况进行，微观上讲的内容完全由基地自己开发，正因为如此，教师一定要坚持做到内容要为目标服务，坚决落实社会主义核心价值观，使课程与教学行走在正确的道路上。

2. 活动的方式和实施的过程

综合实践活动方式不止考察探究、社会服务、设计制作、职业体验四种，划分是相对的，可以侧重可以整合，那么在实施过程中落实"责任担当"，就应找准切入点，让每一个活动都成为教育的闪光点。例如，"孝亲敬长，有感恩之心"这一表现，在"我是尊老敬老好少年"主题中的落实，可以将活动方式整合，有职业体验：走进亲人的工作地点，感受他们为社会做贡献的辛苦；有考察探究：记录他们在家时的行动，体会他们无偿付出的辛苦；有社会服务：由己推人，将对亲人的感恩之情化为大爱，在日常生活中力所能及地去帮助别人；有设计制作：用亲手制作的心意卡、生活用品、食品、影像等成果，对长辈表达敬爱之意，等等。

3. 指导的适度和评价的深度

《指导纲要》中说，教师"应当成为学生活动的组织者、参与者和促进者"，教师的指导和评价也关系着活动的有效与否，所以同样也需要落实"责任担当"，培养学生必备品格。教师的指导可以让学生在"思考—提问—讨论—结果—再提问—反思"的过程中自行解决问题，梳理出成果，进行一次有意义的基地活动。而评价，就像孩子不能用"你长得真漂亮""你可真聪明"这些天赋性的特征来夸奖一样，基地教学活动也不能仅仅以"你做得真像""你的作品排第一"作为评价的唯一标准，还应该随时对学生表现出来的核心素养的要点进行点评，"你很有主权意识啊""你的规则意识值得大家学习呀"等，还可以在课前给学生发个评价表，这样有章可循，学生会在有意无意地自我教育中将核心素养根植于心。

四、社会资源有效重组，在多样化研学活动中落实"责任担当"

研学旅行作为国家大力倡导的教育活动，在促进学生健康成长和全面发展等方面有着先决的优势，基地教学也承担着这一重任。在具体实施过程中，应注意把握活动内容的教育性，整合活动方式，实现融会贯通，做到研究有道、学习有效。特别是在设计研学主题时，应能够涵盖多种内容，让中小学生在研学旅行中感受祖国和家乡的光荣历史、美好前景、伟大成就、未来发展；还应落实"责任担当"目标，在研究中学会主动作为，有团队意识，在学习中明确家乡地位，成为爱国小公民，在旅行中自尊自律，团结互助，学会生存、生活，学会做人做事，使研学旅行真正成为培养人、教育人、引领人的有效途径。

例如，开展具有区域特点的"五色家乡我点赞"主题研学旅行活动，可以包括很多内容，创设不同情境落实核心素养。"红"，与雷锋纪念馆联手，通过培训小小讲解员、带领参观纪念馆、雷锋像前话榜样、雷锋剪纸我当先等版块，学事迹、传精神、树思想、见行动；"蓝"，与抚顺海洋馆联手，通过看海洋生物、学海洋知识、爱自然环境、护共同地球等版块，做到设计立意高远，随时育知育德，师生共情共获；"黑"，与抚顺煤矿博物馆联手，通过了解煤矿发展历史、关注煤矿现行状况、畅想煤矿华丽转型、欣赏煤矿衍生艺术等版块，教育学生不忘国耻、为国奉献、点赞祖国、实现中国梦；"绿"，与河道管理部门联手，通过了解浑河的自然情况和政治地位、两岸的生态环境和商业发展等情况，为保护母亲河和家乡发展提出建议，将热爱家乡的情感化为智慧与力量的付出；"彩"，与市区旅游局等单位联手，通过调查了解抚顺市一年四季的自然景点都有哪些，近几年来游玩的人数有何变化等客观数据，知晓家乡的巨大变化，感受家乡的自然魅力，制作采访小视频、PPT 文稿等进行成果展示。

实践基地教学活动异彩纷呈，核心素养的提出又带来了诸多挑战。落实核心素养是一个庞大的、需要多方联动的工程，我们每名教师都有责任将其落实深化，只有通过科学周密的安排、准确无误的执行、灵活有序的调整，使参与活动的各方面做到高效衔接，实践基地教学活动才能真正发挥在学生全面发展过程中的育人作用。

浅谈学生发展核心素养中社会责任的培养

王　颖[①]

社会责任的担当，是学生未来走出校园、走上社会，成为一名合格公民的非常重要的素养之一。中国学生核心素养中其他的方面都可以通过课堂教育或者是书本教育得以实现，唯独社会责任担当素养，需要真正地和社会接轨，才能够真正从学生的内心培养和建立。笔者作为一名基层农村小学教师，尝试给自己的学生以学校、家庭、社会三个平台进行此方面的教育和培养，有一点心得分享如下：

一、以学校为平台培养学生责任心

笔者将校园、家庭和社会这三个平台作为培养学生社会责任担当素养培养的三个"培养皿"，其中，校园是一个基础平台，学校可以看作是一个微缩的"小社会"。在这一平台，通过责任制的确立，培养学生责任担当素养。具体做法为：

1. 设立"小动物值日生"

在教室内饲养金鱼和乌龟，安排全班同学轮流做"小动物值日生"，负责换水和打扫龟缸，并给小动物喂食。这一活动受到了学生们的广泛欢迎，最开始做的时候都非常积极踊跃，有的学生不吃早饭也要来到学校来给金鱼喂食。但是，一段时间后，五条金鱼中的四条接连死亡。在此期间担任值日生的学生显然承受了较大的心理压力。借此契机，笔者不失时机地对学生进行责任教育，首先肯定他们做得很好，金鱼的死亡并非其责任，同时，也指出当照顾一个小生命，稍有不慎就会导致无法挽回的后果。通过教育，学生的责任心，甚至对人生和死亡这类终极问题都有了一定程度的思考，取得了意想不到的

---

① 王颖，女，清原满族自治县大苏河中心小学二级教师，执教小学数学、语文两学科 5 年并任班主任，2018 年获"县优秀大队辅导员"荣誉称号。

成果。

2. 设立"花草树木小卫士"

班级分担区内，有花坛和小松树，为我们班级负责管理照护。为此，笔者特意指定几名责任心相对不是很强的学生负责照顾，要求他们在课下、平时盯着不能让别人踩踏草坪和攀折树枝。巧的是，我们班的草坪正好处于平时容易被踩踏的"交通要道"。学生最初还比较上心，为此还和别班的学生红过脸，但时间一长显然失去了耐心。借此机会，笔者便介入干预，帮助他们准备牌子，购买油漆，在放学后一起制作了警示牌插在草坪上，起到了明显的效果。学生在动手的同时，明白了保持责任心的必要和换角度解决问题的思维方式。

校园是一个小社会，然而麻雀虽小五脏俱全，孩子们在学校依然有他们每一个人的角色扮演和岗位担当，充分强调这一点，并引导孩子去做好他们的本职工作，是可以为以后他们走上社会起到基础性的作用的，孩子会在受教育后明白当某一件事是自己的责任就必须做好，如果失败没人可以代替承担。

二、以家庭为平台培养学生感恩心

由于计划生育基本国策的影响，现在基本上是六个大人养育和疼爱一个孩子，孩子容易出现"小皇帝"的各种毛病。尤其是对自身所享受的一切毫无感恩之心，认为是天经地义的。在此情况下，父母稍有不周，孩子就会出现各种各样的问题。笔者对很多主流的"给父母洗脚"之类的感恩教育并不敢苟同，事实上也曾经尝试过，但收效甚微，形式大于内涵。

笔者采取的是西方式的体验式教学，即要求家长带孩子工作一至三天。这种方式在城市很难实现，因为家长多为上班族，条件不允许，而笔者的学生的家长多为农民，孩子能够跟父母下地干活，笔者的教育方式在实施之初受到了部分家长的质疑，因为必须承认，家长们的工作实在太忙，而且实施的时间正好赶上农忙时节家长们自顾不暇，还要拿出一部分精力来照顾孩子。经过笔者多次电话沟通，绝大多数家长还是通情达理非常支持的。在经过体验后，学生们聚到学校来和笔者谈心，他们无一例外地体会到了粮食生产的艰辛，体会到父母挣钱养家的艰难，从很多孩子跟父母下地干活后写出日记能够看出，这种教育取得了相当有效的成果，孩子真切地体会了父母的不易，有的孩子的生活消费观念发生了转变，他们在日记中写道当他们看到劳作的父母每天基本都只有一身迷彩服而自己还总是想着买阿迪达斯和耐克等名牌时，内心非常惭愧。也有的孩子兴致盎然，认为体会到了不一样的东西，虽然身体很劳累，但吃饭更香，睡觉也更香。有的孩子的想法达到了一定的深度，如有的孩子就问笔者为什么我的父母那么辛苦，却挣不了什么钱，每年只有两三万块钱的卖粮食钱，还要出外打工。这些有深度，有思辨力的问题让我很是感慨。在跟学生充分解释后，孩子们的认知上升到了新的高度。

三、以乡镇敬老院为平台培养学生同情心

上述教育方式——学校、家庭，其实还是未能真正走入社会。在乡镇民政部门的支持下，笔者能够带着本班级的学生在一个下午走入乡镇敬老院进行实地教学，也让孩子体验"送人玫瑰，手留余香"的感觉。同时，这次活动不单单是为老人服务这么简单。在整个活动中，笔者还要求孩子对敬老院的方方面面，如老人入住敬老院的原因，生活来源，敬老院的餐饮和各类服务，以及管理运营等多方面对作为社会特殊的一隅进行全方位的了解。

首先，孩子们在院长的带领下对全院进行参观，接着同学们在班长的带领下为老人排演了自己独创的节目，然后，分散自由和老人谈心，又创设了对院长提问等多元化的活动方式。当孩子们得知敬老院住的都是无儿无女的特困人员（旧称五保户）时，都很惊讶且表示同情，当然，有的孩子也问出了很多天真的问题，如有的孩子会问老人为什么不结婚、不要孩子等。同时，通过跟院长的谈话，孩子们积极提出问题，所了解的内容让笔者也是始料未及的。

通过对敬老院的全方位了解，孩子们了解到并非所有的人都能够按照自己的意愿幸福地生活，在社会的最底层，有那么一些老人，他们无儿无女、无依无靠，只能在福利机构中度过自己的余生，虽然生活上已经很有保障，敬老院的饮食护理等各方面都做得很好，但孤独是无法改变的现实。在总结会上，有一个小男生发言说，将来有钱了一定回家乡敬老院投资，给老人们建一个游戏室，随时都可以上网打游戏，说到这里大家都笑了，但从中我们可以看到，孩子对社会的责任心，尤其是回报社会的精神和意识已经在不知不觉中创立起来了。

同时，我们也请来了院长和护理人员为学生讲授老年人关爱保护的课程。在一堂由护理员讲授的老年人照护课上，讲课人从学生实际出发，从老年人饮食、外出活动安全照护和卫生清理等方面教给孩子如何照顾老人，孩子们听完课以后，有部分孩子给家中的爷爷奶奶进行了按摩等操作，根据家长的反馈，大家都非常感动而赞同，都纷纷说孩子都懂事了能照顾长辈了。孩子们也由此获得了相当的成就感。

在这之后，经与院方和乡镇民政部门的协商，我们班级与敬老院结成了关

系单位，并约定学生在老师的带领下定期到院里进行慰问活动，为孩子们培养社会责任感开辟了新的基地。

此外，课余时间带孩子走入政府办事大厅，了解各种事项的办理，通过到大街上分发宣传环保的宣传册等一系列活动，充分让孩子们了解社会方方面面的情况。

在政府办事大厅，孩子们全程见识了一个贫困家庭申请低保的办事流程，从而了解了政府的工作情况。在宣传环保活动中，孩子们顶着烈日，在路口一站就是一个多小时，但没有一个孩子叫苦。当然，在活动的过程中作为监护人，我们充分做好了安全保障和后勤服务工作，确保学生人身安全。学生们在进行宣传的同时，也充分了解宣传知识。比如，一个孩子就在宣传后将家中所有的过期电池交到笔者手里让笔者处理，然而遗憾的是，在农村并未建立完备的垃圾分类处理流程，只好将电池丢弃在垃圾处理站。但是，由此可以看出，孩子们的环保意识已经充分建立，并能够付诸实践。

总之，我们未来的社会是由今天一个个在校园中的孩子来构成的，未来的社会如何、未来的中国怎样，就由我们今天的教育成败与否来决定。让学生走入社会，并拥有良好的素养能处理好自我与社会的关系，是中国学生发展素养的重要组成部分，学生在增强社会责任感，在促进个人价值实现的同时，推动社会发展进步，以致发展成为有理想信念、敢于担当的人，需要我们教育工作者永远不懈的努力。

利用国学经典提升学生的核心素养

赵立安①

发展学生的核心素养，核心内容是指学生应具备的，能够适应终身发展和社会发展需要的必备品格和关键能力。提升学生的核心素养是落实我们国家关于立德树人教育的根本任务，也是适应新时代教育改革发展趋势、提升我国学生在国际上创造力、竞争力的迫切需要。本文是一线教育工作者结合自身多年班主任工作经验，通过如何利用国学经典来提升学生的道德修养的实践研究，进而提升学生发展的核心素养。

一、现状分析

1. 学生对中华民族的文化瑰宝——国学的理解状态堪忧

国学是中华民族历朝历代所诞生的文化、学术的统称。在当今社会中，国学是以儒家文化为重要内容，同时伴有法家、道家等诸多学说的一门庞大且完整的文化。国学的研究在我国已有两千多年的历史，从先秦时期诸子百家到明清小说都是国学的范畴。但是，在现代社会中将国学经典用于学生的道德修养的研究却起步较晚。当代的国学热始于 20 世纪 80 年代，但也只是侧重对学生诗词文化的培养，没有太多涉及道德修养，导致现在的高中生在小学、初中阶段几乎不知道什么是国学，即使知道也是一知半解。学生接受国学教育的机会少，内容单一、死板，方式千篇一律。

党的十八大以来，习近平总书记提出了弘扬优秀传统文化的一系列重要指示。一个国家、一个民族的强盛，总是以文化兴盛为支撑的。没有文明的继承和发展，没有文化的弘扬和繁荣，就没有中国梦的实现。所以，强化学生对传统文化的理解是我国未来教育发展的基石。我们应该探索出新颖、生动、脱离

---

① 赵立安，男，清原县第二高级中学一级教师，执教高中生物 11 年，被评为"'十三五'市级骨干教师"。

书本的教育方法，让学生们接触到全新的、不同以往的国学。

2. 学生的道德修养参差不齐，对"成绩"的重视高于对"道德"的修养

快节奏的现代生活模糊了人们对道德的理解。漠视生命、冷漠他人、事不关己高高挂起的思想充斥着人们原本善良的心灵。当今的高中生从小受身边这样的人熏陶，很容易养成自私自利的性格。同时，大多数孩子是独生子女，受到长辈的溺爱，父母的娇生惯养，又形成了怕吃苦、不能吃苦的性格。

再加上应试教育的后遗症，使得学生在学校里被灌输的唯"成绩"好便是好的歪曲理念，使得大多数学生的道德修养匮乏，甚至是道德败坏，而且社会上各种不健康的思想、风气，特别是网络的快速发展与普及，严重侵害着学生的身心健康，出现了许多违法犯罪的现象。高中教育对有些学生来说，是走进社会的最后一个接力棒。所以，怎样守住这最后一道防线，不让学生成为社会的不良少年，让学生可以正确分辨善与恶、美与丑、孝与逆便是现在教育中的重中之重。

二、提升核心素养——以国学中的经典去诠释道德修养

1. 理解什么是国学

想要让学生理解国学经典，就一定要先让学生熟悉什么是国学经典，为什么需要国学呢？春秋时庄子曾经说过，无用之用，是为大用。宋代大儒明道先生临终前，他的学生问他："师尊，您用一辈子的时间来研究学问，到了今天，即将离开这个世界了，学到的学问到底用什么用呢？"明道先生骄傲地回答道："学问如果到了需要谈有用还是无用的时候，就是学问的末途了。"可是，在当今社会，快节奏的生活方式让国民受物质欲望与权力欲望的熏染越来越重，人们对于国学的认识和用途知之甚少，所以为什么要学国学，什么是国学就是一个必须要谈的问题。

国家倡导全民学习传统文化，提倡重视国家经典文化。笔者认为，学习国学最突出的意义是给人以尊严，让中国人再次找到我们缺失已久的作为世界大国的自豪之情。以古代儒家思想为体现，国学中很多内容都是针对人格品质的刻画。让人可以正视自己的缺点，欣赏别人的优点。做人做事要心正、公平、不卑微、不高傲、不妥协、不片面。让人可以去思考人生的价值，人类的价值，避免被物质和欲望蒙蔽良知。

2. 怎样学到国学的精髓

笔者经常思考国学应该如何学？其实，古人早就给出了答案。《大学》中提到："物格而后知至，知至而后意诚，意诚而后心正，心正而后身修，身修而后家齐，家齐而后国治，国治而后天下平。"国学的学习，不应该只让孩子死记硬背，更不该像娱乐节目一样，只求一时开心愉快。国学的学习，要从本质开始，"其本乱而末治者，否矣"。本末倒置，不分主次，是不可能学到国学的精髓的。国学的精髓是引人向善，导人向上，让人谦逊，乐观，坚强。而这些内容，绝不是单单通过背诵就可以达到的目标，而应该让学生在实践中追求国学的真谛。在日常生活中，让学生做到知行统一。

尤其是作为教育工作者，我们完全可以将学生日常学习、生活中出现的各种场景带入到古今中外的故事中，融入课程当中和国学经典中，让经典与经典相呼应，再让经典与生活相呼应，最后达到生活与生活想呼应。例如，要求尊敬父母时，我们可以讲闵损芦衣的故事。让学生明白为什么要学习时，可以讲《大学》的第一篇。教导学生行为规范时，我们可以讲《论语》。提倡爱国主义教育时，我们可以阅读《出师表》，教育学生诚实守信，可以引用《杨震四知》的故事等。同时，还可以在全校范围内举办国学的知识竞赛、研讨会、辩论赛等活动，调动学生学习国学的热情。

3. 用国学去提升学生的核心素养

学以致用是学的根本！学生们学到了国学经典中的内涵和精髓，就应该把这些东西用在生活中，在学生的脑海中产生潜意识的影响，慢慢地开启其智慧、塑造学生具有善良人格、自主学习、坚韧的意志力，进而培养其记忆、认知、交流、合作、创新的能力，达到培养学生核心素养的教育目的。

这就要求我们教育工作者，首先，应倡导学生将自己所学的国学经典尽可能多地讲述给自己身边的朋友、家长、同学，让国学经典广为流传，用自己的切身行动去感染身边的所有人。其次，教导学生在生活中更多地去发现与国学经典相呼应的场景，加深对所学到的国学内涵的理解。

例如，《周易》中有："天行健，君子以自强不息；地势坤，君子以厚德载物。"我们可以引申给学生这样的意思："世界万物的运行规律是不以人的意志改变而改变的，所以想要生存，我们唯有坚持不懈，奋勇争先。同时，君子也要向宽广的大地一样，胸怀坦荡，这样才能包容万物，承载天地。"

再如，《论语》中有："父在，观其志；父没，观其行；三年无改于父之道，可谓孝矣。"我们在教导学生尊敬父母、言而有信时，可以引用这段内容。

不管父母是否在身边，作为子女都要始终以父母的心愿为孝道的目标，立志完成父母的心愿。

《大学》中又有："君子慎其独也！"意思是说，君子做事要求问心无愧，无论是否有人知道，亏心事绝对不能做。否则，就会出现"人之视己，如见其肺肝然，则何益矣。"

通过国学中种种关于意志品质的经典范文，笔者相信对于学生的核心素养一定会起到推波助澜的效果。

三、立德树人——提升国民人文素养

国学经典文化所存在的格调、所表达的境界和所采用的字语，能提升学生对事物发展规律的判断和认知，还能提高学生对中华民族传统文化的热爱。最重要的是，通过对国学经典的学习，可以引导学生积累文化底蕴，提升生活品质，培养学生的处事能力。

国学经典，作为中华民族传统文化的载体，承载了五千年来华夏民族无数先贤的伟大思想。这些思想即使在今天，对社会的发展都起到无比估量的推动作用。国学经典中蕴涵的深厚人文思想，凝聚着中华民族关于天文、地理、生物、数学、音乐、医药、化学、物理等许多学科的独到见解。它们既是提高学生学习兴趣的最佳典范，也是提高学生学科素养的最佳内容。中华民族曾经屹立于世界之巅五千年必然有它独特之处。笔者相信，通过让学生坚持不懈的对国学的学习，从古代先贤的经典思想中挖掘出符合新时代中国特色社会主义道路的新思想，必然可以唤起国民的文化自觉，恢复文化自信，实现文化认同，增强民族凝聚力；提高国民的道德水准，提高个人的文化素养，提高国民的精神生活水平，建设和谐社会，让中华民族重新屹立于世界之巅！

浅谈如何培养学生理性思维的核心素养

聂 妍[①]

在多年的探索与实践中，落实素质教育，让教育回归教书育人的本质逐渐被人们所认可并提倡。现如今，传统的应试分数高低不再是衡量教育水平的唯一指标，仅仅作为一种检验学生学习成果的必要辅助手段而存在。应试分数在教育体系的权重正在逐渐降低。坚持以人为本，培养学生全面发展逐渐成为新质量时代的努力方向。

2014年，教育部在《关于全面深化课程改革落实立德树人根本任务的意见》（以下简称《意见》）中首次提出"核心素养"这一概念。历时近三年的研究，于2016年9月13日正式发布了最新的研究成果《中国学生发展核心素养》，并重新对核心素养进行了分类定义。新的定义中，科学精神作为六大核心素养之一拥有重要的地位。而科学精神又是由理性思维、批判质疑和勇于探究三个基本要点所组成。因此，为了更好地探索科学精神的实质内涵，结合自身教学实践，选择从理性思维入手，对如何在教学和班级管理中培养学生理性思维的核心素养进行探究，最终达到培养学生的理性思维目的。

一、基于核心素养培育学生理性思维的理论意义

1. 理性思维的基本概念

理性思维是人类与动物之间的根本区别，可表述为人类掌握事物客观本质和客观规律的能力活动，是一种高级的思维方式。理性思维是一种有明确的思维方向，有充分的思维依据，能对事物或问题进行观察、比较、分析、综合、抽象与概括的一种思维。理性思维的产生，为物质主体时代的到来，为主体能够快速适应环境，为物质世界的快速发展找到了一条出路。举一个生活中的小

---

① 聂妍，女，抚顺市新宾满族自治县响水河子乡小学一级教师，执教小学英语7年，2016年、2017年获"新宾满族自治县优秀班主任"称号。

例子：从市场买了一箱苹果，每天吃一个，直至吃完。第一天吃的那个苹果十分酸涩，其他的苹果都很香甜，于是，笔者发现这箱苹果只有一个是酸的。因此，笔者不能因为那个酸苹果否定整箱苹果的品质。

2. 培养理性思维核心素养的意义

在《中国学生发展核心素养》报告中关于理性思维这个基本点提到了崇尚真知、尊重事实和证据、理性务实、逻辑清晰。这些解释，就是培养学生理性思维的目的和意义。也就是培养学生科学严谨的世界观，让学生学会运用科学的思维方式认识事物并解决问题。这种培养理念不仅仅是着眼于眼前，更多的是注重学生未来的成长。尤其是面对信息爆炸的新时代，各种信息充斥在孩子的周围，培养学生理性的思维，就是让孩子能够用科学理性的思维去辨别是与非，做到辨伪去妄，去芜存真，更好地保护自己，成就健康健全的人格。

3. 理性思维的基本特征

理性思维作为一种高级的思维方式，有着自己独特的性质。结合笔者的教学经验，归纳出以下几个特点：

（1）求真性。理性思维区别于感性思维，没有感性思维的盲目性，而是以客观的角度，综合客观要素，寻求事物的本质。这一特质正是学生学习课堂知识，解答问题必不可少的能力。尤其在解题的过程中，排除干扰项，找到出题者给出的、真实的客观要素，进行分析推理，得到最终正确的结果。这也是培养学生独立的思维能力，健全学生独立人格的重要途径。

（2）逻辑性。理性思维是基于对客观要素的观察、分析、比较，并利用一定逻辑关系进行抽象和概括，以达到探求事物本质的目的。逻辑性贯彻理性思维应用的始终。

（3）严谨性。理性的思维注重客观存在，倾向于多角度看待问题，不受情感因素所影响。注重证据的积累，充分的对比分析，在尚未探求到事物的真相之时不会草率地下结论。正是这种严谨性，可以培养学生长远的眼光。只要脚踏实地，一步一个脚印，总能够达到既定的目标。

二、影响发展学生理性思维的因素

（1）语言能力。理性思维作为一种逻辑思维是不能独立存在的，它需要以语言为载体，通过语言来接收和传递信息。在使用语言的基础上进行思维活动。学生进行逻辑推理和判断的时候，语言充当着载体，具有传递信号的作用。语言能力的优劣，直接影响学生对客观要素的获取能力，因而对学生思维的准确性和模糊性有着十分重要的影响。

（2）学识水平。理性思维的运用离不开一定的学识技能。正如它离不开语言能力一样，学识水平直接影响学生理性思维运用的效果。面对同样的一件事物，不同学识水平的人会得到截然不同的结果。古语有云："橘生淮南则为橘生于淮北则为枳。"同样的一个东西，生于不同的地域，名字也不尽相同。由此可见，学识水平的高低对理性思维的发展有着重要的影响。

（3）思维定式。思维定式就是以固定的思维去思考分析问题。它的存在阻碍了思维的开放性和灵活性，造成思维的僵化和呆板。思维定式掺杂个人主观情感，影响了理性思维的客观性。语言的学习是一个长期的过程。由于学生个体的差异，在学习的过程中会养成各种不良的学习习惯，而这种习惯会成为一种思维定式，严重影响学生的学习效果和能力的提升。例如，在英语的学习中，学生总会以汉语言的逻辑去理解英语的知识。但是，汉语与英语是截然不同的语言体系，有着自己独特的文化内涵和截然不同的思维理念，所以这种学习语言的行为是不可取的。

三、基于核心素养培育学生理性思维的策略

针对影响学生发展理性思维的因素，坚持以问题为导向，以培养学生思维能力为目的，在教学设计中有侧重地为学生补齐短板提供策略，从而达到培养学生理性思维的目标。

1. 以课堂教学为根本，创新课堂设计，强化学生语言能力

在教学设计中，保证正常大纲授课的同时，侧重培养学生的语言能力，达到听得准、说得清、读得懂和写得明等四个标准。

（1）要让孩子学会如何用耳朵。耳朵是通向心灵的路，它是我们在生活中获取记忆信息的重要方式。所以，要教会孩子如何使用自己的"耳朵"。激励教育更容易让学生增强学习的信心。在适当的时候给予学生一点积极的点评，会使学生产生一种被认可的感觉，这有利于学生消除内心胆怯和焦虑，获得更好的学习效果。明确的目标，让学生知道要怎么做，如何把听到的信息转化为记忆。

（2）说是学好一门语言的秘诀。要学会模仿。我们学习汉语是从儿时咿呀学语开始的。同样，英语的学习也是可以通过模仿来提高。平时多接触和听纯正的外语，多模仿、多学习，尤其是结合语境感受情境中的感情色彩。为了增强学生的学习效果，在课程起始之初，笔者会为每个学生都起一个好听的外国名字，如将林肯、罗斯福、拿破仑等历史上的名人作为学生的名字，并要求学生们在平时要经常使用。笔者在讲课的时候会叫他们外国名字，让他们加深记忆。用这种新鲜感引导学生们进入自身角色，增强学习兴趣，提供展示自我的平台。提升学生说的能力另外一种直接有效的方法就是给学生们表达的空间。作为授课的一部分，笔者会定期组织学生表演情景短剧，以学生的外国名字为主题，为每个学生量身打造台词。鼓励学生，让他们在表演中表达自我，在快乐中，收获自信。

（3）让阅读充满快乐。在教学中适当增加拓展活动，扩大词汇量。没有一定的词汇量，阅读是很难进行的。对于小学生而言，本身词汇量是有限的。所以，在学习新单词的时候，可以进行适当的拓展学习。例如，在讲大（big）与小（small）时，为了加深学生的记忆和视觉效果，笔者准备了画有长鼻子的大象、短尾巴的兔子、长脖子的长颈鹿、大眼睛的花奶牛、小眼睛的小老鼠……9 张可爱的卡通图片。笔者指着大象长长的鼻子向同学们讲道："The elephant is big."指着小老鼠说道："The mouse is small."分别对比图片上的动物向学生们讲述了什么是大，什么是小。通过这种视觉对比，让学生们更好地理解单词的意义。

（4）重视提升英语书写能力。注重平时的渗透积累。英语的书写能力不是一朝一夕就能提高的，需要平时的积累。平时将所学的经典课文进行反复的誊抄。在誊抄的过程中巩固所学的知识。在明确课文的具体含义之后，可以根据故事进行改写。换个名字，换个地点，换个结尾等等，锻炼思维的同时，也锻炼了写作能力。

2. 丰富培养载体，增加学生知识储备，在课外活动中锻炼学生的理性思维

培育学生理性思维也可用于课后的课外活动，强化学生整合资源的能力，提升学生的知识储备。例如，每周五笔者都会安排一节活动课，并对学生提出要求：要求班级学生分为四个小组，以小组为单位，逐次轮换。以教材、名著、优秀课外读物中的情节为基础，让学生自己改编，同时，自己制作简单的舞台道具，利用课余时间进行排练，在每周五的活动课上进行表演。对于这样的活动，学生有着浓厚的兴趣。为了表演好节目，学生纷纷寻找优秀的题材，绞尽脑汁进行改编。各种漂亮的舞台道具也纷纷从学生的手中诞生。这个活动不但增强了学生的动手能力和团队精神，而且有效地增加了学生的阅读量，进而提升了他们的知识储备，加深了对知识的理解与运用，锻炼了学生利用理性

的思维解决实际问题的能力。在引导学生自主学习的同时，积极收集学生感兴趣的内容，扩大知识传播容量，拓宽学生的知识面，提高学生学习的热情，从而让学生能够更好地提升学识水平。

3. 转换学生思维方式，将培养学生理性思维融入理念教学

为了转变学生的思维方式，消除影响学习效果和学生能力提升的不利因素，笔者坚持将培养学生理性的思维方式融入教学的过程中：一是在英语教学中培养学生英语的思维逻辑。在课堂中为学生增加情景交流和背景介绍。在情景交融中让学生感受对话双方所思所想，明确这次交流是为了达到什么目的。通过背景的介绍，让学生更加清晰地理解对话双方的思维逻辑，达到深入交融效果；二是培养学生良好的学习习惯。人的习惯是可替代的，是可以后天经过不断重复锻炼而养成的。因此，利用良好的习惯代替不好的习惯，这也是强化学生理性思维的有效方式。

培养学生的理性思维离不开科学合理的课程设计、多元丰富的教学载体和以人为本的教学理念，更离不开心怀学生未来的教育情怀。为此，在以后的教学中，笔者会继续积极探索培养学生核心素养的有效途径，不仅仅着眼于眼前，更要着眼于学生的未来。

浅议"立德树人"之核心素养

刘兴云[①]

人类历尽艰辛，开拓出生存之路，创造了璀璨的文明，走到了今天。靠的是什么呢？智力当然非常重要，但比智力重要的是意志，比意志还重要的是胸怀，比胸怀更重要的是品德。

社会在不断地发展，中国要强盛，每个人都要责无旁贷地为祖国多做贡献。作为教育工作者思考的核心问题是什么呢？就是"该如何发展学生的核心素养"。使学生具备社会发展所需要的必备的品格和关键的能力，并且具备终身发展力。这正是落实"立德树人"的教育方针，适应世界教育改革发展趋势，提升我国在国际教育方面的竞争力和发展中国创造的迫切需要。

工作二十四载，作为一线教师最是知晓我们的教育工作哪里出现了问题，该从哪里修正。教育的最高境界是宽容，对待所有事和人都是如此。所以，提及不足之处绝非指责政府和某人，目的是发现问题，分析问题，解决问题。改革开放，迅速发展了经济，提高了人们的生活水平。注意力和精力是有限的，对人文底蕴、求真精神、生命思考、家国情怀、责任担当等方面缺乏及时的引导、评价和认可。这就导致教育功利性，出现了道德危机，一度令我们一线教师满怀忧伤，充满了困惑。不仅仅是师道尊严的沦丧，更多的是国家的发展前途。出路在哪里？

一、根基人文，提升涵养

我们评论一个人总是高频率地用"涵养"一词。涵养是离不开人文底蕴的，学生只有在学习、理解、运用人文领域的知识和技能，才能形成基本能力、情感和正确的价值取向。人文底蕴总体上包括人文积淀、人文情怀和审美情趣。人文积淀是具有古今中外人文领域基本知识和成果的积累，尤其是认知

---

① 刘兴云，女。清原二高一级教师，执教高中生物 20 年，2004 年获"市骨干教师"的称号。

方法和实践方法等。人文情怀是以人为本的意识，尊重、维护人的尊严和价值；能关切人的生存、发展和幸福等。审美情趣是具有艺术知识、技能与方法的积累；能理解和尊重文化艺术的多样性，具有发现、感知、欣赏、评价美的意识和基本能力；具有健康的审美价值取向；具有艺术表达和创意表现的兴趣和意识，能在生活中拓展和升华美等。"人文"，在《辞海》中解释是"人文指人类社会的各种文化现象。"即人类文化中先进的，核心的部分，集中体现于重视人，尊重人，体现价值观及其规范性。这正是德育的核心，由此而知真善美，继而才会有精神上的更高追求。

二、感悟科学精神，思考人生价值。

对于未成年的学生，在立德方面灌输是最不可取的。要在课业中潜移默化地进行引导，内化成其思维体系中。从教过程中，要严格遵照教育教学目标，知识、能力、情感价值各个方面都要认真地去准备和执行。不可仅局限于应试而自行取舍，"短平快"地处理问题。尊重事实和证据，崇尚真知，批判质疑，勇于探索。具有了实证意识和严谨的求知态度，独立思考，多角度分析问题，大胆设想，不畏困难，有绝不放弃的专研精神，逐渐坚定了信念，决定走一条充满价值的人生之路。这一切不正是立德树人的正确方向吗？

三、乐学善学，健全人格

建立了正确的价值观，奋斗有了方向，学习态度更加积极，兴趣更加浓厚，主动进行拓展；养成了良好的学习习惯，摸索出了适合自己的学习方法；能统筹时间，克服众多干扰因素而自主学习，为终身学习的意识和能力打下坚实的基础。同时，还要善于终结，勤于反思，及时调整，这是对知与行的探索。如此，综合素质在提升，对生命的意义也会有了深层理解。具备安全意识和自我保护能力，真爱生命，坚韧乐观，积极的心理品质，由此具备了健全的人格。

四、家国情怀，责任担当

具备了健全的人格，也就打开了人生的大格局，不再仅局限于自己的私利。就会更加自尊自律，就会常怀感恩之心；就会更热心公益，积极行动来回报社会；就会将个人的理想和事业与国家的发展和民族的命运相系相融一处，以历史的责任感和使命感勇于拼搏，勇于奉献，敢于担当。十年树木，百年树人，树的是文化传承，树的是坚韧意志，树的是家风国貌。

知行要统一，我们需要怎样对学生去立德而树起他们呢？

1. 规范礼仪

"先文质彬彬，然后君子。"何为"礼仪"呢？礼仪乃人类为维系社会活动而要求众人共同遵守的最基本的道德行为。礼仪逐渐产生于人民长期的共同生活和相互交往中，并以风俗、习惯及传统等方式固定下来。它足以反映出一个国家的道德风尚、文明程度和生活习惯。礼仪教育的开展是道德实践的先导。《中学生文明礼仪规范》共三十条涵盖诸多方面。从内容上看，主要有仪容、举止、态度、谈吐、待人接物；从对象上看，主要有个人礼仪、公德礼仪。其基本原则是：敬人、自律、自省、真诚、得体。教师要真正贯彻，讲解内容，分析案例，及时评价，做得内化于心，修成于行为。帮助学生完成了道德成长和完善，也就构建了良好的公共秩序，维护了公众利益，彰显出了大国的风貌。

2. 利用好课堂教学教育资源

目前，我国中小学的主要教学模式是学校科班教学，课堂是教学教育的主阵地。初中开设《思想品德》必修课，其主要结构是以世界观为核心，由心理、思想和行为上系及多种要素构成的多维立体结构。其基本要素包括道德认识、道德情感、道德意志、道德行为，即简称为"知、情、意、行"。在孩子们的世界观、人生观、价值观形成和发展的最重要时段进行塑造。除此，中小学各学科的教参在每节的教学目标中都明确制定了"思想和价值观"要求。需要教师要高度重视，切不可只顾在眼前的分数上下功夫。要竭尽全力给孩子们搭台，目光长远，打后续潜力。另外，育德渗于课堂的效果是其他方式所达不到的。即细雨无声中，润得万物复苏。

3. 丰富多彩的育德活动

抓住各种契机，开展丰富多彩的育德活动。例如，传统节日开展的"迎新年""学雷锋""缅怀英烈""劳动最光荣"等；发扬特色文化开展"诗词会""读经典""展国粹""唱祖国"等；常规化开展竞技活动，如棋类、球类、田径等；开展书画展、创新制作展、发明创意展等。活动无时不有，无处不在，多方位引导了学生了解我国辉煌的历史，受经典文化滋养，建立正确的三观；磨炼坚强的意志；懂得尊重包容；完善勇于开拓创新的精神；并在实践中规范了礼仪。当然，开展育德活动从策划到执行，要有大量精力的投入，对个人和团队的能力要求也极高。这就需要团队和个人积极克服困难，创造一切机会甘于奉献，这本身就是最好的育德方式，"身教重于言教"。团队要及时来评价个人的成绩，上级职能部门及时评价团队。得到肯定和激励，这样有利于发挥主观能动性，在原来基础之上进行总结和改进。"活动育人"，这是班级与班级的区别，学校与学校的区别，区域与区域的区别。

4. 必须建立评价机制

首先要有量化考核。有与上一级教育行政部门和德育研究部门相系统一的，今天可参照《中小学教育教学管理水平评价标准》；还有依据相关文件和方案，结合本校今天实际特点，制定可行性细则，注重平时的考核记录与各种教育教学活动成果相挂钩，一定要有透明度和可信度。除此之外，依据《礼仪规范》和《中小学日常守则》等，发挥班主任、科任教师、班委、广大同学的作用，进行综合评价。必须做到公平公正，计入学生考评手册，适度奖励。对于做得不足的学生，要进行及时帮助，分析原因，共同寻找解决的有效途径。"教育的最高境界是宽容。"教育工作者要容错，要感化，要充满信心，要有期待。

立德，树立德业。《左传·襄公二十四年》："'大上有立德，其次有立功，其次有立言。'虽久不废，此之谓不朽。"立德树人，既是个永恒的主题，亦是个时代的主题。曰为永恒，因树人乃教育之根本，唯立德方能成人，无法相脱离。其时代性，因我中国现出现了道德危机，迫切需立德，正所谓："人无德不立，国无德不兴。"立德树人，教育回归。教育者执此教育方针，育"德才兼备"的接班人。

核心素养下的"学会学习"

张　猛①

2016 年 9 月 13 日，中国学生发展核心素养研究成果发布会在北京师范大学举行，六大核心素养正式敲定，核心素养以培养"全面发展的人"为核心，分为文化基础、自主发展、社会参与三个方面，综合表现为人文底蕴、科学精神、学会学习、健康生活、责任担当、实践创新六大素养。要想形成这些素养，获取手段无疑是要通过学习，那么，"学会学习"就成为这些素养当中的重中之重。尤其是在这个知识"大爆炸"的时代，每天充斥着大量的信息，知识正以史无前例的速度增长，如何学习才能适应这样的时代，正是我们现在所迫切需要和研究的。学习伴随着每个人的一生，掌握好的学习方法会使我们终身受益，是否存在着最科学、最合理的学习方法供我们借鉴？能不能找到适合自己的学习方法？为什么许多人很努力地学习但没有效果？为什么明明知道很多道理却还做不好事情？这些问题时常困扰着我们，下面谈谈自己对如何学习的一些浅显认识。

一、找到联系，建立连接

每当我们学习新知识的时候，我们会不由自主地想一想，这些新知识与我们已有的哪些知识有联系？我们要做的是在脑中搜索这些相关的知识，或查找相关资料找到它们并复习巩固，在此基础上搭建新知识与旧知识的桥梁，这样就能把新知识纳入到我们现存的知识体系中。每当我们遇到新问题的时候，我们会情不自禁地联想一下，这些新问题与我们解决过的哪些问题相似？我们要做的是马上找出这些与之相似的问题，回想出它们的解决策略和方法，在此基础上探究利用已有的解决方案来解决新的问题，如果解决不了，就尝试着改进原有的方法，探索出新的方法。我们这样去做，既巩固了原来的知识和方法，

---

① 张猛，男，抚顺市雷锋高级中学中级教师，执教高中数学 18 年。

又加深了对新知识和新问题的理解，并学会了新知识，解决了新问题。例如，给出这样一个数学问题："如何求一个长方体对角线的长度？"首先回想与之类似的问题，很自然地联想到"如何求一个长方形对角线的长度"，接下来回顾解决这个问题的方法：画出长方形的对角线，构造一个直角三角形，利用勾股定理求解。接着，思考这个方法能否应用到长方体中，也就是说，在长方体中能否也构造出这样一个直角三角形呢？答案是肯定的，虽然与长方形不尽相同，但总体思路和解题策略是相似的，于是，顺利求解。也就是说，我们遇到新知识和新问题的时候，要充分了解它的背景，从中挖掘出与已有知识和已有问题的联系或相似性，哪怕是一丝一缕的联系，这样就可以连接到旧的知识体系中去，形成新的知识网络，能够强化记忆，不容易忘记。

二、加强理解，巩固连接

如果说有什么东西能作为新知识与已有知识之间的纽带，那么，深刻理解你所学的知识就是它们之间的强力胶，它能牢牢地粘住新旧知识，使其牢不可破。那么，如何深刻地理解所学的知识呢？每当我们不得不面对厚厚的一本书，整页整页满满的文字，难免让人感到无所适从；或是满纸的枯燥的符号、公式，总让人望而却步。为了应对这种情况，我们可以先把所要学的新知识拆分开来，分解成一个又一个的知识板块，分开学习。相当于把我们的学习目标分解成若干个小目标，完成每个小目标就变得相对容易，这样就可以缓解我们面对新知识的压力，使学习变得轻松，容易达成目标。接下来，就是认真细致地探究每一小部分的知识，主要是理解并掌握本部分知识的重点内容，明确它在整体中所占的地位，弄清它与其余各部分知识的联系，为后续学习打下基础。当我们完成了各个知识块的学习之后，会感觉这些知识零散、琐碎，使得在脑中形成的记忆变得碎片化，这样我们就需要做最后一步，把各部分内容之间的脉络梳理清楚，找到各部分之间的相关性，编织成一个完整的知识网络，使其构成一个整体。以上过程就好像完成一幅拼图，先有一堆杂乱无章的小块，我们先根据它们的特征（如图案、颜色、形状等）大致分成几类，然后研究每类中的每个小块应处于什么位置，完成部分拼图，最后根据各部分的特征合成整幅拼图。

三、集中精力，全神贯注

学习新东西的时候，我们会有这样的感觉：如果能集中注意力，全神贯注地思考、探究，那么，我们就能高效、深刻地记住所学内容；反之，如果不能把注意力集中到所学内容，思想涣散，心猿意马，那我们的学习效率就会大打折扣，甚至是事半功倍。影响我们注意力的因素有很多，有外因也有内因，如周边环境吵闹杂乱；对所学内容不感兴趣；心里装着一些事情困扰自己；身体状况不佳，作息习惯不好等。那么，如何改变这些情况，提高自己的注意力呢？如果受到四周环境嘈杂的影响，有条件的话，可以换个安静舒适的环境，没有条件，可以先找一些吸引我们的事情去做，渐渐进入状态，达到忘我的境界；如果对所做的事情缺乏动力、不感兴趣，还必须要做，我们可以尝试分解目标，逐个完成，也可以预设一些酬劳，如做完这件事情就能玩一会游戏，看一场电影等；如果是心里焦虑，无法集中，我们可以分析自己焦虑的原因，先去解决困扰我们的事情，之后就可以心无杂念地去学习；如果是身体原因，那就需要我们多进行体育锻炼，注意劳逸结合，改变生物钟，养成良好的作息习惯。总之，要尽力去改变周边环境，更要善于不断调整自己，使身心都处于最佳状态，以饱满的精神投入到学习当中，这样不仅能使学习效率倍增，还能建立起我们的学习兴趣，增强自信心，学习起来轻松愉悦。

四、反复练习，定期复习

反复练习可以帮助我们巩固所学的知识，加深对知识的理解，拓宽各个知识块之间的连接，有助于我们在不同情境下能够迅速调用所学知识。我们应该主动地利用空闲的时间，在脑海中回想所学知识的概况和重点，如有可能，再回想每一个细节，使零散、生疏的知识不断地变得流畅、熟练起来，使其不断地渗入到已有的知识网络中，达到熟练应用，并做到温故而知新。好比一名新加入球队的足球运动员，刚开始可能被整个球队排斥，但通过不断地训练、打比赛、了解球队的打法、了解队友的常用技战术等，就能迅速地融入球队中，真正成为球队的一员。另外，我们还要进行定期的复习，根据德国著名的心理学家艾宾浩斯的遗忘规律，复习的最佳时间应该在学习新知识后的 1—24 小时内，因为过了这个时间段，知识的 72% 以上会被遗忘，这就是为什么我们学过新知识后如果长时间不复习，再遇到的时候就好像还是新知识似的。如果我们能够在有效的时间段里稍加复习，就能起到事半功倍的效果。我们可以把复习的时间点逐渐拉长，刚开始是一天，然后变成一周、一个月，以此类推。总之，间隔性的重复的复习，能帮助我们的记忆不断增强，达到最佳的学习效果。

五、持之以恒，终身学习

"锲而不舍，金石可镂""愚公移山""冰冻三尺非一日之寒"，看到这些耳熟能详的名言，我们知道这些名言都在讲一个道理，那就是不论学习还是做事都贵在持之以恒。学习不是一朝一夕的事情，不能靠三分钟热血，也不是熬几个通宵就能学好的，而是路曼曼其修远兮，要靠我们的毅力和热情不断去坚持。世上最容易做的事情就是放弃，反之，较难做到的就是坚持，那么，怎样才能做到持之以恒呢？笔者认为应该做到以下两点：第一，乐学。很多人把学习当作一种沉重的负担和迫不得已完成的任务，总是处于消极被动的状态下去学习，这样总会让自己感觉到学习是一件苦差事，长期痛苦不已，很难坚持长久。而改变这种状态的唯一方法就是要培养自己的学习兴趣。对很多事物的兴趣是要靠后天培养的，首先，要树立自己的自信心，坚信自己一定能学好，其次，找到好的方法进入到学习中去，最后，通过成绩的提高而对所学内容产生兴趣。一旦我们对学习有了兴趣，就有了学习动力，就变成了乐于学习，也就能坚持长久。第二，自控。学习不能是漫无目的、随心所欲的，这样容易失去方向，把控不住，所以要加强自我管理、自我约束的能力。制订详尽的学习计划，严格依照计划而行。学习过程中难免会遇到外界的干扰和各种诱惑，如周边环境的嘈杂、手机游戏的诱惑、肥皂剧的吸引等，都有可能使你中断学习，所以要靠毅力坚守住自己的心理防线。每个人都是有惰性的，一不留神就会遭到惰性的侵扰，如果惰性长期发作，我们就会变得越来越懒散，最终放弃学习，所以我们就要不断地提高自己的自控能力，让它成为习惯。做到这些，就为我们的终身学习打下了坚实的基础。

学会学习是我们每个人终身发展所必备的核心素养，是我们不断汲取养分、完善自我所不可或缺的手段，要靠我们坚韧不拔的精神去寻找、去呵护、去修正，使其生根、发芽、开花、结果，做我们成长过程中的一盏指路明灯，为我们的一生保驾护航。

培养高中生审美素养的理论和实践研究

张 琦^①

　　学生发展核心素养是在 2014 年教育部研制印发的《关于全面深化课程改革，落实立德树人根本任务的意见》中提出的，指的是各学段学生发展核心素养体系，明确学生应具备的适应终身发展和社会发展需要的必备品格和关键能力，分为文化基础、自主发展、社会参与三个方面，综合表现为人文底蕴、科学精神、学会学习、健康生活、责任担当、实践创新等六大素养。其中，人文底蕴这一素养所包含的基本要点之一是审美情趣，即具有艺术知识、技能与方法的积累；能理解和尊重文化艺术的多样性，具有发现、感知、欣赏、评价美的意识和基本能力；具有健康的审美价值取向；具有艺术表达和创意表现的兴趣和意识，能在生活中拓展和升华美等。笔者深知，培养会审美，懂得感受自然生活、精神之美的国民，是落实立德树人的一项重要保证，更是学生乃至社会的需要。然而，审美素养在实际教学中却一再被忽视，所以笔者在实际教学中围绕这一基本要点进行了理论和实践研究，下面笔者将就个人在培养高中生审美素养方面的理论和实践研究情况做以汇报。

一、培养高中生审美素养方面的相关理论研究及国内现状分析

　　从理论上说，审美素养是指人所具备的审美经验、审美情趣、审美理想等各种因素的总和。审美素养既体现为对美的接收和欣赏的能力，又转化为对审美文化的创造能力。关于高中生审美素养的提升应隶属于素质教育中的美育教育范畴。审美素养中"素养"一词是指平素具有的修养，那么，审美素养就是指在平素所具备的审美修养。而学校教育是高中生平素生活的重要组成部分，自然也就成为培养他们审美素养的主战场。法国著名的雕塑家罗丹曾经说过："生活中不是缺少美，而是缺少发现美的眼睛。"车尔尼雪夫斯基也说过"美是

---

　　① 张琦，女，抚顺市第二中学一级教师，执教高中语文 15 年，2016 年获"抚顺市'十三五'骨干教师"称号。

生活"，所以作为高中教师应该注重引导学生从现实的审美关系出发，以日常的学习、生活为主要对象，有效地提升自身的审美意识、审美体验和审美创造。正如美国学者克莱德·E. 柯伦所说："当教师更多地懂得了美的素质怎样进入人的生活，当他们能够有意识地来完善、扩展这种美的体验方法时，他们也就踏上了教学艺术之路。"他还认为，教师通过观察艺术家、艺术品和艺术鉴赏家，并根据这些观察进而设计课堂教学的方法，就能使自己的工作更富创造性。苏联的美育专家 H. Л. 阿里宁娜认为："美应当渗透于一切形式的课内课外工作。""教师努力勉励学生，振奋学生的精神，帮助他体验发现的欢乐，感受自己的长处，享受认识的才能带来的快感，那么，学习过程也就获得了审美性质。"可见，国外教育美学研究涉及教学法的美学意义、教学内容的审美教育理论等方面，对培养学生美学素养非常重视，但具体可参考且适合中国高中生的相关教学实践较少，不过仍值得我们研究和借鉴。

而在我国，早在 1912 年 2 月蔡元培就提出了德智体美劳五育并举，可一个世纪过去了，美育仍然是整个教育事业中的薄弱环节，隶属美育的审美素养研究也一直被忽视，尤其是关于高中生美学素养的提升的研究更是寥寥无几，无论网络还是学术期刊都没有系统的且针对性较强的教育专著，有的只是一些零散的单科研究体会。有的还具有明显的教育阶段性，即在小学学习压力相对小的阶段学校较为重视，如厦门莲花小学围绕美育总课题进行了美育实验，设置了以"名著名画名曲欣赏""插花艺术""服饰文化"等选学内容的多样化美育校本课程体系，倾向于课外。但是，像该校如此重视审美教育尚属少数，而且这个阶段学生的智力水平和接受能力只能促进学生审美素养的初步形成，仍需要进一步地巩固、培养和提升。然而到了初中、高中，面对中高考的巨大压力，学校教育则普遍忽视审美素养的提升，缺少集中而有针对性的教学实践研究，尤其是作为重点高中，在面对高考压力下行进颇难，所以笔者选择培养高中生审美素养作为研究课题，既是尝试，又是挑战，笔者希望其研究科学有效，研究成果可以分享推广，利用校园这个教育主战场上着力推进学生核心素养的发展。

中国人民大学艺术学院院长徐庆平说过这样的话："一个伟大的民族一定是一个懂得审美的民族，而一个人如果不懂得审美，就是一个有缺陷的人。"可见，审美是人生的必修课，但现实却是学生普遍缺少审美素养，这关乎学生的人文底蕴，会影响品格的培养和整体素质的提升。而在高中阶段，由于高考的重压，忽视对学生审美素养的培养，导致高中生普遍缺少审美素养，以流行为美，现在的学生普遍缺少审美素养，进行培养高中生审美素养的教育实践研究势在必行。所以，笔者在语文学科教学中，融入审美素养教学内容，进行相关的教学实践研究，旨在使学生感受到语文学科独特的美与魅力，培养和提升学生的审美素养，提高学生对美的认知和感受，提升学生对美的感知力和鉴赏力，陶冶性情，温润心灵，使学生德智体美在自身达到平衡互利，促使他们成为立足未来世纪有竞争能力的合格人才。

二、培养高中生审美素养方面的相关实践研究及存在问题分析

审美素养并非与生俱来，需要通过后天的教育培养和提升，那么，如何培养，如何提升，则需要进行有针对性的教学实践研究与探索。对此，笔者积极进行教学实践研究，其心得如下。

通过查阅文献，学习相关理论，笔者更进一步了解到国内外高中教育对提升高中生美学素养方面的缺失情况，这个领域是一个逐渐深入、不断发展的领域。相关的教育活动在一些相对发达的一线城市的部分地区有所开展，在落后地区开展缓慢。但是，在现在和未来，新的学习革命已经到来，多元化的高中教学手段，改变传统的单纯地以文化课为主的授课模式，关注学生美学素养的教学方法必将是大势所趋，作为教师必须适应新形势的需要，改变自我。

就像柯伦所说，踏上教学艺术之路需要教师更多地懂得美的素质怎样进入人的生活，能够有意识地来完善、扩展这种美的体验方法，需要通过观察艺术家、艺术品和艺术鉴赏家，并根据这些观察进而设计课堂教学的方法。教师需要通过结合生活实际及研读专著等方式，增强自身美学素养。除此之外，笔者认为，重点高中教学模式不仅仅需要改变教师为主体的单一授课方法，更主要的是，还要确立学生的主体地位，让学生主动成为美的发现者、感知者、欣赏者、评价者，甚至成为美的创造者。只有这样，才能培养并提升学生的美学素养。

在实际教学中，笔者运用不同教学法去实践并不断加以改进。在笔者的两个授课理科班进行教学实验，一个班教学内容如常，另一个班则加入审美素养教学内容，以便对比教学效果。在此过程中观察两个班学生的反应，并关注其审美能力水平的提高状况，随时调整教学内容与模式。具体做法是在日常教学中，在其中一个教学班的教学过程中，选择适合的课程内容加入审美教育内容，从学生感兴趣的审美教育话题切入，进行审美教育渗透。例如，在语文诗歌教学中的诗歌单元，修改教案，融入审美素养教育并形成体系，贯穿在相关教学内容中。例如，通过学习毛泽东的《沁园春·长沙》，让学生体会王国维《人间词话》中所说的"有我之境，以我观物，故物皆着我之色彩"，体会在毛泽东的壮志豪情统摄下的绚烂壮丽的秋景，一扫以往写秋诗歌的悲愁之气，感

受其以天下为己任的爱国情怀和气壮山河的领袖气概；通过学习戴望舒的《雨巷》，让学生体会现代新诗的意象美、情感美；通过学习徐志摩《再别康桥》，让学生去体会新月派诗歌的画面美、韵律美、形式美。学习过后让学生也来写诗填词，亲自用笔把自己对生活的感受和体验用诗歌的形式来表达，使他们去深入体会并学会鉴赏诗歌的美，进而感受生活之美。再如，通过学习沈从文先生的《边城》，认识到只有这远离尘世喧嚣的自然纯美的边城，才能孕育出如此自然、健康、美好的人性，在边城，美丽的青山绿水与充满人性美的人物交相辉映，深刻地体现出了山城的美和人性的美，使学生在感受小说当中的自然美和人文美的同时，更深深体会自然美与人文美和谐统一，借此进行审美渗透，让学生受到美的熏陶，同时鼓励并引导学生把感知到的外界美进行心理结构的内化，写随笔、写感受，由内而外地感知美、欣赏美，陶冶性情，温润心灵。

在实践培养学生审美素养的教学过程中，通过笔者的观察体验以及学生的反馈信息，进行了强化审美素养的班级，其教师和学生都有明显改变，教师通过审美角度来解读文本，学生对课程的学习主动性更强，积极性更高，从而对启发学生自主思考有很大的促进作用，可以克服学习上的怠惰情绪，作用于文化课学习，文化课成绩更好。同时，笔者体会到课堂的氛围更轻松愉悦，师生关系融洽，师生的交流与互动更多，教学效果更好。另外，笔者还发现通过运用多媒体课件从听觉、视觉等多种角度调动学生的不同感官的体验，教学效果比较理想，为培养学生的审美体验提供了良好技术支持。这种教学方法的优势，在今后的教学工作中还要去充分利用。总之，对于这种培养审美素养的教学方式，学生们学习兴趣浓厚，学习积极性很高，不仅促进了学科知识的掌握和吸收，而且提升了审美的能力，达到了较为理想的效果。

当然，在进行培养学生审美素养教学实践中，也遇到了不少的问题，找到了一些解决办法，也走了不少弯路，虽然还有些问题有待解决，不过也积累了宝贵的经验。

问题之一，审美素养的教学评价标准的缺失，艺术类科目目前尚没有一个被普遍认同的标准，更不用说非艺术类科目的语文了。在语文课程教学目标中仅有情感态度价值观一项，没有明确的关于提升审美素养的教学目标及要求，更不成体系，这让相关的教学实践研究像在摸着石头过河。

问题之二，学生课业负担重，再加上多年的审美教育缺失，审美素养不够，很多学生不理解教师在教学中加入的审美教学内容，只是觉得很有意思但与高考联系不大，甚至认为是在耽误时间。面对这一问题，笔者查阅资料，研究高考考纲和教学策略，把审美素养的重要作用以及和其属于高考的重要考查方向等内容跟同学讲清楚，明确说明审美素养也是学生发展必备的核心素养之一，纠正并提高学生对审美素养的认知。同时，从自身教学内容出发，切实把审美教育与教学内容相结合，深挖教学内容的审美价值及其与高考的关联，使学科应试内容与审美教育相辅相成、相得益彰。

问题之三，高中生审美素养的培养在艺术鉴赏课程这一审美教育主战场收效甚微。在应试教育的影响下，学校教育偏重于高考科目，导致对高中生的审美素养重视程度不够，高中生对提高美学素养的主战场——艺术鉴赏课程的不重视表现得极为突出，经过观察与交流，笔者发现大多数学生对艺术鉴赏课不重视，上艺术课经常带着高考科目的习题去，甚至有少数学生认为，这是浪费时间的活动。希望这一现象能引起相关教师和学生的重视，及时采取措施解决这一问题，因为学生的审美素养的培养与提升需要以学生为主体，大家共同努力。

综上所述，通过对培养高中生审美素养的理论和实践研究，笔者更深刻地认识到审美素养的重要意义和作用，对学生审美素养的实际情况有了一定的了解，也发现了存在一些问题，也更坚定了笔者继续研究这一课题的决心，更感觉到自己有责任和义务为自己的学生在高中学段美学素养的提升尽自己的微薄之力。

培养高中生审美素养只是学生发展核心素养体系中十八个基本要点之一，但却是其不可或缺的有机组成部分，因为各个素养要点之间是相互联系、互相补充、相互促进、相辅相成的，它们共同构成了学生应具备的适应终身发展和社会发展需要的必备品格和关键能力，在不同情境中整体发挥作用。笔者将继续从自身的教育教学工作做起，结合学生的实际审美能力，设计出更符合学生实际审美水平的优质教学方案，同时进一步完善教学模式，交流总结经验，努力改进，使学生德智体美在自身达到平衡互利，促使他们成为立足未来世纪有竞争能力的合格人才。

学生的审美素养得到有效提升，不仅帮助有特长的学生走上艺术之路，更针对全体学生，提升他们对美的感知力和鉴赏力，使他们能够体会生活之美，陶冶性情，温润心灵，进而去创造美！所以，笔者希望教育战线上的"战友们"群策群力，共同培养学生审美素养，众志成城、齐心协力，共补齐审美短板，促核心素养齐飞！为学生应终身发展和社会发展贡献我们的力量！

开展深度学习　提升学生核心素养

崔　宁[①]

首先，我们先界定几个概念。核心素养包括语言知识、文化品格、思维品质、学习能力。深度学习指的是学生在教师的引导下，围绕具有挑战性的学习任务全身心积极参与，体验成功，获得发展的有意义的学习过程。最近发展区：苏联教育家维果茨基认为，每个学生都存在着两种发展水平，一是现有水平，二是潜在水平，它们之间的区域被称为"最近发展区"。通过这一理论，对学生进行有挑战性的学习任务，从而整体提升学生的核心素养。

一、基于听、说、读、写的深度学习，提升学生综合语言能力

1. 提升听力难度，加大语言输入量

"就工具性而言，英语课程承担着培养学生基本英语素养和发展学生思维能力的任务，即学生通过英语课程掌握基本的英语语言知识，发展基本的听、说、读、写技能，初步形成用英语与他人交流的能力，进一步促进思维能力的发展，为今后继续学习英语和用英语学习其他相关科学文化知识奠定基础。"听力作为语言输入的第一环节非常重要，听力材料的选择，听力内容的难度都可以直接影响听力效果。笔者所承担的六年级教学任务中，每个单元都有Let's check 的听力训练，这个内容是综合这个单元的单词进行的听力训练，所以这种练习非常有必要，听力内容的要求并不能满足所有孩子的要求，于是笔者设计出 dictation 的方式来进行练习。第一遍的目标定位是能够给听力标号，完成书中的目标。而第二遍都是听写，这些句子都是本单元中重点要求的句子，听写能够完成后，会使学生的输入更加深入。课外听力的时间是被家长们忽视的地方。学生们在课外学习了许多文本材料，而且都配有听力材料，但

---

①　崔宁，女，抚顺市教师进修学院附属小学校一级教师，执教小学英语 13 年，2008 年获"优秀团员"的称号。

现在学生学习英语都是在读写上下功夫，没有在听上面下功夫。听力材料的选择和听力时间的选择是关键。首先，选择难度适中的材料是重要方面，如新概念英语教材由简到难，适合作为人教版教材的补充听力材料。其次，听力时间的选择很关键，可以选择早晨或晚间相对安静的时段进行听力训练，而且要带问题听，这样有目的听可以有效训练学生的听力能力，家长如果能加入到听力训练中效果会更好，这样训练学生的听力会全方位立体化。有个一个公式："听力理解能力×解码能力＝阅读理解能力。"通过这个公式，我们可以了解到，听力理解是基础，必要的解码能力是通过反复地听、读练习形成的基础能力，加上听大量材料之后形成的解码能力，从而形成新的阅读能力。另外，听的内容必须是符合学生年龄特点的，根据学生原有的基础来进行，学生的已知词汇量以及每天坚持的毅力，这些因素都会影响学生的听力效果。听力是提高英语学习能力最关键的一个环节，所以应该从听力入手，形成良好的听力能力，从而为说、读、写打下良好基础。

2. 扩展学生的词汇量，加大语言输出量

在任教的 13 年来，笔者一直秉承着"教的词汇难一些，让孩子多获得一些"的原则来进行自己的英语教学工作。多年的教学经验告诉笔者，教材只是知识的载体，你采用怎么样的方式，你的目标的高低则直接会影响学生的英语学习水平。我们现有的教材存在着难度低，学生不爱学的现状。笔者设计每节课时都在想是否能给学生更多的词汇。例如，What do you think of Shanghai? It's big. /famous/. 采用邓超最经典的 That's amazing. 进行教学会增加教学的趣味性。通过这样日积月累的练习，学生的口语能力自然提高上来。再次，学生说英语的动力，很多学生学习英语是趋于外部环境的压力，没有从内心上真正了解学习英语的好处。通过阅读，笔者了解到："英语是科研用语，世界上 95％的论文都是用英语写的，在大学里搞研究的人。不会英语就不能广泛阅读；在欧洲，很多孩子在家庭中已经是双语者，但 89％的学生还要再学习一门外语——英语。"这些信息都告诉我们，在我们国家能说出一口流利的英语是非常有优势的事，但这些数据干巴巴地读给学生听是没人认真领悟的，于是借用《奔跑吧》第一期各成员们去联合国演讲的示例告诉孩子们英语的重要性，并适合补充句子：Water and land are heritage and ultimate wealth. （青山绿水是金山银山）。最后，笔者要说的练习口语的机会，其实就包括两种，即课内与课外，课内的时间也是非常有限，而课外是非常好的锻炼机会。虽然受母语环境的影响，借助举行的"希望之星"比赛，鼓励学生多说英语是一个不错的契机。最后，家长的配合说英语可以事半功倍，随着"80 后"的孩子们都上学，家长的素质也不断提高，因为鼓励家长多和学生用英语沟通是一个很好的学用渠道。

3. 渗透阅读技巧，加大阅读量，让学生阅读原版文学作品

学生在五年级这个阶段时，多半掌握一些阅读技巧，但在英语课堂上引入关键词指向的方法可以提高学生的阅读速度。阅读量是根据每个学生的知识基础不同而定的，单纯从提高分数角度来说，做阅读题这点很有效。但是，从学生的长远发展角度来考虑，阅读大量的原版作品是根基，如《Charlie and the Chocolate factory》（查理和巧克力工厂），这样原版书的阅读难度是高于我们平时学的文本。根本的方法是找到生词，通过查字典（找到解决问题的方法），记在生词本上（积累词汇），加上之前掌握的阅读技巧，这样可以提高新的阅读能力。阅读英文原版小说是需要毅力坚持下去的事，这件事是需要父母的陪伴，老师的鼓励，这样可使学生的阅读词汇持续增加。

4. 以单元为主，以话题为纲，形成写作习惯

我们现在的教材都是以话题为蓝本进行教学的，所以进行写作教学时，应该以单元为主题，但句型不能拘泥于教材，这就需要教师给出一些同类句子的不同表达方式的句子，以体现出表达的多样性，如 We often sang, danced, chanted and played games in our English class. 与 We learned English by singing, chanting and playing games. 教给学生教材以外的单词和句型，这需要教师讲出靠近学生"最近发展区"的知识，这与上文 2 讲过的增加学生词汇有很大关系，通过讲解稍难点的词汇来扩充学生知识量，最后形成人人不一样的作文。

二、文化品格的熏陶

就本学科而言，学习英语语言国家的文化、习俗、节日、传统并提升为一种跨文化意识的了解，是笔者对文化品格的理解。

西方国家的节日，我们都耳熟能详，但就其历史，学生们了解得很少，给学生讲解这些节日的由来，可以有效帮助学生"解惑"。五年上 Culture link 中讲到西餐与中餐的区别。通过一段小文章可以让学生了解西方文化习俗，其实课后最好让学生查一次西餐的就餐文化，才能做到对这个小文章的有益延伸。西方的万圣节和感恩节都是很重大的节日，在遇到这些节日的时候，单纯讲历史是不够的。笔者认为，将南瓜灯和火鸡拿来，创设出浓浓的节日氛围还是关键。一味强调西方文化的同时，应该引导学生思考中国的节日，尤其是国庆节，启发学生热爱自己的祖国，了解西方国家的文化习俗与传统，在中西方文化之间架构一座桥梁。

三、思维品质的训练

这点笔者认识得比较浅，笔者想只能从英语单词的构词讲起。英语是由词根，配上前缀、中缀、后缀构成。例如，课本中呈现的 bicycle，这个词就是个很好的例子，只要掌握 bi（双）就好背诵了，如 binoculars（望远镜）同样是这个道理。还有元音字母的发音规则，a. e. i. o. u 加辅音字母加不发音的 e，这些字母发本身音，如 cake，take，学生们一旦掌握了这些规则，便会自己找出规律，总结单词的背诵规律。英语是一门需要找规律的学科，一旦找出规律，很多问题便会迎刃而解。

四、学习能力的培养

小学生的年龄还是处在好奇心旺盛的阶段。首先，他们对新鲜的事物感兴趣，他们学习的能力建立在新鲜有趣和好奇上。例如，课件制作的动态感，视频制作的趣味性，这些因素都会促进学生很好地学习。其次，学生之间的学习促进很重要，培养学生互相学习能有效地发掘出学生学习的内驱力，使学生学习的效率提高。最后，重视无意识地学习过程。笔者记得自己学习 snail 这个词不是在任何一本教材中学到的，而是本皮上看到就记住了。所以，鼓励学生多看电影、电视，或者动画片，通过这些方式记住的东西是长久记忆，学生会终身受益。

五、学科知识外健全人格的培养

笔者认为，培养学生除了要语言技能高，渗透积极的情感态度也是非常重要的。

例如，六年级上 Lesson 3 课文讲的是妈妈的一天。这篇文章除了讲妈妈勤劳工作的一天，还讲的是妈妈的辛苦。笔者想再遇到这样的文章时深度挖掘教材，把文章中好的人格品质挖掘出来，然后进行剖析，引导学生向这样的榜样学生，赋予学生积极的世界观、人生观、价值观，培养出全面发展的学生。再则，听过英语歌曲的演唱，英语剧的表演，这些看起来和英语学习成绩不大关联，却可以深远影响学习的持久性的因素都应放在健全人格培养的因素，这些因素相互作用，形成良好的循环，有效促进学生的学习与发展，从而促进学生参与社会的活动。

通过以上论述，笔者针对学生的深度学习，提出了许多方法可以整体提升学生的核心素养，笔者想，这些都是来源于实践的研究。通过学习和实践，笔者会继续探究出提升核心素养的办法和手段，从学生的学习方式入手，进行课堂实践的研究和学习。

利用教育技术手段培养学生核心素养的研究

肖　微 [①]

随着科学技术的飞速发展，教育技术在教育教学领域发挥着重要的作用。前教育部陈至立部长曾指出："要充分意识到现代教育技术在现代科学技术中应用的必要性，并认识到现代教育技术在教育领域中的重要性，这是教育发展和教育改革的要求。"多媒体技术经过十多年的发展，在教育教学领域发挥了巨大的作用，这些都是推动课程改革的必要条件。

从 2016 年 6 月 1 日起，教育信息化正式写入教育法，而且随着社会经济的发展，各种现代教育媒体和设备已经引入到教学当中，因而如何利用这些媒体来有效地提高教学效率，这将是当前教学改革最关注的话题。在 2016 年 9 月 14 日，我国正式提出了中小学生核心素养这一概念，这不仅符合新时期社会人才发展培养的需求，也注重"全人"的培养。将社会主义核心价值观贯穿其中，体现了对我国优秀传统文化的继承和发展。

一、培养中小学生核心素养的必要性

探讨和研究中小学生的核心素养，这将是适应我国教育改革趋势，更是提高我国教育在国际竞争中的迫切需求。十年树木，百年树人。教育和树人必须谈论学生的核心品质。学生发展的核心素养是一门跨学科的综合能力。我们在接受相应教育的过程中，将其培养成为学生的必备素质和核心能力，让学生逐步适应终身学习和终身发展的理念。

我国在教育科学规划和发展纲要中指出："在教育中要树立科学的教育质量观，促进学生的全面发展，这不仅是衡量教育质量的根本标准，也是适应社会的根本需要。"教育是培养后备人才的重要形式，也是传承民族文化的一种途径。我们必须适应国家建设和社会发展的需要，培养有用的人才。学生的核

---

① 肖微，女，抚顺市教师进修学院教研员，从事电化教育研究工作 5 年，2017 年荣获"辽宁省第二十一届教育教学信息化大赛先进个人"称号。

心素质是立足于民族时代的需要，积极促进学生全面和谐发展，这样才能适应社会的需要。因此，教师要转变教育观念，适应社会发展的需要。我们要从知识积累到能力培养，充分利用现代教学媒体促进学生的全面发展。

二、教育技术对培养学生核心素养的优势

随着社会和科学技术水平的提高，教育技术已成为推动教学发展的重要动力。而我国新课程改革也把教育技术培训作为学生发展的重要目标，这充分反映了科学技术和时代的发展趋势。在课堂教学中，情境化教学是优化课堂教学结构的需要。多媒体可以为教学提供最佳场景，可以充分优化教学过程。同时，利用教育技术手段来进行教学可以提高课堂的密度，教师可以充分利用课堂上 45 分钟的时间，来激发学生的学习兴趣，从而提高课堂教学效率，进而提高教学质量。

在课堂教学设计的过程中，教师可以把现代教育技术融入课堂设计之中，这样就可以使抽象的问题具体化，把空间的问题直观化，将我们生活中的复杂问题，根据学生的思维方式建立"最近发展区"，从而调动学生的视听觉意识。无论是听课还是积极参与课堂教学，我们要以学生为本，在课堂实际教学过程中培养学生的核心素养，进而达到培养学生核心能力的目的。此外，在教育教学中，我们要通过多媒体教学设备来培养学生的美育，注重培养学生健全的人格和提升学生的审美创造能力，达到进化学生心灵的目的。

运用教育技术作为一种辅助教学的手段，我们会越来越发现其优越性。教师在课堂教学中可以恰当运用教育技术，这样就能使教学内容更加生动、形象、直观，感染力更强，同时可以丰富我们的课堂内容，拓宽学生的视野和知识。因此，教育技术手段是我们教学的好帮手。只要充分合理地发挥其优势，就可以激发学生的积极性。学习兴趣可以提高学生的学习能力，提高学生的核心素养，使学生能够学习和有所成就。

三、利用教育技术手段培养学生核心素养的有效途径

目前，社会发展非常迅速，我们对人才的需求标准也就越来越高，这就要求我们学生不仅要有扎实牢固的专业知识，还要有很强的综合素质。现阶段，我们如何培养学生的核心素养是非常火热的话题，那么，今天我们就来研究如何利用教育技术手段去培养学生的核心素养。

1. 使用交互式媒体来培养学生实践操作的素养

我们以前在传统的课堂教学中，都是利用黑板和大屏幕来对教学内容进行交流和学习的，现阶段，交互式媒体进入我们的生活，它替代了传统媒体成为课堂教学的新交互平台。因为传统的多媒体通常使用更多的是示范功能，大多数时间都是教师围绕课件教授，其中，学生参与教学活动的机会少，方式单调，而且大多时间都是处于被动接受状态。如果学生没有主动参与到学习中来的意识，在这种传统课堂环境下，教师也很难去调动他们的积极性，这不符合新课改中培养学生实践操作能力的指导思想。

新型的交互式媒体对学习而言已经不再是一块"冷冰冰"的黑板了，我们可以在教学过程中，基于白板的教学策略和精彩互动场景，利用交互式媒体中的书写、绘图、移动、放大、旋转、聚光等功能，来生成和记录课堂动态。教师可以通过多种途径来激发学生的学习兴趣，使互动多媒体成为师生教学实践与平等对话的互动平台。让学生积极主动地学习，这样不仅能调动学生课堂的参与度，更能培养学生的实践操作能力，从而提高我国学生的核心素养。

2. 利用网络环境教学培养学生自主学习的素养

教师可以通过网络教学来丰富教学内容和拓展学生的视野，将课外知识引进课堂，可以有效地弥补和补充书本知识，从而提高教育教学质量。网络环境教学不仅可以培养学生的自主探究意识和拓宽学生自主活动的空间和时间，还可以在教学中丰富教学知识，降低学生对教师的依赖性。在学习中逐步培养学生正确的阅读、使用和分析能力，逐步提升学生的自主学习能力。

此外，教师利用网络环境来进行教学，可以快速展示学生面前的课程资源，这不仅能向教师传授更多的知识，也能够节省教师讲课和看黑板的大量时间，从而提升教师的教育教学能力并取得较好的教育教学效果。在网络教学环境中，能够帮助学生建立起形象的思维能力，使学生能够更好地理解和记忆相关知识。网络环境教学可以培养学生的分析、综合、概括、判断、推理能力，提高学生解决实际问题的能力，从而有效地提升学生自主学习能力的核心素养。

3. 运用教育技术手段提高学生创新实践的素养

加强学生合作学习和创新实践能力的培养是时代发展的客观要求，教育技术的宗旨是将文本、图像、绘画、声音等教学信息，不受时间、空间、微观和宏观的限制，直接传递给人体的感觉器官。这不仅可以突破传统教育模式、方法和手段的局限性，也可以在教学中实现教育信息传递的有效性。通过运用教育技术手段，让学生从观察、实验、推测、验证、推理、交流和解决实际问题中，培养学生的创新意识和实际动手能力。逐步转变教师的角色和学生的认知方式，凸显出学生的主体地位，从而构建起新型的师生关系。

我们还可以运用多元智能理论来帮助学生更好地理解和掌握知识。特别是在学习一些抽象知识和概念的时候，教育技术可以为学生提供许多分析问题和解决问题的方式、方法，如思维导图和虚拟仿真授课系统。利用教育技术媒体进行授课，可以通过"师生""生生""人机"等互动方式来提高学生的参与度。这不仅可以提高学生的核心素养，也可以提高学生的学习质量和学习效率，从而减少在课堂教学中学生不注意听讲、做小动作、随意说话等现象。

随着我国教育信息化进程的进一步加快和课程改革的不断深入，使教育技术手段成为教学目标实现的主要方式和载体，这需要加强教师的专业教育和更新教师的教学观念和教学模式。教师在多媒体和网络环境下运用现代教育技术，使具有核心素养的学生实现高效教学和高效学习是当今世界教育课程改革与发展的趋势。这也是我国当前改革和发展中极为重要的基础性建设。因此，我们无论是从推进新课程改革的角度出发，还是从信息时代发展的要求出发，我们都要充分利用教育技术培养学生的核心素养，在日常教学中积极利用教育技术环境，提高学生核心素养，这种人才培养方式才是促进学生全面发展的有效途径。

总之，课程改革是未来教育的事业。培养学生的核心素养是最高目标，可以说，如果没有核心素养，那么，教育改革就缺乏灵魂。在技术变革的新形势下，有效利用教育技术促进核心素养的培养是指导学校教育改革和实践的必由之路。有效利用教育技术，可以将单一的知识和技能转化为综合素质，可以将各种学科的学习转化为跨学科的学习，可以从灌输知识转变成研究性学习，我们可以借助网络资源，来实现课堂教学的顶层设计，从而实现教学精细化、个性化、高效化、系统化。我们可以利用信息技术来解决学习过程中的实时性问题，通过师生互动、与媒体互动、与学习伙伴互动的方式、方法，逐渐形成问题解决机制。同时，在学习过程中通过新媒体的应用，学生不仅可以形成适应终身发展和社会发展需要的基本特征，还能形成学生综合发展的关键能力。因此，我们需要构建一个新的教育技术发展平台，从而实现"核心素养培养"的新理念。

塑品格，促提升：核心素养下的班级建设

王　勇①

核心素养是学生在接受相应学段的教育过程中，逐步形成的适应个人终身发展和社会发展需要的价值观念、必备品格和关键能力。发展学生核心素养既是对传统文化中修身成德思想和传统教育育人观念的发展，也充分反映新时期经济社会发展对人才培养的新要求，全面体现先进的教育思想和教育理念。

一、"品格"教育历久弥新

在教育发展长河中，教育智者虽不知何为核心素养，却用朴素、直接的育人理念，自觉地做着发展素养的努力，如墨家的贤能、节俭、平和，儒家的仁、礼、德，尤其是宋代朱熹倡导的仁民爱物、责任担当和明代王阳明提出的"种树者必培其根，种德者必养其心"……近代教育家陶行知的"学做合一"等。他们虽对人才培养的切入角度不同，却在重视能力和品格培养方面不谋而合。

《国家中长期教育改革和发展规划纲要（2010－2020年）》颁布，以文件的形式提出教育教学必须由单纯知识传授向育人方面倾斜，强调了"知识与能力""过程与方法""情感态度与价值观"的三维目标，重视学生发展过程中的独特体验、成长认知、价值选择的培养提升。

2014年，教育部研制印发《关于全面深化课程改革，落实立德树人根本任务的意见》，提出"教育部将组织研究提出各学段学生发展核心素养体系，明确学生应具备的适应终身发展和社会发展需要的必备品格和关键能力"。

2016年，国家正式提出"中国学生发展核心素养"这一概念，以培养"全面发展的人"为核心，分为文化基础、自主发展、社会参与三个方面，综合表现为人文底蕴、科学精神、学会学习、健康生活、责任担当、实践创新等

---

① 王勇，男，抚顺市教师进修学院一级教师，执教高中语文13年，2013年获"抚顺市技术能手"称号。

六大素养，具体细化为国家认同的十八个基本要点。

新一轮教育改革，国家依据学生发展核心素养制定新的课程标准，把立德树人作为根本任务，并据此编制新教材、实施新课程，学校、教师再据此组织教学、实施考试与评价。

二、立品有德，健康生活

品格是一个人的行为（广义）表现和为人形象（管"行"的）。它是一个人素养的直接反映。一个人言行粗俗、举止不端、品性不良，缺乏基本的礼貌、礼节、涵养、教养，其他一切又有什么意义呢？"若失品格，一切皆失"。

班级建设要不遗余力地对学生进行品格塑造，在学习生活中不断积聚优良因子，养成现代公民所必须遵守和履行的道德准则和行为规范，增强社会责任感，提升创新精神和实践能力，成就多彩人生。

1. 班主任的引领作用

班主任作为班级工作的直接负责人和组织者，应发挥在德、能、行方面的示范、引领作用。班主任应符合以下几方面要求：一是师德高尚。班主任应是一个让人尊敬、受学生爱戴的长者或朋友，用高尚的品格影响学生，用积极的人生态度鼓舞学生。二是业务精湛。懂理论、精业务的老师在学生中更有威信，能在潜移默化中激发学生的学习热情和钻研精神。三是处事公平、公正。学生的世界观、人生观和价值观处在发展变化的阶段，不公正的经历可能引发各种负面情绪，一旦他自己承受不了，可能就会转变为向外攻击的一种力量，三观发生扭曲。因此，在处理班矛盾时，班主任一定要多了解、细思考，避免仅凭主观经验认知，妄下结论的现象发生。四是走近学生，学会倾听。走近学生，倾听他们的内心声音，了解他们现阶段学习和成长的困惑，把关心和爱护化作一股暖流，滋养学生心田，让真、善、美的种子在爱的浇灌下生根发芽。

2. 班级文化的激励作用

班级文化建设是一个长期积累的过程，也是健康文明行为习惯的养成过程。文化建设关乎着每个学生的行为与发展，需要在班级日常管理、学习生活和集体活动中反复强调，矫正过失，强化自我管理能力。积极、健康的班级文化就是一股强大的无形力量，会对每一个学生的健康成长起着巨大的教育、激励作用。

第一，为班级起一个富有寓意的名字，如博雅班、追梦班、神舟十号班……确定一个大家共同维护、建设的目标。

第二，设计班徽、班旗，用简洁形象的符号语言表现出来，激发集体意识和荣誉意识。共同选定或者自创班训、班歌，在每天的特定时间或重大活动时吟唱，强化全体同学的共同目标追求。

第三，培植先进典型，树立行为标杆。挖掘学生身上具有的可贵品质，树立学习典型，制作宣传照片，编写个人成长档案，张贴在班级外墙。发挥典型的示范作用，形成先进带动后进，后进赶超先进的氛围。典型是一面面美丽的镜子，匡己正人；典型是一朵朵清幽的荷花，人人思其高洁。

第四，根据班情制定合理班规及相应的惩罚措施，是从制度层面进行班级文化建设的重要手段。作为班级全体同学的行为规范，一经制定就要严格遵守与执行，对不遵守者给予适当的惩罚，惩罚只是一种促其改进、提高的手段，而不是目的。

第五，把精心设计的班徽、班旗、班训、班歌等以醒目的标语、图片或条幅张贴、悬挂于班内，形成浓厚的班级文化氛围，滋养心田，浸润灵魂，人人博爱、懂礼，人人诚信、正气，实现班级文化建设的育人目的。

3. 主题班会的提升作用

主题班会是提升学生品格最直接的方法，也是发展学生健康生活素养最有效的方法。一般每个月学校都要组织一次主题班会，如"学雷锋，讲奉献""安全伴我行""健康人生、绿色无毒"等，学生通过活动理解了生命意义和人生价值，增强了安全意识和自我保护能力。还有针对班级出现的新问题、新情况自行安排的班会，这种班会以解决问题为出发点，以让学生更加自信、乐观和健康的学习生活为目的。为了达到预期效果，以下几方面不可少：一要班主任了解当前的班情、学情，根据发现的问题确定班会主题。二要精心组织策划，没有活动前的精心设计，环节上的巧妙安排，活动就会流于形式，达不到预期效果，又何谈解惑育人呢？三要学生积极参与。首先，发动学生搜集材料，挖掘身边素材，联系时代新人新事，力求贴近生活、贴近事实，力求以小见大、见微知著；其次，做好材料筛选，以小组为单位进行讨论，去粗取精、删繁就简，做好整理分类，为后面的课堂互动做好准备；再次，组织发言，班会活动最后是以课堂的形式呈现，这就需要制定规则，发言要围绕主题，用语简洁，论述结合等。通过活动，学生的思想得到校正，思维得到发展，能力得到提升。

4. 社会实践的完善作用

通过社会实践活动的开展实施，提升学生解决问题的能力，健全生存的必备品格。注重学生实践活动的体验以及生命成长的感悟，完善学生懂礼、诚信、爱国等基本品格素养，以更加阳光的心态面对生活，迎接各种挑战。

体验中成长。通过多样的社会实践活动，学生不仅在活动中体验了参与的快乐，更在动态的课堂中了解文化的发展传承，体验不同生活的酸甜苦辣，积累多方面的技能，进而达到个人内在的提升。

参与中提高。引导学生学会观察、学会倾听、学会记录，把实践活动作为一条紧密的纽带，连接课堂与社会、课堂与生活、课堂与成长，把实践中汲取的精神力量，内化于心，外化于行，鞭策自己不断前进。

反思中进步。及时组织学生撰写实践报告或心得体会，以小组讨论、集体座谈等形式，分享实践中的个人收获和独特感受，弘扬生活的真、善、美，积聚正能量，不断建设、美化学生们的内心世界，如清风拂去尘埃，如细雨滋润大地，让心灵之花绽放。

核心素养在班级文化建设中的路径探讨

胡敏华①

　　核心素养是指学生应该具备的、能够适应终身发展和社会发展需要的必备品格和关键能力。中国学生发展核心素养以培养全面发展的人为核心，无论是文化基础、自主发展、社会参与的三个方面，还是人文底蕴、科学精神、学会学习、健康生活、责任担当、实践创新六大素养的综合表现，都是党的教育方针的具体化。以班级文化建设为载体，可以培养学生的审美情趣、勇于探究、自我管理、问题解决等优良品质，而班级文化建设从征求意见、开始设计、组织实施、完成实践等诸多方面都能体现出学生发展的核心素养。

　　班级文化建设具有个性化、广泛性和发展性的特点。班级的形象、精神风貌和班级风气反映的是个性化的特点；师生共同参与劳动创造、共同收获劳动成果体现的是广泛性的特点；发展性主要变现为学生是主体也是教育对象，要动态发展也要不断创新。班级文化建设中，要将人文底蕴、科学精神、学会学习、健康生活、责任担当、实践创新等核心素养全部或部分体现出来。

一、重视班级文化中的"显性文化"建设

　　所谓"显性文化"，也可以称作"硬文化"，是可见的环境文化，即物质文化，如教室墙壁张贴的名人名言、英雄形象、名家画像、优秀字画等；摆成各种几何形状的桌椅；展示学生才艺的手工制作；激发学生探知的科普长廊；展现环保与爱心的绿植盆栽；悬挂在黑板上方的班训、班风等激励标识等。

1. 打造班级特色，精心布置教室

　　教室是一个集教育性、简洁性、美观性、和谐性为一体的师生工作、学习、交流、交往的主要场所，整洁、舒适的教室环境不但能够使人愉悦，也能

---

① 胡敏华，女，抚顺市新抚区南台小学高级教师，执教 31 年，2002 年获"抚顺市优秀市民"。

改变人的行为方式，养成良好卫生习惯，更能促进优良班风和班级文化的有效形成。精心布置教室环境，以良好环境为载体，把"立德树人"体现在教室布置的全过程，充分发挥其环境育人的功能。教室中图书角、评比台、绿植地、讲台桌椅的布置都可反映出一个班级的文化与特点，要调动每个成员的积极性、主动性和创造性，群策群力，本着育人、简洁、美观、舒适的要求，体现爱班慎独、诚信友善、团结协作、劳动创造、感恩担当等理念，培养学生们的主人翁意识和集体主义观念，达到润物无声、成风化人的目的。

（1）突出主题思想，"让理念宣言"，充分表达学生的心声。布置教室注重体现核心素养，唱响班级主旋律，优中择优展现主题。譬如，勤奋向上、乐学善学、求真务实、珍爱生命、健康生活、健全人格等。教室布置时，坚持自己事自己做的原则，以学生为主，教师为辅。布置前，要充分研讨，形成共识，达成局部和整体设计方案；布置中，师生要形成合力，分组实施，全员参与；布置后，组织学生观赏品评，并收集意见和建议，及时总结经验以备今后改进提高。这样做既可以培养学生的动手能力，也能增强班级的凝聚力，更可以让学生知道教室布置得不容易，让教室表达学生的心声，成为学生真正温馨的家园，并在做事中体验生活，在生活中体会快乐，在收获中感受团队的力量。

（2）发扬团队精神，"让教室发声"，充分体现班级文化。精心布置过的精美教室一定会展现出班级的灵魂以及与众不同的地方。布置教室是集体智慧的结晶，能反映出这个团队的精神风貌，也是完全可以说话的，它将告诉人们：这是一个怎样的团队，孕育什么样的文化，表现出什么样的班风，有着什么样的目标，达到什么样的结果等，而且教室每一处布置点团队小组都有分工，各布置点团队小组也有协作，做到点面结合，汇成班级大团队，形成有机整体，利用这种分工协作方式激发学生们的主动性和创造力，实现自我管理、自我教育、自我服务、自我发展、自我展示的作用。

（3）突出班级特色，"让墙壁开口"，直接展示劳动成果。教室的每一面墙都是一张特色美图，用光荣榜激发英雄主义，用记事栏提示珍惜时间，用名人名言鞭策向善向上，用书法绘画熏陶高尚情操。装点墙壁过程中一定注重实用性和时效性，要定期更新完善与时俱进。每年至少一张的班级集体照必不可少，这不仅记录着学生们的成长变化，还可以感受时间的飞逝，提醒每个班级成员都要珍惜时间。

（4）展现个性特点，"让才艺说话"，深入发挥个人潜质。可以设立"才艺角"，挖掘有效空间展示学生手工、摄影、书法、绘画、小发明、小制作等才能，展现学生的自主创新和精神风貌，以创造浓郁的文化氛围和优雅的读书环境，潜移默化中影响学生，激发兴趣，陶冶性情，勇于实践，培养优良品质。

（5）体验生活节奏，"让绿植舞蹈"，健康身心，关爱生命。世界万物都有着不同的生命意义，绿色环保盆栽在教室布置中作用可以美化房间、净化空气、愉悦感官、陶冶性情。生意盎然的绿色盆栽伴随学生成长而生长，要想枝叶茂盛、鲜花盛开不能任由其自然生长，学生们在精心打理绿植的过程中，可以体会生命的顽强、劳动的辛苦、园丁的意义，从而产生对生命的尊重、体验劳动的光荣和培养感恩意识，进而萌生宽容、乐观、积极、向上的精神，实现以境育人、以景育人的效果。

2. 创建厅廊品牌，精细设计室外展墙

教室外展墙可以说是教室布置的进一步延伸，是班级的对外展示。可以通过室外展墙展示班级的状态和风貌，影响面、受众面更加直接和广泛，某种意义上讲，发挥着"不见其人，先闻其声"的作用，可以采取一切手段组织调动教师、学生及家长献计献策，共同创造并适时更新。教室外墙文化建设要达成如下目标：

（1）宣传一种理念。就是要"立德树人"。我们"立"的是社会主义道德，"树"的是社会主义新人。"树人"是教育的根本，以人为本的教育才能回归教育的本真，德是素养、品行、品格，只有立德，才能成人，"国无德不兴，人无德不立"。分别以礼仪、诚信、和睦、友善为核心的社会公德、家庭美德、职业道德、个人品德构成了德的主要内容，教室外墙文化更要注重宣传向真、向善、向美、向好、向上等理念。

（2）追求一个价值。即为社会主义核心价值。集中体现当代中国精神，社会主义核心价值观凝结着全体人民共同的价值追求，要融入社会发展的各个方面，并把它转化为人们的情感认同和行为习惯。这个价值追求在班级文化建设中也要得以有效体现和落实。

（3）传递一串信息。就是要完全展示班级整体风貌。在设计教室外墙展板时，必须本着"把最优秀、最具特色、最具吸引力的一面"反映出来的原则，让大家驻足观瞻，过目难忘，留下美好印象，从而达到对班级的认可。这一串信息要传递出良品行、优文化和正能量，符合核心素养要求。

二、加强班级文化中的"隐性文化"建设

所谓"隐性文化"，也可以称作"软文化"，包括制度文化、思想文化和行为文化。制度文化包括各种班规、班约及约定俗成的要求，人人需要遵守的规章、规定、规矩；思想文化是关于个人与集体、家国情怀、道德信念、理想追求、责任担当、三观意识等各种观念，这些观念随时随处可以感知，循序渐进、潜移默化地影响着学生；学生的言谈举止、为人处世和精神面貌等表现构成了行为文化。无论制度文化，还是思想文化与行为文化都不能背离中华文化，班级文化建设也要印证中华民族独特的精神标识，突出中华民族优秀传统文化、中国革命文化和社会主义先进文化的育人功效。

1. 继承传统精髓，展现中华民族优秀传统文化教育

班级文化建设要着力书写中华优秀传统文化符号。中华文化滋养着中华民族生生不息、发展壮大，中华优秀传统文化是中华民族的精神命脉、独特标识与突出优势。优秀传统文化作为中华民族精神的"根"与"魂"，是中华民族的文化共识和精神纽带。班级文化建设也需要大力推崇继承优秀传统文化，如利用中华民族传统节日除夕、春节、清明、端午、七夕、中秋等时间节点张贴春联、窗花、剪纸、悬挂灯笼等弘扬优秀传统文化；再如，宣传优秀传统文化的思想和精髓等。

2. 弘扬革命精神，再现中国革命文化教育

革命文化是中国共产党和中国人民在长期的革命斗争实践中形成的，是凝聚着共产党人和革命群众独特思想和精神风貌的文化。革命文化蕴含着丰富的革命精神和厚重的历史文化内涵，它既植根于中华优秀传统文化，又成为社会主义先进文化发展的直接来源。时势造英雄，进入新时代更不能离开革命文化和时代精神，在班级文化建设中宣传革命的英雄主义情怀也有着很强的现实意义和深远的历史意义。班级文化建设要利用各类纪念时间节点弘扬"红船精神""长征精神""延安精神""两弹一星精神""雷锋精神""载人航天精神"等革命文化。

3. 创新先进文化，体现中国特色社会主义核心价值观教育

世界上每一个民族都有属于自己的特有的文化形态和文化个性，先进文化对弘扬民族精神，形成民族凝聚力，有着极大的激励和促进作用。社会主义核心价值观是社会主义先进文化的精髓，而社会主义核心价值观教育也正是对博大精深的中华民族优秀传统文化和革命文化的传承、弘扬、创新和发展。爱国、敬业、诚信、友善应该成为班级文化建设不可或缺的重要组成部分，也应该植根于全体中国学生心灵和骨髓，成为班级文化建设的正能量。

总之，班级文化是班级集体活动的产物，是每个班级所特有的，是一个班级的灵魂。班级文化涉及与班级有关的各类人群，既包学生与学生之间的关系、师生之间的关系，也包括教师之间以及教师与家长之间的关系。班级文化建设必须时时处处、桩桩件件都要渗透着对中国学生核心素养的培育，教育学生学会做人、学会做事、学会学习，把学生培养成全面发展的人，真正成为中国特色社会主义现代化的建设者和接班人，实现中华民族的伟大复兴。

通过班级管理培养学生核心素养的实践研究

辛明明[①]

学生发展核心素养，主要指学生应具备的，能够适应终身发展和社会发展需要的必备品格和关键能力。研究学生发展核心素养是落实立德树人根本任务的一项重要举措，由此可见，德育才是奠定"学生发展"与"人格成长"的基础。

在学校里，班级是学生生活实践、锻炼能力的摇篮。因此，班级德育也就显得尤为重要。每一个学生都是独立的个体，有自己独特的一面。当一群学生聚集成为一个大家庭时，便会产生各种各样的火花，这就需要班主任的智慧来正确引导，培养学生正确的价值观。尤其在农村学校，班级德育更是尤为重要，它是学生的健康成长的根基。

一、以爱引爱，润物无声

教育家夏丏尊说："教育之不能没有爱，犹如池塘之不能没有水，没有爱就没有教育。"教师的爱是一种特殊的力量，它能抚慰学生的心灵，为学生的身心健康奠定基础，给他们指引正确的人生道路。在家里，父母及长辈给予孩子的是宠爱，在学校里，老师给予学生的是爱而不宠，这种爱是真切地促进每一个学生健康发展的爱，学生在老师的爱中耳濡目染，以爱回报他人。

作为一个农村班主任教师，德育资源、学生的基础和家庭状况与市内的学生有着很大的差异，绝大多数学生有着不同的家庭问题，这对学生的身心健康有着很大的影响。单亲儿童和留守儿童从小少有或失去父母的关爱，所以情感上会有所缺失，这种缺失短时间会使孩子有被抛弃的感觉，一段时间后会进入反叛甚至自我放弃的阶段，导致他们以自我为中心，把身边人对他们的关爱视而不见，而不懂得关爱他人。因此，需要班主任教师对学生付出更多的关爱，

---

① 辛明明，女，抚顺县汤图九年一贯制学校英语中级教师，执教 10 年，多次获得"省、市英语，德育班会等一等奖优秀课"奖项。

从思想、生活和学习上更正学生的行为，让学生感受身边的爱，树立自信心，并学习为他人付出和关爱他人，从而促进学生健康发展。面对留守儿童和单亲儿童，老师要像母亲一样，帮助学生解决学习上和生活上遇到的困难与挫折；班级活动时，老师要像姐姐一样与学生交流、谈心；管理班级时，老师要换位思考，及时鼓励和引导学生各方面健康发展，健全学生的人格。

所以说，爱像水之于泥土，以爱传爱，无声润物，生机盎然。

二、平等待人，真诚沟通

明朝的薛宣曾说，人心公则如烛，四方上下，无所不照。教师不能以居高临下的姿态面对学生，态度和语言不能存有训斥的意味，这样才能为学生树立公平、向上、真诚、团结的榜样。要了解学生的思想，尊重学生的意见，要善于倾听学生心里的声音，帮助学生排解心中的困惑及负面情绪，这样才能培养学生健康的心理和为人处世的能力。

现今的教育方式发生巨大的转变，不是单一的说教，而是以学生为主体，教师起着引导的作用，引导和培养学生的核心素养，促进学生个性化发展。然而，不同年龄段的学生有不同的心理特点，因而面对不同的学生，教师要运用的沟通方式都不尽相同。以前阅读了一些心理学书籍上曾提到过，与学生沟通要选择单独的空间，注意弯腰或蹲下以示对学生的尊重，让学生感受到平等，要平视学生，态度要平和，要让学生感受到老师眼睛里的温暖。这样的沟通方式不仅是老师的一个动作，而是代表老师率先站在了与学生平等的地位上，这是学生最易接受且有主动倾诉的意愿的，这样的方式也同样教会学生要以平等谦和的态度与他人交往，真诚的态度与人沟通，这样才能建立良好的人际关系。俗话说得好：人无信，则不立。因此，在与学生沟通时还要真诚、守信，学生从老师的身上发现这样的品质，自然而然就会效仿老师的行为模式。这样潜移默化的行为便会培养学生诚实守信的品质，利于建立健全学生的良好品格，也更利于与他人建立良好的人际关系。

三、人人参与，共同提升

"火车跑得快，全凭车头带"。一个优秀的班级需要的不仅仅是一名优秀的班主任，更需要的是认真负责的班级干部，来协助管理班级，在管理中提升自己的能力，在班主任与同学之间形成良性纽带，促进班级的和谐发展。

面对班级不同的学生，老师要以公平、公正的态度通过观察、谈话等了解学生的性格、能力、兴趣家庭背景等，为班干部的选拔奠定基础。学生是班级的主体，选拔班干部的时候要尊重学生的意见，给学生表达自己的机会，让学生自主推选出心中的班干部人选，让全体学生参与到班级管理中来，这样有利于日后班级工作的开展，更有利于学生各方面能力的培养。学生参与班集体的管理，提高了主人翁意识，实现了学生的自我价值感、荣誉感和责任感。要让每个学生都以班级为家、以班级为荣，这就需要做到"人人有事做，事事有人做，时时有事做，事事时时做"。因此，班级中的每一个人都有一份班级管理职责，分管不同的领域，大家互相帮助，互相制约，互相监督，这不仅提升了学生的交流能力，同时，还提升了学生的组织能力和管理能力。

我们学校安排每个班级有一周的值周服务任务，在以前都需要老师细致分配，讲解服务周的任务范围等，随着班干部和班级管理机制的提升，现在的值周服务学生们能够自主报名或安排服务人员、人员分工等。班级干部会在周全班内事务的同时，根据不同同学的特点进行任务分配，在班主任不在的时候形成了一套自主管理机制。每当老师不在学校的时候，班干部就会主动承担班级管理任务，现在班级的值日、宣传、组织等都有班干部组织班级同学完成，甚至连学生的作业、习题篇等都由同学主动帮助老师批改，班干部以及每位同学的能力都得到了大幅的提升，同时，提升了学生的责任感，真正做到人人有责任，个个有担当！

四、放大优点，提升自信

苏联著名教育家苏霍姆林斯基曾说，有时宽容引起的道德震动比惩罚更强烈。笔者所指的宽容是放大他们的优点，缩小他们的缺点，借此培养学生的自信心，让学生在面对挫折和挑战有勇气面对和解决。

每一个人都会犯错，犯错后最不希望的就是听到别人的否定。人之初，性本善，每一个人的心都有一座天秤，在犯错之后，自己就会内心惴惴不安，稍加以正面引导就会自我反省，这远比一味地批评斥责来得让人容易接受。学生年幼，正是对一切事物充满好奇心的时期，不管对错都想去尝试，这都是正常的。如果老师对待学生的错误一味地大加斥责，那么，就会降低学生的自信心，影响他们的探索能力和创造力。作为班主任老师，我们要像孩子的家长一样，站在他们的角度去思考，设身处地地想想他们行为背后的目的，从孩子的思维去正确引导，一步步提高他们的认识，让他们认识到自己行为的不妥之处，再加上正确行为的鼓励，这样不仅不会打消学生热爱探索的积极性，并且对学生进行了正确的思想教育，且学生还会为他人做出正确行为的榜样，以榜样的力量提升自信，促进学生的个性化发展，这样问题也就迎刃而解了。

五、冷静处事，沉默德育

班主任教师在教育学生的过程中会遇到各种各样的突发状况，面对这些层出不穷的状况，就需要教师冷静思考，临危不乱，理智处理，将问题转化为培养学生能力的契机。正如莎士比亚所说："谁能够在惊愕之中保持冷静，在盛怒之下保持稳定，在激愤之间保持清醒，谁才是真正的英雄。"

忙中易出错，乱则无章。班级发生了事情，老师若不能冷静处理，只会让事情的解决方式更烦琐，也容易影响学生的健康发展。因此，沉默德育也就显得尤为重要。学生在家里听到父母长辈的唠叨，在学校听到老师一遍遍的叮嘱，长此以往，学生会产生逆反心理，反而不利于他们的健康发展。因此，适当的沉默德育会缓解学生的"说教疲乏"。学生犯错不要直接批评说教，给他一点时间，他会静下心来思考：老师为什么会让我来，我应该是又做错什么了。引发学生这样的思考，学会反思自己，那么，我们的德育也就成功了一半。教师再辅助以学生正确引导，让学生学习发现自己的不足，思考解决问题的方法，这样的沉默德育会逐渐培养出学生反思自己的能力和正确认识自己的能力。没有批评，没有唠叨，学生却能发现自己的问题，主动与老师沟通，寻找补救措施。可见，沉默德育不仅让学生学会反思自己，还同时教会了学生遇事主动沟通、思考解决问题的方法等，可谓一举数得！

六、团结共赢，激发潜能

法国教育家第斯多惠曾说过："教学艺术的本质不在于传授，而在于激励、唤醒和鼓舞。"在班级德育中，集体荣誉感是班级向心力的体现，它是学生自觉意识到作为集体的一员的尊严与荣耀，它是一个班级的灵魂。现在的孩子大多都是独生子女，在父母长辈的娇宠下自我意识强烈，集体观念淡薄。而集体荣誉感的缺失会导致班风不正，纪律涣散。因此，培养学生的集体荣誉感是学生核心素养的重中之重。首先，由于我们的学校是一所满族特色学校，因而笔者把我们的民族特点加入学生的教育中。笔者充分利用班会、晨会等时间将满族的文化、歌舞、体育运动和文学作品等融入对学生的正确引导中，有目的对学生进行团结意识的培养，在为学生讲解满族人民团结一心抗敌的同时，传承民族文化，增强学生团结意识。其次，对学生进行"班荣我荣，班损我耻"的思想教育，让学生意识到自己是班集体的一员，以班级的集体荣誉激发学生的潜能。

4月20日，迎着2018年的第一次高温28℃，我们班的学生在骄阳似火的操场上训练。六年级的学生马上临近小学毕业，正是思潮涌动的阶段，但为了临毕业前最后一次比赛，学生们在中午长时间的训练下口干舌燥，汗流浃背，却没有一个人喊苦喊累，烈日下，他们依然迈着整齐的步伐前进，间操的每一个动作都如军队的战士一样，充满着力与美。学生们的出色表现深深地打动了笔者之心，笔者急忙给他们买了冷饮消暑，学生们边吃还不忘研究比赛的方案和行走的路线。面对着坚持的他们，作为班主任的笔者感到无比骄傲！发自内心为班级的行为点赞，这才体现了一个班级的向心力，学生们烈日下的坚持就是我们班级的灵魂！

培养学生的核心价值观不是一朝一夕的事，需要我们教师用心去观察、总结、反省自己，用爱心、细心和真心去善待每一名学生，同时，利用所有的契机对学生进行正确引导，提升学生各方面的能力，从而促进他们个性的全面发展和综合素养的不断提高，建立健全学生的人格，成就美好人生！

让学生自主发展　成就精彩人生

罗玉红[①]

　　自主发展是 2016 年 9 月在中国学生发展核心素养研究成果发布会上提出的，是学生发展核心素养理论中的重要组成部分，中国学生发展核心素养，以科学性、时代性和民族性为基本原则，以培养"全面发展的人"为核心，分为文化基础、自主发展、社会参与三个方面。其中，自主发展里面包含学会学习和健康生活两部分。自主性是人作为主体的根本属性。自主发展重在有效地管理自己的学习和生活，认识和发展自我价值，发掘自身潜力，有效应对复杂多变的环境，成就精彩人生，发展成为有明确的人生方向、有生活品质的人。现在，笔者从两方面来阐述。

一、学会学习

　　学会学习说起来简单其实挺复杂。全国数十万的学子在学习，有的学得好、有的学得差，为什么呢？人的先天因素起了一定作用，这是不可否认的事实，但后天因素在人的发展上起了决定性因素。爱迪生说过：人的成功靠百分之一的灵感加上百分之九十九的汗水。这汗水里不仅有孩子加倍的努力，还包含了正确的学习态度、科学的学习方法以及良好的心态等。其具体来说就是乐学善学、勤于思考、信息意识等要点。

　　（1）乐学善学。孩子喜欢学习是在后天培养的一种意识。一个孩子从呱呱坠地起，良好的乐学品质就应该逐渐培养开来，父母是孩子的第一任老师，就应该从生活的一点一滴来熏陶孩子的乐学意识，包括知识的学习、作息习惯及学习习惯的养成，形成固定的作息模式，为孩子日后上幼儿园、小学、中学、大学养成良好的学习习惯打好基础。在孩子的意识里，抹掉学习是一种苦差事的概念，形成乐学的品质。这方面例子很多，反面例子更多。比如，留守儿童

---

　　① 罗玉红，女，抚顺市望花区雷锋小学一级教师，执教小学数学 28 年，2001 年获得"省数学课件二等奖"。

很少有乐学者。这些孩子的许多问题都是因为父母不在身边而产生的，在平时休息时，在节假日时，没有人管教，在学习上遇到困难时，家里又没有人可以帮助，让孩子感受到生活上缺少关心，学习上无人可以依靠，逐渐对学习失去兴趣，觉得学习没有意义。针对这些学生，社会、学校应给予更多的关爱，对孩子出现的问题耐心细致地引导，及时地矫正，并在学习上给予帮助，让孩子感受到关爱，温暖孩子的心，增强孩子的自信心，使"留守学生"得到健康全面发展。

善学者，师逸而功倍，不善学者，师倍而功半。可见，学习方法的重要。那么，选择科学的学习方法，这就要有好的老师来领路，然后再靠自己活学活用，把老师教过的方法活学活用、融会贯通，用在日后的学习之中。很多学生对学习没有兴趣，没有信心，学习成绩差，表面看是学生没学会。其实多数是学生没有掌握学习方法，不会学习。学习方法在于老师的引导，自己的总结、积累。只有学会学习的人，才能感受到学习的乐趣和动力。

（2）勤于思考。孔子在《论语》中说过：学而不思则罔，思而不学则殆。这道理到什么国家、什么时代都灵验。

（3）信息意识。要推崇信息、追求新信息、掌握即时信息。信息时代的大潮推着我们滚滚向前，不掌握信息就会被历史淘汰，不跟上信息脉搏就要落后甚至倒退。时代要求我们学生跟上信息时代步伐，要有信息技术的前瞻性，马云就是站在信息大潮浪尖上的弄潮儿、成功者的典范。现在，各校都在普及信息化教育，创造信息化环境，创造条件来建造校园网站，网上学习研究中心，培养学生网上学习和沟通能力。

二、健康生活

这主要是学生认识自我、发展身心、规划人生方面的综合反映。其主要反映在以下三方面。

1. 珍爱生命

这是个新论题，据不完全统计，我国每年死亡学生一万多人，相当于每天中型班级学生消失了。这一万多个儿童的死亡就是一万多个家庭的破碎。数目触目惊心啊，这一万多个学生的死亡，有的是车祸等意外死亡，有的是自杀。其中自杀占百分之三十。所以，珍爱生命这一主题摆在我们家长和教育工作者面前。生命是你自己的，更是你家人和国家的。所以，我们要对孩子从小进行安全教育，对孩子进行抗压力教育、抗挫折教育。我们教师既要耐心细致地引导学生，更要通过积极向上的心态去感染孩子，善于抓住孩子的闪光点去教育孩子，提高他们的思想认识，使孩子认识到在成长过程中不是一帆风顺的，从不断受挫和解决困难中摆正心态，也就是所说的"吃一堑，长一智"。

2. 健全人格

这个概念，也是近期提出来的，健全人格就是对自身认识是否客观正确，并有健康的体魄、愉快乐观的情绪体验、积极向上的人生目标、和谐的人际关系。我们作为学生家长和教育工作者也要与时俱进，把培养孩子健全人格当成一项重要工作来做。笔者认为，首先要对孩子的智商和情商有一个测试，然后有一个客观的评价和定位，把一个孩子的发展目标定在合理的区域内，不要太高够不到，这样容易挫伤孩子的信心；也不要太低，让孩子失去动力和兴趣，因而从小就为孩子设定可行性的目标，不要胡子眉毛一把抓，统一一个标准一刀切。同时，也要给家长灌输因材施教理念，摒弃望子成龙、望女成凤的思想。这样孩子就能快乐地学习、生活，就能减少孩子负压太重而自杀情况的发生。另外，教师亲切的话语，慈爱的目光，期待的眼神，都可以打消孩子的顾虑，让孩子愿意去亲近老师，愿意和老师倾诉，让老师带给孩子安全感，让孩子对老师产生依赖，从而拉近师生间的距离，让孩子逐渐喜欢上老师，喜欢上学习，获得学习生活的乐趣。以前，在笔者的班级里有这样一名男同学，他叫张希航，在四年级时转入笔者所在的班，当时，其爷爷就和笔者说过他的情况，孩子父母外地打工，从小缺乏管教和父母疼爱。智商中上，情商一般，性格就比较内向，不愿意与人交往，不学习，成绩特差，还经常旷课。也不受同学和老师的喜欢，又经常迟到，可谓是老师的眼中的差生，经常受到同学的冷嘲热讽。作为班主任，笔者对这个特殊的孩子给予了特别关注。笔者首先在生活上特别关心他，在学习上也尽力去帮助他，让他对笔者产生好感，然后向他提出要求，给他制定目标，让他逐步完成。经过几年的努力，他小学毕业后已经成为一个积极向上、能自我管理、阳光快乐的男孩儿。

3. 自我管理

自我管理包括自我认识、自我控制、自我激励、自我完善、自我提升、自我规划。自我管理不是一蹴而就的，而是在从小到大逐步形成的，是在家长和老师指导下一点一滴累积而成的。其中，老师起到决定性作用，老师要深入班级，了解每个孩子为他们设定自我的人生目标，并且还要做好思想疏导工作，可以说是几年如一日，工作到位才能造就一个个能够有自我管理能力的孩子。笔者从事教育工作二十多年了，在平时的教育教学工作中，尽力激发学生学习的自主性，增强学习动力，排除他们心中不利于学习的各种因素，培养孩子自我管理能力。笔者的方法是拉近师生之间心与心的距离，在思想道德方面，本着"踏踏实实做事，老老实实做人；做事虽不能尽善尽美，但一定要问心无愧"的原则，在各方面严于律己，给学生做榜样，在学生遇到困难时，尽力去帮助孩子，让孩子感受到老师可以信任，老师不但是师长，还是可以信赖、依靠的朋友，因为笔者深深知道，有时教师的一句话语，一个简单动作，可能都会影响到学生的一生。

总之，每个学生都是一朵含苞待放的花朵，需要我们老师用耐心、细心、爱心去浇灌，他们的心理敏感脆弱，情绪易起伏波动，所以需要我们老师耐心正确的引导和温暖话语的激励。学生又像一本书，要解读这本书，需要我们用真心和爱心去触摸孩子的心灵，尽可能地站在孩子的角度去看待问题，给学生更多的理解。热心地去帮助孩子，充满爱心地去关爱孩子，换位思考去理解、尊重、包容孩子，我们就能找到开启学生心灵的钥匙，我们就开启了希望的大门。但是，让学生自主发展不是自由、随意发展，而是有目的地、有计划地逐步地去引导孩子，让孩子快乐地健康地发展，是在教师、家长和社会来共同指导和关怀下健康、快乐地成长，只有这样，才能成就孩子的精彩人生。

高中阶段学生发展核心素养的实践研究

汲核心素养之水，濯民族灵魂之华

——抚顺市高中生核心素养发展窘况之思

张秀颖①

《汉书·李寻传》："马不伏历，不可以趋道；士不素养，不可以重国。"谈的是后天训练和实践可以塑能；陆游《上殿札子》："气不素养，临事惶遽。"谈的是平素学习和积淀养成临危不乱的浩然正气。两者结合就是素养，即道德（修养）与能力（素质）。千里马缺失了后天的良好培养，依然是驽马；云大高才生马加爵无法调控偏执的情绪，接连怒杀室友；一个仗义疏财的人可能蛮横粗暴，一个博览群书的人可能保守固执。衡量一个民族的可持续发展，素质和修养犹如日月交替，不可或缺。

有专家预言，缺失了文化自信的厚土，物质高速发展犹如沙上之塔，发展越迅，崩塌越速！世界上角逐的主角永远是人，培养高素质的下一代，是越来越清晰的社会发展方向。我国提出立德树人的培养目标，学生在校园内核心素养的培养刻不容缓，帮助其不断完善必备知识、关键能力并最终形成个人成功生活、终身发展和适应社会都不可或缺的素养，是教育者首要责任。核心素养在当下的历史节点被重点提倡，是正视传统、审视自己、放眼世界的及时而正确之举，终会被历史铭记！

一、直面脚下——我市高中生核心素养发展程度之几面观

案例一，一位校长的心声。2018年3月，笔者到市区某高中调研，该校有32个教学班，学生2152人，任课教师230多名。校长特别谈到了"候鸟工程"后的反思。原来为了激励在校生，改进教学，学校邀请了优秀毕业生对母校提建议。毕业生普遍反映，大学后高中的优势一无所有，勉强跟进或者挂科成为常态。该校的抽样调查显示，74.3%的毕业生不适应大学的学习和生活。

---

① 张秀颖，女，抚顺市教师进修学院高中语文教研员，执教10年、教研9年。

曾经老师眼中的高才生上大学不会学习啦？高中在老师的呵护下，不断填鸭式喂养知识，缺乏有意识、有方法的思维训练，按照老师教的套路去答题，靠题海战术的重复训练获取更高的分数；课堂中，只要有人答对了问题，极少有老师和学生去追问别人怎么思考的，为什么这么想，而是急于把答案记录下来。继而校长表示，学校将致力于研究学生思维可持续发展的教育课题。

案例二，唯分数论前提下的素养危机。在轰轰烈烈大谈核心素养育人的前提下，笔者在市高中观摩课活动中看到了学生学科素养上暴露的危机：A班学生普遍怯于发言，强行点名后，学生的表现急功近利，看似直奔答案，实则语言非常随意，缺乏条理性、逻辑性；发言忐忑，缺乏自信，没有形成作为高中生必备的语言建构层次和学科水准。B班学生在回答问题时，自信程度、语言表述条理性较前者好很多，但能明显看出这是老师素养高些，学生耳濡目染熏陶的结果，在有意识地规范、引导、培养倾向上，教师的做法并不明显。省示范高中层面学生的文化修养和语言建构在自然状态的土壤中旁逸斜出地生长，让观者触目惊心。其他学校可见一斑。

案例三，急功近利式教学导致的绝对化解答和浅层次思维泛滥。中国古代的传统文化是饱蘸劳动人民智慧与思考的，有抨击竭泽而渔的贪婪短视，当然就有赞美网开一面的宽宏传承。某校高三学生，在做到有关冬捕的现代文阅读时，阐述查干湖冬捕的观点，很多人想到的不是人与自然的和谐共生，而是坚决地站在了人类战胜了自然的制高点上。多少高中生对古代文化的理解，仅停留在听过、会背的浅层次；而对现实社会发展的理解，仅停留在看热闹或不闻窗外事，或沉浸虚幻网络的现状。文化的传承与理解永远是双生子，没有结合现实世界发展单纯的理解不能成为文化，一味地理解没有传统文化的依托必然成为空中楼阁。传统文化只有充分的积淀储备，融入对历史、对现实、对自己、对他人、对人类共同体的常态化、有意识地思考，方能在学生的头脑中绽放出跨越历史横梗、不断丰富多彩的智慧光芒。

笔者曾做过多次统计，课堂中能有意识、有准备、规范性地从学科角度培养学生语言习惯的建构、思维的思辨与提升、文化的传承与现实的有效对接、审美的鉴赏与创造四方面能力的语文老师寥若晨星，更多人在钻研学科的答题套路上走着一条苦情的路，造就了一批批身体年轻、情趣不高、素养不深、情怀不够、眼中没世界、心中无他人——老迈又幼稚的灵魂！细思极恐！一隅的核心素养滞钝，带来的是人才的贫瘠，进而眼界的短浅，格局的鄙陋；放眼外围，落后地区教育没有竞争力，直接导致落后地区人才培养落伍，进而是地区经济、文化发展的落后！

二、仰望星空——由自主招生谈域外高中生核心素养发展要求

从 2003 开始至今，教育部推行的 5％比例的自主招生可以说是高考改革的插曲，高中毕业生在参加高考后通过意向高校自主招生的笔试和面试，享受降分优先录取或者专业选择方面的优惠。随着 2014 年国务院考试招生改革整体精神颁布后，自主招生考试更加完善，受考生青睐程度逐年递增。

自主招生被录取的学生有哪些共性特质呢？专家调查发现，高考以分数选才的方式，尽管能体现学生一定的非认知技能，但主要属于个体智力发展的先天水平。学习的发生是认知和非认知因素综合作用的结果，而后期影响学生的大学学习、社会生活、事业成功与否的，除了习得的专业必备知识、技能，还有有效的自我调控，积极的学习态度，与人合作、良好的学习方法等非智力因素——素养。芝加哥大学诺贝尔经济学奖获得者詹姆斯、赫克曼认为，"动机、时间管理、自律等非智力因素"是个人在未来生活和职场制胜的关键。当今社会世界五百强公司看重大学生的素养中，分列前六位的是"积极的态度，尊重他人、主动追求、自信，值得信任、诚实和道德"。我国经济发展全球化时代，对大学生的选拔，核心素养无疑是重要评价指标，这也与我国 2018 年课程改革和高考改革相契合。就目前看，自主考试（笔试、面试）是高校自主招生主要评价方法，以确保学生具备必要的学科知识深度和广度，即学科必备知识和关键能力；面试招生注重学生的素质和能力，尤其加强考核学生的基础知识、语言表达、思维、想象力、问题解决的必备能力。我国 50％的高校在自主招生章程中提到了人生观、价值观、社会责任、远大理想及合作精神，在学科特长与创新潜质要求中提到学习习惯、兴趣、未来规划，在性格中提到了人格健全、有较强的情绪控制力等内容。而美国 35 所高选择性大学的招生要求涉及了 12 个主题中，交往技能、社会责任、身心健康、职业定位、适应性、毅力、伦理道德这七个主题属于典型的非智力因素。这些非智力因素，都是核心素养在综合培养基础上的高端呈现。

2010—2017 年，国内 90 所自主招生的高校，55 所采用了自我陈述方法，内容涉及考生本人的申请理由、性格特点、报考专业相关的学习研究经历、学习能力、人生观和价值观、主要参与的实践活动及感悟等。对专业学科必备能力和语文学科语言运用能力、思维能力、文化的传承理解能力进行了全面的检验。

2017 年 10 月、11 月，笔者两次来到大连观摩学习，大连开发区一中的语文课堂和大连十一中学的走班教学课堂都给笔者留下深刻印象。学生全面普及

普通话程度、课堂中自信的状态、逻辑表述能力的强大都是省内课堂少见的。在辽宁这片土地上，大连教育始终走在前列，依托好的大学资源——大连理工大学、大连外国语大学、辽宁师范大学、东北财经大学等高校，建立了高校与小初高学校有效学习指导机制并形成良性后续，教育教学的最终受益者是每个层面的学生，所以即使是育明高中全省排名前三，依然不是靠补课取胜。学生在校内常规课堂的学科素养培养、生涯规划模拟训练、文体活动的广泛开展，与兴趣爱好相关的社会实践拓展和科技研究全面普及，全学科赛事的热情投入，都为学生全面发展——亦即核心素养的培养提供了肥沃的土壤，故而自主招生在大连也开展得最好。

三、脚踏实地——探寻我市高中生核心素养培养可操作的路径

随着高中各学科核心素养体系的发布和高中课程标准的修订，核心素养成为深化高中课程改革的关键词，教材和教学都应当以发展学生的核心素养为纲。

先说一个例子：这是一所普通高中的普通语文老师一堂散文鉴赏课，课文是学生的随笔，可以想象对选中者的激励、对参与者的鼓动作用之大；全班诵读作品，情感丰富、节奏明朗、普通话响亮；自由赏评环节，学生能抓住散文的亮点意识来赏析，即环境描写的好处，行为礼貌、是非观端正、发言大胆、思维严整，恰巧与老师的预设问题重合，于是，师生讨论完成答案，并在此基础上进一步强化散文中环境描写的作用，最后趁热打铁，列举高考中环境描写题目的检测。面对本市的弱势高中学生，轻松完成教学目标，学会了散文景物描写的分析方法和写作方法；提升了全体学生写作热情和研讨氛围；帮助学生找到了自我存在的更多闪光点，语言自信、文学自信等；达到了语文学科传承文化的社会理想，立德树人！老师最值得称道的是，大胆利用学生资源——自创散文授课，注重平时培养学生的练笔习惯，经常性地引领赏析学生作品，彰显了核心素养中审美的鉴赏与创作培养目标；学生回答问题流畅、有理有据，这是关注平时训练中语言建构积累和思维追问后提升的表现。其实，只要老师心中有思索、实践中敢迈步，核心素养的培养是可以融入常态教学的。

学生在校内核心素养的培养，老师的作用至关重要；指导好老师上课，是教研员思考的课题。基于核心素养的听评课，教研员应该引领老师完成如下研究。

（1）课堂目标的定位。要从关注三维目标转变到关注三维目标所体现的学科核心素养。例如，语文学科的核心素养包括语言、思维、审美、文化。评课

应当更多地从这四个方面评价教师关于目标的预设和达成情况，即读、写、听、说体现的语法规律、修辞特点，进而呈现的思维品质、审美层次、文化内涵，并以此促进学生良好的语文应用习惯的养成。不仅要关注语文学科核心素养，还要关注上位的学生发展核心素养，即关注这门课程的育人价值。上每节课都要思考，这么上有没有育人价值？养成什么学习习惯、生活习惯？对学生未来有什么积极影响？

（2）授课内容的多元融合。要实现从关注单一学科素养到关注跨学科素养的转变。过去的关注点在教材本身，而不关注文本内涵与外延，从而使习得的知识碎片化和概念固化，导致学生不能把所学知识和实际联系起来。要从这个情况转变到关注跨学科理念。核心素养是综合性的，跨学科理念对于学生形成核心素养非常重要。比如，语文课堂可以深入政治观念和历史事实，就更有深度和吸引力，佐证材料丰富多彩，对学生体裁理解和文体分析有很大的促进作用。

（3）知行合一。要既关注探究又关注实践。探究主要解决"是什么"和"为什么"的问题，是科学层面的东西。而实践要解决生产、生活中的实际问题。比如，探究实用类文本或文学类文本中的人物形象特征和行为的思想原因等。学生在探究层面是理论操作，若是能实地考察、总结或者置身情境中练笔，通过这样的活动，学生核心素养的提升就更容易。

（4）教学方式，要关注激疑生惑而不是关注释疑解惑。按照核心素养的要求，教师要培养学生的创新精神、批判性思维等，仅释疑解惑是不够的，"学贵知疑，大疑则大进；小疑则小进。疑而能问，已得知识之半。"必须要让学生产生疑问、提出问题，然后去分析、解决问题。老师要在怎么去激疑生惑、能不能让学生在更多思考的基础上提出问题方面多下功夫。

（5）育人性的评价观念。要从评价的促学功能，转变到评价的育人功能。发现学生在学习上存在的问题，促进学生的学习，按照核心素养的要求，视野还不够开阔、境界还不够高，应更加关注评价的育人功能，老师在评价的时候不仅关注他对知识掌握得怎么样，更要关注在情感、观念、思维方面的表现。

特级教师于漪曾经指出："观念的转变影响着改革的全局，观念转变了，就能够居高临下，看得清楚，看得透彻，纠缠在一起的问题也比较容易剥离，一通百通。教育思想也是这样，作为教育工作者，他实实在在地影响着每个人的教育行为。"学活知识、思维灵活、联系现实、启迪人生，引导学生创造未来生活，这是核心素养的培养要求，也是我们立德树人的终极目标。一百多年前，梁启超"少年强则中国强"的论断振聋发聩；几千年间，民族脊梁们从未放弃过家国复兴的使命；党的十九大，习近平总书记描绘的全国人民憧憬的强国梦在世人面前逐步展开画卷，精彩纷呈。百年之后，我们在花丛中，必将笑看今日精心传带、细心雕琢的"00后"们，成为有能力、有担当、有情怀的中国特色社会主义强国的建设者和接班人。让我们勤汲核心素养之水，力濯民族灵魂之华。

透过赴日游学，浅析抚顺市
高中生核心素养之现状

刘 贺①

　　"核心素养"较之于"德""智""体""美""劳"这几个概念并不仅仅是字面上的改动，更是一种理念上的变革，更关注学生的全面发展。它以培养"全面发展的人"为核心，分为文化基础、自主发展、社会参与三个方面，综合表现为人文底蕴、科学精神、学会学习、健康生活、责任担当、实践创新等六大素养。

　　但是，由于中国城市与农村、沿海城市与内陆城市、一线城市与线下城市在经济、文化等方面的差异，学生的核心素养的现状和养成也有巨大差异。为了让研究更现实、更详实、更有指导意义，笔者将自己所在的城市——抚顺市的高中生的核心素养作为研究对象。没有对比就没有发言权，既然研究对象是中国学生，那么与国外高中生的对比或者说中国学生在国外的各个方面的表现就尤其珍贵了。下面，笔者就以一次真实案例来作为模本，分析一下抚顺高中生核心素养的现状并把由此引发的笔者的思考与大家分享。

一、活动展现出来的学生个人素养

　　2018 年 2 月，我校（一所省级示范性高中）的部分学生参加了为期 6 天的中日友好、日本游学活动，学生 56 人，其中，高一、高二学生比例和男女生的比例基本上为 1∶1，笔者是带队老师之一。活动主要由以下内容构成：参观日本国会议事堂，聆听《人民日报》海外版蒋丰老师讲话，与国会议员互动；参观中国驻日本大使馆，聆听大使夫人讲话；参观千叶县稻毛高校并与同龄学生互动；洗温泉；参加市民见面会，观看日本民间团体"再生之地"合唱团的演出，中国学生回赠演出；进入寄宿家庭生活，与寄宿家庭交流；参观秋

---

　　① 刘贺，女，抚顺市第一中学高级教师，执教高中语文 16 年，2014 年入选"辽宁省第八批'百千万人才工程'万人层次人选"。

叶原、浅草寺，迪斯尼乐园游玩。除了以上内容，学生以集体的方式出行、排队安检时的纪律，能否考虑全局、守时守信、照顾好自己的同时为他人着想等也都成为衡量学生核心素养的关键因素，这里不仅有学生主观上刻意尊崇的东西，也有下意识的思想行为的流露，因而很具有研究价值。为了便于研究，笔者将本次游学活动学生展现出的个人素养情况做如下整理分析。

1. 道德素养、健康生活和责任担当方面

虽然"核心素养"中没有"道德素养"这一概念，但为了方便表述，笔者还是将它单列出来。学生在集体出行时绝大部分能够守时，能够在出发时间定得很早的情况下克服各种困难准时到指定地点集合，上高铁之后，学生能够有秩序地安排物品的摆放，男同学能够主动帮助女同学把行李托举到行李架上；过安检时安静、有序、有礼貌；在日本游学期间自觉遵守各种规则，交通出行方面、言谈举止方面都展现出在国内没有过的高素养，也能够入乡随俗，主动帮助寄宿家庭的主人打扫卫生。也就是说，学生能够把握住大的方向，主观意识上是有规则意识和团体意识的，并对自己的优异变现显示出期待，但长期形成的个人主义、淡漠规则的意识也使学生容易发生次生问题，如出发前虽然学生能够按时到指定地点集合，但集合之后结伴去卫生间回来的时间较晚；出发前忘记带重要物品；行李摆放杂乱；因为有些事物不合口味而浪费现象严重；走路时喜欢戴耳机；睡觉时间晚，在车上来往于城市之间时补觉，玩游戏；在非正式场合等待时吵闹声音大，想不到会给社区居民带来影响；时间意识和集体意识还是需要加强。

2. 科学精神和人文底蕴

学生对新鲜事物接受很快，善于学习，在现代化的科技面前充满热情。能够利用网络解决各种问题，如在出发前做好攻略，如何购买移动 wifi，怎样兑换外币比较划算，与寄宿家庭交流时下载日汉互译的软件，制定自由出行、乐园游玩的攻略等。学生对秋叶原的电子一条街展现出超乎寻常的热情，对漫画里的动画人物的手伴如数家珍。同学们在稻毛高校参观时也会对日本高中生的动手能力和日本社会的细节做出中肯的评价。

学生们很珍惜和寄宿家庭在一起的时光，老人们的真诚和友善让孩子们感到由衷的幸福和感动，虽然相处时间只有两夜一天，但分手时孩子们都依依不舍。由于特殊的历史原因，部分学生和家长最初还是有顾忌的，如有的家长担心孩子出国后看到外面的世界会不爱国，如自由行时个别家长曲解了寄宿家庭的意思，盲目地往民族情结上联想。但是，学生们一旦开阔了眼界，思想境界

也同时得到了提升，对家长的行为做了很好的处理。学生在大使馆表敬访问，参观国会议事堂时的发言稿也显示出比较高的人文素养。

3. 回国后的追踪调查

随着行程的结束，同学们回到了小别之后的祖国，告别了味道寡淡的日式饮食，吃到了日思夜想的以咸香为主要特点的东北佳肴，不仅仅在口感上得到了满足，同时，心理上也得到了极大的安慰。看得出出行近一个星期，学生在约束之后暂时舒缓了情绪。在路上，笔者和同学们对这次日本之行做了交流，大家普遍感到在人民素质方面和社会细节方面我们还是有很大提升空间的，但大家并没有因此对祖国不满，而是对祖国的责任感更加强烈了，深感肩头责任重大。虽然回国后社会规则上的约束有所减少，但大家发自内心地想做一个有公共道德的好公民。回国后，同学们在学校的倡议下纷纷给寄宿家庭写信，虽然有校方提醒的因素，但同学们都是带着真挚的情感去书写的。

二、对本次游学活动的一点思考

（1）学生核心素养的养成需要学校、家庭、社会通力合作。它绝不仅仅是学校的工作，家庭和社会对此有着不可推卸的责任。我们既然要提高学生的素养，就要让学生开阔眼界，"闭门造车"是万万要不得的，让学生用眼睛去看，用耳朵去听，用心去感受；此外还需要有老师、家长们的言传身教，同时，给予学生独立思考的空间，霸道地命令只会激起学生的反感。

（2）我们的学生优点明显，但缺点也不容忽略。我们的学生正处在人生的黄金阶段，自由、热情、好奇心重，这个阶段对孩子施加影响并不算晚，此外，由于已经趋于成年，孩子们是非判断的能力也比较强，因而这个阶段的孩子就像一个地球，你用一根杠杆就能将它撬动然后让它飞速旋转起来。

（3）中国学生的个人意识比较强，但集体意识薄弱。这一点产生的原因既有与日本文化上的差异，也有我们教育的导向影响。日本国土狭窄，资源少，自然灾害频发，为了适应严酷的自然环境，人们更有耐力，也更注重团队合作。日本学生的运动会没有个人项目，日常生活中对给集体带来负面影响的行为和个人宽容度有限。我们的孩子相比之下更希望自己表现得更独特，更优秀。这是好事，只不过我们要对个人求胜的意图加以正向引导，不把它庸俗化为出风头。

（4）不忘历史，展望未来。中日关系一直是比较敏感的话题，从影视剧作品到民间生活，国人提到日本人总是深恶痛绝。但是，我们同时也要看到日本民间友好团体对中日友好做出的巨大贡献，看到他们对历史问题的反思。在两国关系友好的大背景下，如何让两国人民互惠互利，让我们既看到自身的进步又看到自身不足，并下定决心赶超才是中国学生要做的事情。

（5）城市之间学生素养差距大是一个不争的事实。学生之间的差距不简单地属于城乡之间的差异，城市之间的差异越发显得明显。首先在出发前对待日本游学活动的态度上，一部分人小心翼翼，唯恐与政治沾上边；一部分人还把游学活动简单地理解为旅游，把听取相关人士讲话当成"听一群老头子老太太叨叨"，把泡温泉、游览富士山当成神圣不可侵犯的权利；把免税店代购当成一项重要行程等。这些都是我们这个城市经济相对落后导致的眼界狭窄的状况。翻看以往上海前往日本游学的资料我们发现，两个城市的学生除了在活动费用上有巨大差别外，上海学生的合唱功底很深，眼神也更灵动、更自信。

（6）教育工作者要更新观念。敢于让孩子走出国门，既是一种实力，也是一种胸怀。真正的大国风范不惧任何所谓的风险，我们有着几千年的文明和历史，我们的文化最为深厚，一直深深地影响东方文明，这是我们自信的源泉。在大国崛起的过程中，我们太需要让学生成为具有世界格局的人了。给学生核心素养的养成一个助推，让我们的孩子成为眼界宽广、胸怀宽广、人生宽广的人吧！

高中语文核心素养中"文化传承与理解"在古诗词教学中的贯彻与实施

何志华①

孔子曰,不读诗,无以言。中国是诗歌之民族,古诗词又是中华传统文化中的瑰宝,先人从"关关雎鸠"开始一路低吟浅唱,在曼妙迷人的诗歌的陪伴下,华夏文明也在经历数千载的文化熏陶中不断成长并形成独具特色的诗词审美意境与文化灵魂。古诗词教学,不仅能提升学生的审美情趣,还能构建其美好的精神世界,对民族传统文化的传承和发展,有着极为重要的意义。

在传统文化回归的大背景下,2014年3月,教育部隆重推出"中国学生发展核心素养"的理论,其理论基础便是立德树人,提升人文素养。具体来说,高中语文学科核心素养又包括"语言建构与运用""思维发展与提升""审美鉴赏与创造""文化传承与理解"四个维度。那么,"核心素养"中的"文化传承与理解"是指什么呢?是指学生在语文学习中,继承传统文化基础之上,能进一步理解、借鉴不同时代,不同地域文化的能力,以及在语文学习过程中表现出来的文化视野、文化自觉的意识和文化自信的态度。而作为民族传统文化中的古诗词则有启蒙、观察、凝聚、俭省的作用,正如孔子所言,诗"可以兴、可以观、可以群、可以怨"。通过古诗词教学,培养学生的文化认同感、国家认同感,这是一个极其有效的途径。下面就从"文化传承与理解"的角度来探讨在高中古诗词教学中核心素养的贯彻与实施。

一、积累诗歌语言运用,重视文化获得过程

"通过语言文字的学习,实现文化的传承与理解是语文核心素养的重要组成部分,也是学生语文素养形成和发展的重要表征之一。"诗词文化源远流长,诗歌语言凝练精美,这里有"蒹葭苍苍,白露为霜"的清美;亦有"大漠孤烟

---

① 何志华,女,雷锋高级中学一级教师,执教高中语文18年,2017年获"抚顺市骨干教师"称号。

直，长河落日圆"的雄奇；还有"虽九死其犹未悔"的执着……古诗词的语言极富表现力，这就需要教师要引导学生品味语言张力，领悟语言所构筑的意境，引领学生建构并形成良好的诗词语言学习习惯。积累体会古诗词语言艺术，培养学生文学兴趣，主要体现在以下几方面。

1. 体会诗歌语言的凝练生动

汉语之所以是最美语言之一，便在于她的丰富与凝练。以必修三第二单元杜甫的《登高》为例，整诗之眼为"悲秋"，全诗围绕"悲秋"，语言极尽凝练又准确：首联"风急天高猿啸哀"，为读者展示了一幅天高秋劲之境，却通过一个"哀"字将猿啸的凄厉之音表现得极为淋漓，瞬间为全诗奠定了悲切激昂的基调，呼应了"悲秋"二字；第二句"渚清沙白鸟飞回"中"回"字，体现了诗人此时"飘飘何所似，天地一沙鸥"之无所归处的徘徊犹豫之境，间接回应了"悲秋"；颔联"无边落木萧萧下，不尽长江滚滚来"中运用叠字，具有极强的情感表现力，"萧萧"体现了秋景的萧瑟，"滚滚"暗指无情岁月犹如东去之江水，滔滔而逝，一去不返。另外，句中的"无边""不尽"既有景物的寥廓旷远，又有"百川归海"的壮阔之感，放大了落木的阵势和江水的流逝，无不传形、传声、传神，很有疏宕激昂雄浑悲壮之气。其语言力的表现达到一个顶峰。杜甫诗歌每处景物都用一精准之字表现，体现出很高的炼字水准。

我们在鉴赏诗歌时注意要让学生认真揣摩诗歌字词句用法及功能，并斟字酌句，这样有助于学生养成学会运用富有表现力的字词，提升口语及文字表达能力。时间久之，必然提高赏字用字遣词造句等综合能力。

2. 把握诗歌音韵形式美

古诗词除其丰富意蕴外，就是其朗朗上口的音韵与和谐整饬的形式美，使其经久不衰传承至今。诗歌通过有韵律的节奏感来反映现实，再现生活，抒发或含蓄或豪迈的情感，无论四言、五言还是七言八言都具有自己的规范性，正如美学家朱光潜说："无论欣赏还是创造，都必须见出诗的境界"。

杜甫是最成功的七言律诗代表诗人，黄子云《野鸿诗的》曾针对杜甫的七律，做了如下评价："杜之七律则千百年无伦比。其意之精密、法之变化，句之沉雄，词之整练，气之浩瀚，神之摇曳，非一时笔舌所能罄。"晚年杜甫对诗歌的声律形式业已达到炉火纯青之地步。仍以教材中《登高》为例，这首诗首句入韵，是典型的仄起平收式。取颈联欣赏一下：

万里悲秋常作客，仄仄平平平仄仄
百年多病独登台。仄平平仄仄平平

平仄工整，节奏尤为突出，更能体现诗人多病且孤独的境地，读来音韵流畅又回味无穷。这首诗除平仄外，押韵韵脚鲜明，分别是"哀""来""台""杯"都是"灰"韵。另外，诗歌对仗也是极为工整，这里就不一一表述了。

我们在教学中，一定要把诗歌的形式美与鉴赏分析结合起来，在朗朗上口的反复诵读中，体会中华语言的和谐音乐之美，体会诗词内外兼修的文质之美，逐步提高学生文学鉴赏能力，使之成为新时代"腹有诗书气自华"的谦谦君子。

3. 体会诗人情感思想

古诗歌因其意韵丰富，言有穷而意无尽，这就需要我们在教学中让学生合理准确把握诗人的思想感情，学会因文识人，知人论世，对于培养社会全新人才意义重大。

体会诗人情感，首先在于准确把握诗歌意象，这是灵活运用诗语的一种能力。"一切景语皆情语"，通过分析意象把握诗人的情感基调。例如，《雨霖铃》第一句"寒蝉凄切，对长亭晚，骤雨初歇"，"寒蝉"：秋后之蝉，生命无多而鸣声凄切，所以这个意象往往有忧愁悲苦之意；"长亭"：古代送别践行的场所，代表离愁别绪；"骤雨"：秋雨过后，寒凉彻骨，寓雨后凄凉之意。这一句话通过三个典型意象就将文中的凄切哀怨的离别之情淋漓尽致地表现了出来。

根据冯铁山教授的诗意语文论，语文教学最终达到"归真、求善、至美"的诗意境界，所以体会诗人情感，还在于品味诗歌情味，开拓思维。教学中要善于让学生联想和想象，诵读中品味，可以深化对诗歌意蕴的理解，对于古诗词文化的传承有着不可或缺的重要意义。拓展思维的训练对全面培养语文核心素养发挥着重要作用。

二、理解、传承中华文化的诗情与理念

高中生语文素养的提升，更多地体现为灵活运用母语的能力，也有人说，这是将语文学习融入生命的成长过程当中，即所谓的"生命语文"，也是颇有道理的。"核心素养"中关于"文化的传承与理解"这一维度，笔者认为还要从中华文化的人文诗情理念谈起。

1. 传统文化的传承

语文古诗词的学习除了语言之外，还应包括思想文化的接受与传承，语言是外壳，而承载外壳的则是思想文化。中华具有五千年厚重的历史文化，而诗歌便是文化载体中的重要组成部分，她见证了人类思想的进步，文明的发展。无论是"首孝悌，次谨信"，还是"人之初，性本善"都提到了我国古文化的奠基性传统礼教，那就是"仁""义""礼""智""信"等美德。自古中华乃礼仪之邦，"礼""仪"为立邦之本。孔子曰："礼之用，和为贵。先王之道，斯为美；小大由之。有所不行，知和而和，不以礼节之，亦不可行也"；孟子云："谨庠序之教，申之以孝悌之义"都讲到了中华的礼仪道德。在语文古诗词教学中，这种传统文化的教育是潜移默化、润物无声的。

"岂曰无衣，与子同袍"告诉我们什么是团结；"当须徇忠义，身死报国恩"告诉我们什么是忠义；"谁言寸草心，报得三春晖"教会了我们什么是孝……在春风化雨中，我们教会了学生中华几千年的道德情操与忠义坚守，这就是融入生命血脉中的语文吧！传统文化的传承不是耳提面命似的教诲，不是面面俱到的叮嘱，而是源于对古诗深沉的热爱，对文化的默默地守候，对传统文化回归的热切，对民族文化发展的信心。

2. "大我"的文化追求

《孟子·尽心上》："穷则独善其身，达则兼善天下。"孟子的这句话原本是对宋勾践说的，却成为后世几千年的寒窗苦读的学子们的座右铭。古代文人以此为标准，前赴后继，立志于苦读，终实现自己的理想抱负。相对来说，"小我"是指一些耽于个人追求，汲汲于富贵的文人；"大我"则是那些时刻以家国为重，刻苦追求学业是为了报效国家的谦谦坦荡之人。崇尚道德，追求仁义，这也是儒家文化的一部分。

"致君尧舜，此事何难！用舍其时，行藏在我，袖手何妨闲看！"古人的这种"大我"的精神追求不断激励后人舍弃个人"小我"，信奉坚守慷慨执着、忘我凛然的崇高道义。在诗歌鉴赏学习中，我们同样不容忽略古人的道义追求。当今社会，很多人迷失了追求方向，在利益面前迷失了自我，这时就需要读一读古诗，用古人的道德准则约束己身，"君子博学而日参省乎己，则知明而行无过矣"，这种文化精神值得继续传承和发扬下去。在教学中，对于民族气节相关的内容与道义担当的部分都要让学生有所把握并拓展，深入领会其风骨，传承其道义，所谓"铁肩担道义，妙手著文章"是也。

三、加强诗歌文化认同，增强民族文化自信

"文化认同"是人们在一个民族共同体中长期共同生活所形成的对本民族最有意义的事物的肯定性体认，其核心是对一个民族的基本价值的认同，是凝聚这个民族共同体的精神纽带，是这个民族共同体生命延续的精神基础。诗歌在中国诞生延续几千年之久，若问古代文化最具代表性和最有传承性的话非诗歌莫属，中国人对诗的感情可谓久矣深矣！对诗歌文化的认可也是最具统一性的。正是这种民族性文化认同，渐趋于一种民族的文化自信。所以，诗歌教学是最能起到文化的理解和传承，通过教学传播，让新一代高中生对诗歌文化产生浓厚的兴趣，增强高中生们的文化认同感、国家认同感和对家国的归属感。通过有效教学，即诗歌语言文字的学习建构，通过对诗歌中历史文化的挖掘，通过诗文中高尚道德情操的熏陶，通过审美意趣的提升等，处处体现了诗歌文化的理解与传承。

中华民族传统文化历史久远，我们传承学习其优秀的内容，在学习过程中，随着接触至深，越来越爱上并认同这种文化，便形成了热爱中华传统文化的强烈的感情。古诗歌是我们中华民族的骄傲，我们以能零距离学习她为自豪，传统文化与我们相辅相成，我们吸收了她的精华，她提高了我们的道德修养，滋养了我们的精神世界，增强了我们的文化自信。现在，我们反哺回报于她，让我们积极地投身于传统文化的传承与发扬中，让举世之人理解、认同并爱上她！

借诗歌教学课堂，育核心素养之花

崔佳凯[①]

在探究"中国学生发展核心素养"的今天，作为语文教学重要组成部分的诗歌鉴赏，不能仅以考试获取高分为主要目的，功利目的性过强的教学根本谈不上获得学生发展核心素养。

根据《关于全面深入课程改革，落实立德树人根本任务的意见》中对核心素养的解读，以及《高中语文课程标准》对核心素养四个维度的定位，笔者在古诗词课堂教学中做了一些小的探索和实践。下面，笔者基于语文核心素养，以人教版高中语文必修二第二单元为例，谈谈如何在具体的诗歌教学中培养学生发展核心素养中的自主发展。

一、书声琅琅，其义自见

屈原的《离骚》对学生来讲是一块"硬骨头"，即使书下注释做了比较详细的讲解，但仅仅抓重点字词和句子，学生还是很难理解的。学生在课堂上兴趣缺乏，老师的"再三强调"变成无效，学生学后跟没学一样。思虑再三，在对本课的教学中决定采用学习诗歌的最基本的方式——读，再读，反复读，朗读贯彻课堂始终。

例如，在学习《离骚》这篇作品第一小节的时候，把第一小节分组，四句为一组。课前要求学生做好预习，做到初读，读准字音。同时，在课上，以竞赛的方式，激发学生朗读的兴趣，读准节奏，读出语气。参照书下注释，分析语言特点，引导学生体会抒情主人公的心理活动，就这样逐句逐句地读，逐段逐段地分析，化整为零，最后拿下对这篇文章的学习。对于本课的学习还有一个"硬件"要求就是背诵，背是读的强化，学生在熟读的基础上，朗朗上口，"晦涩难懂"也会变得"通畅易懂"了。

---

① 崔佳凯，男，清原满族自治县第二高级中学一级教师，执教高中语文 11 年，2017 年被评为"辽宁省优秀团干部"。

读背的方式虽然"原始",却是诗歌教学最为基本的。

二、联系生活，理解诗境

诗歌鉴赏的过程，可以说是读者第二次创作的过程，鉴赏程度的深浅跟读者的阅历和知识有着密切的联系。记得，在讲解《归园田居（其一）》一课时，学生对"狗吠深巷中，鸡鸣桑树颠"存在疑惑，问："鸡也不能飞，怎么能到桑树的树梢上去叫呢?"笔者灵机一动，让学生向窗外望去，学校食堂前正好有棵树差不多跟楼一样高。于是，启发学生想象：如果这时食堂楼上有几只鸡，隔远看，这鸡是不是就像站在树梢上? 跟拍电影中的错位拍摄一样，就是一种视觉感。这样一解释，学生就懂了，而且还能生动形象地再现诗歌所呈现给我们的画面。在课堂的学习中，充分调动学生的生活经验，将有助于学生对诗歌的理解。

三、把握文意，体悟诗心

《庭草》诗有云"独有诗心在，时时一自哦。"诗心，是诗人之心。把握文意，体悟诗心，是学习诗歌的常规内容。《离骚》这篇作品最大的光辉是屈原的爱国情感。对此，笔者设计了一个具有思辨性的问题：屈原为了自己的政治理想，最后抱石沉江，你赞成这一举动吗? 让学生展开讨论，在讨论中水到渠成地实现诗歌的人文教育。

学生1：可以理解——生命的长短无关紧要，紧要的是生命的意义。屈原不随俗而毅然沉江，以身殉国。他的死，有力地维护了他那不随波逐流，不苟且偷生的人格尊严;他的死，充分显示了他的忠贞爱国，至死不渝的高尚情操;他的死，真正体现了他那为了真理而不惜牺牲生命的人生价值。

学生2：不赞同——用现代的眼光来看待，我觉得屈原投江是大错特错。"留得青山在，不怕没柴烧"的俗话不正说明了屈原的错吗? 他连"青山"都毁了，何来的"柴"啊! 这难道不是最愚蠢的行为? 这难道不是在逃避责任吗? 因此，我觉得屈原应该坚强地活下去，至少这样还能为楚国尽一点绵薄之力。就像越王勾践一样，最终凭着自己的毅力和勇敢复兴了越国。我觉得，这才是真正的大丈夫之所为啊!

讨论之后，引导学生更深入地思考人生，对其自身的人生成长有哪些启示。

四、层层追问，步步引导

在具体的教学中，笔者习惯"追问"，通过一系列的问题，完成对诗词的鉴赏。

在《氓》第四诗节的教学中，在学生完成读懂诗歌的任务后，笔者问学生："'淇水汤汤，渐车帷裳'这个情景是出嫁之时所见，还是被休回来时所见？"

这样有趣的问题立刻吸引了学生。学生认真思考后，分成两个阵营：一方认为，这是出嫁之时所见，滔滔江水，奔流不息，江水把车帷打湿。淇水是女子爱情的见证，写出了女子对爱情的渴望和执着；另一方则认为，这是被休之后回家途中的情形，滔滔江水也在为女子悲伤，打湿的车帷也暗示女子"泪沾衫"。面对学生的争论，笔者感到很欣喜，因为这就是语文思辨性思维的体现啊！

笔者接着又说："大家说得都很有道理，设想一下，如果是被休回家途中所见，这个女子路过淇水时，一定会睹景思人吧？会想起当初出嫁的情景？也许还会想起当初跟心上人的海誓山盟吧？"

说到这儿，学生自然明了：如果理解为出嫁时的所见，情感略显单薄一些；反之，则诗歌所蕴含的内涵更丰富一些，对女子的心理刻画更细腻一些，这样写也更能突出女子的"悔"和"怨"！

就是这样，层层追问，步步引导，在追问中增长学生的智慧，构建鉴赏诗歌的思维。

五、立足语言，抓住细节

核心素养中语言是最基本的，通过品味语言，锤炼语言，提升学生的语言使用能力。

在教学《归园田居（其一）》时，检查学生默写陶渊明以鱼和鸟来比喻自己身在官场的不自由的句子，发现不少学生把"羁鸟恋旧林"的"恋"误写成"念"。笔者没有批评学生，趁机启发学生思考："念"是什么意思？很多学生都知道："念"是想念！笔者再让学生查字典，对于"恋"字的解读，看看它们有什么不同。查完字典，学生说："老师，'恋'是'依恋''贪恋''留恋'的意思！"

笔者进一步追问："'依恋'也好，'留恋'也罢，甚至是'贪恋'，与'想念'和'想'相比,哪一个程度更深呢?"学生顿时发出"喔——"的顿悟声,他们一下子就明白,陶渊明既然把官场比作鸟笼子和小鱼池,本性爱丘山的他对田园生活是何等的依恋啊!有了这样的思想碰撞的过程,有了这样语言的对比分析,文本的深度得到进一步的挖掘,学生的思维能力自然得到了很好的拓展。

六、文化传承,系统归纳

近几年高考重视文化常识的考查,在教学中不免要侧重对文化常识的教学。书下注释涉及的文化常识一定要求学生扎实掌握,同时,要将相关文化常识较为系统地介绍给学生。

在教学"总角之宴,言笑晏晏"时,除了让学生仔细书下注释之外,笔者还给学生强调:"总角,古时八九岁至十三四岁的少年男未冠、女未笄时的发型。那时的少男少女将头发分作左右两半,在头顶各扎成一个结,形如两个羊角,故称'总角',后来代称儿童时代。"

之后,笔者又问学生:"大家知道古代男子何时冠,女子何时笄吗?"

学生众说纷纭,都着急地等着笔者公布"答案"。

笔者揭晓答案:"冠笄,是古代汉族举行的成年礼。'冠'指冠礼,是男子达20岁时举行的成年礼,行此礼后,表示男子已经成人,可以结婚成家了。'笄'指笄礼,是女子达15岁时举行的成年礼,即将头发盘起来,用簪子别住。行此礼后,表示女子已届婚龄。"

笔者顺势追问:"有谁知道,古代15至20岁之间的男孩子称作什么?"

学生面面相觑,一脸的茫然。

笔者补充道:"清朝以前,汉族男孩15岁时束发为髻,表示成童,因而用'束发'指代成童的年龄,即男孩子15至20岁。"

就这样,笔者由"总角"为触点,联系《桃花源记》中"黄发垂髫",让学生了解了"冠笄""束发""垂髫""黄发""豆蔻"以及"而立""不惑""知天命""耳顺""古稀""耄耋"和"期颐"的含义,将相关文化常识系统地归纳出来。这样做,不仅有利于传统文化的传承,也增添语文课堂的文化味儿。

综上所述,通过"书声琅琅,其义自见""联系生活,理解诗境""把握文意,体悟诗心""层层追问,步步引导""立足语言,抓住细节""文化传承,系统归纳",将高中语文核心素养四个维度扎根课堂教学,落到实处。只有这样,才能在学习实践中形成学习意识,选择正确的学习方法,勤于反思,从而实现学生的终身学习。学生自主发展素养的形成,任重而道远,但"既然选择了远方，我们便只顾风雨兼程"。霍光武老师说过："诗歌教学，是低低地吟，浅浅地诵，用心地教，快乐地学。"让我们借诗歌教学课堂，共育核心素养之花吧！

试论历史学科核心素养观下历史教学策略

杜　平[①]

在我国教育改革不断深化的背景下，课程改革的进度也在不断加快。我国在教育领域提出了核心素养的教育概念，这种核心素养理念的发展一方面能够保证教师完成教书育人的根本目的，另一方面还可以有效提高教师的教学质量。将历史学科的教学融入核心素养的理念中，可以起到事半功倍的教学效果，但在历史学科核心素养的指引下对学生进行历史教学的发展还不够完善，存在着许多亟待解决的问题。本文通过对历史学科核心素养的发展和概念进行简单阐述，针对在历史学科核心素养下进行历史教学所面临的问题，提出了具有现实意义的改进策略。

一、历史学科核心素养的发展和内涵概述

1. 历史学科核心素养的发展现状

我国的核心素养观点起步较晚，在 2014 年才在国家的教育课程改革文件中有所体现，确立了核心素养在教学中的重要地位，核心素养的基本概念通常是指学生在进行被教育的过程中，不断养成的能够促进学生自身发展和满足社会发展需求的一种能力素质，对学生的发展具有重要的现实意义，这一点在国际范围内也得到极大的认可，学科的核心素养是在核心素养概念的基础上发展而来的。

2. 历史学科核心素养的含义

核心素养是当前国际国内重要的教育要求，也是新课程改革的主要方向。它对于不同学科的要求也不同，总体来说，即为培养学生的基本学识能力，帮

---

① 杜平，女，抚顺市东洲高级中学二级教师，职教历史 5 年。

助学生对学科知识的理论与运用方法有所了解，并对学科所传达出的价值观和情感态度进行归纳和提炼，培养学生将学科理论知识运用到解决真情实感的生活情境之中，锻炼学生的创新能力和实践能力。历史学科的核心素养具体表现为使学生在历史学习中逐渐从历史中学会适应自身未来发展的行为方式、情感态度和基本价值观。这些价值观包括唯物观、时空史观、史料实证、历史解释和家国情怀等。

二、在历史学科核心素养观下历史教学面对的相关问题

1. 历史教学中教师对历史学科核心素养的认识不足

核心素养教学提出后，新课改的进程不断推进，在语文、数学、英语等主要学科上取得了丰硕的成果，但在历史学科教学核心素养推进的过程中，却存在重重阻碍。其主要是由于部分教师在对核心素养、学科核心素养以及历史学科核心素养这三个概念的认识和区分存在问题。历史教师在课堂教学肩负着重要的责任，需要将历史理论知识和理解方式、情感思想以及价值观进行讲解和传达，是学生的引路人，但有些教师却不对历史学科核心素养加以重视，导致学生没有办法从学习中真正掌握教学希望传达和教授的核心素养观。

2. 历史教学中核心素养与课程知识结合程度不够

历史学科核心素养教学是需要在帮助学生充分掌握历史理论学科后，再加以引导，培养学生理论与实际相结合的观念，充分发挥历史教学的价值。但是，现实教学中，教师对于核心素养的新概念掌握不充分，因而无法将核心素养与课程知识完美结合，致使学生在学习上产生偏差，使得历史理论知识失去了真正的实践价值。

比如，教师在历史教学中，侧重于讲解历史背景下的相关政策对当代社会经济、政治和文化方面的影响，学生能够从中学会思考现实生活中的政策的实际作用，但如果教师在教学时没有特别注重时空观念的讲解，则会使学生产生时空错乱的情况，对于不同政策实施的时间顺序不够明确，进而对当代生活中的政策理解出现混乱，割裂了政策之间的联系和相互作用，影响了学生的现实推理能力和联想能力。

3. 历史教学中忽略基础历史理论的学习

随着历史学科核心素养观的推广，教师开始逐渐重视培养学生这方面的能

力，在课堂上也会逐渐注重与历史理论相结合，更加关注观念和情怀的影响，使学生的情感态度和价值观培养得到了更多机会和平台。但是，在这个重心转移的过程中，教师可能拿捏不好尺度，将情感态度和基本价值观的教育放在了核心位置，而忽略了基础历史理论知识的教学，使得学生的核心素养培养失去了基石，没有历史理论和史实作为基础和依据，显得华而不实。

比如，在"五四精神"相关章节的教学时，教师选择重点讲解五四精神在近代历史的重要作用和影响，希望通过这种方式教会学生将五四精神进行传承和发展，但教师如果拿捏不好尺度，就很可能过分强调五四精神的情怀和内涵，而忽略它由来的基本历史背景和相关理论基础，使得五四精神过于片面，反而不利于学生的感悟和理解。

4. 历史教学中学生不能对新的理念和方法融会贯通

教学过程的主要参与者是教师和学生，他们都会对教学的效率和成果有所影响，新课改背景下，历史学科核心素养逐渐受到重视，也由此对理论知识的教学有所丰富和创新。教师会根据新课改的要求调整教学目标和教学方法，改变原有的教学模式。由于学生的适应能力比不上成人，所以在新鲜的教学模式出现时，可能会产生一段时间的疏离感，使得对课程理论知识和方法的理解变得困难，不利于教学的展开和进行。

三、课堂教学中提升学生历史学科核心素养的策略（以时空观为例）

历史时空观，指对事物与特定时间及空间的联系进行观察、分析的观念。任何历史事物都是在特定的、具体的历史时间和地理条件下发生的。历史学科的知识是建构在历史时空基础上的，对历史的认识必须从时空观念的角度出发。通过培养学生的历史时空观念，能让学生掌握史事发生、发展的具体时间和地理环境，从而使学生的历史思维能够在时空框架下运作，进而对史事做出合理解释。

1. 在课堂中重视历史时间名词的强化

教师在课堂教学过程中，可以适时地提供给学生一些关于时间概念的名词，强化具有关键性和决定性的历史时间。比如，世纪、年代、前期、中叶、后期、某时期等关于时间的表达方式。在历史教学中，反复强调重要的历史分期的时间和基本脉络以及重要的历史事件的时间，如公元前 221 年、1840 年、

1919 年、1921 年、1949 年等。

2. 用时间轴、空间轴构建知识体系

历史的发展和变化等状况都可以从时间和空间中体现出来，对历史认识也是在具体的时空下进行的。培养学生的时空观念，要帮助学生按照相应的时间轴、空间轴建立一个个的"时空架构"，以此说明某个或某些历史事件或者历史人物的活动轨迹或历史现象。除此之外，还要培养学生联系时空进行思考的意识，让学生能够明白特定的事是和特定的时空相联系的；能够运用历史时空的划分叙述过去；能够利用"时空架构"对事实进行合理的解释；能够在认识现实中的社会现象时把该现象置于具体的时空下进行考察和解释。比如，岳麓版高中历史必修一第 20 课《新民主主义革命与中国共产党》一课，自主学习过程中可以让学生利用时间轴，记录新民主主义革命大事记，构建历史事件的时间顺序。

3. 用地图、视频等资料再现历史时空

在教学过程中，教师和学生都不可忽视插图的作用。教材中的插图主要有历史人物画像、历史人物活动的画面、文物图、革命遗址图等。借助历史插图不仅能再现历史的时空，而且能将一些重要信息展现出来。为了增强教学的效果，还可以利用视频等现代多媒体手段进行一些教学活动。例如，《大国崛起》《世纪行》《世界历史》等纪录片，辑录了大量的珍贵史料，能跨越时空，通过声音、画面、色彩等再现历史形象，这对于培养学生形成时空观念具有直观的作用。

4. 用"大历史观"看待历史时空

大历史观就是长时段、宽范围、多视角地思考历史问题，宏观地看问题。运用大历史观建立历史时空，要引导学生进行发散思考，重新梳理知识结构并对历史知识进行迁移，达到帮助学生对历史时间的记忆。例如，在岳麓版高中历史必修二第 9 课《改变世界的工业革命》一课中，首先，能够看懂历史地图，明确进行工业革命的国家及其地理位置；其次，依据时间顺序，梳理出工业革命发展的历程并能够说明各阶段的特征，在空间的基础上，思考工业革命首发英国的原因；再次，将时空结合，构建起以工业革命为中心的中外历史的大框架，梳理出共时性的中外大事，在"大历史"的视野下探究工业革命对中国的影响，探究工业革命对中国经济、政治、思想文化的影响。另外，教会学生用不同的史观看待历史事件的影响。

综上所述，培养学生的历史学科核心素养，不仅能够使学生获得更多的知识储备、优化知识结构，而且能够促进学生的全面发展，提高学生的综合素质。所以，教师在教学过程中，要运用多角度、多方法讲解历史知识，促进学生进行系统性、科学性的历史知识学习。

高中历史教学中的"家国情怀"教育

王　宏①

2018 年春节，习近平总书记在新春团拜会上指出，国家富强，民族复兴，最终要体现在千千万万个家庭都幸福美满上，体现在亿万人民生活不断改善上。"千家万户都好，国家才能好，民族才能好。"中华民族历来重视家庭，正所谓天下之本在国，国之本在家，家和万事兴。家是最小国，国是最大家。无论是"修身、齐家、治国、平天下"的历史古训，还是"先天下之忧而忧，后天下之乐而乐"的人生担当，抑或是国而忘家、公而忘私的崇高境界，这种家国一体休戚相关的情怀就是"家国情怀"。"家国情怀"教育就是要提升学生的责任意识和人文修养，增强学生对民族、国家的信心。那么，高中历史教学要如何进行"家国情怀"教育呢？笔者结合自身的教学实践，谈一些粗浅的看法。

一、"家国情怀"的由来与内涵

有人认为，古代中国社会建立在小农经济的基础上，政治上是封闭的专制主义中央集权，这种单一的政治、经济模式凸显了家庭在整个古代社会中的重要地位，与此相适应的文化心理是"家国同构"。也有人认为，"家国情怀"首先萌芽于中国古代士大夫阶层的自我优越感。"三军可夺帅，匹夫不可夺志也""富贵不能淫、贫贱不能移、威武不能屈""修身、齐家、治国、平天下"这些都是"家国情怀"的早期反映。随着政治变迁和王朝更迭，"家国情怀"逐渐成为整个民族的共同意识："人生自古谁无死，留取丹心照汗青""天下兴亡，匹夫有责"。进入近代社会后，西方列强的入侵使得国家割地赔款、国破家亡，文人志士在救亡图存过程中不断自省，最终形成"家国情怀"。新中国成立后，人民翻身做了主人，爱国与爱家才真正地统一起来。今天，"家国情怀"已经

---

① 王宏，女，抚顺市第十二中学一级教师，执教高中历史 18 年，2011 年获"辽宁省普通高中课程改革工作先进个人"称号。

成为我们中华民族优秀传统文化的重要组成部分，成为社会主义核心价值观的重要内容，在实现中华民族伟大复兴和伟大中国梦的过程中起着重要作用。

那什么是"家国情怀"呢？

从字面理解，家，居也；国，邦也；情怀是指情感，即认同感和归属感等。

在历史教学中，"家国情怀"是历史学科的五大核心素养之一，也叫历史价值观。它是学习和探究历史的人文追求，是对国家的高度认同感、归属感、责任感和使命感。

二、高中历史教学中"家国情怀"的重要意义

高中历史教学培养学生的"家国情怀"，有利于加强历史学科的育人功能。当前，高中历史教学比较重视历史基本知识、基本线索和基本能力，往往忽视对学生价值观的教育。许多学生认为，历史就是背诵，只要我们掌握了历史知识，就能获得高分，这显然违背了历史教育的初衷。作为一门人文学科，历史学科具有基础性、人文性和民族性。高中历史教学的"家国情怀"，就是要培养学生从历史的角度了解和认识国情，形成对祖国和民族的认同感，关注国家民族的命运。从历史发展中，汲取有益的精神财富，使学生树立积极健康的人生观和价值观。

"家国情怀"是中华民族宝贵的精神文化遗产，是中华优秀传统文化的重要组成部分，同时，也是践行社会主义核心价值观的重要途径。高中历史教学重视"家国情怀"教育有利于传承和弘扬中国优秀传统文化，有利于培养学生的爱国意识和民族自豪感，有利于伟大中国梦的实现。

高中历史教学重视培养学生的"家国情怀"符合新课改的理念，顺应了时代的发展要求。2016年，国家教育部指出，唯物史观、时空观念、史料实证、历史解释和家国情怀是历史学科的五大核心素养。2018年，高考大纲明确指出要注重考查学生的学科素养。可见，"家国情怀"教育符合时代要求，具有重要的实践意义和现实意义。

三、高中历史教学中"家国情怀"的培养策略

1. 以历史教材为依托，进行"家国情怀"教育

高中历史教材中有许多推动历史发展的伟大人物，如"精忠报国"的岳

飞；"天下兴亡，匹夫有责"的顾炎武；收复台湾的郑成功；"鞠躬尽瘁，死而后已"的孙中山……这些人物的人生价值观能为学生树立极好的榜样，教师可以引导学生学习感悟，也可以补充资料适当扩展。此外，岳麓版历史书中还有很多"家国情怀"的相关内容，如必修一中的"宗法制""大一统与中央集权""国民革命""港澳回归""世界多极化趋势"等；必修二中的"改革开放""经济全球化趋势"等；必修三中的"中国古代科技成就""西学东渐""近现代的世界科技"等，教师可以依托教材，挖掘其中的内涵和外延，进行"家国情怀"教育。

2. 创设多种教学情境，开展"家国情怀"教育

历史课堂中，教师可以利用现代信息手段创设多种教学"情境"，引领学生回归历史现场，感受历史，体会历史。例如，教师在讲到中国共产党第五次反"围剿"失败被迫长征时，教师可以播放长征的纪录片或者长征的系列图片，也可以指导学生手绘红军长征的路线图，又或者组织学生模拟表演，让学生设身处地感受历史，体会中共斗争的艰难，进而理解长征胜利的伟大意义。又如，教师在讲到第二次鸦片战争英法联军火烧圆明园时，教师可以把圆明园的照片和圆明园的四维复原图进行对比，让学生看到圆明园的壮观景象，体会"万园之园"的瑰丽，从而感受英法联军的滔天罪行，引发学生对历史的思考。

3. 采用多元化的教学方法，培养学生的"家国情怀"

教学中，教师可以根据教学实际情况和学生的特点，选择性地采用图示法、视频解读法、课堂探究法等教学方法进行有效教学，渗透"家国情怀"教育。如遇到历史大事件的纪念日，如九一八事变纪念日，一二·九运动纪念日等，教师就可以以此为契机开展爱国主义教育。记得 2012 年 9 月 18 日，当天的第二节课正是笔者的历史课。笔者按照教学进度正常讲课，同学们认真听讲。突然，街道上响起了震耳的警报声，学生们下意识地往窗外瞭望，有些学生好像突然意识到什么，默默站起来，低头默哀。笔者也做了同样的动作，教室里一片寂静。警报声过后，笔者问学生刚才我们为什么要起立、默哀？学生回答是为了纪念九一八事变。笔者接着问：谁能给大家讲讲九一八事变是怎么回事呢？有学生在座位上讲开了，笔者让他站起来讲讲九一八事变的主要经过，学生讲得大意是对的，讲错的地方笔者给予了纠正，讲得不足的地方笔者适当补充。不少学生边听边点着头，有的学生还皱起了眉头。接着，笔者又问：我们今天什么还要纪念九一八事变？学生仿佛一下子被激活了，很有话说，马上七嘴八舌地讲开了，笔者也没有制止。过了一会儿，笔者问他们谁去过位于沈阳的"九一八"历史博物馆？有个别同学说去过，但描述不清，大部分同学没去过。笔者说要想了解历史真相就要接近它，认识它。本周日笔者想组织全班同学去沈阳的"九一八事变"纪念馆参观，大家可以自愿报名参加。同学们非常踊跃，马上都说笔者要去。这堂课的教学任务笔者没能完成，但这么生动的一节历史课，笔者想学生一定会刻骨铭心！他们可能一辈子都记得九一八事变，发自内心地爱国爱家乡！如今，现代教育技术手段全面走进历史课堂，教师还可以利用微课和微视频教学拓宽学生的思维，开阔历史视野，增强教学的效果，提升学生的人文素养。例如，教师在讲到选修《20世纪的战争与和平》这本书时，可以适当播放第一次世界大战或第二次世界大战的视频资料以提升历史兴趣，开阔学生视野，就战争爆发的原因和战争带来的影响展开讨论，让学生反思战争，自觉维护和平环境。这种"家国情怀"也可以走出课堂，走出校园，有条件的学校可以带领学生参观纪念馆、博物馆，还可以开展社会实践活动，如走访、调查等，教师采用多种教学方法，有意识地培养学生的"家国情怀"。

4. 提升自身素养，潜移默化地渗透"家国情怀"

教师是学生的表率，教师应该为学生树立良好的榜样，教师要培养学生成为什么样的人之前自己就要首先成为这样的人。当前，受到功利主义的影响，教师更注重成绩，往往忽视学生价值观方面的培养，忽视学生人格的养成教育，这是不对的。教师要端正自己的教育态度，要为学生的全面发展和终身发展服务。教师还要树立终身学习意识，不断增强自身的文化修养和人文情怀，言传身教，满足学生内心学习的需要。

"家国情怀"不是具体的知识，而是一种无形的情感。"家国情怀"的培养不能生搬硬套地灌输给学生，它更多是一个潜移默化的熏陶过程。教师在历史教学中要将情感渗透给学生，使学生在耳濡目染中得到感化并产生共鸣。高中历史课堂要构建有情怀的课堂，高中历史教学要培养有"家国情怀"的人！

结合 2017 年高考历史试题谈对"家国情怀"核心素养的认识

胡 健[①]

《普通高中历史课程标准（2017 年版）》已经出版，新课标中的历史核心素养引起了各方面关注。在此，笔者也想谈谈自己对历史核心素养的认识。历史学科的核心素养包括唯物史观、时空观念、史料实证、历史解释和家国情怀五个方面，但由于篇幅有限，笔者在这里只谈对"家国情怀"的认识及其复习对策。

众所周知，新课标中的"家国情怀"是后来的提法。最初提出的是"历史价值观"的提法，后来修订为"立德求真和家国情怀"，最后确定为"家国情怀"。之所以有这样的变化，是因为在不断探讨修订的过程中，大家对高中阶段历史价值观的要求越来越明确、清晰，在教学中更加突出对学生家国情怀的培养，而不是泛泛地强调历史价值观这个较为空洞的概念。

一、基本认识

《普通高中历史课程标准（2017 年版）》中对"家国情怀"这一核心素养是这样规定的："家国情怀是学习和探究历史应具有的人文追求，体现了对国家富强、人民幸福的情感，以及对国家的高度认同感、归属感、责任感和使命感。学习和探究历史应具有价值关怀，要充满人文情怀并关注现实问题，以服务于国家强盛、民族自强和人类社会的进步为使命。"课标中对历史学科核心素养的水平进行了划分。"家国情怀"的水平要求如下：

---

① 胡健，男，抚顺市雷锋高级中学二级教师，执教高中历史 14 年，2012 年获"全国历史教研论文评比二等奖"。

水平	素养 5. 家国情怀
水平 1	能够具有对家乡、民族、国家的认同感，理解并认同社会主义核心价值观和中华优秀传统文化，具有对祖国和人民的深情大爱；能够理解和尊重世界各国优秀文化传统。
水平 2	
水平 3	能够把握中华民族多元一体的发展趋势，以及世界历史发展的进步历程，形成正确的世界观、人生观、价值观和历史观；能够表现出对历史的反思，从历史中汲取经验教训，更全面、客观地认识历史和现实社会问题；能够将历史学习所得与家乡、民族和国家的发展繁荣结合起来，立志为新时代中国特色社会主义建设、中华民族伟大复兴做出自己的贡献。
水平 4	

如果仔细分析一下，我们会发现对"家国情怀"的要求可以分为"个人—国家—世界—时代"四个层面，这四个层面是由浅入深的。学生在整个高中阶段的学习中，要逐步加深对这四个层面的理解，并内化为自身能力，才能在高考中取得较好的成绩。

回顾以往高考试题，我们会发现对历史价值观的考查并不像考查其他问题那样明显，而是隐含在其他出题意图之下，只有理解了相关意图，才能答好试题，提高正确率。下面，笔者结合 2017 年三套高考文综全国卷的历史试题，深入分析一下对"家国情怀"核心素养的四个层面的考查。

1. 个人层面：将对历史的感悟作为公民的基本素养来考查，体现历史核心素养的人文性

新课标在个人层面的要求是学生能够表现出对中国和世界各国优秀历史文化的欣赏和感悟，明确历史学习的重要性。这一要求并没有在 2017 版课标中正式提出，而是在之前讨论历史价值观的水平划分中提出的。2017 版则更强调对中华民族历史文化的认同、热爱等更高层次的要求。但是，笔者认为，"对中外历史文化的欣赏和感悟"是高中阶段对学生学习历史的一个最基本的要求，也是新时代中国公民的一个基本素养。因为一个人只有对本国历史文化有所感悟，才能对家乡、民族、国家产生认同感；只有懂得欣赏别国历史文化，才能以更广阔的胸怀来看待这个多元化的世界和经营自己的多彩人生。2017 年的高考试题对此也有所涉及。例如，全国一卷第 32 题，以希腊神话为背景，考查古代雅典的人文精神，进而延伸到西方人文精神的起源。希腊神话对今天的中国人来说并不陌生，如今天流行的十二星座就来源于希腊神话，这种流行反映出国人对别国优秀文化的兴趣，但国人对其了解并不深刻，本题潜在的出题意图恐怕还在于考查学生对希腊神话背后的人文精神的感悟和理解。当然，类似的试题还有全国三卷第 32 题，考查古代雅典公民意识的培养。对于中国文化的深层次理解，则体现了更多的试题中，而且试题的难度较外国史更大。例如，全国三卷第 24 题，考查汉字简化的原因。当代中国比较强调传统文化，汉字也是传统文化一部分，而这一考查方向也一定是将来出题的主流。

2. 国家层面：将历史考点与国家认同和价值观认同相结合来考查，体现历史核心素养的民族性

新课标在国家层面的要求是能够具有对家乡、民族、国家的认同感，理解并认同社会主义核心价值观和中华优秀传统文化，具有对祖国和人民的深情大爱；能够理解和尊重世界各国优秀文化传统。这是一个承上启下的关键层面，即使个人层面的要求得到深化，也为向更高层次的升华做好铺垫。爱国主义教育一直是中国教育主要课题之一，新课标主要是通过历史文化的感染，来增强学生的国家认同感，特别是对社会主义核心价值观的认同感，并倡导文化传承，尊重中外文化差异。对于国家认同感的考查，2017 年的高考题主要是在对中华传统文化理解的考查和国家认同与中外差异对比的考查两个方面发力，社会主义核心价值观则以暗线方式贯穿其中。例如，全国一卷和全国二卷的第 47 题"中外历史人物评说"考查了季札和颜回两个传统主流文化中所推崇的人物，而且设问也有类似之处，应该说都问到了两个人受到推崇和赞赏的原因。学生如果对传统文化所倡导的道德有较为深刻的认识，则会答得更好。又如，全国三卷第 40 题问到了台湾"明郑时代"促进统一的措施和全国二卷 47 题问到了季札出访对文化融合的影响，这些问题都反映了文化认同对国家和民族认同的影响，这些方向需要我们重视起来。至于中外差异对比方面，全国一卷第 41 题对于中法民族主义内涵和差异的考查是比较典型的例子。这一题需要学生对中法革命所面临的历史背景有一定认识，进而才能对两国革命任务的不同和革命性质的差异有比较全面的理解，最终对民族主义内涵的异同形成正确认识。通过对一个历史概念的理解，我们可以感受到中西文化的不同。

3. 世界层面：将中外历史重大事件与历史发展的总体趋势相结合来考查，体现历史核心素养的社会性

新课标在世界层面的要求是能够把握中华民族多元一体的发展趋势，以及世界历史发展的进步历程，形成正确的世界观、人生观、价值观和历史观。这就要求学生在历史学习的过程中把我们民族从历史到未来的发展脉络有一个整体把握，从历史的经验教训中找到民族未来的发展方向，并能正确看待世界历史从低级到高级，从分散到整体的进步历程。我们可以把中国历史放在世界历史中来看，因为在上一个层面强调包含国家认同感的爱国主义，但爱国主义并不是狭隘的民族主义，"放眼看世界"也是爱国主义的应有之义。2017年的高考全国一卷第42题考查了14—17世纪中外重大历史事件的内在联系，这道题就比较符合世界层面的要求。本题以开放式答题的方式鼓励考生多角度思考问题，可以引导学生用更开阔的思路思考中国与世界的关系。

4. 时代层面：将历史反思与当代时事热点相结合来考查，体现历史核心素养的时代性

新课标在时代层面的要求是能够表现出对历史的反思，从历史中汲取经验教训，更全面、客观地认识历史和现实社会问题；能够将历史学习所得与家乡、民族和国家的发展繁荣结合起来，立志为新时代中国特色社会主义建设、中华民族伟大复兴做出自己的贡献。这一层次可以概括为"反思历史，正视现实，坚持道路自信"。历史高考试题的主要载体是历史知识，而一些现实话题往往是渗透其中的，如"一带一路""社会主义核心价值观""人类命运共同体"等话题。2017年高考题中的"历史上重大改革回眸"则很好体现了这一点。全国一卷、二卷、三卷的改革选考题分别考查了20世纪80年代我国的工资改革、清末北京街道管理改革和隋代法律制度改革。这些试题从历史学科的角度关注了民生、反腐、法制改革等重大话题，试图通过对历史上这些重大改革得失的反思，来找到现实社会问题的解决方案，这些动向非常值得大家的重视。另外，一些原有的重大时代话题，由于客观形势发生变化而再次受到高考关注。例如，全国一卷第46题考查了《开罗宣言》，全国三卷第40题考查了"郑成功收复台湾"。这两道涉及台湾问题的试题，背后所反映的是在2016年5月台湾当局政党轮替后，"台独"势力加强"去中国化"等分裂活动的新形势下而出现的相关试题。同时，祖国统一也是中华民族伟大复兴的应有之义。因此，这也是紧扣时代主题的一个试题方向。

二、复习建议

面对新的课标要求，我们要对"家国情怀"这个核心素养在学生复习时有新的复习策略。下面，笔者提出一些初步建议供大家参考。

（1）在总复习时，注意对"家国情怀"的相关理念，尤其是时事热点理论进行搜集、整理、分类，因为高考考题往往渗透着这些理论。同时，在专题复习时，注意对相关理念的强调，使学生习惯向这一方向思考问题。如有条件，可专设题目进行重点复习。

（2）结合高考真题多做练习，甚至可以依据高考真题来出一些原创题给学生做练习，这样会更有意义。例如，全国一卷第 32 题，如果把题干中希腊神话的背景换成文艺复兴作品的复古思潮所反映的现象与实质，则可以新创出另一道题。当然，这需要我们做更多的创新性工作。

（3）可以向学有余力的学生推荐一些课外书目，以便帮助学生将"家国情怀"等核心素养内化为自身素质。这一工作最好在学生高一入学时就开始，因为学生自身必要素养的形成需要一个较长的过程。

总之，"家国情怀"的核心素养的培养，是一个长期、细致的工作，今天只是起步的阶段，相信今后随着教学工作的深入，相关研究也会丰富起来。

历史教学中核心素养下的时空观念的培养

王　晔①

一、导论

21 世纪，一个日新月异的时代，经济全球化进程加快，知识经济迅猛发展，科技交流日益国际化。为了适应瞬息万变的信息化时代的到来和挑战，发展科技，培养人才，提升国民核心素养，成为各国的重中之重。

"研究制定学生发展核心素养体系和学业质量标准"的方案是教育部在2014 年 4 月颁布的《教育部关于全面深化课程改革，落实立德树人根本任务的意见》明确指出的，该项方案的目的是依据学生发展必备的核心素养体系来修订课程方案和课程标准。核心素养不仅为培养高素质的国民提供了基础，而且推动学生个体的发展，对 21 世纪教育改革起到了关键作用。学科核心素养是学生通过对不同课程的学习而获得，作为一名高中教师，有责任、有义务在日常教学中注重培养学生的核心素养。

二、学科核心素养的定义

那么，什么是学科核心素养呢？学科核心素养就是指学科育人价值的概括性、专业化的表述，是知识与能力、过程与方法、情感态度与价值观的整合与提炼，是学生在学完本学科课程之后形成的、在解决真实情境中的问题时所表现出来的必备品格和关键能力。不同学科有着不同的学科核心素养，历史学科也有历史学科特定的核心素养，历史学科核心素养是历史知识、历史能力和方法、情感态度和价值观等方面的综合表现，以唯物史观为核心理论，构建时空观念，运用史料时政的方法，进行历史解释，在实践的过程中培养国家情怀。

① 王晔，女，抚顺市第十二中学高级教师，执教高中历史 22 年，2004 年获 "抚顺市历史教学基本功大赛二等奖"。

现在，就时空观念谈谈本人粗浅的认识及在日常教学中的归纳与运用。

三、浅析时空观念与应用

1. 时空观念的定义

时空观念是指在特定的时间和空间联系中对事物进行观察、分析的意识和思维方式。在《新的普通高中历史新课程标准》中对于高中生的时空观念也明确提出了目标要求：①将特定的历史事件准确地定位在特定的时间和空间中。②掌握多种方式对历史时间和空间进行划分，并能够运用这些方式叙述过去。③运用时空要素，将历史事件、历史人物、历史现象有机结合。④在不同的时空框架下体会历史上的变化与延续、统一与多样、局部与整体，并据此对史事做出合理解释。⑤在认识现实社会时，能够将认识的对象置于具体的时空条件下进行考察。也有不同层次水平的划分，具体如下表：

时空观念不同层次水平的划分	
水平 1	能够辨识历史叙述中不同的时间与空间表达方式；能够理解它们的意义；在叙述个别史事时能够运用恰当的时间和空间表达方式。
水平 2	能够将某项史事定位在特定的时间和空间框架下；能够利用历史年表、历史地图等方式对相关史事加以描述；能够认识事物发生的来龙去脉，理解空间和环境因素对认识历史与现实的重要性。
水平 3	能够把握相关史事的时间、空间联系，并用特定的时间和空间术语对较长时段的史事加以描述。
水平 4	在对历史和现实问题进行独立探究的过程中，能将其置于具体的时空框架下；能够选择恰当的时空尺度对其进行分析、综合、比较，在此基础上做出合理的解释和概括，理解历史上的变化与延续、统一与多样、局部与整体及其意义。

2. 时空观念的具体应用

另外，对时空观念的考察在近几年的高考试题中也是频频出现。例如，2015 年历史高考试题之一：历史发展既有传承又有创新。下表所列信息，按朝代（唐、宋、元、明）先后排列正确的　①通政司、复社、都察院、风力水车　②政事堂、北门学士、内作使绫匠、高转筒车　③枢密院、土司、木活字、监察御史　④中书门下、三司使、《武经总要》、草市

A.②③④①　　　B.②④③①　　　C.③②①④　　　D.④②①③

该题非常明显考察学生的时间观念，解题关键就是以时间作为突破口，任何历史事件都发生在一定的时空范围内，条件限定语就是对选项在时间方面的限制。因此，时间概念的判断在审题时就是至关重要的。解题时首先要将同一时代的历史事物先汇总在一起，然后再按时间顺序分成不同的"阶段"，即可得出正确结论。

3. 构建时空观念的必要性

依据《新的普通高中历史新课程标准》中对于时空观念的目标要求和不同层次水平的考察，再结合高考试题对学生的能力要求，那么，在日常教学及高三复习中就应该目标明确，有的放矢，进行针对性的训练。近几年的高考历史试题，更多地侧重考察学生的历史核心素养，而且考察的不是单一的素养，而是多个核心素养的综合考察，而时空观念正是解答所有问题的基础和关键的一个素养。因此，学好历史的关键在于构建清晰的时空观念。而现行课程体系下，我们使用的岳麓版教材，以专题史取代了过去的通史，现行高中教材是按照政治文明历程、经济成长历程、文化发展历程三个专题编写的，要求学生有良好的通史基础，但由于大多数学生基础薄弱，时空观念混乱，历史知识储备不足，普遍感到历史难学，所以教学和考试中张冠李戴的笑话层出不穷。要培养学生具备良好的时空观，就需要教师在课堂教学中帮助学生建立起时空坐标，引导学生不断梳理知识脉络，帮助学生构建知识体系。

4. 构建时空观念的教学策略

（1）在日常教学中，应该注意科学使用时空概念，掌握关于时空不同的表达方式，帮助学生理清时间顺序，指导学生制作大事年表，构建历史时间"坐标"，培养学生的时间观念；利用历史地图，构建科学的"空间观念"，统整单元知识结构，这应该是历史核心素养的最低要求。在掌握了正确的时空观念基础上，能够将时空结合，构建以某一历史事件为中心的中外历史发展体系框架，梳理中外共时性大事，在"大历史"视野下探究历史之间的联系与区别，并能论述自己对历史发展的认识，这应该是历史核心素养的最高境界。关于时间的不同表达方式：①最基本、最常用的表达方式：年、月、日、公元、民国、天干地支、年号、庙号、谥号、年代、朝代、世纪、公元前（后）等。②时期为标准：文明时代、史前社会、中国（古代、近代、现代）世界（古代、近代、现代）；中国古代又可以划分为先秦、秦汉、魏晋南北朝、隋唐、宋元、明清；世界历史分为资本主义萌芽时期、地理大发现时期、文艺复兴时期、资产阶级革命时期、一战时期、二战时期、战后、冷战时期等。③还有一些特殊的或者特定的时间表达方式：大萧条（大危机）时代；中国近代民族资本主义发展的黄金时代；沙俄－俄国－苏俄－苏联－俄罗斯。关于空间不同的表达方式：①常用的地理名称：南方、北方、黄河、长江流域、秦岭－淮河一带、中原、岭南、河套平原、东部、西部等。②古今地名差异对比：长安（西安）临安（杭州）、建康、建邺（南京）、蓟（北京）、汴梁（开封）等；天竺（印度）、高丽（朝鲜）大秦（古罗马）③一些地名的简称：晋察冀、冀鲁豫、晋冀豫、闽浙赣等。④一些特定的地名：江东（长江下游以南）、江南（长江中下游以南）；还有江左、江表等一些特定的概念；历史上的山东、山西与今天的地理概念也不同，历史上的山东、山西以河南崤山为界划分，而今天的山东、山西则以太行山为界划分；还有历史上的关东、关中、关西，这里的关指函谷关，近代的关东、关内、关外则以山海关为界划分；另外，还有山水阴阳的概念，古代以山南、水北为阳，以山北、水南为阴。⑤教材一些相关的历史地图、图片、插图等，需要学生有"图转文"的能力。

(2) 时空观念不仅仅是几个单一的、机械的、死气沉沉的数字，几个孤立的单独的没有生机的地名，还包括在这个时间段的主线以及这条主线体现出来的历史的发展与进步，还包括以空间为基础的自然因素（人口、气候等）和人文因素（政治、经济、军事、外交、社会等），即局部与整体的统一、变化与延续的联系等；所以在高三复习中，除了要求学生对时间延续、朝代变更、时代特征准确掌握，让时空主线在学生头脑中更为清晰外，还要经常针对不同的主题或板块，归纳历史特征，对于同一时期中外历史知识进行类比，分析事物之间的相似性与差异性，以准确的时空观为基础，学会从世界的角度理解近代中西方的发展变化。例如，在复习古代中西思想时，第一层次：知道古代的起止时间，能够看懂历史地图，了解中西的地理概念。中国古代的起止时间：1840 年以前（19 世纪中期以前或者以鸦片战争为界）；西方古代的起止时间：1640 年前（17 世纪中期以前或者以英国资产阶级革命为界）第二层次：以时间为依据，梳理中西思想发展的历程并说明各阶段特征；以空间为基础，分析中西思想特征的原因。中国古代思想的主流即儒家思想的发展：春秋战国（公元前 771—公元前 221）经济上小农经济的产生，政治上礼崩乐坏，所以思想上出现百家争鸣局面，儒家思想产生但并未受到重视；秦（公元前 221—公元前 206）秦始皇焚书坑儒，儒家思想受到重创；汉（公元前 202—公元 220）汉武帝"罢黜百家，独尊儒术"，儒家思想成为中国古代社会主流思想；魏晋南北朝（公元前 220—公元 581）儒家思想受到冲击；隋唐（公元 581—公元907）儒家思想的融合；宋元（公元 960—公元 1368）小农经济主导，专制主义中央集权制度加强，儒家思想有了新发展，宋明理学；明清（公元 1368—

鸦片战争前）商品经济发展，资本主义萌芽出现，君主专制发展到顶峰，所以出现了批判思潮。西方古代思想的主流即人文思想的发展：古希腊（公元前5世纪—公元5世纪）商品经济的发展，民主政治的繁荣，人文主义兴起；中世纪（5世纪—14世纪）西欧的封建社会，宗教垄断一切，人文主义沉寂时代；14世纪—16世纪，资本主义的萌芽并发展，教会专制统治，人文主义复兴；17世纪—18世纪，资本主义经济进一步发展，专制统治受到冲击，资产阶级革命时代到来，人文主义成熟上升到理性主义。第三层次：通过纵向与横向的比较，理解思想历程与政治、经济、地理环境之间的关系以及对后世的影响。通过中西对比，使学生理解不同的地理环境对其政治、经济、思想、文明的影响是不同的，同时，理解一定时期思想文化是一定时期政治经济的反映，大河文明与海洋文明对后世的影响，大河文明的中国以儒家的伦理道德来钳制人民思想，遏制人民的自由追求，注重塑造性格，树立气节和使命感，但一定程度上缺乏民族创造力，造成近代中国落后，民族危机严重。海洋文明的西方以人文主义来强调人的重要性，重视人的力量与价值，敢于挑战封建神学，反对教廷的禁欲主义，探秘自然科学，也就加速了欧洲文明的发展。第四层次：通过感悟人类的思想、文化发展的多元性，培养学生传承传统文化的历史使命感和责任感，尊重各种文明的认同感。使学生思想得到升华，认识到文明具有多样性，文明具有延续性，文明具有交融性；理解社会主义核心价值观（富强、民主、文明、和谐、自由、平等、公正、法治、爱国、敬业、诚信、友善）的提出正是文明传承与交流的结果，理解的基础上才能更好地践行并发扬光大。

四、总　结

时间与空间就是历史学科的基础，更是历史学科的根基、本原。没有了时空概念或者时空概念模糊不清，那么，学习历史就像一团乱麻，没有头绪，就是无源之水、无本之木。正是时间和空间这两条基线，将人类波澜壮阔的历史，从古至今，从中国到世界有序地串联起来，所以学习历史最基本的意识和方法就是注重培养学生的时空观念，学会将历史事件、历史人物放到整个历史长河中考察理解、把握分析，认识历史发展的整体性与多样性；也只有将历史事件置于历史进程的时空框架中，才能寻找到该事件发生的前因后果，理解各个事件之间的相互关系，认识到它们存在的意义，从中吸取经验教训，真正发挥历史学科知古鉴今的作用。

世界近代史教学中的时空观念核心素养的培养

翟 晨[①]

党的十九大之后，中国已经进入了社会主义发展的新阶段，教育也应该与时俱进，适应时代的需要。党的十九大报告明确指出："要全面贯彻党的教育方针，落实立德树人根本任务，发展素质教育，推进教育公平，培养德智体美全面发展的社会主义建设者和接班人。"为了适应新的形势、新的机遇，教育工作者也给自己提出了新的要求。新的挑战就是要在教育教学过程中，钻研提升学生的核心素养。

所谓核心素养，是指学生在学习过程中要逐渐形成既能使自己适用终身又能符合社会发展的必备品格和关键能力，是我们在教学过程中的知识与能力、过程与方法、情感态度价值观等方面综合体，它更关注的是学生在学习过程中的个体感悟。核心素养的培养注重的是教育的过程而不是结果，它还需要维护学习过程中的稳定性、开放性和发展性。因此，核心素养的培养不仅仅是人生的一小段感悟。核心素养的正确使用是一个可陪伴终身的可持续发展的动态过程，是个体能够适应未来社会促进学生终身学习实现全面发展的基本保障，由此可见，核心素养的培养是贯彻现代教育过程始终的观念。历史学科针对自身的教育特点和教学规律也形成了自身独特的历史学科核心素养的认识。

历史学科的核心素养是指学生在学习历史的过程中逐步形成的具有历史学科特征的必备品格和关键能力，是历史知识、能力和方法、情感态度价值观等方面的综合表现。在实践过程中，体现出如下特性：从性质上看，历史学科的核心素养是要求全体学生在历史课的学习过程中都应该掌握的最关键、最必要的共同素养。从内容上看，是学生对历史课教学内容和教学技能的综合掌握。从功能上看，要从个体价值和社会价值的角度，让学生掌握正确的家国天下情怀。从培养过程看，要通过日常教学过程来形成发展学生的个体能力。从评价上看，通过表格的填写和综合测试可对学生的学习效果进行综合评价。从架构

[①] 翟晨，女，抚顺市第十二中学高级教师，执教高中历史 25 年，2017 年获"辽宁省优秀论文"奖。

上看，要让学生掌握好历史课基本知识的前提下，尽量将各学科知识融合贯通。在授业的基础上，尽量做好立德树人。在发展阶段上看，能够让学生的文化课学习与社会发展整合起来。总之，核心素养的培养既要看到现在，又放眼未来，既学习本学科知识，又掌握对知识融合贯通的能力，争取让学生终身受益。

在日常教学过程中，历史课的核心素养可以从唯物史观、时空观念、史料实证、历史解释、家国情怀五个方面进行培训和养成。这几个方面各有侧重又相辅相成，共同构筑了历史课的历史核心素养的体系。

下面就岳麓版历史教材的世界近代史 14—18 世纪的有关部分对历史时空概念的培养进行一些探索。

时空观念是指在特定的时间联系和空间联系中对事物进行观察分析的意识和思维方式。任何历史事物都是在特定的具体的时间、空间条件下发生的，只有在特定的时空框架当中，才可能对史料史实有准确理解。马克思主义的基本原理是任何事物都不是孤立的，事物是普遍联系的，生产力决定生产关系，经济基础决定上层建筑。历史知识本身就是联系的，很多史实之间是互有因果的。而现在使用的岳麓版历史教材的教学体例是模块化的。必修一为政治文明进程，必修二为经济成长历程，必修三为文化发展历程。此外，还有历史上重大改革回眸，20 世纪的战争与和平，近代社会的民主思想与实践，中外历史人物解说作为备选的选修教材，即必修为政治、经济、文化三大模块，选修为人物、改革、战争与和平、民主思想与实践四大部分。这样的教学方式一方面可以将每一项知识都梳理得层次清晰、条理分明，却没有将历史事件归纳到同一时空观念之中进行有效整合。在学习过程中，学生如果不能将同一时空内的链条进行正确梳理，会带来学习上的混乱和时空观念上的混沌。这样，不仅影响学生们的学习成绩，也会使他们的历史知识不能在头脑中形成清晰完整的知识体系。比如，关于世界近代史的有关部分，必修一为第三单元，学习英法美德的资本主义改体的确立过程及特性。必修二为第二单元，学习新航路开辟、欧洲的殖民扩张及工业革命。必修三为第三单元，学习文艺复兴、宗教改革、启蒙思想及近代科技成就。此外，选修教材民主思想与实践中，也有一些与之相关很紧密的内容。这样的教材编排，将同一时空内的事务按不同的特性分别编入不同的教材。在不同的时间段内学习，每一个完整的学习周期都只是学习其中的一个部分，为了使学生完整地将同一时空内的知识进行有效的整理，从而提高他们分析问题的能力，并从中能得出更加科学合理的结论。在高三的教学中，将这一部分内容整理成如下表格：

	必修一	必修二	必修三
14 世纪	意大利是欧洲中心	意大利出现资本主义萌芽，新航路开辟	文艺复兴开始兴起
15 世纪	西、英、法成为最早走向集权的新君主国	新航路开辟	意大利文艺复兴高潮
16 世纪	马基亚弗利新君主国	西、葡殖民扩张	文艺复兴扩展、宗教改革、日心说
17 世纪	英国资产阶级革命、法国路易十四	荷兰海上马车夫	早期启蒙思想、伽利略、牛顿
18 世纪	英国责任内阁制形成、法国资产阶级革命	英国工业革命开始	法国启蒙思想
19 世纪	法国资产阶级革命、1875 年宪法	第一次工业革命结束、第二次工业革命开始	资产阶级民主思想广泛传播

纵向看这一表格，纵向发展的脉络清晰明了。

必修一的政治文明进程看，意大利是欧洲的中心，随着新君主国的出现，西班牙、英国、法国实力增强，西班牙短暂称霸之后，最早进入资本主义时代的英国、法国开创了信贷国家的政治体例，并在一段时期内雄霸世界。

必修二的经济成长历程看，开辟新航路的西班牙、葡萄牙也是最早进行殖民扩张的国家。随后，它们被资本主义发展程度更好的荷兰和英国取代。工业资本雄厚的英国战胜了商业资本为主的荷兰，在全球率先完成工业革命，成为日不落帝国。

必修三的文化发展历程看，兴起并鼎盛于意大利的文艺复兴，扩展到欧洲各国，随着人文主义的传播，宗教改革运动展开，并最终形成了理性主义为主的开创新政体的启蒙运动。在此过程中，人们也逐渐摆脱神学束缚，日心说出现，近代科学之父伽利略发明望远镜，牛顿力学的创立更是标志着人类科学时代的开始。

通过上表可以看出，树立正确的时空观，有助于学生理顺每个知识点之间的内在联系，这种能力的培养和形成，不仅是学习历史知识的必备能力，更可以使他们提高对事物的综合分析和归纳水平，这是终身受益的学习过程。

从横向看这一表格，经济发展对政治文明的推动，政治文明历程与文化发展的互相依存，政治、经济、文化的彼此关联，共同进步就清晰地展现出来。

14 世纪，因为政治上意大利是欧洲最发达地区，所以经济上资本主义萌芽最早出现在意大利。文化上，文艺复兴运动也最早兴起于意大利，又因为资本主义萌芽发展，新兴资产阶级受资本的扩张性属性的驱动，要对外扩张，所以意大利通往大西洋航路上的西班牙、葡萄牙率先开展了新航路运动。这样看来，14世纪是意大利的时代。

15世纪，意大利依然是欧洲最发达的国家，文艺复兴的鼎盛时期到来，享誉世界的达·芬奇、米开朗琪罗、拉斐尔美术三杰出现。另一方面，新航路开辟促进航路上的西班牙、葡萄牙、英国的发展，这些国家随着经济实力的增强，也成为欧洲最早一批走向集权的国家——即新君主国。意大利的地位被西欧国家取代，也就顺理成章。所以，15世纪是新君主国兴起的时代。

16世纪，马基亚弗利的思想开始流行，他的《君主论》一文指出，新君主国的君主不能依靠世袭而来，而应该依靠自己获得。他的这种否定君权神授，为君主的对外殖民扩张寻找理论依据的观点，恰恰是适应了西班牙、葡萄牙在新航路开辟后到亚非建据点、到美洲建庄园的时代需要。与此同时，随着新航路而来的资本主义进一步发展，推动文艺复兴运动超出意大利，扩展到整个欧洲。英国出现莎士比亚，西班牙出现塞万提斯，法国出现拉伯雷这一批的人文主义思想家。他的著书之说推动人文主义思潮扩展，推动宗教改革运动的到来和发展。马丁·路德的因信称义，加尔文的先定论思想出现，都是这一时期政治、经济、文化发展水到渠成的自然表现。日心说在这一时期的出现更是给了以地心说为理论依据的封建神学势力以致命一击，这又反过来促进资本主义经济的进一步发展和资产阶级力量的进一步壮大。所以，16世纪是人文主义在欧洲扩展的时代。

17世纪，商业资本发达的荷兰作为"海上马车夫"，是欧洲最兴盛的国家，随着资本主义经济进一步发展，在文艺复兴、宗教改革的基础上，启蒙思想出现，斯宾诺莎提出民主政体最优论，洛克提出现代人权学说，这些都是为资本主义制度的建立做了舆论准备，预示着新时代的到来。另一方面，对外贸易扩大，英、法等新君主的经济实力增长，英国取代都铎王朝的斯图亚特王朝，宣扬君权神授，与新兴的资产阶级矛盾不可调和，爆发了英国资产阶级革命，胜利后的资产阶级建立了君主立宪政体，同时，位于欧洲大陆的法国路易十四凭借强大的经济实力，实行宗教严厉政策，宣称自己为太阳王，也为日后的法国大革命埋下伏笔。适应这种集权统治，霍布斯的《利维坦》主张用"利维坦"的集权国家进行管理的观点，也是适应当时的政治、经济发展状况的。这一时期的经济发展也促进自然科学领域新成就的出现。伽利略开创了以实验事实为依据并有严密逻辑体系的近代科学。牛顿力学的创立，更是标志着人类科学时代的开始。所以，17世纪是资本主义在欧洲兴起的时代。

18世纪，最早完成资产阶级革命的英国，因为有了制度保障，所以在全球范围内率先完成工业革命，进入了蒸汽时代。经济制度的发展又促进了政治制度的进步，责任内阁制在英国正式确立。与此同时，法国的资本主义不断发展，促进启蒙思想在法国形成高潮，出现了伏尔泰、孟德斯鸠、卢梭等杰出的思想家。思想的发展又促进政治文明的进步。历程最长，过程最曲折，共和政体确立最艰难的法国大革命在18世纪后期酝酿并爆发。所以，18世纪是资本主义在欧洲扩展的时代。

19世纪，经济上，第一次工业革命结束，第二次工业革命开始。政治上，资本主义制度在欧、美主要资本主义国家确立。思想上，资本主义思想体系也日益完善。所以，19世纪是资本主义在全球确立的时代。

总之，通过上面对表格进行的纵向和横向对比分析可以看出，将历史事件放在同一时空内进行研究，可以让学生能更加准确地对每一历史事件所处的政治、经济、思想文化状况进行整体比较分析，掌握其内在联系，更加懂得经济基础决定上层建筑，生产力决定生产关系这些马克思主义的基本原理。长此以往，可以提高学生的历史比较分析能力，而这种能力的提高，又可以让他们终身受益。这也就是我们提高历史学科核心素养的根本意义。

以"商品谷物农业"为例，浅谈
高中生地理核心素养的培养

陈 兵[①]

　　随着教育改革的不断深化，核心素养逐渐发展并逐步成为各学科课程目标的核心。那么，什么是学科核心素养呢？学科核心素养是当代学生需要具备的、为了适应终身发展和社会发展的必备品格和关键能力。地理学是一门古老且具有综合性特点的学科，同时，也是一门以实践研究作为基础的学科，当代地理学以人与环境之间的关系作为主线，注重解决当前社会面临的人地关系问题和可持续发展问题。而培养学生地理核心素养就是培养地理学科赋予人的最关键和必须具备的品质和能力，高中地理教师在教学中使学生通过学习地理知识，自我形成特定的地理思维，并能利用地理技能和方法来分析、解决地理问题，从而培养学生的核心素养，树立正确的世界观、人生观、价值观。

　　在高中教育过程中，学生地理核心素养的培养并不是件容易的事情，它需要从各个角度和层面来进行渗透教育，日积月累，逐渐形成。课堂教学是核心素养培养的主要渠道，如果教师照本宣科、按部就班的教学很难满足当代学生学习的要求。为了更加有效地培养学生的地理核心素养，设计具有新意的地理教学内容就十分必要了，而这种设计首先需要地理教师改变自身传统教学的观念，运用创新思维理念，精心设计教学内容，充分利用现代化多媒体技术手段，全面革新教学方式，将地理核心素养的培养内化于教学各环节中，在调动学生主观能动性的同时，达到培养学生核心素养的目的。而教学内容的设计是培养学生地理核心素养成功与否的关键，它是教师对课程目标、教材内容、教学实践的综合加工，是最能直接体现出地理教学的精髓，所以基于高中生地理核心素养培养研究的思考，笔者以人教版高中地理必修二第三章第二节《以种植业为主的农业地域类型》中的"商品谷物农业"教学实践为例，基于地理核心素养的综合思维、区域认知、人地协调观和地理实践力四要素来设计教学内

---

　　① 陈兵，男，抚顺市第一中学一级教师，执教高中地理14年，2017年获"抚顺市第六届自然科学（地理学）青年学科带头人"称号。

容，并综合阐述如何将地理核心素养的培养实施于地理课堂教学中。

一、基于综合思维，精心设计导入

地理学是研究地理现象及其发展规律和人与环境之间关系的综合性科学，之所以将综合思维选定为地理核心素养的要素，在一定层面上恰好契合了地理学科的"综合性"特点。综合思维是指人具备的系统地认识地理事物和现象的思维与品质。正所谓有一个好的开始，事情就已经成功了一半，精心设计一个好的导入，首先要将综合思维作为课堂导入的基本理念，然后抛出引发学生思考的问题，激发他们主动学习的热情，并将追寻问题的答案作为贯穿整堂课的核心思想，最终理清知识的脉络。本节课导入为，展示汉堡和玉米棒的图片，使学生在视觉上有直观的认识，让学生联想到美国的商品谷物农业，并引发问题思考：商品谷物农业种植什么农作物？除美国外，世界上还有哪些国家发展商品谷物农业？要想发展商品谷物农业需要有哪些特点和区位条件？这种设置悬念的方式作为导入的结尾，能够激发学生的好奇心、学习的兴趣和探究的欲望，从而在无形中开启了学生地理核心素养的培养过程。

二、分组合作探究，培养区域认知

区域是地理学的特征，任何一种地理问题的学习都要落实到具体的区域。某一区域内的地理要素是相互影响、联系、制约的，不同区域内的地理要素存在明显的差异。区域认知是地理核心素养的要素之一，也是地理学的认知方法，是指人们根据对人与环境关系的问题，进行分析的方法。随着教育改革的不断推进，传统的教学方式早已不适合当代学生的学习要求，对自学能力强弱不同的学生，满堂灌的授课方式不仅无法激起学生的学习兴趣，而且还会间接打击教师的上课激情和热情。所以，高中地理课堂只有设计富有新意的教学过程，打造以地理区域认知为基本思想的地理课堂，才能培养学生学会具体分析每个区域的地理规律，使学生逐步形成自我的地理核心素养。

为了能让学生学会自主分析商品谷物农业的区位条件，教学设计以美国商品谷农业为例，引导学生通过分组合作探究的方式并结合教材案例《美国的谷物农业》来进行区位条件分析，总结出美国的优势区位条件，并能找出区位条件与特点之间的关系，进而概括出一般商品谷物农业的区位条件。学生结合学案和案例，分两组分别扮演美国农民，从自然和社会经济角度来分析，小组合作探究，每组最终选派代表总结出结论。

区位因素		商品谷物农业（美国）优势区位条件
自然因素	地形	地势平坦广阔（中央大平原）
	气候	气候温和（温带大陆气候）
	土壤	土壤肥沃（黑土）
	水源	水源充足（密西西比河和五大湖）
社会经济因素	人口	地广人稀
	交通	交通运输便利
	市场	市场广阔
	工业	机械化水平高（工业发达）
	科技	农业科学技术先进

三、案例丰富教学，培养人地协调观

人与地球环境的关系是地理学研究的重点，这种关系是指地理环境对人类生存和发展的影响，以及人类活动对地理环境的改变。学生是未来的发展者，他们将在人类发展的历程中起主要作用，如果他们都不具有人地协调的思想，那么，地球未来的发展又将何去何从呢？由此可见，人地协调观自然就成为地理核心素养的重要因素之一了，地理教学需要对实际区域的人地关系进行解读，创设情境案例将生活与地理知识联系起来，让学生学习有用的地理。因此，在教学设计中引入补充案例，同时，借鉴季风水田农业的特点，来模仿归纳出商品谷物农业的特点，最终进行两种农业特点的对比，找出两者的差异，并通过对案例中所呈现的美国区域的人地关系进行深入分析，既培养学生人地协调观，又丰富了课堂教学，而学生的地理核心素养的培养也初具雏形。

农业地域类型	季风水田农业	商品谷物农业
主要农作物	水稻	小麦、玉米
生产规模	小	大
商品率	低	高
机械化程度	低	高
科技水平	低	高

四、类似问题比较，提升地理实践力

"地理实践力"就是学习地理问题之后的实践分析应用能力，它是地理核心素养中的一个重要因素。在当前的教育条件下，学校的地理教学更注重知识的传授，但地理教师不能忽视对学生地理实践应用能力的培养，所以通过类似问题的解决与应用进行分析比较，就能将所学的知识延伸和扩展，达到举一反三的效果。例如，本节教学设计的核心内容是美国的商品谷物农业，但除了美国之外，世界上还有许多国家也发展这种农业，其中，中国的东北和西北也有分布，但由于中国与美国国情不同，所以两者的农业类型既有相似之处，也有很大的不同，这就需要学生通过类似问题的比较，来增强对于实际问题的实践分析能力，最终在一点一滴中逐渐形成自我的地理核心素养。

下图为"美国和中国东北地区农业分布示意图"。读图回答问题：

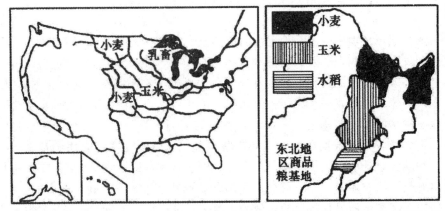

①中国东北部和美国东北部地区农业结构的共同之处是都有大面积的小麦和玉米种植。从两个地区农业地域类型看，都属于商品谷物农业。不同之处是，美国东北部还有大面积的乳畜业，我国东北地区有大面积的水稻种植。

②影响两个地区小麦种植的有利自然条件是地势平坦，气候温和，均为黑土分布区，土壤肥沃，水源充足。

五、小结升华认识，提升核心素养

为了能使整节教学内容有一个完美结局，最终升华主题，让学生对本堂课所学习的地理知识、规律和方法有更加深刻和系统的认识，教师需要重视本节教学内容的小结。教学设计中可以采用多种多样的形式来收尾，如悬念式、主题升华式、前后呼应式等，这样不仅能增强学生综合思维、区域认知、人地协调观、地理实践力的地理核心素养四个要素方面的能力，还能有效地使学生的地理核心素养快速提升。

　　教育学家杜威曾经说过这样一句话："当我们在考虑并实际为学生提供一种什么样的课程，就是为学生设计了一种什么样的生活。"基于培养高中生地理核心素养的四要素进行教学内容设计，不仅能激发学生主动学习的热情，还能促进课程内容的优化整合，将培养核心素养的想法真正落到实处。高中地理教师，在教学中应精心设计每个环节，环环相扣，使培养学生地理核心素养的思想贯穿于整个教学活动中，为学生营造一堂精彩绝伦、妙趣横生的地理课，从而使学生在潜移默化中将地理核心素养融于自身的成长过程中，以适应未来社会发展的要求。

浅析如何在高中地理教学中体现学科核心素养

金　秋[①]

近年来，"核心素养"一词是广大教师和教研人员的研究热点。随着各学科课程标准的相继颁布，学科教师和教研人员也纷纷投入到本学科核心素养的研究中去。大家都各抒己见，从多角度、多维度、全面地分析和探讨了自己对核心素养的理解和认识。本文从高中地理课程标准以及教学实际出发，浅析如何在高中地理教学中体现地理学科核心素养。

一、核心素养的发展历程

1. 国外发展情况

早在 20 个世纪 70 年代末，英国就提出了职业教育的 11 项关键能力，目的是培养人们可受用终生的素养。而联合国教科文组织在 20 世纪末提出了"21 世纪社会公民必备的基本素质"。至此，核心素养初见端倪。至 2006 年，欧盟提出了自己的核心素养，主要包括数学、母语、信息等八个领域，且各领域均从知识、技能和态度三个方面进行衡量。欧盟各成员国因此纷纷进行课程变革，而这对我国课改中提出的三维教学目标也产生了深远的影响。

可见，早期的核心素养主要受经济发展的影响，其主要功能是为公民就业服务。进入 21 世纪，核心素养的主要功能已经转变为如何培养公民面对新世纪的挑战。近年来，基于核心素养的教育模式已广泛应用于世界各个国家和地区。例如，有的国家是由专门的机构研发核心素养；有的国家在课程体系中明确规定了核心素养；还有的国家既没有专门的机构研发，也没有在课程体系中做出明确的规定，但在课程体系的许多部分都有所体现。目前，我国的情况与第二种模式比较接近。

---

① 金秋，女，抚顺市教师进修学院教研员，从教高中地理 5 年，2016 年获"中国教育学会第五届地理数字课程资源评选全国特等奖"。

2. 国内发展情况

相比较于世界发达国家，我国的核心素养研究发展较晚。2013年，由林崇德教授牵头主持了教育部重大项目"我国基础教育和高等教育阶段学生核心素养研究"，开启了我国核心素养的研究道路。该项建立了学生发展的核心素养总体框架，对基础教育各学科课程标准和学业质量标准的完善以及教科书的修订起到了指导作用。至此，核心素养一词便很快成了基础教育争相研究的热点内容。目前，很多一线教师、学科教研员以及相关的教育工作者都纷纷投入到所在学科核心素养的研究中去，并参与社会讨论以及发表多篇学术论文。

3. 地理学科核心素养的提出

"核心素养"一词是在我国基础教育改革的宏观背景下提出来的，对我国的高中地理课程来说是一个全新的提法。地理学科核心素养是在林崇德教授牵头的课题项目研究成果的基础上，经过深入的研究发展起来的。而课程标准又是地理学科核心素养的重要载体，与地理学科核心素养的关系是密不可分的。经过研读和整理可以看出，早在《普通高中地理课程标准（实验）》中就提出要"培养现代公民必备的地理素养"。到了《普通高中地理课程标准（2017版）》中，则对地理学科核心素养科学的阐述，不仅明确了核心素养的内涵，还揭示了其对学生发展的重要意义。至此，地理学科核心素养的概念正式走入人们的视野。

二、对地理学核心素养的理解

前面提到，地理课程标准是地理学科核心素养的重要载体。随着教改的推进，《普通高中地理课程标准（2017版）》就对地理学科核心素养进行了科学的阐述，其内容主要包括人地协调观、综合思维、区域认知、地理实践力四个方面。

人地协调观是指人们对人类与地理环境之间关系秉持的正确的价值观。人地关系是地理学的核心。该素养帮助学生正确地认识地理环境与人类活动的相互作用关系，更好地认识、分析和解决人地关系存在的问题，更好地应对现实社会中人类面临的共同问题，树立正确的价值观。

综合思维是指人们运用综合的观点认识地理环境的思维方式和能力。地理环境是各地理要素相互影响、相互作用的一个复杂的综合体，它的形成和发展是多方因素共同作用的结果。该素养是典型的地理学思维方式，它帮助学生从多个视角、系统而动态地分析和认识地理环境，理解地理要素间相互影响、相互制约的关系，以解决实际生活中的地理问题。该素养训练学生从整体的角度看待问题，培养学生的宏观意识和全局意识。

区域认知是指人们运用空间—区域的观点认识地理环境的思维方式和能力。该素养体现了地理学区域性与空间性的学科特性，是地理学基本的认知方法，它培养学生将复杂多样的地理环境划分成不同尺度、不同类型的区域加以认识，帮助学生从区域的角度，认识和理解区域间的异同，形成因地制宜的发展观。

地理实践力是指人们在考察、实验和调查等地理实践活动中所具备的意志品质和行动能力。地理实践力是地理学重要的学习能力。该素养能够提升学生的行动意识和行动能力，激发学生对地理事物的兴趣，在真实的感受中理解地理环境以及其与人类活动的相互关系，从而加深学生对学科知识的理解。

从上述四个核心素养的概念可以看出：总体来说，地理学科的核心素养依然是对传统地理学的继承和发展，是人们在长期的地理实践中总结和提炼出来的。例如，综合思维、区域认知两个素养体现出了地理学区域性和空间性的学科特性；而人地协调观则体现出了可持续发展的地理思想。但是，同时，我们还应看到，地理实践力是一个比较新的提法。其实，实践本身就是地理学的内在要求，但本次课程标准的修订将"地理实践力"上升到了一个新的高度。这就意味着地理学科的学习不再是纸上谈兵，而是要到真实的地理环境中去，分析和解决现实中的地理问题。

三、如何将核心素养落实到高中地理教学中

1. 做好教师的相关培训工作

随着地理新课程标准的颁布，我们可以看出，地理教材的变化是比较大的。加之高考改革的推进，教师如何应对新高考是目前迫在眉睫的工作。各级教育主管部门应扎实做好教师的培训工作，帮助教师理解新教材的课程设置和编写理念，把握高考改革方向，全面提升和完善自身的地理素养，为更好地应对新高考做好准备。

2. 结合时事热点，创设真实情境

前面提到，本次课程标准的修订将"地理实践力"作为地理学科核心素养之一，将"地理实践力"上升到了一个新的高度。这就要求教师不仅要教学生

学地理学知识，还要教学生学会用地理知识，培养学生用所学知识解决实际问题的能力。教师可以根据社会上或国际上的热点问题创设真实的地理情境，设计探究问题，引导学生层层深入地分析问题，培养学生解决实际问题的能力。例如，"一带一路"问题，停止进口洋垃圾问题等都可以作为教学中的地理情景。

3. 把握内在联系，训练综合思维

综合思维是典型的地理学思维方式。地理环境是由地理要素相互影响、相互制约构成的复杂系统。因此，教师在授课时应注重不同章节知识点之间的内在联系，引导学生从多个视角去认识和分析地理事物，训练学生的综合思维。例如，很多高中教师在复习初中地理中的中国气候时，仅仅是把初中教材通讲一遍，没有与高中教材相联系。但是，在实际高考中，初中地理知识只是高考的基础和背景，不单独出题考察。因此，教师可以将中国气候与高中地理教材中的农业联系起来，培养学生的综合思维能力。

4. 引导正确的行为习惯，培养人地协调观

人地关系是地理学的核心。一个人的行为表现正是其思想、态度和价值观的综合体现。因此，教师应在日常生活中引导学生正确的行为习惯，培养学生的人地协调观。例如，节约用水、使用可降解塑料袋、不使用方便筷等。

5. 合理开展野外实习，提升地理实践力

地理新课程标准强调了学生的"地理实践力"。这就意味着地理学科的学习不再是纸上谈兵，而是要到真实的地理环境中去，分析和解决现实中的地理问题。例如，教师可以带学生到附近的山区，实地考察地形地貌；教师还可以带领学生测量和记录不同日期的太阳高度角，分析太阳直射点的变化规律；教师还可以带领学生到机房上机操作地理相关软件，培养学生熟练地使用地理信息系统。但是，在实际教学中，教师们往往被学生安全问题困住了手脚，因害怕出现安全事故而不敢带学生出去实践。地理学科核心素养的提出，为教学实践提供了强有力的支持。当然，这还需要教师、学校以及家长多方面的沟通与协调，力求找到一个最佳平衡点。

核心素养视域下高中物理教学探究

臧金彦①

在课改不断深化背景下，核心素养成为培养学生的新目标，当下的高中物理教学如何改革才能把培养学生的物理核心素养作为重要的目标，这是我们物理教师亟待解决的课题。笔者认为，在高中阶段我们应该培养学生物理的核心知识、核心能力以及科学品质，这是影响他们终身发展的核心竞争力，其中，学生物理的核心能力和科学品质对他们的终身发展至关重要。物理教学中，教师要以物理的核心知识作为基础，而其他两种核心素养的培养则是驱使他们进入社会之后长远发展的内驱力，敦促学生养成拥有科学的兴趣、正确的态度以及合作意识，为未来的人生奠基。笔者通过不断的探索和研究，对于学生物理核心素养的培养有了些许心得，现分享如下：

一、注重激发学生对物理知识产生过程的学习，培养物理核心素养

波利亚说："在教一个科学的分支（或一个理论、一个概念）时，我们应该让孩子重蹈人类思想发展中的那些最关键的步子，当然，我们不应该让他们重蹈过去的无数个错误，而仅仅是重蹈关键性步子。"笔者在教学中非常关注学生对知识产生过程中关键部分的学习，如在核心概念、物理规律以及重要实验中，笔者着重从几下几方面入手：

（1）重视物理概念的形成过程在高中物理学习中，概念的学习可以说是物理学的基石，概念学习的时候必须激发学生充分理解它的内涵与外延，这是建立物理知识体系的基础。比如，在实验教学中，教师可以通过课前精心准备，指导学案的设计，给学生提供丰富的感性素材，然后通过多媒体演示等方法给学生营造直观、有趣、具体的物理情境，激发学生通过观察，自主分析、比

---

① 臧金彦，女，抚顺市清原满族自治县第二高级中学一级教师，执教高中物理 19 年，2010 年获"抚顺市教育技术能手"称号。

较、概括，抽象出物理概念或者结论，在实验过程中，教师要把学生放在实验的正中央，通过充分还原稀释，让学生充分体会实验过程，并且注重学生自主感悟，引领学生重演核心概念的形成过程。

（2）注重探寻物理规律的发现过程。物理规律是物理学的灵魂，在高中物理学习中，运用物理规律可以解决实际问题。笔者在教学中注重引导学生自主探索物理规律，协助学生对重要的物理规律重演发现过程，这样做有助于学生理解物理规律，有利于更好地运用物理规律，而且在物理问题的迁移中学生能够灵活运用。在引领学生探索重现物理规律的过程中，要善于引导学生总结科学家发现物理规律的方式、方法。在讲左手定则时由学生小组合作、实验探究结论，通过重现物理规律的发现过程，使学生产生对科学的兴趣，形成科学的态度，产生热爱科学的情感，体悟科学家们优秀的品质，这些对于学生的核心素养的养成都是大有益处的。

（3）激励学生参与实验，培养他们的实践动手能力。物理是一门以实验为基础的学科，实验教学是物理教学中不可或缺的重要组成部分。在物理实验教学中，教师要抓住一切契机，激励学生积极参与实验，要把学生放在实验课堂的正中央，通过精心设计的导学案，引领学生在实验过程中根据实验目的，自主动手操作，细心观察，合作分析实验数据，得到结论，然后共同完成实验报告。在核心素养理念下的实验教学，是以激发学生实践动手能力，培养积极思维，逐渐养成科学、严谨、实事求是的科学态度为目的。在实验教学中，课堂实验是基础部分，还可以激励对物理实验有兴趣的同学，组建兴趣小组进行自主设计课外实验，为学生的核心素养的培养打下坚实的基础。

（4）注重过程分析，让学生亲历物理问题的解决过程。解决物理问题，是学生物理思维的形成、发展、提升的重要环节。在习题课的教学中，要在导学案引导下，让学生从实际问题出发，确定研究对象、分析物理过程、建立物理模型、选择规律、建立方程、求解讨论；在讲授力学综合问题时，引导学生找出不同规律的使用情境，让学生在具体问题中学会如何选择力学规律，学生自主研究解题模型。在展示课上，要求学生按上述程序展示问题的解决过程，让物理解决问题的思维方式在学生大脑固化下来，成为学生思维习惯。

二、通过兴趣的激发，引导学生爱上物理，培养物理核心素养

爱因斯坦曾说："兴趣是最好的老师"。培养学生物理核心素养，首先需要激发学生喜欢物理这门学科，培养学生的兴趣需要从以下几方面入手：

（1）加强物理教学和生活实际的联系。教师在教学中，要找寻物理知识在

生活中的运用，通过生活实例激发学生的兴趣，促使学生感知到生活中处处有物理知识，他们能用自己所学，解决生活问题，达到学有所用的目的，使学生意识到物理和生活息息相关。生活中的有趣案例有很多，如讲《力的合成》时将曹冲称象的故事引进课堂，这样会使学生很好地理解等效替代的思想，将生活引入课堂会使抽象变直观，会吸引学生对物理的好奇心，增加他们对物理学的亲切感，有利于激发学习物理的兴趣。

（2）运用实验教学的优势，激发他们喜欢物理课。实验教学在物理教学中有着独特的优势和魅力，实验教学有着课堂教学所不能及的奇妙功效，还可以通过课外兴趣小组，鼓励学生多做课外小实验、研究小发明，使他们崇尚科学，感受到物理实验无穷的乐趣。

（3）加强自身提升，感染学生爱上物理。教师要不断更新教育教学理念，不断学习，提升自身素质，提高学科素养，在课堂上要用幽默诙谐的语言，生动有趣的案例，灵活多变的课堂形式，引领学生遨游在物理知识的海洋。教师要把自己热爱物理的情感通过课堂传递给学生，创建和谐、轻松、探究的课堂氛围，使学生在获得知识中收获快乐。

（4）通过多媒体融入课堂，激发学生学习兴趣。随着科技的飞速发展，多媒体由于得天独厚的优势，受到师生的青睐。教学中，教师要科学、合理地运用多媒体，使得抽象晦涩的物理知识鲜活、直观起来，易于理解掌握。在讲授《宇宙航行》时将抽象的宇宙速度通过多媒体的模拟展示，将无法感知的太空知识直观呈现出来，使得复杂问题简单讲，便于学生能力的培养，从而培养物理核心素养

三、充分运用物理学史的强大作用，加强学生端正科学态度，进行科学精神的教育，培养物理核心素养

在物理教学中，物理学史有着不可或缺的重要作用，教师要充分运用《科学漫步》《科学足迹》等栏目以及课外资源，给学生介绍或者通过多媒体重现中外物理学家的研究经历，学习科学家可贵的品质，用这些实例激励和影响学生的人生，培养科学的态度和科学精神。

例如，有着科学、严谨态度的密立根做几百次实验的事迹感动无数物理爱好者；再如，1820年开始，奥斯发现电流的磁效应，经过无数次的实验研究坚持了10多年之后，到1831年发现电磁感应现象，然后又进行进一步的实验研究，最终完成了为全人类造福的磁转化为电的设想，开启了人类电气化时代。教师在课堂上要充分运用这些科学家的故事，促使学生端正科学态度，逐

步培养学生的核心素养。

在物理学史的教学中，教师要逐步给学生渗透思想方法，如理想模型、外推法、图像法、控制变量法、极限思想法、临界问题分析法、守恒法等等这些丰富多彩、科学的思想方法，教师要随着知识的进程，逐步传递给学生，使学生掌握一些物理思想方法，并内化为自己的方法，逐渐成为学生发展进程中重要的组成部分。

总而言之，物理核心素养的实施，加速实现了以学科为中心转向以人的全面发展为培养目标，注重培养学生的思维能力，注重培养学生探索未知领域的能力，使学生真正成为学习的主人。在教学过程中，教师必须以核心素养为统领，规范、引领教学工作，从学生实际和学科特点出发，把核心素养落实到实处，聚焦学生发展的核心素养，科学设计课堂教学，构建基于核心素养的高中物理课堂，真正为学生的终身发展奠基。

高中物理教学实践中核心素养的培养与研究

郑 威①

高中物理对学生的思维能力、逻辑推理能力、数学运算能力等方面要求相对较高。这是因为物理教学相较其他科目而言，内容更加抽象，需要学生应具有较强的思维能力、判断能力和较强的分析综合能力。同时，要求学生的注意力在课堂中学习中保持高度集中，并在学习的过程中不断深化、反思、提升自我的物理思维与学习方式。在新课程改革与新高考改革的背景下，高中物理学科更加突出高考中的选拔功能。学生在高中阶段物理学科的核心素养的培养已经成为现阶段物理教育的首要任务和目标。在提升学生物理学习能力进步的同时，完成学生物理学科核心素养的培养，已经成为一线教师与教研人员所需要深入研究与思考的课题。因此，如何在高中物理教学中培养学生的核心素养，有着非常重要的研究价值和现实意义。

从广义的角度来看素养，即人的知识能力、言行举止和道德素质，而从细节来划分，核心素养又包括精神面貌和基础影响等内容。那么，在高中阶段物理学科的核心素养就是要求学生在接受高中物理学习的过程中逐步形成的、能够适应个人终身发展和社会发展需要的必备品格和关键能力，是学生通过高中物理学习内化的带有物理学科特性的品质，是学生科学素养的关键成分。高中是学生学习的核心阶段，也是学生身心发展的关键时期。教师在教学中必须要注重学生核心素养的培养，从品行、性格、智商等角度出发，为学生设计出严谨、认真，利于培养学生核心素养方面的教学内容与教学方法，从而达到提升学生的综合素质与学科核心素养能力。

一、自主学习能力培养

自从素质教育与课程改革推出以来，在广大教师群体的不懈努力下，我国

---

① 郑威，男，抚顺市教师进修学院普通高中物理教研员，一级教师，从事高中物理教学及教研工作18年，2010年获"辽宁省学科教育技术骨干教师"称号。

基础教育终于迈进了核心素养教育时代。不论是站在哪一个教育阶段，教师都是课堂教育的主导者、引导者。而作为课堂的主导者、引导者的教师的教学能力和专业素养就会直接影响到学生的物理学习态度、兴趣和效果。而就物理教学的课堂氛围而言，如果教师的课堂教学沉闷无趣，就不能激发学生的学习兴趣，更不会把学生的注意力长时间地留在课堂上，那么，学生必然会陷入低效率学习的泥潭，被动式的学习显然是不利于提高学生物理成绩的，学生的物理学科核心素养的培养无法在这一过程中得到升华。教师在课堂教学环节，必须要将以学生为本作为基础性教学原则，将课堂学习的主动权交还给学生，提高学生主动参与教学过程的积极性。例如，在讲解《摩擦力》一节内容的时候，教师为学生能够切实地感受到摩擦力的性质与特点，设计出生动的实验，让学生亲身体会到摩擦力的大小与哪些因素有关、摩擦力的方向如何判断、最大静摩擦力和滑动摩擦力之间的关系等。学生在探索与分析的过程中，总结出摩擦力的物理概念、性质、特点及在不同物理过程中的变化规律。教师通过适度的启发与引导，让学生体验交流、探讨学习过程，深刻地体会探究学习的乐趣并从探究学习中感受到物理学的魅力，并以此来实现通过课堂教学效果来达到培养核心素养中的自主学习的目的。教师在课堂教学中还可以通过多种其他的教学方式，如启发式教学或任务驱动教学或两者相结合方式进行教学，让学生在完成课堂学习任务的同时，加深对物理现象和物理规律的了解。当然，教师在教育教学的过程中，最重要的就是要让学生养成自主学习的习惯，用开放式的教学环境，为学生学习能力的进步奠定良好的基础。

二、科学观培养

在高中物理课堂教学中，每一位物理教师都应该引导学生能够从物理学视角去了解某些客观事物的本质属性，进而来培养学生的多种思维能力。学生的思维水平将直接影响学生的物理成绩，教师不仅需要转变自我教学态度，同时，也应当为学生配备科学、合理的思维能力和锻炼方法，使学生在学习的过程中用逆向思维的方式思考问题，收获启发，提高自己对问题的见解能力，进而提高思维严谨性与逻辑性，更可以让学生在一次次的思维碰撞过程中，理解物理知识的本质和定理的应用方法等。此外，教师还要将想象力训练、直观性思维锻炼作为教学的目标，注重学生的综合能力培养。教师在新概念与新理论教学中，应引导学生用新旧知识对比的方式，鼓励学生大胆抒发自己对物理规律与概念的看法和理解，勇敢、自由地分享学习心得与体会。不论学生的新的逻辑性与严谨性如何，都要大胆地开口，教师应适当地加以引导与启发。例如，在研究《闭合电路欧姆定律》一节中，由于学生初中阶段已经学习了欧姆定律的相关知识，对电路也不陌生。教师在教学中可以着重引导学生发现新知识与以往知识的区别与联系，大胆地提出假设，分析对比部分电路欧姆定律和闭合电路欧姆定律的区别，从而提出问题，并引导学生发现问题，如此一来，学生就可以在已具备的知识与新摄入的知识间产生共鸣。这一过程的设计目的是为了让学生能够在学习的过程中提出物理问题，形成猜想和假设，获取和处理信息，并做出论证，培养交流、评估、反思的能力。教师在此过程中应当发挥引渡人的作用，帮助与带领学生通过表象，找到物理现象背后的本质与规律，培养学生的科学观念。这样，学生才会在物理学习的过程中，以最大的热情投入到学习之中。

三、学习感知能力的培养

在物理教学过程中，作为知识接收者的学生是存在着一定的个体差异的。不同学习水平、能力的学生在学习物理知识时，所表现出来的水平和态度是完全不同的。因此，教师在日常的教学过程中，要善于根据学生的物理学科学习能力，将学生分为不同的层次，并依据不同层次的特点进行分层教学。思维较为敏捷、学习能力比较强的学生为第一层次，教师应注重这批学生的创新思维能力培养。将学习能力较为薄弱甚至是缺少学习习惯的学生划分为第二个层次，在帮助这部分学生掌握基础知识的基础上，培养学生的物理思维能力。例如，在讲解《向心力》一节时，教师可以让学生自行举出生活中一些与向心力有关的实例，如自行车场地赛中的向心力来源问题、过山车转动到轨道最高的向心力来源问题、火车转弯过程中的向心力问题等，通过讨论与分析，引领学生分析向心力的来源、向心力的作用效果、向心力大小计算，通过亲身体验并猜想向心力的大小和哪些因素有关。这样的实例与理论相结合后，学生对物理知识和物理规律的感知能力也会得到极大的提高。

四、科学态度与责任的培养

学生在通过高中阶段的学习后，应该具有能正确认识物理科学的本质。通过实验探究能够得到正确的结论，并基于证据和逻辑推理发表自己的见解与主张，实事求是，不迷信权威，培养学生的质疑与批判精神。学生能在进行物理研究和物理成果应用时，遵循普遍接受的道德规范和行为准则。这一点在实验教学中能够得到完美的体现。例如，在《测定电池的电动势和内阻》的这一实验教学中，教师可以鼓励学生不拘泥教材，敢于创新，运用自己的独到见解和主张，给出不一样的实验方法，从而实现自行设计实验方案并进行有效的实验探究。例如，有的学生应用伏安法测电动势和内阻得到相应的实验数据，而有的同学通过伏伏法、伏阻法等方法，得到实验数据。教师可以通过引导，进行学生之间的讨论，各自发表自己设计实验的原理与目的、讨论各种实验方法的优点与不足、讨论各种实验方法的误差大小、讨论实验中容易出现的问题和需要注意的地方等。教师加以适当的点拨，使学生对实验达成共识，即在完成本节实验教学目标的同时，又对学生的科学态度和科学责任方面进行了培养。

高中物理教学中，物理教师必须以严谨、认真、负责的态度参与物理教学，运用科学、高效的课堂教学策略，借助于课堂教学这一平台，大力提高学生的物理核心素养，并以此为前提来发展学生应用物理知识分析问题、解决问题的能力。这也是我们每一名物理教师必须肩负的责任与义务。教师要积极主动地参与到物理课堂教学的优化与设计之中，鼓励学生完成实验创新，培养学生的团队意识与实践能力，使学生在学习中得到综合能力的提高。作为教师，要先于学生了解物理核心素养的真正含义，并在这一前提下才可以将理论应用于教学实践中来，学生也才能通过高中学习，真正实现人的核心素养与物理学科素养的共同发展。

刍议基于学科核心素养的高中英语阅读教学

梁　艳[①]

一、简述英语学科核心素养

近年来，"核心素养"一词成为新课程改革中被突出强调的字眼，被视为教学改革中的重点和焦点。在英语学科教学中，核心素养理念也逐渐成为广大英语教师关注和重视的内容。

英语学科的核心素养主要由语言能力、思维品质、文化意识和学习能力四个方面构成。在学生学习英语学科这一过程中，应当以探索、研究其主题意义为目的，将整个语篇视为载体，

在语言输入与输出的过程中，将知识习得与技能拓展相结合，在分析问题和处理问题的活动中构建思维品质，加深文化感悟，进而有助学生正确的人生观和价值观的形成，最终有利于英语学科核心素养的发展与进步。在学科核心素养构成的四个方面中，所谓语言能力是指学生利用各种方式、手段运用语言这一媒介进行意义表述的能力；思维品质，实际上是指学生在思维活动中所变现出的差异性、个体性，每个学生所展现出的思维特点和水平各不相同；文化意识，在英语教学范畴指的是学生对中西方不同文化的对比、理解和认识及对不同社会背景下文化的见解；学习能力是指学生通过教师的指导而掌握科学的学习方法，主动拓宽英语学习手段，积极调整英语学习策略，从而有效提升学生自我学习效率和潜力。笔者刍议基于学科核心素养的高中英语阅读教学，从核心素养组成的四个方面进行剖析，旨在对基于英语学科核心素养的高中学生英语阅读教学进行重新探究与阐述，为广大英语教师对高中英语阅读教学提供一定的参考。

---

① 梁艳，女，抚顺市第十二中学一级教师，执教高中英语 8 年，"抚顺市'十三五'骨干教师培养对象"。

二、基于学科核心素养的高中英语阅读教学探析

1. 问题导学法——语言能力的培养

所谓的问题导入法是指教师在进行英语阅读教学的过程中，以培养学生核心素养为中心，为更好理解文本，提出相关问题，并引导学生通过思考问题对问题做出回答，且给予评价的引导学习方式。以新课标人教版高中英语教材 Book6 Unit2 Poems 这一单元为例，此单元的主题是诗歌，介绍了几种不同国家典型的诗歌形式。首先对学生提出问题"What kind of poems and poets do you know？"经过短暂的思考，有的学生回答"Sonnets written by Shakespeare"，有的学生回答"Tang poems by Libai，Dufu，etc."。在此问答导入环节，学生的回答存在多样性，而教师要做到在学生符合问题答案的前提下给予尊重、理解、引导，促使学生以正确的、合乎逻辑的英语回答出他们想表达的意义，以促进学生语言能力的培养与提升。在课文学习后的操练环节，教师可以设计符合不同学生水平的英文诗歌写作环节，激发学生的创造性思维，引导学生在有限时间内创造出不同的诗歌，既活跃了课堂气氛，鼓励学生积极参与课堂活动，又在问题作答与反馈中充分输出大量语言，使学生的听、说、读、写等语言能力得到培养和提升。

2. 思维导向法——思维品质的培养

在高中英语阅读教学中，教师要认识到对学生思维引导的重要性，以寻求对学生基于英语学科核心素养的整体培养。这包括很多层次与方面。例如，教师在提出问题学生不知从哪着手作答时；学生在阅读过程中遇到理解障碍不知如何进行上下文衔接时等。此时，教师应当灵活地用语言、图片、表格等形式对学生加以思维上的引导和引领，而避免直接将答案公布给学生。以新课标人教版高中英语教材 Book2 Unit4 Wildlife Protection 为例，Reading 部分描述了 Daisy 在梦中经历的一次奇妙的飞毯旅行。通过阅读女孩子和藏羚羊等动物的对话，学生应意识到保护野生动植物的重要性。但是，在阅读过程中，为使学生更加有效地理解文本，理清脉络，教师可在学生阅读期间提供清晰的思维导图。通过表格的呈现，学生可将文本中理解不到位、思路不清晰的地方借助导图合理衔接，从而使学生自身思维品质得到锻炼与提升。

3. 情感感知法——文化意识的培养

在高中英语阅读教学中，教师要有选择性地、有目的性地筛选出符合学生学习的材料，一方面有助于培养学生们的核心素养的形成，另一方面使学生能够将材料的内容与自己的实践经验相结合，多角度、多方位审视材料。与此同时，教师要引导学生将自己对材料的重新认知和感知外化，使学生运用符合自己的并能够表达出的语言或文字展现内在情感，从而在教师的科学指导下使情感感知得以提升和完善，最终促使其文化意识的形成和培养，即情感感知。新课标人教版高中英语教材 Book3 Unit1 这一单元的话题是"festivals"。这是学生十分感兴趣的话题。在现在生活中，很多传统的中国节日得到了大众的关注，有一些西方国家的节日在我国也渐渐为大家所认可。但是，中西方庆祝节日的方式存在差异，人们在节日中的表现、活动、习俗也有所不同。教师在教学设计中，可使学生依据教材和生活常识将中西方相关节日进行对比。以阅读中涉及的一个节日为例，教师可在幻灯片或学案中呈现出如下对比：

Time of Year：Spring

Festival	Spring Festival	Easter
What it celebrates		
What people do		
What part of it you like best		

教师在教学中应当给予学生充分的时间和机会，通过自我学习、自己动手、自我感悟来感受相关节日的内容，研究不同节日的产生、意义和差异。通过完成这一环节的任务，学生不仅增进了对中国的节日的了解，而且对外国的一些节日也有所认识，从而提高了学生的文化素质，加强了学生跨国文化交际意识。同时，也激发了学生通过语言学习文化的兴趣，使他们了解到课文的知识和生活是密切相关的，使学生开阔了视野，感受到学习的乐趣。

4. 情境体验法——学习能力的培养

情境感受法是指教师在教学过程中，有目的地引入或创设具有一定感情色彩的、以形象为主体的、生动鲜明的场景，将教学内容融入具体的形象的情境之中的方法。其目的在于激发学生的内在情感，将学生所学外化再现，学以致用。教师应关注学生在具体情景中的输出错误，并给予点拨、纠正，教师的这种行为必然对学生学习能力起着潜移默化的影响，从而有助于学生学习能力的培养与提升。能够体现情境感受法的手段有很多，如生动形象的语言描绘、音乐欣赏、诗歌朗诵、语言游戏、角色扮演等。新课标人教版高中英语教材 Book3 Unit3 这一单元的主要内容是根据马克·吐温的小说《百万英镑》改编的戏剧剧本。教师在教授此阅读时，不仅要引导学生理解故事的主题思想，还应该启发学生通过戏剧情节的发展，学习英语戏剧的特点和组成要素。另外，教师还可以利用文章的朗读和角色扮演改进学生语音语调。在读后环节，教师可组织学生进行英文短剧表演，从很大程度上能够增加学生的词汇量、巩固语法知识、提升语言表达能力。总之，英文演剧对学生的综合素质的提高会起到有利的作用，有助于学生学习能力的培养与提升。

在高中英语阅读教学中，教师对于学生核心素养的培养已然成为一项重要的任务，教师在对学生实施核心素养的培养的过程中应认识到其重要性，并科学的，合理地将核心素养的四个组成部分潜移默化地渗透到教学当中，让学生在语言能力、思维品质、文化意识和学习能力等方面得到有效培养和提升。笔者刍议基于学科核心素养的高中英语阅读教学，旨在对高中英语阅读的教学中培养学生核心素养这一课题进行探索与探究，希冀为高中学生英语学科核心素养的研究增添一抹亮丽的色彩。

思维品质培养视角下英语语境词汇教学的训练策略

高玉霞①

完形填空是大多数学生的软肋。究其原因是，学生词汇量有限，固定搭配和上下文的衔接相对较弱，不能深刻体会具体语境中的词义。另外，句与句之间的逻辑关系把握不准确，难以把握全文大意。因此，此题失分率较高。事实上，"语言与思维的关系十分密切。学习和使用语言要借助思维，同时，学习和使用语言又能进一步促进思维的发展。""在新修订的英语课程标准中，思维品质和语言能力、学习能力、文化意识被列为英语学科核心素养的关键要素。这就意味着思维品质，特别是高阶思维能力的培养将不再是特优学生的发展目标，而是对基础教育阶段所有学生的普遍要求。"

一、对比分析，提高学生的比较思维

根据学生的现有词汇量和学习能力，并且结合完形填空中常考实词及逻辑连词，笔者要求学生在篇章中学习语言知识，主要体现在用词、短语表达、句式结构、关联方式等方面。告诉学生不要脱离书本，用不同颜色的笔在书中画出重要短语、句型，观察这些短语在具体情境中的运用，根据不同的课文内容，找出好句、好段，品读优美语段，感受英语语言的魅力。同时，根据个人能力，把自己认为最佳的句子背下来。

笔者不再像以前那样罗列短语，而是把短语置于情境中，来了解使用。因为完形填空对词汇的考查是在一定的语境中区分词义的差别。例如，在学习 a large number of 和 the number of 时（M1——U4 A night the earth didn't sleep），给出两个例句：

①Such a great number of people/students/ girls enjoy reading in our

---

①　高玉霞，女，抚顺市四方高级中学一级教师，执教高中英语 22 年。

school.

②The number of people /students in our school is 1500.

让学生观察谓语动词有何变化，在通过分析比较，找出词汇的异同点。从而自己得出结论：共性 a large number of 和 the number of 都修饰名词复数；不同 a large number of 修饰的复数名词后谓语用复数，the number of 修饰的复数名词后谓语用单数；两短语语意不同。紧接着，笔者又给出下列例句：The number of students who are girls reaches over 20. 这时出现两种声音，对错皆有。有的认为，reaches 应改为 reach. 笔者就借势引导，设计问题，让他们思考。在题的设计上逐渐加大难度。笔者的做法是立足教材，深入浅出，从一个侧面叩击学生心扉，引发思考。

用法易混淆的语法，也不用反复讲解规则，而是用于情境中，用比较法去发现规律。在讲解省略分词作状语时，笔者根据学生已有的知识，先给出下列两个例句：

①He fell asleep while he was doing his homework.

②While Mary was writing a letter, the children were playing outside.

笔者是这样指导他们的，观察①②两个例句，首先我们判断是简单句还是复合句？再观察主从结构是否有主语？主语是否一致？然后指导学生写出①②句式结构，紧接着问 While walking the dog, you were careless and it got loose and was hit by a car. 和①②结构有何不同？根据此句满足什么条件才可用省略？这样经过引导，通过观察、分析，得出：若主从结构主语一致，从句中可用省略。若主从结构主语不一致，从句中不可用省略。通过语言实践来提升学生的运用能力，又给出如下例句：

判断对错并说明理由①He listens to the radio while driving to work.

②When the driver saw the stone, he stopped the car.

③When seeing the stone, the driver stopped.

④When seeing the stone, the car stopped.

二、运用语境，激发学生的发散思维

猜测词义是英语运用的重要体现，也是检测学生语言运用能力的常用手段之一。为培养学生猜测词义的能力，笔者把识记单词和阅读结合起来，岂不两全其美。

例如，在必修 1 第三单元 travel journal 的阅读教学中，文中有一句是"She can be really stubborn." 由于 stubborn 是个生词，如何更好地掌握此词在句中语义，笔者对词义猜测提出指导，要求学生关注上下文语境和逻辑关系。"I am fond of my sister but she has one serious shortcoming. She can be really stubborn. Although she didn't know the best way of getting to places, she insisted that she organize the trip properly." 从前句的 "She has one serious shortcoming" 再从后文的 "Although she didn't know the best way of getting to places, she insisted that she organize the trip properly." 通过逆向思维猜测 stubborn 在句中的意思为 "固执的，顽固的"。

必修 1 第五单元 Elias' story 文中有以下语句：It was in 1952 and Mandela was the black lawyer to whom I went for advice. He offered guidance to poor black people on their legal problems. 在引导学生猜测单词 guidance 含义时，笔者要求学生关注前句中... to whom I went for advice 所表达的信息。再结合动词 offer 的含义，最后通过顺向思维猜出 guidance 在此句中的含义是 "指导"。

这种练习不仅锻炼了学生在语境中猜测词义的能力，也激发了学生学习的积极性，培养了学生用英语进行思维和表达的能力。用类似方法，可以自己解决在语境中遇见的生词。必修 2 第五单元 The band that wasn't 中原句呈现：They may play to passers－by in the street or subway so that they can earn some extra money. 这看似简单的单词没有像以往一样，直接告诉他们汉语意思。笔者知道，经过引导，他们能够掌握一些方法。通过这些方法，他们能独立完成一些任务，让其有成就感。笔者的任务就是帮助学生寻找学英语的动力。笔者私下想，课堂上最忙的应该是学生，而不是笔者。教是为了不教，学生真正掌握学法，他才能获取更多的知识。

三、归纳整合，发展学生概括思维

在课堂教学中，有意识给词汇分类：搭配相对单一及固定的词、多义词、同义词、动词（不及物动词、非谓语特别强化）、名词（不可数名词特殊记忆）、情感状态词、形似词。如何有效地运用并掌握这些词汇，在语境中解题，笔者是这样做的：

（1）搭配相对单一及固定的词：①在语篇中找出词块搭配；②练习篇，给出英文注释，填写该词；③提供语境，填写或选择该词搭配。有时利用书上1、2题干（Module1～5 Learning about language）；④充分利用晨读。科代表领读单词及词块；⑤短文改错。

（2）多义词：高考完形填空题对于多义词的考查主要集中在语境中一词多

义辨析。在语境中呈现多义词不仅有助于学生理解一词多义现象，从而更精准地理解词义，也能培养他们依托语境解题的能力。在学习过程中，让学生学会合并同类项，掌握不同语境中的词义，创造性运用。

（3）同义词的核心词义和常见搭配：在运用环节，设计含有上述词的核心词义的填空，让学生根据语境正确填词。高考完形填空题对同义词的考查主要集中于词义辨析及常见搭配。

（4）动词（不及物动词、非谓语特别强化）、熟记高频不及物动词：belong to；arise；get away with；come into being；come into existence；come up；come about；break out；be to blame；be worth；happen；occur；take place...

（5）名词（不可数名词特殊记忆）：fun；equipment；furniture；luggage；baggage；advice；homework；weather；room（空间）；change（零钱）……此类词前不能出现不定冠词也不能变复数。

（6）情感状态词：表情感状态的词在完形填空中，也很关键，能体现出当事人的状态或情感。be dressed in；be fond of；be lost in；be located in；be addicted to；be curious about；be convinced of；be engaged in；be occupied with；be faced with……此组词在语境中的考点，作状语的结构式去掉 be 动词。

（7）形似词：arise/arouse/rise/raise；sigh/sign/signal；award/ reward；affect/effect；familiar/similar；treasure/measure；distinguish/distinguished……这类词一要掌握汉语意思；二要熟记搭配。另外，熟知词性很重要。

四、利用关联词，培养学生的推理思维

不要小瞧关联词。关联词有助于学生厘清上下文的逻辑关系，从而选出正确的词。

在完形填空中，常用的关联词：①并列关系：and；while 等。②转折关系 but，however，though，和承接关系 second，then，next，finally，before，after，and，first 等。

完形填空是具有完整内容且按照一定思路发展的文章，各句、各段之间都有逻辑上的必然联系。学生不但要树立语篇概念，专注文章主题思想，厘清其结构布局，而且要明辨句子之间及段落之间的关系，利用句与句之间的这种逻辑关系解题，真正能够学会在语篇中运用词汇，定会起到四两拨千斤的作用。

完形填空主要是语篇中测试学生综合运用语言的能力，所以从以下几个角度来引导学生：从惯用法和固定搭配的角度来分析；从上下文的角度来分析；

从文章的中心句、关键句、关键词来分析作者的观点和态度；从词汇的意义和用法的角度来分析；从逻辑推理、常识等角度来分析。

2016 课标全国 II 卷完形填空：Hundreds of people have formed impressions of you through that little device（装置）on your desk. And they've never actually __21__ you. Everything they know about you __22__ came through this device, sometimes from hundreds of miles away. __23__ they feel they can know you __24__ just from the sound of your voice. That's how powerful the __25__ telephone is.

21. A. accepted   B. noticed   C. heard   D. met

23. A. Thus   B. Yet   C. Then   D. Indeed

21 题考查动词辨析。我们应瞻前顾后地抓住文章的关键句，在语篇中要做出正确的选项。21 题所在的空：前句"人们对你形成的印象是通过桌子上的装置形成的"，后句"他们了解你的一切也是通过这个装置，有时甚至相隔几百里。"在此语境中，我们能推出事实上他们并未见过你。因此，对词汇做出选择，应选 D 项。23 题考查逻辑推理。根据前句，虽然你们之间的距离很远，但他们只要通过你的声音，就可以了解你。上下文之间是转折关系，所以使用副词 yet 连接前后语义。

2014 课标全国 II 卷完形填空：Joe Simpson and Simon Yates were the first people to climb the West Face of the Siula Grande in the Andes mountains. They reached the top __21__ , but on their way back conditions were very __22__ . Joe fell and broke his leg.

21. A. hurriedly   B. carefully   C. successfully   D. early

22. A. difficult   B. similar   C. special   D. normal

要选出正确的选项，注意构成前后相反意义的词 but。连词 but 表示前后句之间存在转折关系。由"返回途中 Joe 倒地摔坏，可知返回途中情况变得艰难起来"。可知，22 题应为 A 项。我们已知他们在返程过程中遭遇的困难，可逆推出他们成功地登上山顶，所以 21 题应为 C 项。

2011 新课标 I 完形填空 46 题答案 B。此题属于常识推理，考查名词辨析，此空有一定的难度。选项分别为 A. professor B. eye C. knowledge D. light. 解题的关键是上下语境……an unknown world Invisible（无形的）to the __46__ , which can be discovered only through scientific __47__ methods. 这里给出的汉字起着重要作用。它是作为形容词短语来限定修饰前面的未知的世界（unknown world），后面又出现一个非限定性定语从句，这个世界只有通过科学的方法才能获知。再根据阅读前两段获取的信息，教授学生不是自己看到的事就是正确的。同时，运用语法知识及自己的常识推理，就能选出正确答案。53题答案B。此题属于词义辨析，考查名词。此题的选项是53. A. task B. tool C. success D. connection 四个选项的汉语分别是 A. 任务 B. 工具 C. 成功 D. 联系. 根据上文，她相信第一感觉是对的，然而教授告诉她是错的。教授拿走了她认知世界的唯一工具（B. tool）。

2011辽宁完形填空：This year, I decided to do something to regain my good names as a kindly uncle. My _____ Tony, had never forgiven me for the dictionary I had bought him as a birthday present last year. A. cousin B. Daughter C. grandson D. nephew 这里 uncle 与 nephew 属于词汇的同一范畴，是词汇的同现。平时的教学中，学生若对词汇复现界定的范围有所了解，那么，有助于学生在语篇中猜测词的含义或在语境中选出恰当的词。

学生经常忽略上下文衔接的语法手段。代词的指代是避免词汇重复衔接上下文的重要语法手段。因此，不能合理选择代词指代上文提到的内容是丢分的重要因素。尤其需要注意代词的单、复数问题。that、those 指代前文的内容：例：As far as I know American traditions are difficult from _____ of ours in a great many ways. A. that B. it C. them D. those 这道题用 those 指代前面提到的 traditions. 这种从前经常在单选题中出现的考查方法如今在完形填空题中考查上下文衔接也是一个合理的方法。

2017年课标全国 II 卷完形填空：In 1973, I was teaching elementary school. Each day，27kids

_____41_____ The Thinking Laboratory. That was the ___42___ students voted for after deciding that "Room 104" was too ___43___.

41. A. built   B. entered   C. decorated   D. ran
42. A. name   B. rule   C. brand   D. plan
43. A. small   B. dark   C. strange   D. dull

通读本段，我们应知道 That 指代的是 "The Thinking Laboratory"。根据语境可知 "Room 104" 这个名字枯燥无味，所以孩子们投票给教室起名。可知 The Thinking Laboratory 是教室的名字。让学生在语境中领会词汇的意义和用法，真正做到学以致用。"在真实情景中根据具体条件和特定的环境，提取储备的词汇知识去完成具体的、真实的语言任务的能力。"因此，41～42题的答案依次为 B、A 和 D。

总之，在平时的教学中，应满足不同学生需求，创设情境，在语篇学习中运用词汇，"为增强学生分析问题和解决问题能力搭建有效的训练平台，从而促进学生思维品质的形成和发展"，在语篇中培养学生的核心素养。

高中美术欣赏教学中的人文核心素养

刘　伟[①]

　　高中学生核心素养发展的培养，主要应注重时代的发展、科学发展观和民族精神意识的增强，把学生培养成为"全面发展的人"，中国学生发展核心素养中涉及美术学科的主要是人文底蕴、学会学习、健康生活、实践创新等方面。素质教育是学生核心素养培养的内涵体现，是使教育改革得到全面深化的重要环节。2016年，国家美术课程、课标中明文提到，美术学科课程教学过程中呈现的核心素养包含美术的表现、审美的辨别、图像的识读、增强教学创意实践，以及对文化的理解等方面。《美术课程标准》还明确提到美术课程人文性质的特征。新课标界定的人文性，就是从根本上转变美术教育以人为中心的全面发展，使学生的人文素养得到充分体现。增强学生人文底蕴需要美术欣赏教学这个平台得到实现，而美术欣赏的过程就是视觉与知觉的体验审美过程，使审美功能在教学中得到发挥，从课堂审美教学中去引导学生创造美和发现美，增强自身的审美情趣，使自身的审美情操、审美情境得到提高，以此完善自身的人格品性。

一、注重图像的识读，体现美术欣赏课的人文性

　　学生通过美术欣赏课程的学习，会对所见的事物做出自己独有的见解。他们能够做到根据理论、联想，转化成事实中的图形，对初步影像图形识读。当然，这些初步的印象还需通过课堂教学中教师的讲述与引导、PPT展示来帮助学生增强对图像的更深入的识读，让所学美术知识逐渐积累，以此来提高学生的审美核心素养。美术欣赏课过程最重要的就是学生对事物形象的感知，让学生多去深入生活，从生活中去加以体会，多去观察，提升自身对事物形象的识别能力，从体验中去增强审美感受。通过审美的感受，相应的也会激发起学

---

　　① 刘伟，男，抚顺市第六中学一级教师，执教高中美术21年，2013年获"抚顺市高中十佳艺术教师"称号。

生的情感表现。学生所谓的"欣赏",并不是孤立的审视,它需要学生自觉地去做到对美术作品从横向和纵向上进行比较,分析并对所观察的事物做出有理有据的评析和鉴定。学生审美标准和审美的感知是在美术欣赏潜移默化过程中锤炼和形成的。

美术欣赏知识是含有人文性质的,人文精神主要体现在课堂上对学生道德、情感、思维观念、价值理念方面的教育和引领。高中美术欣赏教材中涉及的作品都是在一定的历史背景下产生的,含有着丰富的人文内涵,需要学生多去感知、多去做情感的表达。比如,欣赏高中美术欣赏教材中的油画作品《开国大典》,这幅画是"新中国成立的见证",通过欣赏和了解这幅画的背景,相信每一个中国人都会产生一种自豪感,激发起学生的爱国情怀。这就是美术作品体现的潜移默化的人文作用,由此也能激发起学生不同的情感活动。

学生的核心素养的提高需要人文素养教育与美术欣赏教学的建构。学生核心素养在平时美术欣赏课堂教学中又如何得到体现的呢?首先,美术课堂教学中传统的教育观念要改观,注重学生人文素养的培养,美育的培育对于提升学生审美见解和审美才能,陶冶学生高尚的道德情操,培育全面发展的核心素养人才,起着很重要的作用。审美教育属于感性教育,它能使学生的感性意识从理性桎梏中释放出来。在高中美术欣赏课堂中,增强学生对美术欣赏的兴趣,让学生通过审美课堂教育寻找到乐趣所在,并且能够领悟基础美术知识和技法,从而使学生个性素养得到发展,人格美得到展现和完善。

二、注重教学潜移默化,提升人文底蕴

在欣赏教学中要求学生具备的人文核心素养,主要是要培养学生的感受、操作和创新意识,了解前人给我们留下来的美术历史遗产,使其人文知识视野得到进一步拓展。所以,通过美术欣赏课堂学习能使学生的精神空间得到充实,人文素养和审美的鉴赏力得到提升。美术欣赏教学过程能够在美术欣赏的过程中体会到艺术作品呈现给我们的人文底蕴,在让学生体会到艺术带给我们的人文精神的同时,也使得教育教学过程中的美育得到了发挥。美术欣赏过程中应多注重情境教学的创设,让学生通过课堂教学能更直接感受到艺术作品带给我们的艺术魅力和人文精神。依靠欣赏教材中的知识内容进行拓展知识,丰富其课堂的吸引力和乐趣,使其学生能主动地参与到课堂教学中来,让美术的人文底蕴在课堂中通过学生的自主学习过程得到加深。

在课堂教学过程中,应始终以学生为主体,结合美术欣赏课堂的需要和特征,思考学生的学习方法和教师的教法,把学生自主学习的空间进行拓展。把课堂教学内容和人文素养合理地进行结合，把握好学生情况，可以适当采用课堂教学"嵌入故事""情景创设""游戏嵌入""角色扮演"等手段，潜移默化地让学生融入教学中来，使其能够在学习乐趣中得到健康的成长，让情感教育和价值观通过健康的审美实践，从中领悟到人文精神核心素养的真谛。课余时间，鼓励学生去多拓展自己的眼界，如去一些著名的古代园林、建筑，更近地去感受它们的艺术理念和人文内涵。去博物馆面对面地同那些"会说话"的文物对话，这些活的教材相信能够更加丰富学生的人文底蕴，激发起学生上欣赏课的热情，融入和谐沟通的教学氛围之中。通过亲身去感受生活，去多发现身边的美，相信学生自然而然在教学中会把美与生活相联系，增强了学生对美术人文底蕴的理解。学生的潜质是无限的，在于我们去发掘、引导好他们，让他们的个性通过欣赏学习得到更好的发挥和体验。

任何关于美术的表现都含有内在的情感和思想存在，学生可以通过美术欣赏课获得丰厚的人文底蕴，使其创新意识、沟通交流能力能够得到健康的发展。作为人文底蕴培养的最初美育就是从美术欣赏课入手，培养学生健全的人格，陶冶学生的情操。不同时期的美术作品都含有其对真、善、美的不断探索，从中能看到其人格的榜样。比如，清代画家郑燮（郑板桥）所表现的竹子，充分地展现了作者坚韧不拔、正直无私和虚心向上的精神品行。再看现代美术中的杰出代表画家徐悲鸿所画的《愚公移山》，作者借用了愚公移山的精神鼓励全国人民抗战到底的决心，充分展现了画家本身的民族意识。再看那些表达普通农民题材的《拾穗》《晚钟》等作品，真实地表现了下层人民的生活与质朴。在美术欣赏课教学内容中还有许多这样的画家与作品让我们去挖掘它们的精神内涵。把中华民族的博大精深的文化底蕴与人文精神进行有机结合，增强学生的对自然、对生活的热爱和民族自豪感，完善其自身的人格美。

三、加强审美熏陶，培育健康完整人格

美术欣赏过程主要是培养学生分析和对作品综合评价的理解和表达能力，通过欣赏拓宽学生对于美的视野。美术欣赏教学作为人文核心素养的重要载体，能够使学生获得艺术审美的良好熏陶，从而提高学生的自信与人文底蕴。通过审美教育增加学生的想象能力以及在活动中抒发学生的情感表达，使学生成为完整的人格的人，适应其终身发展和社会发展需要。

在重视美术欣赏课的人文底蕴培养的同时，教师作为教育者自身也要有丰厚的人文素养水准，在提升学生的同时，教师自身人文素质也会得到提高。需要深入挖掘中国传统文化中所蕴含的思想观念、人文精神，要有像春雨"润物细无声"的底蕴；健康发展的精神动力；具有完整的人格，不断从教材中去发掘其精神内涵，探究培养学生美术欣赏的情趣。从教学中去关注美术欣赏教材中作品的美，发掘其学生感兴趣的那些"点"，让学生通过欣赏去感受其艺术的魅力所在，做好学生知识的引领。美术欣赏课程上得好与坏，重点在于鼓励和尊重学生的想法和表达，使学生得到自我完善的发展，这些主要就是来源于学生的本身素养，需要教师在教学过程中加以挖掘。要想培育好学生的审美情趣，就得需要教师要加强自身的基本功，要有过硬的课堂教学艺术和灵活的教法。审美情趣是学生发展的核心素养，只有学生内心有美，学会审美，才能提高学生内在的审美情趣。做到对美术欣赏教学知识的不断探究与学习，抓住人文、审美核心素养的本质，有意识地通过美术欣赏教学中去培养，学生一定会形成健康审美取向的核心素养。

总之，美术欣赏教学中渗透的核心素养具有人文和审美意识底蕴，美术欣赏教学中人文核心素养是学生完美人格和人生价值结合体现，是美术基础知识和成就的积累，是 21 世纪快速发展变化的需求。今后，应不断从教学中去挖掘美术知识的人文底蕴，使其审美情趣得到提升，培育出学生健康、完善的人格品性。

在政治学科教学中培养高中
学生学科素养的研究

张　杨①

高中政治学科是实施"立德树人"的主要学科,是实施开展德育工作的主渠道。培养高中生的政治学科素养,可以使其形成正确的世界观、人生观、价值观,成为合格的社会主义接班人。现代社会对人的要求已经不仅仅停留在知识层面,能力与品质成为社会选拔人才最主要的标准。所以,我们不能只把目光聚焦在高考成绩上,还应看到成绩物化下学生的综合素养和品质。因此,教师有责任培养并提高高中生的政治学科素养,使其成为当今社会真正需要的人才。

一、全面认识政治学科核心素养

1. 政治认同

政治认同是指人们对一定社会制度和意识形态的认可和赞同。通过本课程的学习,学生能够确信发展中国特色社会主义是国家富强、民族振兴、人民幸福的根本保障;理解中国共产党的领导是中国特色社会主义最本质的特征,拥护中国共产党的领导;认同社会主义核心价值观是建设什么样的国家、建设什么样的社会、培育什么样的公民最基本的价值标准,自觉践行社会主义核心价值观。

2. 科学精神

科学精神是人们在认识和改造世界的过程中表现出来的理智、自主、反思等思维品质和行为特征。通过政治学科学习,学生能够运用马克思主义哲学的

---

① 张杨,女,抚顺市教师进修学院一级教师,执教 5 年,2015 年获"抚顺市教育局优秀共青团员"称号。

观点和方法观察事物、分析问题、解决矛盾，面对经济、政治、文化、社会和生态文明建设中的问题，做出科学的解释、判断和选择，坚定理想信念，树立文化自信，以负责任的态度和行动促进社会和谐。

3. 法治意识

法治意识是人们对法律的认可、崇尚与遵从，是关于法治的思想、知识和态度，主要包括规则意识、程序意识和权利义务意识等。通过本课程的学习，学生能够理解法治是人类文明演进中逐步形成的国家治理方式；形成宪法至上、法律权威、法律面前人人平等的观念；懂得行使权利与履行义务的关系；养成依法办事、依法维权、履行法定义务的习惯；具有法治让社会更和谐、生活更美好的认知和情感。

4. 公共参与

公共参与是公民主动有序参与社会公共事务和国家治理，承担公共责任，维护公共利益，践行公共精神的意愿与能力。通过本课程的学习，学生能够具有人民当家做主和勇于担当的责任感；了解有序参与公共事务的途径、方式和规则；积累参与民主管理、民主决策、民主监督的实践经验；提高通过对话协商、沟通与合作表达诉求、解决问题的能力。

二、培养学生核心素养的路径

1. 课前时政演讲，增强学生政治认同感

在教学实践中，重点把握课前5分钟，把课前5分钟以"时政演讲"形式引导学生走进课堂。把时间交给学生开展丰富多彩的课前新闻播报活动，他们讲自己关心的时政新闻、社会现象和国际形势。这些都是他们心理上的"兴奋点"，因而吸引了同学们的注意力，学生都很认真倾听同伴的演说并对演说内容进行点评。对社会热点的关注，养成他们分析问题、解决问题的能力，提升政治素养的同时，也给学生提供施展才华的平台。学生在对社会问题的讨论和思考中，从天下事引出理论，寓理论于天下事，使学生在不知不觉中得到启迪和教益，进行正确的价值判断和价值选择，从而获得普遍的政治认同，理解我们党和国家的执政方针、政策，自觉地践行社会主义核心价值观。

2. 开展体验式教学，提高学生科学精神

体验式教学是切合新课改的要求，充分发挥学生的主体作用，采用合作、探究的形式把学生的学习积极性和主动性调动起来，让学生亲历知识产生和行程的全过程，从而提高学生的理性思维和公共参与意识。例如，经济生活教材第六课——银行与储蓄，同学们看见笔者给他们每人发的银行储蓄填写单都很感兴趣，课堂上积极参与，课后笔者给同学布置了一个作业：了解调查自己家的储蓄银行和理财方式，以及为个人家庭打造一份量身定做的理财计划书。通过这次调查活动，激发了学生们参与的热度，学生们收获了家庭的一份责任感。最重要的是，学生真切地感受到我们所学的政治知识是能够解决我们生活中很多的实际问题，它是一门有用的学科，是值得去努力学好的学科。实现了知识与生活的亲密接触，让学生成为课堂真正的主人，增强了学生的展现自我的自信心，提高了发现问题、论证问题、解决问题、理论联系实际的能力等。

教师必须引导学生积极参与社会实践，在实践中学习、辨别和培养学生分析和解决社会问题的意识和能力，增强责任意识，提升学生的学科素养。在教学过程中，教师应注重自身资源的开发，努力促进自身资源与教材资源的融合，发挥教师自身的专业知识和较深的理论知识，引领学生不断成长，提升学生的学科素养。

3. 拓展课程资源，树立学生法制意识

在高中政治课本中，很多内容对学生形成法律意识非常重要，通过拓展丰富的课程资源，合理的课程安排，让学生进行直观的感受，学生可以从中学到法治思维，培养出法律意识。高中的政治课程是学生第一次近距离地接触法治思维，从政治理论到法治理论，都可以帮助学生形成正确的法律意识，但在当前的教学环节最为缺乏的就是教会学生应用政治思维和法律思维。例如，在高中必修课程中，有政治权利和义务一节，很多教师没有认识到该节课程对于培养学生法律意识的重要意义，只是照本宣科地进行讲授，很难让学生学会结合实际进行理性思考，使得学生难以从该节课程中领会到政治生活的参与意义，也很难从中认识到自己的权利和义务。政治课程的教师必须在教学过程中注重基础知识的讲解，但帮助学生通过政治学习建立法律意识同样重要，教师不仅要完成教学任务，帮助学生取得良好成绩，更重要的是，教会学生学会生活，做一个全面发展的人，而政治课程就可以帮助学生在法律思维方面取得进步。

在实际教学过程中就应当着重培养学生的参与意识，通过丰富、列举一些时政案例，让学生更容易理解法律知识，让学生在课堂中感受到法治的自由平等和民主，让学生通过思考形成自己的思维方式，建立自己的法治思维和政治思维。学生在实际参与课堂学习的过程中感受到的平等和公平，才会在今后实际参与到政治活动中的时候践行公平和平等，将自己高中通过政治课程形成的习惯和培养的表达方式传达出去，这样政治和法律才会民主和公平。

4. 推进多彩活动，提升学生公共参与

学生为了获取好成绩，往往过于注重书本知识，过分关注课堂内的学习，同时，社会片面追求升学率也造成教师单一使用教科书这一课程资源。知识是可积累、发展的，但交往中情感、态度、价值观是相对稳定的、持久的，观念的形成，就具有明确的方向性和情感趋利性，对个人的综合素质和终身发展产生深远持久的影响。在教学中应采用丰富多彩的活动形式鼓励学生投身到公共事务中。预设活动目标、布置活动任务，确定以节假日为主要活动时间，以学生小组为活动单位，指导学生制订活动方案，让学生自主开展公共参与实践活动。例如，通过开展帮助孤寡老人、残疾人做家务，帮助环卫工人清理垃圾，帮助交通警察疏导交通等公益性志愿活动，以及与研究性学习相关的社会调查活动，让学生走基层、进社区。活动结束后，由小组撰写活动小结或报告，讨论、交流本次活动经过和参加活动的感想和收获，笔者再根据他们的活动情况和撰写的报告质量进行点评打分，指出他们活动中有哪些还能再完善的方面，为下一次活动做好准备。学生们普遍表示，通过亲身参与社会公益活动和社会调查，培养了自己的爱心和社会责任感。为了能够更好地把提升公共参与能力与高考应试能力结合起来，每一次的公共参与实践活动，都要求学生在制订的方案中，拟定一个方案主题，写出两条宣传标语，列举三个所学课程的理论知识依据。课堂上依托小组建构，建立友爱互助的生生关系，有利于促进学生之间友好相处、情智交融。思想政治学科教师应想方设法促成既友好合作又良性竞争的课堂机制，创设生生互动的学习环境，提高课堂效率，努力推动学生公共参与，从而唤起学生内心的喜悦感和成就感。

总之，提升学生学科核心素养，最关键的是要提升教师自己的专业素养，形成与学生学科核心素养发展相适应的教学策略。政治科四大核心素养的培养离不开教师的专业素养，离不开良好的培养策略。政治教师应以"学生核心素养"发展为己任，以多样化的教学形式激发学生学习的积极性、主动性和创造性；本着以学生的发展为本，重视政治课堂，重视学生的核心素养发展；努力构建具有生命意义的、突出学生核心素养为主体的课堂，培养有理想、有思想、有尊严、有担当的高素质公民，为实现中国梦做出贡献。

基于生物学核心素养"三段研讨追忆复习法"

张福红[①]

一、对生物学核心素养的理解

随着我国经济改革深入，教育改革也在紧锣密鼓地进行。2014 年，我国教育部颁发的《关于全面深化课程改革，落实立德树人的根本任务的意见》中，首次提出"核心素养"这个重要概念，启动了新一轮课程改革，特别重视学生发展核心素养在各科课程标准中的落实，并将制定发展学生核心素养体系纳入新课程标准中。生物学核心素养作为高中生物课程体系的核心和灵魂，在新课程标准中发出璀璨的光芒。所以，身为中学生物教师应深入研究生物学核心素养与中学生物课程及教学的关系，关注其内涵及其维度，理解理论的精髓，落实教学改革与实践，回归教育本源，促进学生核心素养的发展，为适应学生终身发展和社会发展相统一的需求应具有的必备能力和品格。

生物学核心素养涵盖理性思维、科学探究和社会责任等。生命观念是以生命科学的思维方式和研究结论为基础描述生命现象，从获得生物学概念知识形成生命观念，以达到认识生命世界、解释生命现象，这是核心素养的最基本内容。理性思维崇尚科学思维精神，运用归纳与概括、演绎与推理、模型与建模、批判性思维等方法探讨生命现象及规律，审视或论证生物学社会议题。科学探究是观察发现生物学现象，科学提出生物学问题，设计实验、实施方案和结果的交流与讨论，以适应未来的职业倾向需求和自身的发展。生物学科的社会责任是指基于生物学认识和能力，参与个人与社会事务的讨论，做出理性解释和判断，尝试解决生产、生活中的生物学问题的担当和能力，能够关爱自己、关注社会、关爱生命、保护生态环境和建立人与人和谐相处等，结合本地资源开展科学实践，尝试解决现实生活中与生物学相关的问题，服务与回报社

[①] 张福红，女，抚顺市四方高级中学教师，生物教研组长，执教高中生物 26 年，2012 年获"抚顺市优秀教师"称号。

会，实现人的发展和社会发展的统一，实现教育的终极目标。

核心素养要与现行的课程体系和教学实践相互促进，促使课程体系从传统的以学科内容为中心向以学生能力为中心的转变，课堂教学必须紧紧围绕培养学生核心素养这一主线展开。对此，针对高中学生由形象思维向逻辑思维过渡的特点，以及我校的条件、学生的思想、知识能力水平都较低的实际情况，经过几年的教学改革实践，形成了"三段研讨追忆复习法"，取得了一定的成效。

二、"三段研讨追忆复习法"的内涵

所谓"三段研讨追忆教学法"，即"三段"、研讨、追忆三种形式相互融为一体，并且教师为主导，是师生眼、耳、口、手、脑有机配合、积极主动共同活动感知和获取知识、提高能力的过程。具体内容如下：

"三段研讨追忆复习法"中的"三段"的具体含义指师生在整个考与学过程中所要实施的问题的提出，寻找解答的途径方法，正确结论的得出三个阶段。对于三段的每一段都可分别由师或生来完成，这样，"三段"的完成就有八种组合方式或组合型。

（1）示范引导型

这是指教师提出问题，教师找出解答途径，教师给出正确结论。

（2）引导启发型

这是指教师提出问题，教师给出解答途径并且予以充分启发，学生得出正确结论。

（3）自发自析型

这是指教师启发性地设置疑问，学生寻找途径，自己分析，自己得出正确结论。

（4）悬疑解纠型

这是指教师提出悬念疑难问题，学生发散思维寻找途径，教师解答出正确结论或纠正错误结论。

（5）诱析解疑型

这是指学生提出疑问，教师诱导、分析寻找途径，教师给出解释疑问的正确答案。

（6）引发解疑型

这是指学生提出问题，教师引导、诱发解答途径，学生得出结论。

（7）定论质疑型

这是指教师得出定论——正确或不正确，学生自己提出质疑，自己寻找途径验证。

（8）发现析疑型

这是指学生自己发现、提出问题，学生自己寻找途径分析，学生自己解疑得出正确结论。

以上就是三段的"八型"，要灵活地应用于课堂，经过长期训练，学生就会形成独立获取知识的能力。同时，"三段八型"如运用得好，那么，就会造成一种轻松、愉快、民主、活跃的环境气氛，非常有利于双基的训练。故此，"三段研讨追忆复习法"的关键就在于"三段八型"运用得如何。

"三段研讨追忆复习法"中的"研讨"指能充分体现以学生为主体，以教师为主导的积极主动进行设疑、析疑、解疑的过程，是由发散形象思维向集中逻辑思维过渡的一种讨论、研究的有效活动方式。

在"三段八型"中，前四型是教师设疑，后四型是学生质疑，针对教师和学生所提出的各种问题，学生可依据教材或教师的启发，并在独立思考的基础上，共同进行的讨论、研究过程，这样不仅可以促使他们对知识的掌握向广度、深度延伸，而且对培养他们的独立分析问题、解决问题的能力，归纳表达能力的形成都具有十分重要的意义。

"三段八型"与"研讨"是相辅相成的，"三段八型"所提出问题的好坏直接影响研讨的效果；"研讨"的成败直接关系到"三段八型"问题的再提出和课堂教学的继续进行。故此，在研讨过程中一定要体现出以教师为主导，以学生为主体的局面，否则，学生就会放任自流，影响有效的辩论内容。

"三段研讨追忆教学法"中的"追忆"指师生根据知识内在联系的必然性，运用知识框架结构图的纲要信号或某些图解、图表，采用"三段八型"进行研讨、追踪、回忆、联想、映衬出有关知识点的过程。促使学生形成科学化、整体化、结构化、系统化的知识体系，既加深了记忆，又减缓了遗忘，同时，又提高了分析归纳思维的能力。一堂课追忆的好坏，直接决定于教师精练幽默语言的、启发诱导的主导作用和学生充分研讨的主体作用。

三、"三段研讨追忆复习法"的具体实施

1. 课前预习，提出问题

课堂教学是培养学生核心素养的主阵地。但是，仅仅依靠课堂 40 分钟是不够的。那又该如何做起呢？笔者认为，应该做好"三抓"。一抓课前、二抓课堂、三抓课后，全方位提高教学质量。

课前预习，注重培养学生自学的能力。在指导学生预习的过程中，教师要做好三查工作，一是课堂检查；二是课前检查；三是学生互查。这样，指导预习，学生的学习效果就会明显，也不会疏于形式。长期坚持下去，学生的自学能力会自然提高，课堂上也会出现教师教得轻松，学生学得愉快的局面，这样，课堂教学效率也会明显提高。

2. 课堂讨论，解决问题

课堂教学，培养学生参与和实践的能力。课堂教学是整个教学工作的中心环节，想要提高学生的整体素质就必须上好每节课。那么，怎样才能上好课呢？一是重视发挥教师主导，学生主体的作用，教方法、教规律。根据矛盾的基本原理，教师要教学生学懂和会学。就要根据内因和外因的相互关系组织教学，教师的教是外因，教师在教学中的一切活动都要促使学生的内因起作用。这就要求教师在教学过程中，注重教学法，教知识迁移，做到课内讲一篇，带一篇，讲一篇，带多篇，课内带课外，一课一得，一组一得。二是充分利用教材，引疑、设疑、解疑，发展学生的感觉、知觉、想象等能力，把语言训练与思维训练相结合起来。三是教学内容的设计和步骤安排要具有"五性"，即层次性、活动性、思考性、趣味性、迁移性。

3. 课后作业，理性思考

课下活动形式要丰富多彩，关注社会的热点、焦点问题，联系生活实际，注重学生自主学习的能力培养，具有思考性。

现如今学生普遍认为课后作业不重要，没必要花费时间和精力在课后作业上，其实不然，课后作业是巩固学习而安排的，是课堂教学过程中非常重要的组成部分，是巩固新授知识，形成技能技巧，培养良好思维品质的重要途径，是课堂教学不可跨越的一环。高质量的作业能开发学生的智力，提高学习能力。

4. 课外活动联系生产、生活

教师在掌握教材的结构体系、目标要求、重点难点、实验技巧等基础上，通过接触了解、座谈访问、专题调查、信息反馈等，掌握学生的知识要求，环境变化，身体和心理变化，思想及学习成绩的变化等，对课外活动做恰当安排。例如，夏天的午后上概念课和理论性强的课，多数学生感觉困倦，教师改变一下教学环境和教学方法，安排学生到工厂、农村参观访问，并利用电影、电视介绍相关科学的应用及发展，调动学生学习积极性，让学生去联系接待单位，培养学生与人的交往能力。课外活动设计题目灵活多样，让学生选择题目，教师把关确定题目，上交有关材料。

四、"三段研讨追忆复习法"教学设计应用

以人教版"高中生物必修一 分子与细胞"模块中"细胞的能量供应和利用"一章复习课教学设计为例，分析"三段研讨追忆复习法"在具体教学中的应用。

设置教学目标：

教学目标	教学活动设计
光合作用过程 呼吸作用过程	画出光合作用图解 绘制呼吸作用图解
总结光合作用元素来源、去向、场所、能量转化、反应式、光合作用影响因素	通过光合作用过程分析回答光合作用元素来源、去向、光合作用影响因素、场所、能量转化
呼吸作用元素来源、去向、影响因素、场所 能量转化、反应式、呼吸作用应用于生产、生活	通过呼吸作用过程分析呼吸作用元素来源、去向、影响因素、场所、能量转化、反应式 果蔬的储运等
细胞代谢	绘制细胞成分结构与功能示意图

教学活动设计：

课前提出问题：古人云"学起于思，思起于疑"。问题是思维的起点，也是思维的动力。生物教师应科学设疑，创造问题情境，以疑引思，以思释疑。质疑应注意角度、广度、深度、跨度、梯度等。

（1）细胞如何自我维持的？

（2）细胞中呈现哪些化学反应？

（3）体会细胞是一个闹市！

（4）细胞内繁忙的化学反应可分为哪两类？有什么意义？

（5）这些化学反应可调节么？如何调节？

（6）光合作用为什么是地球上最重要的化学反应？

（7）光合作用与呼吸作用之间有什么联系？这些联系有什么重要意义？

课堂活动解决问题：

（1）画出细胞各部分结构图并说出其功能，体现生物学结构与功能适应观。

（2）要求学生在细胞中尽可能地标出所知的结构、化学反应、调节过程，形成生物学整体与局部适应观。要求学生绘制动物细胞、植物细胞、原核细胞亚显微结构图，在各细胞结构上标出包含哪些化合物，列出元素组成。

（3）活动目的：学生在做的过程中一定伴有思考，体现生物学核心素养的理性思维观。学生能体会到化学反应等生理功能在细胞不同部位发生，体会生物膜系统与细胞骨架对酶的有序排列的作用。体会到ATP的水解发生在细胞各需要耗能的地方，体会到细胞代谢要不互相干扰，细胞结构为此做出的贡献，体现细胞结构与功能相适应观。

（4）通过问题串构建细胞代谢概念模型。

课后完成的问题：

（1）判断生物是活的标准？

（2）什么叫细胞代谢？细胞都有哪些代谢过程？

（3）细胞如何进行物质合成？物质从哪里来的？这些物质是如何过膜的？都合成哪些物质？是通过什么方式合成的？

（4）细胞分解了哪些物质？在哪分解的？分解产物是什么？伴随物质分解，能量如何变化的？这些能量的来源和去向？

（5）常温常压下如何保证百万种化学反应顺利有序地完成？

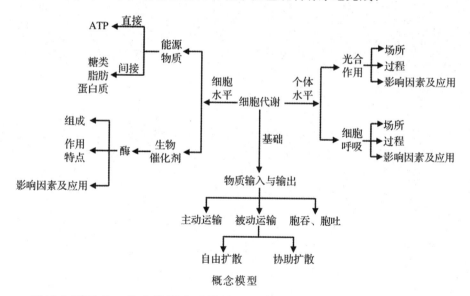

概念模型

通过上诉活动，学生较深入地认识了生命的物质性和结构基础，理解生命活动中物质变化、能量转化、信息传递；领悟观察、实现比较、分析综合等科学方法及在生物科学研究过程的应用，科学地理解生命的本质，形成辩证唯物主义自然观。

　　总之，生物科学素养的提高并非一朝一夕就能实现的，它需要我们教师在日常教学中从点点滴滴做起，积累经验。著名教育学家布鲁纳曾说过："教学主要是开辟了更广阔的可能性，你教给他们过去或现在的东西，但你希望这些东西会更好地引领他们去未知的领域——这就是智慧所在之处。"创造科学研究气氛，激励学生大胆按提出问题——做出假设——设计实验——得出结论的程序开展探究性实验，让学生在尝试、分析中体验科学研究的滋味。

核心素养理念下培养学生学会学习的实践研究

杨家岐[①]

一、核心素养理论的背景

时代在进步，科技的发展也在日新月异，课程改革的进程也要不断的推进，才能跟上时代的浪潮。2014 年 3 月 30 日，教育部印发《关于全面深化课程改革，落实立德树人根本任务的意见》，正式提出"教育部将组织研究提出各学段学生发展核心素养体系，确立了学生六大核心素养：人文底蕴、科学精神、学会学习、健康生活、责任担当和实践创新。"

二、心中的期盼

教师要为新时期社会发展培养合格的人才，就必须全身心地投入到全面培养学生核心素养的工作中。就高中数学而言，它的核心素养包括数学抽象、逻辑推理、数学建模、数学运算、直观想象和数据分析，这六个方面既相互独立，又相互交融，构成统一的整体。

高中数学，一听到这个词，很多学生都会感到头疼！如何学习高中数学，是每名高中学生必须面临的问题，也是每名数学教师必须要面对的挑战。为了完成教会学生"学会数学，学会学习"这个艰巨的任务，我们应该广览群书，取各学习方法的优点，用我们的智慧把它们结合起来，形成行之有效的学习方法。对学生进行分阶段、分层次、有针对性的指导，让他们掌握科学的学习方法，让他们能独立地、积极主动地完成学习任务，达到新课标的要求。与此同时，我们也不能忽视学生的情感教育，注重沟通和交流，端正他们的态度，让他们树立正确的人生观和价值观，让学生理解我们的一片苦心，全身心地投入

---

① 杨家岐，男，抚顺市第十二中学中级教师，执教高中数学 11 年，2016 年获"抚顺市教育局优秀共产党员"称号。

到学习中去，才能让学生"学会学习"，成为国之栋梁。

三、实践路上与学生共同进步

记得那是 2014 年的 8 月 23 日，学校领导找到笔者，让笔者临时接替高三的教学，看着两个班级学生高二下学期的数学期末考试成绩，满分150分的卷纸，一个班的平均分是 51 分，另一个班的平均分是 53 分，分列年级倒数第一和第二名，而全校平均分最高的班级是 90 分。笔者的心情特别沉重，马上飞奔到教务处找到他们这次考试的卷纸，认真研读，发现考试题目并不困难，属于合理的范畴，可是，这个成绩是怎么回事，笔者的大脑一片空白。和两个班级班主任老师的交流后，笔者愁眉紧锁，意识到这是一个非常严峻的考验。因为笔者清楚地知道：高三对于学生意味着什么，数学成绩的低迷意味着什么；也意味着，笔者必须要用不到一年的时间，教会笔者的学生，学会学习，提高成绩，才有可能考入理想的大学。

改变，必须改变，改变势在必行！首先，必须要让学生对待学习、对待数学的情感态度和价值观做出改变，否则就没有以后，这是学生"学会学习"的重中之重。为了让学生重拾信心，笔者给学生上的第一节一轮复习课，变成了笔者和所有学生交流经验的谈心动员会。交流会上，笔者鼓励大家：同学们，新学年已经开始，还有 9 个多月就要高考了，这 9 个月，是你人生中最关键的时刻之一，能为你的未来打下坚实的基础，也是最出成果的时期，能让你马上得到回报。"人生能有几回搏，强手如云奈我何"，只要大家在科学方法指引下，下苦功夫学，一定能在高考中取得成功。"信杨哥，必成功"，你们准备好了吗？

1. 走向成功的钥匙

在学生开始高考总复习之前，教师必须明确地让学生知道，想要学数学不再是噩梦，而是成为你圆梦的钥匙。那么，想要成功地学好数学，你必须要始终贯彻"八环学习法"：

①制订计划；②课前预习；③认真听讲；④及时复习；⑤独立作业；⑥解决疑难；⑦系统小结；⑧课外学习。

对于"八环学习法"，刚开始时，学生还不能完美地掌握，对于部分学生需要教师做具体的针对性指导。例如，在平时课堂上，下午或晚上的自习课，辅导课以及一切可以利用的时间，一步步地向学生介绍，如何预习，怎样听课，如何小结及待考心态等；在每次小考后，周考后，大考后，不要拖沓，及时总结，让学生能正确认识和理解学习的价值，养成自主学习的习惯，及时根据自身的情况，调整学习策略；让学生发现想学好数学其实并不难，形成积极的学习态度，及时发现问题，解决问题；让学生感受在每次考试进步时所带来的成功的喜悦，成为激励他们继续前行的动力。

2. 理论升华

数学核心素养包括六个方面，要想掌握并熟练运用，不是一件容易的事，需要分阶段逐项完成。因此，要想让学生"学会学习，学好数学"，我们可以从培养学生乐学善学、勤于反思和信息意识三个方面着手，通过感知、理解、巩固、应用四个阶段，完成数学学习任务。

（1）感知：数学抽象是数学的基本思想，是形成理性思维的重要基础，它贯穿在数学的产生、发展和应用的过程中。感知是数学学习的开始，也是数学学习的基础。感知与"八环学习法"的制订计划和课前预习两部分相对应。学生进行有计划的预习，查出障碍，形成对一节课的初步感知。在学习的过程中，只有认真的感知，才能做进一步的探索，否则，寸步难行；只有正确认识学习的价值，以积极的学习态度和浓厚的学习兴趣来学习知识，才能做到乐学善学，达到预期的效果。

（2）理解：夸美纽斯曾说过："读书而不理解，等于不读。"要想理解知识，必须明确它的原理，知道它的来龙去脉。理解相对应的是"八环学习法"的认真听讲和及时复习两部分。上课认真听讲是为了更进一步的感知，破除障碍，掌握新的知识。而抓紧时间及时复习能加深对知识的理解，能让学生及时发现问题和提出问题，促进逻辑推理能力的形成。只有真正的理解，才能掌握知识的内涵和外延，理解知识之间的联系，掌握知识的原理；才能逐渐形成合乎逻辑的思维品质，增强数学交流能力，增强终身学习的意识和能力。

（3）巩固：巩固相对应的是"八环学习法"的独立作业和解决疑难两部分。在数学知识的学习中，完成对知识初步理解的前提下，通过练习题和作业的运算过程，发现由于理解不透而产生的问题，可以用查资料的方式、同学之间相互探讨和验证的方式或向老师请教的方式，及时扫除障碍。引导学生养成对自己的学习状态进行审视的意识和习惯，培养学生提出问题、分析问题和解决问题的能力，加深对知识的理解，逐渐形成数学建模的核心素养，达到对理论知识初步应用的效果。

（4）应用：高中数学是一个完整的知识体系，学生要想掌握这个体系，必须勤于反思，善于总结经验。应用相对应的是"八环学习法"的系统小结和课外学习两部分。数学知识点之间具有很强的连续性和逻辑性，只有学生了解新旧知识之间的联系，才能根据自身的实际情况，及时地进行系统小结，选择或调整学习策略或方法。要想对所获信息进行高效的应用，要求学生具有能自觉、有效地获取信息的能力；具有评估、鉴别、正确使用信息的能力；具有数字化生存能力和信息的安全意识。学生可以通过"互联网＋"等课外学习方式对知识进行更新，才能使知识结构严密化，思维灵活多样，为学习新知识奠定基础，更容易产生新的联想。

3. 成果与展望

通过耐心的沟通和交流，增进师生之间的感情，激发学生学习的兴趣，提升学习的动力；通过悉心的指导和科学的方法，让学生找回了自信心，不再盲目。"宝剑锋从磨砺出，梅花香自苦寒来"，和学生一起经历了 9 个月的艰苦奋战，笔者教学了他们"学会学习"，取得了硕硕成果。在每次模拟考试中，学生的数学成绩都有长足的进步，在最后的高考中，他们都证明了自己，取得平均分 88 分和 90 分的好成绩，位列所有班级的第二和第三名；班级的赵曼同学以 133 分的好成绩获得全校第一名；孙诗淳、刘家琨等同学把学习数学的方法应用到其他科目的学习中，使原本没有希望的他们也顺利升入大学本科继续深造。

正如斯宾塞所说："天生的能力必须借助于系统的知识。直觉能够做的事很多，但做不了一切。只有天才与科学结了婚才能得到最好的结果"。这一年所取得的翻天覆地的变化，与学生不懈的努力和教师科学的方法是分不开的。"八环学习法"，它使学生的知识系统化，思维合理化，这对学生将来的学习和深造是十分重要的。而这个方法，通过近两届学生的实践，可以进一步地推广到所有领域。无论学习任何领域，任何层次的知识，都可以按照"八环学习法"来进行学习。只知"是什么"，不知"为什么"，对其原理一无所知，到实际操作的时候，空有知识却不会用，犹如"纸上谈兵"，知识也会变成无用的知识，很难有创新。有了"八环学习法"，学习新知识的时候，可以从感知、理解、巩固、应用四个步骤出发，不必为没有懂的问题而烦恼，应该有信心地学习新的知识，必能取得较好的效果。

学会学习，与中国学生发展的其他五个核心素养之间相互联系、互相补充、相互促进，在不同情境中整体发挥作用。在今后的工作和学习中，我们一定要科学、理性、全面地认识中国学生发展核心素养，不断重新审视自己，努力做更好地自己，才能更好地履行自己的职责，才能更好地引导学生健康向上的发展，才能更好地为新时期社会发展培养全面发展的人！

初中阶段学生发展核心素养的实践研究

回归汉字教学本色，培养中学生语文核心素养的实践探索

黄 博[①]

中学语文教学肩负着在教学中渗透博大精深的中国传统文化，增进学生对厚重的民族文化的了解，传承民族文化的根脉的责任担当。但是，目前在我们的区域中学语文教学中还存在着对汉字教学的关注度不够、汉字教学模式僵化的不良现象，存在着中学汉字教学不能同小学的生字教学显示不同的现象，这需要我们中学的语文教师关注、实践、研究。

在中学语文教学的中，汉字教学是一个急需重视的部分，它在理解课文，突破重、难点方面承担着不可或缺的关键角色。所以，聚焦中学的汉字学习，在汉字教授与学习中，提高中学生的学习理解能力，培养中学生的家国情怀，增强中学生的文化底蕴，培养中学生的语文核心素养，是中学语文汉字教学刻不容缓的任务和目标。

一、聚焦汉字识记，在学习中拓展视野

（1）改进汉字教学方法。在汉字的形体构件组合方式中汲取汉字所表达的意义信息及文化内涵，培养中学生的民族意识，增进学生对中国传统文化的了解与热爱。

中学生相比于小学生在思维方面已经有了一定的成长，在汉字教学中可以注重从汉字的结构分析入手，讲清楚形近字素各自不同的来源，将字根据某种关联性特征以类归之，或以形旁类别加以介绍，或以声兼表义部件加以分析，了解汉字的起源、发展。

除此，辅以字源析字法、字素析字法、部件析字法等汉字的教学方法，并以《汉字树》等优秀图书为教学载体，从汉字的形、意、事并举教学，学好汉

---

① 黄博，女，抚顺市望花区教师进修学校高级教师，从教 25 年，2015 年获"辽宁省教育学会先进工作者"。

字，回归汉字教学本色，传承中华文化基因。

（2）改进汉字学习方式。指导学生学习香港著名文字学家安子介先生的"部首切除法"，介绍汉字"以形表义"的特点，通过在汉字教学课堂上分析会意字的案例教学，帮助、引导学生学习研究汉字的字形与意义的相互联系，如此反复。当有了一定的积累，学生也掌握了一些汉字知识后，帮助并辅导学生分组总结、自我总结，互相交流汉字偏旁部首与意义，区别相似偏旁的不同意义，如"礻"和"衤""月"用做"肉"与用做"月（亮）"的不同，"王"字旁多表达"玉"的含义，帮助学生对汉字及偏旁和部首有系统的认识和领悟，促进学生的识字兴趣。

二、聚焦汉字识记，在学习中增强文化底蕴

在汉字教学中，揭示汉字丰富的文化内涵，沉淀积累，丰富学生的文化积累，在汉字教学中培养学生的民族情怀和民族意识，增强学生的民族自豪感。

1. 字里空间，从汉字学习看居住文化

例如，从"穴""宋""宫""高"，这四个字体现了居住的建筑形式从穴居、以木筑室而居、以墙体筑室而居到具有"屋顶、墙身、基座"三段式的由简单到复杂的发展过程，这一发展过程也沉淀在汉字的结构中。

2. 字里藏医，从汉字学习看中医文化

什么叫咳，什么叫嗽？咳是肺气上逆，嗽是食气上逆。咳是通过气管的震动，把气管里面不干净的气体、黏液、痰排出来；嗽是通过逆向运动把食道和胃里面的黏液排出来。咳属于呼吸系统的问题，是肺的病，嗽属于消化系统的问题，是胃病，治咳要治肺，治嗽要治胃。

中医经络中穴位的命名中汉字的意义，如风池穴、风府穴的命名，这两个穴位与风有关，如果在换季的时候没保护好就会不小心得了风寒感冒，这些无不体现了中华先民的过人智慧，中医也是中华民族留给世界的伟大遗产。

3. 字里乾坤，从汉字学习看中国哲学

中国人的哲学，没有详细的分科，没有详细的解释，却也是一种思想，代代传承，在中国人的生活中却无处不在。在人伦关系中，有着深厚的哲学思想，那就是一定要记得自己从哪里来，记得自己的出处，也就是中国人的祭祖，我们的祖先就是我们的来处、我们的出处，所以有中国人的孝道，父母在

我们有来处，父母不在，我们只有去处。例如，"孝"字就也体现了这一思想，就是人老了就需要子女了，为人子女什么时候最重要，父母老的时候最重要，"养儿防老"。

中国人讲求的四世同堂，也体现了中国人的哲学思想，代代相传。四世同堂是真正的"老带青"，从居家过日子到社会的为人处世，体现了中国智慧螺旋上升，也体现了家族智慧的言传身教，所以在中国有师徒制，有家长制，这就是"传"字。

中国哲学离不开中国的五行，相生相克，才有了中国人的性格，中国的中庸。中国人讲求的是尺度，万事注重，而这些都体现在我们的汉字中。中国人的哲学是天人合一，而此种思想在中国人的骨子里，在中国人的血液里，在中国人的汉字里。

三、聚焦汉字识记，在学习中提高审美能力

在整个人类发展中，只有汉字达到了音乐、绘画、诗歌的统一表达，达到天人合一。其他文字在历史的长河中一闪而过，留下的只有历史而已。所以，在汉字教学中体会我们的文化之美，体会我们的民族之魂，培养中学生的审美能力和鉴赏力，也是汉字教学的任务与担当。为此，在汉字教学中，我们努力做到以下几点：

1. 在汉字教学中，品味诗词之美

例如，古诗词中的诗佛王维的诗，诗画一体，意境幽远；柳永的词街巷传唱，之深之远，叹为观止，汉字语义深刻，诗词字句凝练、音韵优美、意境深邃，成为无形之画，千古流传，代代吟诵。汉字教学过程中结合汉字教授古诗词，在字、句、诗词中鉴赏中国文化，领略中国文化之美之大。

2. 在汉字教学中，品味国画之美

中国画没有西方文化的逻辑分析，它有的是感悟。好的画师都必须遵循自然之道，能体会天地之美。《庄子》的《知北游》中说过："天地有大美而不言，四时有明法而不议，万物有成理而不说"，这些经典集中都体现了天地大美、四季轮回的自然道理。

天地之美只有通过个人的感悟才能转化为人类的美感。明代心学家王阳明在《传习录》中曾说："你未看此花时，此花与汝心同归于寂。你来看此花时，则此花颜色一时明白起来。"意思就是"深山开放的一朵花，我不知道它存在，只有我看到这朵花的形态，闻道这朵花的味道时才知道这朵花存在。"

中国的古代文人讲究"气韵生动"。"韵"是对于宇宙惯有的一个诗性的判断。当中国人的智慧和感悟在哲学上的体现用到绘画上来的时候，绘画就得益无穷了。"知其白，守其黑"，说的是中国人的思维，笔墨加上宣纸就是黑和白，维持黑白间比例的平衡和谐就能守住国画的黑白之美。其实，这是整个中国绘画的优美就是以少许胜多，以最简练的语言表现最丰富的内容，而这也是中国的炼字功夫。所以，中国文化很少划分精细，你中有我，我中有你，彼此相连，合和而生，乃是中国文化之大美。

3. 在汉字教学中，品味中医之美

中医以阴阳五行为纲，脏腑气血为目，弥纶天地之道，视天人一体，知五运之常，达六气之变。古今之名医者无不都有深厚的国学功底，晓知平仄，通达韵律，能书会画，擅长诗词，古有儒医之说。而他们的医学著作，多在韵律上朗朗上口，利于识记与背诵，便于学习与流传。我们的很多中医著作都是如此，所以千年不断。例如，《药性赋》"犀角解乎心热，羚羊清乎肺肝，泽泻利水通淋而补阴不足，海藻散瘿破气而治疝何难"，金元大家刘河间论述咳嗽时指出"有声无痰为咳，肺气伤而不清也；有痰无声为嗽，脾湿动而为痰也"，清末名医金子久云"木性条达，不扬则抑；土德敦厚，不运则壅"，这些无不体现中医大家也得有文字功底和驭字功夫，真是大家也。我们民族的智慧就是在这字里行间流传，浸润着我们的民族之花常开不败，沁人心脾，只要靠近它就会流连忘返。

4. 在汉字教学中，品味书法之美

因为汉字，才有了中国书法。提案之间，毫末之际，泼墨成字，魏碑、汉隶、唐楷无不体现中国人的筋骨，中国人的精神。在书法练习中、在书法鉴赏中体悟、传承中国人的精气神，传承我们的传统文化，也是汉字教学的任务与担当。

因为汉字，中国成了创办平民教育最早的国家。孔子在 2500 年前就开始办学校了，而且是有教无类。

因为汉字中国的文化一直是传下来的，没有断掉。所谓的断掉也是短时间的，在甲骨文没有发现的时候，可以说是跟甲骨文断掉了嘛，可是，后来又找出来了。所以，从文字来看，我们的文化是一条线传下来，一直传到今天，可以追溯到三千三百年之前。

遥不可及的是历史，但中国因为有了朝夕相伴的汉字，所以无论如何回

溯，往前，再往前，依然能够保持近在眼前般的鲜活。这些象形、会意、形声、假借的古老符号为中华文明保存了火种，使历史得以记载，学术得以传承。到了今天，汉字已是世界上使用人数最多的文字。

因为汉字，中国有了统一的价值观和文化体系；因为汉字，中国有了统一的国家观念，在外族入侵面前形成强大的精神力量，使中国民族屹立几千年直到今天。

汉字所传承的中国文化，看似柔弱，实则强大无比，就像中国的太极一样，强生健体之时也能御敌与外。汉字不仅统一了中国，也征服了世界。武力只可以征服一时，汉字却可以征服一世。汉字的力量胜过千军万马，胜过刀枪剑戟。

今今昨兮，那些在岁月的长河中应运而生的原生古文字成为一种文化的力量，并在中国周围形成了汉字文化圈。

在区域中学语文教学中给汉字教学一席之地，回归汉字教学本色，培养中学生语文核心素养更是我们每个语文教师的职责和担当。与此同时，我们语文教师也必须不断提升自己的文化修养，做到给学生一滴水的时候，自己有一桶水；培养学生民族意识的时候，自己做好中国人，在汉字教学的路上，我们任重道远，只要我们努力，就一定会"长风破浪会有时，直挂云帆济沧海"！

如何提高学生的核心素养

单琳淑[1]

《义务教育物理课程标准（2011 年版）的实施》，完善了物理实验教学，但在实验教学的开展仍然存在不少问题，与教学需要达到的目的还有不少差距。通过对物理实验教学的探究，以达到培养学生核心素养的目的、意义。如何提高学生的核心素养？首先，我们要了解什么是核心素养。它主要指学生应具备的、能够适应终身发展和社会发展需要的必备品格和关键能力。研究学生发展核心素养是落实立德树人根本任务的一项重要举措，也是适应世界教育改革发展趋势，提升我国教育国际竞争力的迫切需要。

笔者是一名初中物理教师，所以在这里笔者要着重研究如何提高学生在物理学科中的核心素养。物理在百科中明确规定过是研究物质世界最基本的结构、最普遍的相互作用、最一般的运动规律及所使用的实验手段和思维方法的自然科学。所以，这就奠定了物理学科的基调，以实验为主，贴近生活实际的一门自然科学。在现代，物理学已经成为自然科学中最基础的学科之一。经过大量严格的实验验证的物理学规律被称为物理学定律。然而，如同其他很多自然科学理论一样，这些定律不能被证明，其正确性只能经过反复的实验来检验。而这些发展方向也说明实验和生活实际在学习当中占有越来越重的比重。所以，在教学过程中应该更多地联系生活实际，将生活中一些和物理知识相联系的现象、实验融入课堂教学之中。所以，要想提高学生的物理学素养，将物理课本与生活实际相联系将是一条最快的捷径。

在传统的教学模式中，学生以书本知识为重点，将目光和思维都局限在书本中。我们不能完全否定这种教学模式，但这种模式带来的弊病显而易见。学生只会学、不会用，只会做题不会联系实际。曾经出现学过 6 年物理的学生不知道保险丝长什么样，家里的保险丝熔断后不知道怎么处理这种哭笑不得的事情。这显然是因为学生学习知识过于死板，不会活学活用。离开书本，离开习

---

① 单琳淑，女，抚顺市第四十二中学二级教师，执教初中物理 4 年，2016 年获"辽宁省一师一优课一名师三等奖"。

题，学生便无所适从。这显然违背了我们教学的初衷，也使得学生失去了学习物理的兴趣，出现了学不懂，不想学的现象。我们总说，学生分数不高基础不牢，我们需要从根本上找原因，学生为什么分数不高，学生为什么基础不牢？这个原因是多方面的，所以现在我们要思考如何才能将课本与实际生活联系在一起。这是一个不得不解决的难题。

滴水穿石贵在积累，成功非一日之功劳，所以学生要想打下良好的学习基础需要日积月累。很多学生因为最开始的困难而放弃。有些学生觉得物理抽象听不懂，有些学生因为建立不了物理思维模型而放弃。多种因素综合在一起，笔者发现很大一部分学生放弃学习的一个主要原因是因为学习兴趣和物理的抽象性。所以，要想让学生学好物理，打下一个良好的学习基础，首先要增加物理这一学科本身的趣味性。物理学科本身的特点是以实验为基础的一门自然学科，所以我们可以抓住自然两个字，在教学过程中结合生活实际，将物理教学融入生活，从而增加课堂教学的趣味性，学生喜欢学习物理，他们的基础自然就更加殷实，成绩也会有所提高，更重要的是，学生可以做到活学活用，将物理知识应用到生活中，这是更加有意义的事情。

所以本着这个目的，首先笔者带领学生完成了一份调查问卷。学生在问卷中显示约有90％的学生认为物理是一门很重要的学科；有84％的学生表示会认真学习物理。但是，令人难以置信的是，只有63％的学生有信心学好物理，甚至部分学生表示对物理学习完全没有信心。调查结果表明，大多数学生对物理学习还是持积极向上的态度，但部分同学缺乏信心。部分学生表示物理学科过于抽象，在理解方面存在较大困难，对各种实验表示经常混淆。在对物理与生活的联系情况的调查中发现，有54％的学生认为学习物理重要的用处是解决生产、生活中的实际问题；28％的学生学习物理重要的用处是培养自己的逻辑思维、空间想象能力；只有14％认为学习物理重要的用处是考试、升学，没有学生认为学习物理没有用处。但是，令人遗憾的是，约有6％的学生认为物理对自己的思想几乎没有教育意义。在调查中我们发现，93％的学生能在身边找到一些有关的物理知识，但对能运用所学的物理知识解决有关问题显得有些力不从心。

这显然不是一个乐观的调查结果，但接下来笔者并没有放弃。在接下来将近一年的教学过程中，笔者有意识地将更多生活中的问题融入物理教学中。而对于一些问题也有意识地培养学生去生活中寻找答案。虽然教学的侧重点略有改变，但取得的成果是可喜的。学生的学习兴趣得到了明显的提升，更多的学生对于学习物理重拾信心，并且通过和生活实际的联系，使同学们对于原来记不住、理解不了的知识点理解了。在成果检验时，发现学生的物理成绩有了显著的提高，尤其是对于与生活实际相关的各类习题，得分率非常高。同时，学生能够将课堂所学的知识应用与生活中，达到了学以致用的目标。

在课堂教学过程中有一节课讲到透镜，里面有涉及凸面镜和凹面镜的知识，学生反应分不清这两者的区别。笔者就带领学生去观察汽车的后视镜，这是一个凸面镜，它起到了扩大视野的作用。笔者让学生坐在驾驶室里观察后视镜当中的景象，同时，在另一侧放置一个平面镜，学生这时会非常直观地对比出凸面镜和平面镜的区别，而且学生通过实际的直观感受印象会非常深刻。当考试时涉及凸面镜和凹面镜的知识点时，学生的正确率达到了百分之九十以上。

而这并不是个例，压强和浮力这两章在力学中属于较难的部分，而在讲授这部分知识时，笔者尽量做到每个知识点都是通过实验得出的。在讲关于物体的浮沉条件这一节课时，由于难度较大且理解起来比较抽象，在以往的教学过程中，成果不是非常显著，不少学生对于各种变化产生的不同结果，表示理解不了，比较懵。所以，在这次的教学过程中，笔者以实验教学为主。带领学生做了鸡蛋在盐水中的浮沉，葡萄干在雪碧中的浮沉等实验，并且通过学生自己动手实验让学生观察这两者在实验原理中的区别。本来非常抽象的知识点通过实验就变得简单了，并且笔者还要求学生举一反三，去研究水杯在水中的浮沉情况及原因。此外，学生还自制了小船去探究如何增大物体所受的浮力。

同时，我校选择初二学生作为"研究性学习"的对象，成立课外实验探究小组，根据学生提出的问题和猜想，师生互动，把生活中简单的原理与复杂的物理联系起来，老师指导学生自行设计"利用力传感器验证热胀冷缩实验""探究一对相互作用力之间的关系""探究电磁感应现象"等课本内外的一些趣味性实验，在课余时间充分实施师生互动，共同探究这些趣味实验，充分调动学生的学习热情。而在探究过程中，我校教师秉承着以学生为主题的理念，由学生提出探究问题，设计探究方案，着手进行探究实验。而我们只是起到一个辅助引导的作用，培养学生的发散思维，从而提高学生的核心素养。

就这样，在长达一年的教学中，笔者有意识地培养学生的实际动手能力，努力地将物理课本与生活实际联系在一起。而学生们也没有辜负笔者的期望，他们经过这一年的学习后，对物理学习的兴趣也得到了明显的提升，以往较为枯燥的理论性知识也记得津津有味，之前，多次反映达到我校学生基础较差的问题也得到了明显的改善。我们要培养学生的自学能力，激发学生的学习热情，丰富学生的学习生活，让物理走向生活，培养学生发现问题、解决问题的能力。

但是，对于学生能力的培养不是一朝一夕，随着社会的进步科技的发展，我们的知识储备也需要不断更新。在实验教学中不断摸索前行，充分将物理教学与实验，与生活实际结合在一起，培养学生的学习能力和动手能力，更会培养学生学习物理的兴趣，从而达到培养学生核心素养的目的。只有这样，才能切实提高物理实验教学的效果，才能在物理实验这一广阔的天地，造就出一批具有创新能力和实践能力的高素质人才。

基于培养学生发展核心素养的
七年级语文教学之管见

杨峥嵘①

培养素质型人才和创新型人才是新一轮基础教育改革的核心，而核心素养的提出，更为基础教育指明了方向。近年来，新一轮基础教育改革不断深入发展，语文教研者对教学模式不断进行改革、创新。语文教学作为素质教育改革的先行者，承担着培养学生核心素养的重要任务。七年级作为中学生承上启下的关键阶段，教师应该注重激发学生的学习兴趣，培养学生的核心素养，由此为学生未来学习和发展奠定扎实基础。现以部编本初中语文七年级教科书为例，简要论述在语文教学中如何发展学生的核心素养。

一、语文核心素养的界定

2016 年 9 月，"核心素养"这一概念正式问世，概括为三大方面、六大素养、十八个基本点。针对学生在学科学习过程中形成的、体现学科本质的、具有一般发展属性的品质与能力又提出了学科核心素养的概念。新课程标准（2017 版）提到"语文学科核心素养主要由语言建构与运用，思维发展与提升，审美鉴赏与创造，文化传承与理解四方面构成"。它们应贯穿于语文教学的各个环节，当然，也是语文教学最终应达到的目标。

语文学科对学生核心素养的培养，主要源自学生本身在听说读写实践中的认知、摸索、积累、体悟和运用，是其在老师的引导下发展自我、超越自我进而升华自我的过程。语文学科的核心素养是一种以语文能力为核心的综合素养，其在中、高考中所占的分数比例不容小觑。2016 年部编本初中语文教科书中涵盖着丰富的核心素养教育内容。教学中，老师可以利用科学的教学方法，有意识地对学生进行核心素养教育，以促进学生实现核心素养的发展，进

---

① 杨峥嵘，女，抚顺市教师进修学院一级教师，执教初中语文 2 年，2015 年获"抚顺市优秀共青团员"称号。

而实现全面发展。

二、在语文教学中培养学生的核心素养

现行部编本七年级语文教材由阅读、写作、综合性学习、名著导读、课外古诗词诵读五部分组成。它们是初中语文课堂教学的主体，也是培养学生发展核心素养的关键所在。

1. 培养学生"语言建构与运用"的能力

通过半学期初中语文知识的学习，七年级学生在原有语言积累的基础上，对祖国语言文字的特点及运用规律有了更好的了解，逐步内化为自己的言语经验。安排七年级上册教材中的最后一次"综合性学习——文学部落"，可以充分调动学生的积极性，发挥学生的主动性、能动性，引导学生自主完成学习任务，老师适时引导即可。

"文学部落"由"读书写作交流会""布置文学角"和"创立班刊"三部分组成。引导学生根据自己的兴趣，组建文学兴趣小组，不定期开展读书和写作交流活动，以提升其正确有效地运用祖国语言文字进行沟通交流的能力。老师定期检查兴趣小组的活动记录，给学生提供平台，展示小组的活动成果即可。这样既调动了学生的积极性，又有效地培养了学生对祖国语言文字运用的能力，在准备充分的条件下，更能激发自信，克服胆怯心理。

2. 促进学生"思维发展与提升"

以七年级上册第四单元为例。本单元由三部分组成：阅读、写作和综合性学习。本单元的阅读篇目从不同方面诠释了人生的意义和价值，以使学生感悟人物的理想光辉和人格力量。《纪念白求恩》和《植树的牧羊人》是对人物美好品行的礼赞，老师可以引导学生重点品味人物身上的珍贵品质，思考这些人物具有高贵品格的时代背景和重要价值，从而产生思想共鸣，进而从中获得精神力量；《走一步，再走一步》可以引导学生学会对人生经验进行总结和思考，从生活中的小事获得思维品质的提升；《诫子书》中蕴含着关于修身养德的教育，在体会诸葛亮的谆谆教诲与劝勉中，体会父母对子女深切的期望。

本单元写作的主题紧承阅读课，主题是"思路要清晰"，这就需要引导学生在整体构思、确定写作顺序、列提纲的基础上整体把握所写文章的逻辑性和创造性。

"综合性学习——少年正是读书时"。通过学生填写调查问卷，分析同学之间的差距，以期达到共同研讨促进阅读的效果，以此激发学生的阅读兴趣，养成阅读的好习惯，营造一个良好的读书环境。

三个部分密切联系，层层推进，以积累言语经验为主，促进学生积极主动调动思维能力，提升思维品质。

3. 培养学生"审美鉴赏与创造"的能力

"修身正己"是七年级下册教材第四单元的阅读主题，这一单元从不同角度展现了中华民族的传统美德以及时代对这些美德的呼唤。对于初中生来说，如何才能做到"修身正己"？在教学中培养学生形成正确的审美意识、审美情趣和鉴赏品位尤为重要。要引导学生善于从文学作品中的人物身上汲取营养。

《驿路梨花》按照"我"和老余一晚一早所见所闻的顺序，以"梨花"为线索，围绕"小茅屋的主人到底是谁"这一问题，来设置悬念和误会。通过悬念、误会的安排和展开，讲述边疆人们学习雷锋精神，互相关心、互相帮助的感人故事，赞颂了一种"我为人人，人人为我"的美好道德。阅读这样的文章可以使学生从作品人物身上汲取精神力量，陶冶情操，净化心灵，追求道德修养的更高境界。

《叶圣陶先生二三事》中通过日常生活中的小事，我们体味到一个治学严谨、待人平易、为学谦虚的叶圣陶；《最苦与最乐》中，我们感受到负责任的苦与尽责任的乐；《陋室铭》中，我们看到一个高洁傲岸、安贫乐道的君子；《爱莲说》中，我们结识一种洁身自好、不慕名利的人格。这些都是"美"的事物，引导学生去感受、品味并从中体会正确的审美价值观。

通过正确的引导，促使学生形成正确的审美意识，学会表现美，进而创造美。

4. 激发学生"文化传承与理解"的自豪感

文化是人类所创造的物质财富和精神财富的总和，中华民族五千年的文化，唯有代代传承，才能历久弥新。语文教学承担着文化传承的重要使命。

"家国情怀"是七年级下册第二单元的主题，它是国家和民族的精神凝聚力，培养学生的家国情怀，对防止文化上的民族虚无主义有重要意义。它意味着热爱祖国的语言文化，热爱祖国的大好河山，热爱家乡的土地人民……在物欲横流的今天，培养学生形成正确的人生观、价值观、世界观尤为重要。教学中，通过多种形式调动学生的想象，理解家国之痛，激发出学生内心的爱国主义情感。

《土地的誓言》是为纪念"九一八"十周年而写的抒情散文，文章以倾诉式的语言表达了对故土热烈、深沉的爱。教学时应重视朗读训练，引导学生以声传情，体会战争时期土地沦丧的炽痛，国人深沉的爱国热情。在共鸣中，激发学生努力学习，掌握本领，为祖国的繁荣富强贡献力量。

　　本文主要从语文核心素养的界定和在教学中培养学生的核心素养两方面进行粗浅的论述，以求在部编本新教材中充分体现对学生核心素养的培养，顺应新一轮基础课程改革的趋势，培养全面发展的高素质学生。

依托阅读陶冶初中生道德情操的实践研究

江　南①

所谓"学生发展核心素养",主要指学生应具备的,能够适应终身发展和社会发展需要的必备品格和关键能力。2014 年,教育部研制印发《关于全面深化课程改革,落实立德树人根本任务的意见》,提出"教育部将组织研究提出各学段学生发展核心素养体系,明确学生应具备的适应终身发展和社会发展需要的必备品格和关键能力"。最终确立了六大学生核心素养,其中,健康生活主要是学生在认识自我、发展身心、规划人生等方面的综合表现,具体包括珍爱生命、健全人格、自我管理等基本要点。

初中学生正处在世界观、价值观、人生观形成的重要阶段,而当今世界又飞速发展,越来越呈现出多元化,如何通过学校教育健全青少年人格,增强自我情绪等方面管理,是摆在我们教育工作者面前的一个亟待解决的问题。笔者是一名初中语文教师,在学校教育诸多学科中,语文学科已经自觉地在教学过程中承担起了美育的任务,如何依托阅读来陶冶中学生的道德情操是值得我们语文教师思考并实践的课题。

那么,怎样依托阅读来陶冶学生的道德情操呢?是将语文课上成政治思想课吗?是教师侃侃而谈什么是自然美,何为情感美,哪里是品质美吗?那种"贴标签"式的说教与"陶冶"二字无关。"随风潜入夜,润物细无声。"笔者觉得,这是对语文阅读如何陶冶学生道德情操最好的诠释,教师应该在学生学习过程中唤起他们的情感体验,潜移默化地引领他们感受到美,进而使学生情感得到升华,心灵得到滋养。

人文内涵丰富的文章现在已经成为语文教材不可缺少的一部分。因此,笔者以新课标要求为依据,对"如何依托阅读陶冶中学生道德情操"初步探究如下。

---

① 江南,女,抚顺市第二十七中学一级教师,执教初中语文 17 年,2016 年获"辽宁省初中语文青年教师'金普杯'优秀课评选一等奖"。

一、天生浪漫拥有美

语文，本应是拥有浪漫情怀的学科。从古至今，不管是"蒹葭苍苍，白露为霜。所谓伊人，在水一方"具有朦胧之美的浪漫情怀，还是"长风破浪会有时，直挂云帆济沧海"拥有壮志凌云的豪迈之志，无不彰显着语文深邃的思想、高尚的情怀、无限的遐思。而作为一名语文教师，只有自身具有些浪漫情怀，才能热爱生活、热爱语文，才能作为美的拥有者、传播者，引导学生去发现美、感悟美、歌颂美。

二、创设情境走进美

在教学中，我们往往只重视培养学生逻辑思维的能力，而忽略了发展他们的情感思维和想象力。这就要求教师积极为学生创设情境，引导他们进入阅读中，引起情感上的共鸣，享受精神上的愉悦。在教学中，教师应注意引导学生认真阅读，结合自己的情感经验去感知、感受美。

在教学《黄河颂》一课时，笔者结合多媒体课件向学生介绍了黄河："黄河发源于青藏高原，流经我国九个省份，最后注入渤海。她将我们炎黄子孙紧紧联系起来，黄河流域经历了无数次的战争，黄河流域产生了中华文明。黄河是我们的母亲河！同学们，你心中的黄河又是怎样的呢？或者听了老师的介绍，你有什么感想要与我们分享呢？"如此，对黄河的介绍由地理到人文，由具体到抽象，把学生带入到波澜壮阔的意境中去，使他们的精神为之亢奋，迅速进入本课学习的情境中去。

三、动情诵读感受美

有感情地诵读是学生感知阅读材料的主要方式和获得审美情趣的基本途径。美读将无声的文字化为有情感的语言，传达了文字所承载的作者的情感。通过有感情的诵读，学生可以直接受到作品的感染，获得直接的审美享受。

在美读《黄河颂》时，笔者借助有感情的诵读，通过对重音、语速、语调等的把握引导学生体会情感，如重读"望""奔""掀""劈"等词语，体会黄河磅礴壮阔、锐不可当的气势，通过动情地诵读让学生陶醉在声音中，感受到中华民族自强不息、坚强不屈的精神，提升学生的语文素养。最后，利用对诗歌的朗读，思考、渗透情感态度价值观教育，增强了中华民族的自豪感。总之，在整个教学过程中，通过不同形式的动情诵读，让学生理解课文，感悟爱国情感，进而陶冶学生道德情操。

四、以情激情传递美

道德情操教育即美感教育，情感是关键。教师还要注意逐步启发、引导学生自己去发现美、创造美。作为情感的传递者，教师首先要"入情"，注意形式美对表现文章内容的作用，品味其内容与形式的完美统一。

教学《黄河颂》一课时，为了引起学生情感上的共鸣，加深学生对诗歌的印象，体会诗歌的音乐美，笔者进行了有感情地朗读，让学生体会黄河磅礴的气势，将浓浓的爱国情感传递给学生，进而产生有感情诵读的欲望，激发他们的爱国情感。

讲授《春望》一课，"国破山河在，城春草木深。感时花溅泪，恨别鸟惊心。"通过充满悲愤的诵读就将一幅满目疮痍的衰败景象展现在学生面前，进而引导他们与诗人急欲传达的情感产生共鸣。正是有了这种对诗歌感情基调的全面体察，学生的心弦才会被拨动，感受诗意，沐浴情感。总之，唯有自己动情，才能打动学生、感染学生。

五、仔细推敲感悟美

语文教学不仅仅要让学生读懂文章写了什么内容，还要让他们明白作者是怎样写的，引导学生品读、赏析作品的语言美。

教学《黄河颂》时，通过对重点词句的品读，加深学生对黄河形象、精神的理解，同时，培养学生的诗歌鉴赏能力。朱自清《春》这篇散文的景物描写可谓如诗如画。其中，描写小草破土而出时用了一个"钻"，赋予了小草人的情态，不仅写出了小草的韧劲，还显得生动形象；其中，"嫩嫩的，绿绿的"等叠词的运用，又赋予了散文音乐美……在教学时，通过了解景物描写特点，体会作者字里行间对家乡的爱，对自然的爱，对生活的爱。总之，指导学生理解词句在具体语言环境中的表达效果，汲取语言的营养，逐步提高驾驭运用祖国语言文字的能力。

六、关注学情运用美

"阅读"不仅仅局限于课堂上，作为教师既要守好"三尺讲台"教书，又要时刻关注学生育人。作为一名教师要"目中有人",时刻把学生放在心里。

"白日不到处,青春恰自来。苔花如米小,也学牡丹开。"《苔》这首小诗虽短却意蕴丰富。面对刚升入初中的学生,经过观察,笔者发现他们或多或少存在着种种原因造成的自卑心理。简单地说教也许会适得其反,于是,笔者和学生们一起学习了这首诗,没有过多的宣讲,只是美美地读,学生就能有所感悟:我们不要小看了自己!以后的一段时间,笔者发现那些有自卑思想的学生正在悄悄地发生着转变,笔者甚是欣慰,笔者无从知道这一段经历会给他们今后的人生带来怎样的改变,但笔者坚信:温暖、信心、力量会引领他们一直向前。作为教育工作者的我们所要做的就是要帮助他们找到生命的价值,一起等待生命之花绽放的那一刻!

七、有始有终升华美

"文学的本质是始于情感,而终于情感的",所以对学生情感的陶冶要尽可能地贯穿课堂始终,由积极创设情境为始,以情感升华为终。

在教授《登勃朗峰》一课时,笔者动情诵读诗人雪莱《勃朗峰》一诗,引领学生走进巍峨雄壮的阿尔卑斯山之巅,进而欣赏勃朗峰满目华彩、变化莫测的自然美景;体验妙趣横生、惊险刺激的有趣旅程;感受作者乐观、自信、洒脱、幽默的人生态度;最后将学生的板书连缀成一首小诗——《登勃朗峰》。在师生充满自信激情的诵读声中结束本课,既在结构上形成了本课的首尾呼应,又从情感上进行了升华。至此,作者的情感、教师的真情、学生创造的快乐都融合在了一起,作品中浓浓的人文情怀、学生满满的成功体验将成为他们永远的烙印。

总之,语文应该是美的。语文教师应该积极创设出温馨、和谐、美妙的课堂氛围,要关注学生的心灵成长。我们的生活中并不缺少美,这种美存在于我们的一言一行,我们的日常活动中。作为美的发现者、开发者、传递者,教师要善于运用一切资源,把"美美地阅读,深深地感悟"作为我们语文课堂所必须承担的责任,让学生在潜移默化中受到道德情操上的陶冶,从而培养学生的核心素养。

提高中学生语文核心素养，
从作文教学师生互动开始

关 娜①

自 2014 年党的十八大提出"中国学生核心素养"以来，立德树人的要求落到了实处。根据教育部的要求，教师是承担并实施这一责任的主要责任人。而作为一个语文老师的笔者则更关注语文学科的核心素养。

语文学科作为基础学科，它的核心素养由语言的建构、文化的理解、思维的发展和审美的鉴赏组成。其中，"语言建构与运用"和"思维发展与创新"分别关注的是普通话的工具性和思考性；"审美鉴赏与创造"和"文化传承与理解"分别侧重国文的思想性和文化性。这些素养的提升绝不是一朝一夕可以实现，想要全面提高学生的语文核心素养，笔者想从浅处着手，抓到实处才更有操作性。下面，笔者就说说笔者是如何结合实际教学，把作文教学作为最好的一块前沿阵地，真正达到全面提高学生语文素养的。

毋庸置疑，作文水平的高低是最能体现一个学生语文水平高低的。从"语言的建构与运用"上说，它包括积累、系统、交际、评价等语言基础素养。这些从一个学生的作文都能有所体现。而在语文课堂上，作文教学虽一直是重点却也是难点。如何提高学生的作文水平，如何全面提升学生的语文素养，成了每个语文老师心中的难题。而笔者尝试了在作文教学中师生互动的教学方式。让师生不再把作文当成孤立的个体，而是把它作为连接师生关系的纽带，促进师生情感交流的阵地，实现"教师——作文——学生"一体化，进而促进学生语文素养的全面提高，达到教师、学生、作文、语文素养的有力整合。

那么，如何在作文教学中实现师生互动，来提高学生的作文水平，从而提高学生语文核心素养呢？笔者觉得教师可以尝试按以下三个步骤进行。

---

① 关娜，女，抚顺市第十八中学一级教师，执教中学语文 18 年，2017 年获"市评优课一等奖"。

226 ｜ 中小学生核心素养发展的实践探索 ｜

一、交流式师生互动——从培养学生的读书兴趣入手，提高学生语言和思维的发展，接受文化的传承

书是最直接体现我们汉语言文化优美深远、博大精深的载体。让学生喜欢写，先要喜欢读。笔者推荐教师自己设计一本读书笔记，以适应自己所教的学生特点。笔者本人是从七年级开始，就给每个学生发一个读书随笔本。这个本子由两部分组成，正面是读书随笔，笔者给它起名叫"我的心中每天开出一朵花"，背面是读书笔记，封面为"一棵开花的树"。正面第一页就罗列了在本学年笔者向孩子们推荐的好书。从童话到散文，从古代到当代，从国内到国外……尽量满足孩子们对各类图书的喜好，让学生自选感兴趣的书来阅读，然后每周写两篇读书随笔。随笔内容包括书名、作者、读书时间、读书章节、我喜欢的句子、我的感受、评论、积累的美句这几个部分。要求每个月要读完一本书，然后写一篇"读书笔记"。写完一篇上交给笔者，笔者根据孩子对书中的内容回批。回批中，写出笔者对此内容的理解和感悟，同时，也点出学生笔记成熟的地方与不足之处。这样，形成一个最基本的交流式师生互动。学生通过这种互动积累了较为丰富的语言材料，并理解掌握了语言文字运用的基本规律，从而达到在语言实践中自觉运用的目的。

通过读书交流，学生和笔者成了知心的朋友。学生因为信任笔者，进而信任笔者的推荐。笔者又定期举办读书交流会，给孩子们畅所欲言的机会，提高学生在具体的语言情境中能有效地运用口头语言与不同的对象交流沟通的能力。

学生通过读书，获得对语言和文学形象最直觉的体验，在阅读与鉴赏、表达与交流、梳理与探究活动中丰富了对现实生活和文学形象的感受与理解，丰富自己的经验与语言表达；形成自己对语言和文学的认识，这样，思维也得到了发展和提升。

同时，读书是学生最直接地继承中华优秀传统文化，理解、借鉴不同民俗和地区文化的方法。他们在读书中理解并认同了中华文化，形成热爱中华文化的感情。例如，笔者班在举办共同读一本书的活动中，全班共同攻克《明朝那些事儿》这套书。学生对中国历史有了高度关注，他们不断地查找各种资格来验证那段历史，又通过不断地验证，对我们中国文化有了更深入的了解，初步形成了个人与国家、个人与社会的关系的认识，并产生了一些具体的思考，同时，增强了为民族振兴而努力的使命感和社会责任感。

二、指导式师生互动——从作文的分块教学入手，提高学生审美的鉴赏素养

作文的分块教学方便学生接受和掌握，也方便教师讲授，逐一攻破学生的写作难点。教师可以从开头——结尾——审题——选材——立意——细节——动作描写——神态描写——语言描写——外貌描写等分段教学，然后整合。还可以按教材的写作要求制定学期目标，分段整合教学。比如，七年级时，笔者制定的写作目标如下：①能用心感受周围的生活，捕捉美好的、有趣的、有瞬间，记录下自己的感受与体验。②能清楚记叙事件，或者能完整描写景物，能在此基础上适当抒情，抒发自己的真实感受。③能围绕一个中心选材，并采用一定的写作顺序。④表义要准确，语句连贯。尽量不出现错字和病句。而八年级的作文要求就是这样：①提高写记叙文的能力，做到内容具体，详略得当。②学会写简单的说明文，能抓住说明对象的特征进行说明，能采用适当地说明方法进行说明，体会说明文语言简洁、准确的特点。③学会在记叙文中适当的说理，使自己的文章更有深度，引人深思。④学习写消息。

教师最好把一个学期的作文要求直接打印在作文纸上，使学生从开始写就明确本学期的写作任务。而在每次作文前，也把本次作文的要求加在上面。这样有的放矢，方便学生慢慢地从学习写作文到最终学会写作文。

因为每次的作文目标明确，学生写作起来相对简单一些，更因为有了明确的目标，教师的批语也更能"一针见血"。而教师的一次次指导，可以使学生的作文水平有质的飞跃。在这次的师生互动中，可以要求学生先打草稿，然后教师进行首轮批改。这第一轮基本指出的都是十分"致命"的错误。比如，选材不当，中心不突出，人物平面化，结构混乱，文体模糊，字数不够等。教师把这样的错误勾画出来，并提出修改意见。不合格的作文返回去请学生按修改意见重写。有些错误特别严重的，或者干脆不成文的，教师最好单独找出来和学生面对面交流一次，个别进行指导。学生修改后再上交上来，教师要进行第二轮批改。这轮要求教师开始指出学生作文上比较细致的问题。比如，语言啰唆，或者过于平淡；修饰手法运用不当或者干脆没有；段落划分不够清楚；人物形象不够鲜明，详略不得当等。还是按照第一轮一样，把问题划出来，并提出改进方法。然后学生进行第三次修改……就这样一轮一轮地批改下来，教师的每一次指导都给了学生修改的方向，学生就会在不知不觉中使自己的作文臻向完美。在指导性师生互动中有两个问题需要注意。一是评语中要先有肯定再有否定。无论学生写得多么不尽人意，每次的指导都要先指出他优秀的地方。

这样，学生才会心甘情愿地接受你的指正。二是面对不同的学生，教师的要求也要有所不同，毕竟水平有参差，建议每个孩子的每一篇作文修改不要超过四次，否则，会挫伤学生写作文的自信心和积极性。

作文修改成形后，在方便的情况下，为学生提供质地好些的作文纸。如果是和中考一致的 A3 作文格纸就更好。（经笔者观察，纸张的好坏直接影响到学生对作文誊抄的态度。）请学生把自己的文章工工整整地誊抄上去。学生在誊抄时会感受到中国汉字独特的美，体会自己对祖国语言文字的热爱。

通过指导示的师生互动，老师一次次地和学生或笔头或口头上进行沟通，能给每个学生以最切实的指导。学生的进步是可想而知的。学生会写作文了，就自然爱写作文了。他们能通过作文来表达自己对美好事物的情感、态度和观念；他们能通过作文表现和创造自己心中的美好形象，从而提高了他们的审美鉴赏与创造素养

三、点拨式师生互动——从师生共同批阅作文入手，进一步提高学生的审美素养。

第三步要在指导式师生互动有了一定基础后才能进行。学生基本掌握应该如何鉴别一篇作文的好坏的方法后，就会产生批改的愿望。这时，老师可以开始领着他们进行互批互改了。最开始，可以先选出一份比较中规中矩的作文，作为范文下发到学生手里。然后，大家一起来指出优点，挑出毛病。接着再把经验用到自己的作文上。这样一来，学生们就有了自我的鉴赏能力了，还会和老师进行互批的交流。比如有一次，我们刚学完《紫藤萝瀑布》，为了训练学生的观察能力与创新思维，笔者故意布置了相同的作文内容——写一种植物。有一个同学没有像其他同学一样，运用仿写的方法细致地写家中的一盆花，一种草，而是写了自己几次路过月牙岛时看见的那些生长在岛中的小树，被那些小树顽强的求生欲望和坚韧的品格所感染，从而表达自己对这些小树的喜欢和赞美。而他在自己的自批中这样写道："本文围绕月牙岛上的小树写了它们的生长姿态和生长过程，但没有像仿文中一样，写得十分生动细致，只是写出了给人的整体感受。因为我是远远地看着这些孤岛中的树，感受它们求生的欲望与坚韧的品格。可是，似乎不符合这次作文的要求，但却是我的所见所感。"而在学生的互批中，也有同学这样写："本文抓住月牙岛上的小树生长的景象，语言很优美，通过前后对比，让人仿佛也看见这些小树挣扎生存的毅力和勇气。但是，本次作文要求仿写一种植物，文中却缺少对这些小树细致的描写，可是，如果细致地写孤岛上的那些树，似乎又有些假，实在难以判断。"从学

生的自批和互批中可以看出，学生对此次作文的写作方法认识有误差，竟以为仿写一种植物，写法就必须和原文一致，人家细致描写我们写就也必须细致，反而忽略了描写是为了抒情，更好地展现主旨的目的。他们都犯了注重形式大于内容的错误。于是，笔者在回批中这样写道："其实，我们写一种植物，是为了通过描写这种植物来赞美一种品格或者抒发自己对生命的感悟。虽然说是仿写，但并不一定要完完全全模仿作家的写法，反而是学习到作者文章中的精髓，也就是作者对生命的感悟和认识更重要。而本文能通过对小树的观察，它的生长情况的前后对比，表现出对生命力的赞叹，不是正符合要求吗?"。如此一来，既纠正了学生批改中的失误，又指导了写作方法；既发挥教师的指导作用，又培养学生的合作精神，最重要的是，学生通过不断地自批互批，形成了自觉的审美意识和审美能力，养成高雅的审美情趣和高尚的品位。

　　构成语文核心素养的四个方面是一个整体，在教学中并不能真正把这四个方面分开来进行。它们彼此之间相互融合，相互依存，相辅相成。在作文教学中，学生运用语言的能力能得到最大程度的锻炼，学科素质能得到全方位的提高。我们老师，要灵活使用各种教法，使学生的作文"活"起来，把学生的语文核心素养提升起来。

让"数学核心素养"成为数学教学的"魂"

牛　村①

随着《中国学生发展核心素养》总体框架的建构,"学科核心素养"成为时下教育的热词之一,"数学核心素养"一词应运而生。"数学核心素养"是具有数学基本特征的适应个人终身发展和社会发展需要的人的关键能力和思维品质。"数学核心素养"与现行的义务教育《数学课程标准》中关于数学素养的表述有怎样的关系,数学教学需要如何应对?数学教师值得深入学习与思考。

一、"数学核心素养"的教育价值

大自然是一本伟大的书,是用数学语言写成的,自然界中的一切事物,都有"数"和"形"两个侧面。数学所描述的数量关系与空间形式自然成为物理、化学、生物等学科领域的重要基础。数学也与我们的生活密不可分。我们日常接触的种类繁多的数字,如用于流通的货币面值,物体的高度、重量、周长、体积,天气预报的温度值,统计报告中的百分比,商品的售价、折扣等,不胜枚举。而数字间的比较、运算也为我们分析问题提供依据。特别是大数据时代对数据的收集分析,使生活数字化,量化生活。对于几何图形及其性质的运用随处可见,如家居、道路桥梁、建筑物的设计,产品的设计等。周围事物满眼的"数"与"形",相对于语文学科语言文字的具体,物理、化学学科理论的抽象,数学学科具体与抽象兼而有之。由此,"数学核心素养"的教育价值可见一斑。

二、"数学核心素养"的研究现状

我国教育专家们关于"数学核心素养"进行了大量的理论与实践的研究。

---

① 牛村,女,抚顺市育才中学一级教师,执教初中数学21年,2014年获"抚顺市教育系统'雷锋式教师'"荣誉称号。

许多在一线教学的中学数学教师也纷纷参与到研究中来，他们积累的教学经验可供广大数学教师学习借鉴。"数学核心素养"是在"数学素养""数学素养核心词"基础之上聚析而成。从"数学素养"到"数学素养核心词"再到"数学核心素养"是一个提升的过程，是一脉相承的。目前，高中学段"数学核心素养"目标六个方面写进了高中《数学课程标准》。初中学段目前在《数学课程标准》中的表述概括为 10 个核心词。由于中学阶段数学教材内容的编写采用螺旋上升的方式，所以高中学段"数学核心素养"目标六个方面，对初中学段具有一定的导向性。教育专家们对高中"数学核心素养"六个方面和初中《数学课程标准》中有关数学素养核心词比对，使教师们对学生"数学核心素养"的培养目标更加清晰明确。

初中 2011 版课标 10 个核心词	高中阶段 6 个核心素养	对应学科领域
数感、符号意识	数学抽象	数学的特点
推理能力	逻辑推理	
模型思想	数学建模	
运算能力	数学运算	数与代数
空间观念、几何直观	直观想象	图形与几何
数据分析观念	数据分析	统计与概率
应用意识、创新意识	为适应时代发展对人才的需要而提出	

三、数学课堂教学是培养学生"数学核心素养"的主要途径

"数学核心素养"是"中国学生发展核心素养"的重要方面之一。数学素养是个人发展适应社会发展的必要品质。数学课堂是学生学习数学知识的主要场所，学生通过课堂学习获得必备的数学知识和数学思维品质。数学课堂教学是培养学生"数学核心素养"的主要途径，这一点毋庸置疑。数学课堂不仅是异彩纷呈的教学评优课堂和引领示范的教学观摩课堂，在大量的常态课堂教学中，更需要教师对知识内容中蕴含的数学思想方法的精准把握，学生在数学素养方面通过"量"的积累来达成"质"的飞跃。所以，数学教师在课堂教学中要紧紧抓住教学知识方法与培养数学素养的"明"与"暗"两条主线，引领学生积极参与到课堂教学活动中来，使学生在获得知识技能、感悟思想方法的过程中，逐步培养提升自身的数学素养，让"数学核心素养"成为数学教学的"魂"，作为一线数学教师的我们责无旁贷。

让我们以人教版七年级下册《8.1 二元一次方程组》这节常态课教学实录片段为例，看培养"数学核心素养"课堂教学应对的切入点。

切入一：教学目标。结合知识内容，细化"数学核心素养"目标。

教学目标：

（1）能说出二元一次方程（组）和解的概念，会检验所给的一组未知数的值是否是二元一次方程（组）的解。

（2）通过实例认识二元一次方程（组）都是反映数量关系的重要数学模型，能设两个未知数并列方程组表示实际问题中的等量关系。

（3）提高分析问题、解决问题的能力。

教学目标的设计依据《数学课程标准》中的相关要求，结合学生学习实际情况，从知识技能、数学思考、问题解决和情感态度等方面来制定，目标中突出数学思想方法，明确要培养学生的数学思维品质。本节课教师围绕二元一次方程（组）及解的概念，在设计教学过程时紧紧抓住"数学建模"这一"数学核心素养"来导入并建立二元一次方程（组）这一方程模型。

切入二：教学过程。通过知识生成过程，渗透"数学核心素养"，引导学生感悟提升数学素养。

创设情境导入新课：

师：篮球联赛中，每场比赛都要分出胜负，每队胜 1 场得 2 分，负 1 场得 1 分。某队为了争取较好名次，想在全部 22 场比赛中得到 40 分，那么，这个队胜负场数应分别是多少？

生：设这个队胜 x 场，根据题意得，$2x+（22-x）=40$。

……

教师由学生熟悉的篮球比赛情境导入新课，让学生在问题情境中体会数学问题就在身边，要勤于发现。学生分析数量关系的过程就是从实际问题中抽象出数学问题的过程。解决实际问题的过程向学生渗透了数学的应用意识。教师以学生的认知为起点，由学生已有的一元一次方程的知识入手，接下来，教师提出设 x、y 两个未知量解决的新问题，目的是渗透新旧知识的联系，即二元一次方程（组）与一元一方程的联系，把学生已有认知作为本节课思维延伸的生长点。

二元一次方程（组）的概念：

师：题目中有哪些同时满足的条件？设胜的场数是 x，负的场数是 y，用方程怎样表示？

生：$x+y=22$　①，$2x+y=40$　②。

师：请你观察这两个方程与一元一次方程有什么不同？试给这样的方程下

个定义。

……

师：题中未知数 x、y 同时满足方程，可写成 $\begin{cases} x+y=22 \\ 2x+y=40 \end{cases}$

像这样，把两个二元一次方程合在一起，就组成了一个二元一次方程组。如果两个一次方程合起来共有两个未知数，那么，它们也组成一个二元一次方程组，如 $\begin{cases} x=2 \\ x+y=4 \end{cases}$ 和 $\begin{cases} x=1 \\ y=2 \end{cases}$

……

学生根据题目中文字叙述，分析找到等量关系，把等量关系"翻译"为数学符号，根据题设的两个未知量，由题目中两个等量关系得到两个方程。学生通过观察所列出方程的特点，发现这是不同于一元一次方程的新的方程类型，学生观察发现的过程就是他们在头脑中比较分类的过程。类比一元一次方程得到二元一次方程的定义。引例中的问题用已有的一元一次方程知识来解决，也体现二元一次方程（组）与一元一次方程的密切联系，也为后续学习二元一次方程组的解法中的"消元"思想，即化"二元"为"一元"做好铺垫。

二元一次方程（组）的解的概念：

师：探究满足方程①，且符合实际意义的 x，y 的值有哪些？填表。

x															
y															

师：上表中哪对 x，y 的值还满足方程②？

生：$x=18$，$y=4$ 既满足方程①，又满足方程②。

师：我们把 $x=18$，$y=4$ 叫作二元一次方程组 $\begin{cases} x+y=22 \\ 2x+y=40 \end{cases}$ 的解，记作 $\begin{cases} x=18 \\ y=4 \end{cases}$ 一般地，二元一次方程组的两个方程的公共解，叫作二元一次方程组的解。

……

二元一次方程（组）的解的探究环节，教师设计目的是促进学生积极主动思考，在寻"解"过程中加深对二元一次方程的解的理解。探究活动激发兴趣，使概念学习生动起来，有利于培养学生探索求知意识，有利于发挥学生学习主动性，使学生向自主学习迈出宝贵一步。

切入三：课堂练习与小结。通过运用知识分析解决问题、归纳总结知识方法，学生进一步感悟提升数学素养。

课堂练习：

（1）下列各式：①$x+y+z=5$，②$5x+7=x-2y$，③$\frac{1}{x}+4y=8$，

④$5x-7y$，⑤$x^2-y^2=6$，⑥属于二元一次方程的有_____.

（2）已知$x=2$，$y=2$是方程$ax-2y=4$的解，则$a=$_____.

（3）关于x的方程$6x^{3m+2}+y^{3n-2m}=15$是二元一次方程，则$m+n$
=_____.

（4）方程$5x+2y=27$的正整数解为_____.

（5）方程组①～④中是二元一次方程组的有_____.

① $\begin{cases} 2x-y=7 \\ 3y=2z-1 \end{cases}$ ② $\begin{cases} x+y=5 \\ xy=6 \end{cases}$ ③ $\begin{cases} 2x-y=3 \\ y=3 \end{cases}$ ④ $\begin{cases} x+y=\dfrac{2}{3} \\ \dfrac{1}{x}+6=1 \end{cases}$

（6）花店新进一批鲜花，其中，玫瑰花和百合花一共500枝，玫瑰花每枝卖1元，百合花每枝卖2元，全部售完收入700元。设玫瑰花x枝，百合花y枝，根据题意可列方程组为_____.

……

课堂跟进练习中，习题围绕新知学习的先后顺序设计，目的让学生回顾整个课堂学习的过程，让学生在新知运用中进一步体会分析问题、解决问题过程中的数学思想方法。怎样解题，是对学生数学思维训练的有效途径，训练学生思维的严谨性、灵活性、全面性、思辨性、联想力和数字的敏感度，发散思维、逆向思维和逻辑思维等。在经历知识形成过程之后进行的练习，学以致用，反馈新知、查缺补漏，特别是实际应用问题的解决可以进一步渗透给学生数学的应用意识，使学生进一步体会数学知识来源于生活，数学知识服务于生活。

方程模型是数学模型之一。本节课突出了数学建模思想，从篮球比赛问题背景中抽象出数学问题，通过建立方程模型，引入新概念二元一次方程（组），类比一元一次方程模型，建立二元一次方程（组）模型，使学生逐步完善方程模型体系。当然，以一节课堂教学内容为载体渗透数学思想方法，不可能面面俱到，而且学生的认知水平，接受新知能力的差异，都是能否掌握数学思想方法的影响因素。如果教师能结合教学内容的特点，一节课把握一或两个方面的"数学核心素养"坚持不懈，学生的数学经验会积累得越来越多，学生丰富的数学经验对于"数学核心素养"的理解将会越来越深刻。总之，教师以数学知

识为生长点，延伸数学思想方法，在经历知识生成过程中学生感悟数学思想方法，使学生不断丰富提升自身的数学素养。

培养学生"数学核心素养"，教师主要在日常的数学课堂教学中落实，立足于数学课堂教学。这一点与多年来进行的多种形式的课堂教学改革探索具有一致性。随着课堂教学改革的不断深入，新课改提倡学生课堂教学活动的积极参与，发挥学习的主动性，小组合作学习，打造高效课堂等理念，最终极的目标都是达成"数学核心素养"目标。而这一终极目标的达成，需要我们一线数学教师，加强关于"数学核心素养"理论的学习，勤于思考、勤于实践、勤于反思，"数学核心素养"与"教学目标"做到心中有数，充分发挥课堂的引导、组织的作用，努力在每一节数学课堂中实践与反思。相信长此以往，教学相长，伴随着教师自身数学素养的不断提升，学生自身数学素养也会不断提升。

不可否认，现有的数学教学中的急功近利现象。部分教师关注于分数，追求怎样使学生"拿"高分，为了考题而教学，一味追求结果，"填鸭式"教学忽视学生学习的过程。即使学生在大量解题过程中培养的数学素养，也将是不全面的、不深刻的。显然，以上做法无益于学生的数学素养全面形成与提升，无益于个体发展适应社会发展的需要。中考是教学的指挥棒，这句话没有错。目前，中考数学试题的命题趋向在考查基本知识技能同时加强对数学思想方法、应用意识等数学素养方面的考查。这也为日常数学教学提供指引。怎样解题需要训练，数学素养需要不断地提升。如果数学素养在课堂教学中得到充分的渗透，循序渐进，水到渠成，学生取得好分数会是一种必然。

四、让"数学核心素养"成为数学教学的"魂"

数学学科的学习具有很强的连续性，从幼教的多元智能训练中对数与形的初步认识与分类，到小学六年数学学科的系统学习，再到初中、高中的六年学习，对初等数学的学习为高等数学的学习奠定基础。素养是一个人的内在的精神特质，培养塑造不是一蹴而就的，这样就需要各学段学科教师携起手来。对学生数学素养的培养要伴随整个数学学习过程，每个学段的教师都要用心用力，让学生的素养能力不断完善，螺旋提升。教师立足于课堂教学，让"数学核心素养"成为数学教学的"魂"，不论学生将来在数学专业领域，还是在生活中，让"数学核心素养"带给他们不一样的眼光和不一样的思维。

浅谈基于核心素养的历史课堂教学

王慧娟[①]

　　"核心素养"概念一经出现，就引起了社会广泛关注，它被置于深化课程改革、落实立德树人目标的基础地位之上。解读中国学生发展核心素养，它是以培养"全面发展的人"为核心，包括文化基础、自主发展、社会参与三个方面，综合表现为人文底蕴、科学精神、学会学习、健康生活、责任担当、实践创新六大素养，概括地说，学生发展核心素养，主要是指学生应具备的，能够适应终身发展和社会发展需要的必备品格和关键能力；落实"核心素养"是深化基础教育课程改革的重要体现。

　　今天，学生发展核心素养已经从文本解读走向实践探索阶段，其落脚点必然是课堂，而且是适应学生关键能力和必备品格形成的课堂。2018 年 1 月，《中国教师报》刊登题为《2018 核心素养时代的"课堂革命"》的文章，它围绕着"核心素养教学转化的课堂流程设计与实施"这一框题，从课堂流程设计五原则、课堂基本流程改造与实施和构建课堂新生态三个方面，向我们阐释了课堂改革的愿景以及操作流程。课堂教学不仅仅使学生知识技能提升，更是学生思想品质、思维能力、人生观价值观形成的阵地。反思我们的历史课堂教学，如何落实核心素养？如何在"教"与"学"中形成学生成长必备品格和关键能力，是摆在历史教育工作者面前的一个重大课题。

一、彰显历史学科育人功能，促进核心素养达成

　　学生发展核心素养是学科核心素养的更深层次的表现，是指导教学活动的关键所在，更是内化为学生基本素质的关键所在，而核心素养的达成，需要借助历史学科的育人功能的发挥。历史课程从目标来说，它承担着培养学生"怎样做人，做什么样的人"的任务，从课程内容来说，它体现着国家记忆和国家

---

　　① 王慧娟，女，抚顺市教师进修学院初中历史教研员，中学高级教师，从事教研工作 15 年。

意识，这些政治思想、意识形态和价值观念的教育因素，是教学内容所蕴含的，不是外带的、附加的，它的教育功能是得天独厚的。习近平总书记曾指出，"重视历史、研究历史、借鉴历史，可以给人类带来很多了解昨天、把握今天、开创明天的智慧"。如何发挥历史学科的育人优势，落实核心素养这一目标，笔者想应有这样几方面的考虑：一是教学目标的设定，应以重视学生"关键能力和必备品格"为基准。过去，我们的教学常常偏重于认知层面，强调对知识和技能的掌握，而淡化了"情感态度价值观"目标的达成，没有真正发挥出历史学科的教育功能；今天，基于核心素养的课堂教学目标的设定，不仅要关注知识与技能的提高，更应重视学生适应社会发展需要所必备的能力培养以及学生参与社会、有责任、有担当必备品格的培养。二是挖掘教学内容中"德育"的点，促进学生必备品格的养成。笔者曾经听过成都七中叶德元老师题为"立德树人与历史教学的深度融合"的报告，他的观点是"做有温度的教师，上有温度的历史课"。他在教学实践中注意挖掘历史课程中"德育点"，从"优秀人物（典型事件）中学习人的精神品质"，从"历史上的民族融合、反侵略的斗争体现家国情怀"，从"中国五千年的文明传承增强民族自信、文化自信"，从"家乡的历史文化中培养热爱家乡、建设家乡的情感"，他的做法值得我们深思。历史浩如烟海、博大精深，教师要善于挖掘，抓住灵魂，寻找切实可行的切入点，当知识的呈现恰好适合学生的时候，知识就会和学生学习的兴趣点实现精准链接，就能触动学生的情感，调动学生学习的欲望和参与意识，从中获取知识、收获感悟、启迪智慧，这样就能将培养学生学科核心素养的目标在课堂上达成。三是教师的潜移默化的影响。核心素养教育下的教师要重新审视自己的作用，定位自己的角色。教师的天职是"教书育人"，教书是途径，育人是根本。从教学角度，教师不能只做教书匠，要善于利用课堂，抓住教育契机，充分利用教育资源，给学生适合的教育；从教师自身来说，首先，一定要有政治意识、国家意识、民族意识、社会意识等，时刻想着自己的育人职责，想着学生的发展与民族的未来、与国家的前途有着密切关系；其次，要通过自身的品格，积极乐观的生活态度，心地善良、乐于助人的行为，爱岗敬业、勤奋进取的精神，勇于承担社会责任等的品格影响学生、启发学生，从而对学生人生观、价值观起着潜移默化的影响。

二、转变课堂教学方式，培养学生关键能力

传统的课堂教学以知识传授为主要任务和以"记—练—考"为主要特征的教学方式、模式，几乎阻断了学生思维空间，学习知识成为枯燥乏味的负担。

随着课程改革的不断深入，这种现象已逐渐减少，但对学生适应社会发展需要的综合能力培养还没有落到实处，核心素养下的课堂教学以激发学生的学习兴趣、引导学生自主学习和培养学生合作学习意识为根本，从而达到教育的最终目标——培养学生具有终身学习的能力。

（1）问题化教与学是培养学生创新思维的基石。"问题化学习"的关键是教师的教学设计，教师通过一个个问题引导学生不断思考、不断解决问题、不断提高认识的学习过程为主线，是让学生在真实的学习过程中思索、探究，在问题与问题的联系中进行知识的碰撞，形成历史认识，或者产生新的问题，再去寻找解决问题的方法和途径，从而培养学生的历史思维、历史意识，提高学生的核心素养。当然，这里问题的设计需要技巧、需要艺术，现以大家都熟悉的五四运动为例：上课开始，教师打破常规的阅读提问的做法，首先出示"人民英雄纪念碑基座上五四运动浮雕"的图片，然后逐次设计三个问题：①如果你是一名导游，当瞻仰"人民英雄纪念碑"时，你将怎样介绍这块浮雕？②如果有游客问你五四运动的雕塑为什么会出现在人民英雄纪念碑上，你会怎样回答？③面对100年前年轻人的作为，你有什么话想说？连续三个问题的追问，实际上解决了五四运动的几个基本知识点，但这种以问题为线索的呈现方式创设了一个类似参观旅游的问题情境，拉近了问题和学生间的距离，让学生有身临其境之感，进而在叙述史实的过程中体会、感悟到五四青年的爱国精神，这种爱国精神的传承，家国情怀的熏陶，就是核心素养要求的学生必备品格的真正落实。所以说，历史是灵动的，不是死记硬背的，情感是发自内心油然而生的，不是老师带着学生一起喊出来的，它给人的启示是精神的、灵魂的。

（2）情境式教学是学生核心素养培育的途径和方法。情景化与问题化是紧密联系的，问题往往产生于情景，真实的生活情景在以核心素养为本的教学中具有重要价值，如果脱离情景，知识就只剩下符号，干瘪、枯燥，泯灭了学生的学习兴趣，运用知识解决问题的能力培养以及利用历史知识所蕴含的人文精神进行的核心素养的培养都无从谈起。前面提到的叶德元老师，把博物馆引进课堂，把学生带到烈士纪念碑前，带到田间、公园，让学生在真实的情境中感受、感悟历史，思考历史，研究历史，提出问题，寻找途径解决问题，培养了学习能力、培养了思维能力。当然，我们不可能每节课都把学生带出校园，但我们可以借助媒体、视频、图片等资料，加以运用，创设情境，思考问题，也可达到一定的目的。例如，讲《秦始皇加强中央集权措施》一课时，有位教师组织学生编演了历史剧《秦国书生出游记》，将书生乘车、住店、买鞋、吃饭的遭遇表演出来，不仅引起学生的兴趣，更让学生在表演中感受到统一文字、度量衡的必要与重要，感悟秦始皇的历史功绩，从而培养学生以唯物史观评价历史人物的能力。作为历史教育还可让学生再进一步思考"学习秦始皇巩固统一措施有什么意义？"让学生在历史的探究中，认识到秦始皇奠定国家统一局面，在中华民族多元一体的发展格局中的重要地位，在大的历史观下更加深刻理解和认识秦始皇的伟大功绩，从而形成对祖国的认同感、中华民族的认同感以及正确的国家观和民族观。

"情境呈现的方式"引领学生走进历史，融入其中，身临其境地感受历史，调动了他们的积极情绪，这种让学生发现问题，提出问题，同时，通过自己的探究活动解决问题的过程，正是学生的思维能力养成的过程。

（3）开展学科实践活动，获得学科素养的提升。《辽宁省义务教育课程设置方案（2016年修订）》明确提出："各学科平均应有不低于10％的学时用于开设学科实践活动课程"。历史学科实践活动课程以培养学生学科核心素养、全面发展、健康成长为总目标。在实践活动中，学生基于已有的学科知识和能力水平通过真实的生活情境和问题情境，去发现问题、思考问题，并运用学科知识与思维方法解决问题，从而加深对历史学科的时空观念、史料实证、历史理解等学科素养的理解，进一步获得人生成长所需要的学科素养，进而提升为学生必备的核心素养。教师要善于抓住契机，如传统节日、社会热点、焦点问题、学生感兴趣的问题等，根据内容确定活动主题，开展多种形式的活动，可以是学生动手制作某一器物，可以是参与社会调查、考察，开展辩论赛，故事会等，学生通过真实的情境体验感受、感悟社会的发展变化，体味社会考察中的严谨与务实，增强社会责任感和使命感，通过实践活动培养学生创新精神、实践能力。这里值得注意的是，学科活动的目的是让学生在亲身经历与实践中建立起与历史知识之间的联系，形成历史认识，因而实践活动不仅要体现综合性、实践性的原则，更要体现学生主体性原则，尊重学生的主动精神，让学生成为活动的主体。

三、引导学生学会学习，提高终身学习力

随着课程改革的不断深入，课堂教学方式、学生学习方式的改变成为落实核心素养的重要途径，引导学生学会学习，提高终身学习力成为课堂教学的重要目标。自主学习和合作探究式学习，是学生学习方式转变的主要表现，它所重视的是对学生问题意识和解决问题能力的培养，如何引导学生开展自主学习和合作学习呢？首先，教师的活动设计，一是要围绕学生自主学习产生问题、自主或合作解决问题为主线去设计，教师将一个个问题以问题链的形式呈现，

让学生在研究过程中，一步步解决问题，并形成整体认识。二是教师引导学生采用各种学习策略，开展独立自主学习，经过思考、研究，解决问题。这里值得注意的是，教师始终是引领者、指导者，既不能包办代替，也不能放手、无目的让学生自学，放任自流是不行的。其次，教师要时刻关注学生问题生成、实践、操作、思维转化、问题解决的全过程，指导并促进他们由浅入深、由表及里地进行学习探索，进而得出结论。再次，教师要适时地指导学生收集资料、整理资料、利用资料解决问题。学生在自主合作学习过程中采用不同的学习策略，自主以解决简单问题，合作以解决复杂问题，进而形成独立思考、实践和学习能力。

探究式学习方式是解决疑难问题、学习跨学科的综合性课程的重要方式。学生不能独立解决的问题，一般要在教师指导下，通过合作探究的方式开展研究性学习。它要求学生必须活学活用学科知识和技能，研究解决问题。当然，这种探究式学习不是盲目的，而有是计划、有组织、有主题的活动。教师根据学情、根据学生的兴趣特征、根据学生的认知规律，提出学习主题，将学生分成小组，各小组自愿组合，选出小组长，由各小组长带领，共同完成研究任务。各小组将研究结果汇总、制作PPT，选派代表进行汇报，最后进行评价总结。这样的探究活动使学生由过去的"死记硬背"转变为主动参与，有利于学生问题意识的培养、创新精神的培养以及发现问题、分析问题和解决实际问题能力的培养。

四、课堂教学评价，要向培养人的核心素养的评价角度拓展

课堂教学评价由于中考指挥棒的影响，主要围绕学科知识和技能的掌握展开，而忽视了历史课程对学生人生观、价值观形成的作用。考试评价的单一性，无法全面贯彻落实"立德树人"的根本任务，"一个具备'核心素养'的人与单纯的'考高分'并不能画等号"。基于"核心素养"的课堂教学评价将使"评价促进人的发展"这一理念变得更为突出。建立多维度、多角度、多层次的评价体系是深化课程改革、发展学生核心素养的需要和保证。

核心素养在课堂教学中的落实，必将是一个艰难、曲折的过程，传统的课堂教学模式在应试教育下仍然占据着重要的地位，不容忽视；历史教师承载着课堂教学的育人职责，面对挑战，努力为培养学生适应终身发展和社会发展需要的必备品格和关键能力做出贡献。

核心素养与德育渗透：做有温度的历史老师

于艳军[①]

党的十八大首次把"立德树人"写入全国代表大会报告，明确为现代教育的根本任务，又在 2014 年 3 月教育部印发的《关于全面深化课程改革，落实立德树人根本任务》意见中首次提出了核心素养这一概念，至此，核心素养置于"未来基础教育改革之灵魂"的地位。"核心素养"主要是指学生应具备的，能够适应终身发展和社会发展需要的必备品格和关键能力。核心素养的达成，也依赖学科独特育人功能的发挥、学科本质魅力的发掘，只有乘上富有活力的学科教学之筏，才能顺利抵达核心素养的彼岸。而我们作为一名基础教育的历史老师更应该跟上时代的步伐，符合现实的需要，承担老师育人的责任，让自己"花样百出"的授课，实现历史的传承，达成历史学科核心素养的目标。

一、首先，做有温度的人——温暖学生

"真实"的教育需要我们敬畏孩子、敬畏规律、敬畏生命。如果我们自己冷冰冰，把自己放在让学生望而生畏的位置上，我们的言传身教就会适得其反，如果我们的"爱"变得没有敬畏，就会做出傻事。中国教育咨询委员会委员、中国教育学会名誉会长顾明远说：让学生感到幸福的老师就是好老师。我们要做的是让自己先"温暖"起来，然后才能"温暖"学生，才能使之亲其师，信其道，才能让学生感到幸福，而是不是"谈师"色变，更不是"拒师"于千里之外。

什么是"敬畏"？应该是"畏"在前，有时我们刚刚搞反了，因为我们太不怕孩子了，所以什么话都敢说，什么事都敢做，变成一副"嘴脸"，变得我们自己都不喜欢我们自己。所以，笔者认为，教育首先要做的是自我拯救，然后才说"教育"别人。我们老师的姿态一定要放得很低，以前我们说我们要去

---

① 于艳军，女，抚顺市育才中学一级教师，执教初中历史 21 年，2017 年获"抚顺市'十二五'优秀骨干教师"称号。

242　中小学生核心素养发展的实践探索

引领孩子，现在笔者经常反问自己一句：笔者凭什么去引领他们，笔者能够引领他们吗？今天，笔者会觉得教育不是引领，教育仅仅是创设情境。教育是给孩子一个舞台，一个足够大的舞台，让孩子自由地去生长。

二、其次，上有温度的课——感染学生

历史是悠久的但也是枯燥的，它传承了数千年，经久不变，但历史也是有趣生动的。我们历史老师可以经过"形式各异，花样百出的"的授课，让一个个鲜活的历史事件，历史人物深深烙印在一代又一代学子的心中。

1. 学科的特点可以让我们有温度

初高中课程基本理念的要求是充分体现育人为本的教育理念，发挥历史学科教育功能，以培养和提高学生的历史素养为宗旨。而教学的对象是人，教育的目的是人，是人的成长，我们每天面对是"00后"鲜活的生命，而不是冰冷的电脑，也不是工业制造的零件，所以我们可以根据历史学科的特点，通过对历史史料的学习、积累、理解、人物的感召，引导学生使之学会学习，健康生活，提升自己的文化底蕴，能够成为有责任，有担当的感性的人，而不是成为自私、冷漠，暴力、愤青的世俗。

2. 历史课本上挖掘"德育"的点可以有"温度"

（1）典型人物、优秀品质——思善贤

历史教育是"心智修养"，影响着人生观和价值观的形成。所以，教育一个人有德比教育一个人成才更关键。那我们学习历史人物时，可以引导学生思善贤。例如，在讲七年级上册春秋诸侯争霸时，可以分析学习这些霸主身上的优秀品质。再如，齐桓公的不计前嫌；晋文公的诚实守信；楚庄王的雄心壮志；吴王阖闾的勤业务实；越王勾践的反思坚持。七年级教材中人物众多，可吸取的正能量多。所以，七年级分课程在课前可以设计一个三分钟的演讲：根据学生自己报名和教师安排相结合拟定人物；内容：选取教材中让自己感动的优秀人物或者事件。

不奢求一次活动孩子就会"优秀"，通过一次活动孩子哪怕改变那么一点点，我们的做法就是有效的。教育是农业，不是工业，需要慢慢地呵护，需要雨露的滋润，更需要花时间经营。所以，让我们在信任与守望中静静等待；用微笑与自信带给孩子希望。

（2）家国情怀，文化自信——爱中国

①有国才有家，反侵略战争

我们教材中的反侵略战争中的民族英雄众多，如抗倭的戚继光，收复台湾

的郑成功，抗日战争时期的杨靖宇，抗美援朝战争中黄继光、邱少云等。所以，根据教材的内容可以结合节日、纪念日（如九一八事变，世界反法西斯战争胜利等国家纪念日），历史上今天的那些人、那些事为学生创设情境，烘托气氛，使之在敬畏之时能有一丝丝心灵上的触动。虽然现在我们是处在和平年代，不需要抛头颅，洒热血，但要有敬仰之心，要有为那些牺牲生命而换来国家强大的人的敬重之心。

②中国符号——文化自信

中国的瓷器、丝绸、茶叶、中医、书法、诗词，深深打上了中国的烙印，传播到世界各地。作为21世纪的中国人应该为之感到自豪，感到骄傲。那我们以此为契机设计一场小型的赛诗活动。形式：模仿中国诗词大会的形式进行。这也符合了国家"赏中华诗词、寻文化基因、品生活之美"的宗旨，学习参悟中华诗词文化之精髓，透过诗词之美传承中华文明。

③民族文化继承发扬

中华民族的文化博大精深，有着数千年的历史，如以汉字的形成这课为例，可以引导学生对价值观的正确认识；如汉字的形成说明一切的发明都来源于生活。甲骨文的发现是伟大的发现，其实就在不经意间，就看你有没有一双去发现的眼睛。汉字的构成说明汉字不但有"形"有"意"更有"情"，楷书的特点要求我们做一个堂堂正正的人，行书的字形示意我们朝着理想何不潇洒走一回，草书的特点说明不要以为有个性就可以不守规矩。

（3）独立思考——做自己

历史是保存和记录下的客观世界的实际存在（一去不复返）。历史学是对实际存在的解释、说明、分析、评论等。历史教育是通过对历史知识的引导而使之逐步形成的关键能力、必备品格与价值观念。所以，历史不等于历史学，历史学也不等于历史教育。这三者是截然不同的。

我们在历史教学时切记不要把自己的思想观点强加于学生，更不要填鸭原有的历史观点，可以留一些课堂空白，让学生有自己独立的思考。可以根据教学内容的不同采取不同的形式。形式一：辩论，如楚汉战争的刘邦和项羽，两者是奸雄或枭雄。形式二：辩证评价，如历史上的秦始皇、隋炀帝、朱元璋，可以根据其历史活动辩证地分析其对历史发展的作用。形式三：发现归纳，对于学过的内容，可以引导学生进行归纳总结，如七年级教材学完之后，可以布置学生绘制关于古代中国历代王朝加强中央集权的示意图；中国历代王朝的时间、建立者、都城；八年级教材学完之后，可以布置学生归纳关于中国逐步沦为半殖民地半封建社会的战争和条约；中国反侵略战争的民族英雄及其事迹等，可以是思维导图，可以是树式，可以是提纲式，可以是时间轴式，可以是地图式，形式不一。

（4）参与实践活动，见证身边的历史

我们学习历史，不仅要深入其中，成为历史的学习者，更应该是历史的见证者，甚至是创造者。无论什么活动，参与了就是体验。体验了就会有收获。以中国近代史的教材 19 课社会生活的变迁为例，设计活动：走进长辈，走进我们的家庭，走进我们的家族的变化，从我们熟悉而陌生的历史开始，感受时代变迁，感受自己的幸福。要求：①分别走进三代人，爷爷奶奶那一辈、爸爸妈妈那一辈、结婚 3 年内的夫妻，用相机和采访记录下他们的幸福。②采访题目：采访者姓名：学生姓名；受访者姓名：和自己的关系、结婚时间、当时选择伴侣的条件、当时假婚的嫁妆或者生活必需品、一路走来，他们认为"家庭"是什么？③作业上交要求，三张夫妻合影的电子照片，每张照片下面附上上面采访问题的答案，并且在最后写上自己采访活动的感想，家长也可以在后面有自己的感想和点评（后面最好附上一张采访过程中的照片，家长可以帮忙）我们教师无法去选择学生，但我们可以选择教育方式。教育应该是不留痕迹的，活动可以让这一切化为无形。而一次活动也不能改变一个人，那就在众多活动中让孩子们自己慢慢去感悟。

追逐的过程就是人生的意义。这句话是电影《祖宗十九代》，由岳云鹏和吴樾扮演的夸父的对话。岳云鹏说："你不要追了，你追不上太阳的。"夸父高高兴兴、在奔跑中回答道："追逐的过程就是人生的意义。"我一直在追逐的路上，在追逐的过程中不管我们采取何种形式，如何"形式各异"地去授课，我们教育的落脚点必须是——人。我们要做到眼中有人，尊重人、尊重人的个性，还要尊重教育的规律。所以，笔者认为，教育就是营造氛围，我们就要让孩子知道人生是要去拼搏的，不是用来虚度的。我们的未来不一定要"伟大"，不一定要"优秀"，但要做一个"上进的平凡人"。

基于历史核心素养发展的初中生
道德意识培养探究

孙维维①

历史核心素养的培育是历史教学的终极目的。在教学的过程中，必须注重对学生的历史核心素养的培养。关于这一点，教育部已经在 2016 年发布了相关的文件，确定了历史核心素养的核心因素，主要有唯物史观、时空观念、史料实证、家国情怀等。这些核心素养的培养对于历史学科的教学来说是至关重要的。作为一名初中历史教学者，在教学的过程中必须要注意实践这些观念，使学生在学习的过程中，逐渐培养起这些核心素养。基于这样的认识，本文对历史核心素养的实践进行了探讨。其主要从以下几个方面进行探讨：一个是要客观地去看待世界；二是要树立正确的时空观；三是要论从史出；四是要正确地解读历史；五是要培养对于历史的情感。通过对这些方法的探讨，教师在教学中可以把这些方法应用到历史教学中，从而更好地培养中学生的历史核心素养。

初中生的发展有其独特的特点，初中生正处于人生的青春期，这个时期的初中生，世界观还是不完整的，或者说，这个时期的初中生关于世界的认识还是不全面的，也是不成体系的，那么，也就会在学习中出现各种问题。在身体逐渐成熟的过程中，在思维的相对不成熟下，这些中学生会产生困扰、焦虑、叛逆、自卑等不良情绪。为了尽量帮助初中生减少这些不良情绪的困扰，健康顺利地度过这一阶段，作为一名初中历史教师责无旁贷。如何在历史教学中正确引领学生，培养学生的历史核心素养，这一问题值得思考。

一、客观看待世界

基于马克思主义理论，世界是物质的、客观的，是区别于意识的、主观的

---

① 孙维维，女，抚顺市第三十中学二级教师，执教初中历史 3 年，2016 年获"抚顺市教育软件大赛基础教育（课件）组二等奖"。

神权世界，所以认识世界应坚持唯物史观。唯物主义的观点坚持世界是客观的，而不是主观的，也就是我们所生活的这个世界是物质的，而不是意识的，这在马克思的哲学著作和政治经济学著作中都有过相关的论述。当然，无论是现实生活的角度还是理论的发展的角度来看，我们都是可以认识到我们所生活的这个世界是客观的。承认世界的客观物质性，其意义也是重大的，因为世界观是会影响方法论的，这一点在学习历史的时候也是同样适用的，只有正确地看待客观世界，我们才能够正确地去认识整个历史的发展。也正是坚持了唯物主义的观点，马克思才提出了具有重大意义的历史唯物主义的观点，这可以说揭示出了社会历史的发展规律，也为后人正确认识奠定了基础。

初中历史教材（人教版）七年级上册第一单元第二课：原始的农耕生活，讲述了我国原始先民采集狩猎的生活，是生产力的最初形态。第七课：大变革的时代，讲述了农业生产工具的变革，铁器的使用。七年级下册的南宋时期经济重心的南移等内容的设置，体现了唯物史观。生产工具的进步，生产力与生产关系的调整无不是生产力的变革。经济基础从而对上层建筑产生影响，推动历史向前发展。初中历史教师在讲述这些课程时，应注重生产工具的讲解，石器时代到铁器时代的变革，使得生产效率大幅提升，从而推动经济发展，并不是上帝造人，给予人类一切生产资料，而是人类自身为谋生存，求发展，推动技术的进步。初中生通过学习，了解生产工具的具体变革，先民的经济生产方式，体会历史的变革，从而形成唯物史观的初步意识。初中生道德意识的培养应结合现实生活，实事求是，在实践中提升自我的道德水准。

二、树立时空观

1. 时间的流逝

历史是一个动态的概念，历史的动态变化通过时间所体现。在 618 年，历史上最强大的一个朝代建立了，那就是唐朝，而这个强大的朝代，也经历了自己由盛转衰的过程，那就是发生在 755 年的安史之乱，在经历了安史之乱后，唐朝的发展开始由盛转衰，而在 907 年的时候，朱温篡夺了唐朝的政权。通过一个个具体的时间数字，历史事件有了具体的表述。时间的连续性，体现了历史的变化更迭。时间可以具体到时分秒，也可以跨越百年世纪，时间的长短变化是历史的兴衰蜕变。初中历史教材的编排是按照历史发展的顺序编写的，教师的讲授也遵循历史发展的顺序。夏商西周、秦汉隋唐、宋元明清，中国历史的朝代更替强化了学生的时间观念，学习历史要站在时间的长河中，梳理历史线索。

2. 空间的想象

如果说时间是二维的，那空间就是三维立体的。空间在历史中就是地点的变化。每一个历史事件都发生于特定的地点。斯塔夫里阿诺斯的《全球通史》注重从整个世界的角度观察世界，站在月球上审视地球。国别史是从国家地区的角度看各国的历史。地方史具体到每一县乡的区域。无论是世界还是村镇的历史，只是空间的范围或大或小，每一事件并没有变化。比如，九年级上册的《大河流域》一课，西亚的底格里斯河、幼发拉底河两河流域孕育了苏美尔文明，东亚的黄河流域、长江流域孕育了儒家文明，北非的尼罗河流域孕育了古埃及文明等，不同的地点发生了不同的历史事件。学生通过时间、地点坐标将历史事件准确定位，从而更好地巩固历史知识，通过这种方式的训练，树立时空观。初中生的道德意识培养应从小事做起，树立时间观念，珍惜时间，遵守时间，就如历史事件的发生总是在特定的时间、地点。

3. 论从史出

判断历史的一个重要依据就是要有依据，或者说一定要有证据，才能够对某件事或者某个历史事件得出结论。对于学习历史来说，史料是非常重要的，如果没有史料的话，那么历史就会变成一个空壳，没有任何的价值，没有史料的历史，我们所看到的结论也就没有任何的价值了。因此，我们就必须要重视历史事实，从历史事实中去看待历史。历史事实的重要性不言而喻。我们知道，初中历史课主要讲授得就是基本的历史事实，因而学生对历史事实的掌握至关重要。初中生在对史料比较与了解后，能够更加细致深刻地理解史料，知道是非曲直，形成正确的价值观。

4. 历史的解读

史家撰史，不仅是对历史事件的简单叙述，也是加入自己对历史的客观认识，也就是会表达出对历史的看法，进而表达出自己对于历史的观点和态度。需要注意的是，这里所说的对于历史的观点和看法，并不是历史学家对于历史的随意发挥，而是历史学家基于对史实的了解的基础上，站在一定的角度和阶级立场上，对于历史做出的有意义的发挥，这就是史识，包括分析历史事件和评价历史人物的观点、态度。所以，对历史的解释，不同的视角可以有不同的解读。在为初中生讲述近代中国人民反抗外来侵略这段历史时，注重列强的侵略，并不是一个很好的视角。将中国人民的抗争精神加以讲述，对初中生道德意识的培养具有重要意义。初中生作为民族的未来，国家的希望，应从小培养一种奋进的品质。在我国处于变革与发展的关键时期，每一个人尤其是青少年都应该具有拼搏的精神。正如习近平总书记所讲，幸福生活是奋斗出来的。所以，培养初中生奋进拼搏的道德品质是很有必要的。

5. 历史的情感

历史与文化的关系是密不可分的，如果从广义的角度来看待文化的话，那么，历史的概念是涵盖在文化的概念之下的。我们国家深厚的历史底蕴就是文化自信的根。从春秋战国的诸子百家争鸣，儒家文化历时千年薪火相传，孔孟思想深入每一个国民的心中，"有朋自远方来，不亦乐乎?"五四运动、新文化运动、德先生与赛先生、民主与科学，无一不启迪国人心智。初中生通过这些课程的学习，了解我国的文化进行了怎样的历史演进，那些文学巨匠是在怎样的背景下著书立说。摆在学生面前曾经晦涩难懂的文言文，就被赋予了历史的生命。加深他们的理解，培养初中生的历史情感、家国情怀是十分重要的。

学习历史是做学问，培养道德意识是做人。两者的完美结合，才是教育的最终目的。初中生是培养正确道德意识的关键时期，只有将历史核心素养切切实实贯彻于教学中，才能真正提升学生的道德意识，促进健康发展。

基于发展中学生核心素养下美术课堂教学实践的探究

侯晞琳①

核心素养旨在培养全面发展的人，美育也是促进学生全面发展的重要途径之一。专家结合美术学科的特征、社会特征以及教育之间的关系后，对美术学科提出了五个学科核心素养，即图像识读、美术表现、审美态度、创新能力和文化理解。因此，中学美术教师应该根据这一理论，结合初中生年龄特点，从核心素养理念的角度出发，对学生进行有针对性的教学。美术课堂中应该从人文角度出发，核心素养理念下的美术课堂，不单单是让学生会画一张画、会制作一个手工书……而是从学生的人文角度出发，让学生成为课堂中的主人，满足学生的个性发展需求。注重学生的自主探究学习，注重学生的情感体验、审美情操，美术课应该与生活紧密相连，逐步提升学生的核心素养。因此，教师应将核心素养理念融入平时的教学、课堂当中，提高教学质量。

一、提高美术课与其他学科整合，培养学生综合素养

美术教育不仅能培养人的基本美术素养和能力，还可以提高人的素质，并且有助于培养人的创新思维能力，可以促进人的全面发展。加强美术学科与其他学科，与现实社会之间的联系，引导和鼓励学生进行综合性学习，培养学生的综合思维、综合分析、综合筛选和知识重组的能力。课堂渗透，学科综合，将有利于学生综合素质的全面提高。以美辅德，以美益智，以美健体，以美促劳，更有效地促进学生全面和谐发展。

1. 美术课与语文学科结合

在美术欣赏课时不得不提到语文素养。可以说，美术学科与语文学科是紧

---

① 侯晞琳，女，抚顺市育才中学二级教师，执教初中美术 5 年，2017 年获"区教学新秀"称号。

密相连的。课堂中如何去鉴赏作品，除了要引导学生从各个方面去观察、分析，还要培养学生的语言表达能力，要让学生把自己对作品的感受用文字、语言的形式表达出来。同时，也要求美术教师要具备一定的文学素养，在课堂中为学生营造一种文学氛围。

除了美术鉴赏课以外，像造型表现、设计应用、综合实践等学习领域同样和语文学科是融会贯通的。以造型表现课为例，人教版初中八年级下册的美术课——《寄情于山水》，运用诗词更能激发学生的想象力，让学生在诗词的氛围中去感受绘画作品，创造一种"诗中有画、画中有诗"的意境。让富有魅力的文字与美结合在一起，培养学生欣赏美、感受美、表达美的能力。

2. 美术课与音乐学科结合

音乐教育家乔治·罗曼诺夫，曾在 1970 年提出了一种记忆方法——音乐记忆法，即在音乐中学习、创作、记忆。经过多次的试验研究发现，无论在什么时候，音乐都会对人的脑神经起到直接的刺激作用，使脑神经细胞活跃起来，由此激发出想象力、创造力。因此，在美术课堂中结合音乐教学，不仅可以使课堂气氛变得轻松愉悦，还可以将美术当中的抽象语言形象化。根据笔者调查，初中阶段的学生对于抽象事物充满了好奇心，但不知道该从何理解，教师完全可以利用音乐的语言帮助学生诠释抽象的绘画元素。比如，蒙德里安的作品《百老汇爵士乐》，我们可以让学生想聆听一段爵士乐，再让学生去感受画面中不同颜色、不同大小、不同长短的小方块。

蒙德里安将这些小方块在画面中排列起来，虽然画面中没有琴弦，但画面中小方块的节奏感、韵律感却扑面而来，强烈的、舒缓的、激昂的、热情的、温暖的。根据音乐引导学生体会、感受抽象的绘画元素，这样难以理解的抽象绘画也变得更加清晰了。透过音乐能更容易地体会作者的情感、表达自己的情感。不仅可以提升自己的情感体验，还可以提升自己的音乐素养。

3. 美术课与思品学科结合

美术课堂中鉴赏的每一幅艺术作品都可以通过其作品反映出作者的品德修养、学识修养和个人的人生观……有修养的作者作品大气，有内涵和修养，课堂中可以给学生逐步渗透积极向上的人生观，使学生们在美术创作的过程中，心灵情感也得到升华。

美术是一门综合性很强的学科，不仅可以和语文、音乐、思品相结合，还可以与数学、物理、信息技术等学科相结合。与其他学科相结合，整合教学资源，更有利于培养学生综合素养的提升。

二、探究、合作式学习培养终身学习能力

在教学过程中，主要采用探究式和合作式的学习方式。用启发的方式引导学生进行探究、讨论学习，得出结论。在学生相互探究、讨论的过程中，教师可以根据学生的实际情况出发，围绕教学的中心，对于学生概念模糊，难以理解、认识的问题，进行一定的启发，帮助学生进行学习上的迁移，让学生温故而知新，在启发的基础上，引导学生突破重点、难点的知识内容，最终形成科学的结论。

自主、合作、探究性学习，有利于学生人格的健康发展。在美术课堂教学活动中以学生为主体，关注学生的个体发展，尊重学生人格，最大限度地发挥学生的主体人格，满足不同需要，营造一种民主、和谐、生动、活泼的学习氛围，激发学生主动参与到课堂中的意识，提高学生对美术学习的积极性，培养学生勤于动脑、善于思考的学习习惯，使学生进一步地掌握知识，提高学生运用知识的能力，充分挖掘学生的个人潜力，进而促进学生的认知、创造、能力、个性的全面发展，以及学生健康人格的形成。

自主、合作、探究的教学方法，也是美术课堂的一种课堂教学模式，在课堂上要形成生生之间、师生之间的多向交流、多边反馈的立体结构，在教师的启发下，学生积极思考，做到学用结合，主动地去解决问题。教师尽可能面向全体学生，引导学生通过自己主动的钻研，生生之间的合作，拉近学生之间的人际关系，同时，还能创造性地解决问题，从而为学生的全面发展和终生学习奠定基础，使学生成为学习的主人。

三、融体验式学习到美术课堂中

现今学生的学习通常困在教室小范围中，真正要打通学生在美术课堂中的自主学习，应将美术教学与生活紧密相连。将课堂移动到动物园、植物园、美术馆、科技馆……开拓学生的视野，把美术知识融入写生、参观、考察等方式中去，让学生在体验的过程中学会思考、丰富自我，为学生营造与生活息息相关的氛围。学生通过切实地看、摸、感受，去接触了解多样的美术文化知识。这样富有生活气息的美术文化知识，才有助于提高学生的综合素养以及自我管理的能力。

四、制定人文性教学评价方式

提高学生的道德素质，要注重人文关怀和心理疏导，增强学生的自尊心、自信心，培养学生养成积极向上的社会心态。中学美术课程作为美誉的重要途径，因而在美术课堂中也要渗透人文精神，评价方式要体现人文精神。具体主要采用以下实施方法：

（1）随课堂进行口头评价方式。对于学生在课堂中的过程性表象进行现场语言评价，做到夸具体不夸全部、夸努力不夸聪明、夸事实不夸人格。在进行言语评价的时候可以面带微笑，或者加上带有鼓励的手势等肢体语言，评价的效果可以事半功倍。

（2）课堂上积极开展课上小组合作互评方式。把评价内容方向的几个方面告诉学生，避免学生无从评价，人云亦云。引导学生公平、公正地互相评价、以互相激励为主，帮助他人找出他的闪光点。引导学生学会欣赏他人，在同学互相评价中碰撞出思想的火花，激发学生对美术的学习兴趣。

（3）每月对学生进行一次评语卡式评价方式。以朋友的方式给学生下发评语卡。对学生一段时期的表现进行有针对性的评价。根据平时对于学生课上表现的观察，可以从评价学生的技能、知识、态度、情感等多方面入手。评价时侧重点放在学生在课上的情感、态度表现方面。通过给学生写"评语"的方式，让学生能够更真实地认识自我、了解自我。对于学生的美术作品不要简单地分好坏优劣，在真实评价的基础上，恰如其分、有针对性、以鼓励为主、因人而异。

总之，核心素养理念下，美术教学应充分发挥其优势，根据学生自身发展规律制定合理的教学目标。整合其他学科课程资源，培养学生的综合发展能力。人文性的评价方式，培养学生的自信心。美术课堂教学中要充分关注学生的学习经历，包括知识技能、情感态度、价值观等全方位的综合表现。

通过基于发展中学生核心素养下美术课堂教学实践的探究，会发现无论教学方法、方式发生哪些改变，都无法脱离基本的知识技能。"教无定法，贵在实效"，在美育教学中渗透核心素养理念，不能弱化美术的基本知识技能。如果过多追求"花式"教学形式，将会起到揠苗助长的作用。只有切合实际地从学生出发，才能发挥美育的最大作用，让学生成长为一个独立自主，具有完善人格的人。

浅谈如何在英语教学中培养学生的创新素养

佟　晖①

我国教育部 2014 年印发《关于全面深化课程改革，落实立德树人根本任务的意见》中，首次提出"核心素养体系"概念，共分为文化基础、自主发展、社会参与三个方面，综合表现为人文底蕴、科学精神、学会学习、健康生活、责任担当、实践创新六大素养，具体细化为国家认同等十八个基本要点。

新课程标准都把学科教学的目标定位于"培养基本的学科素养"。英语学科的核心素养包括英语学科关键能力，即语言能力和学习能力；必备品格，即思维品质和文化品格。英语学科课程改革更加关注学科育人价值、关注学生思维发展、关注学科核心素养，这不仅能有效提升学生的知识文化水平，更有助于提高学生的综合素质。

一、培养学生的创新素养是塑造良好的思维品质的前提

我国英语的学科素养要求运用于教学中，与国内外大部分研究机构提出的目标要求基本一致，特别是重点提出要培养学生的学习与创新素养。毕竟中国两千多年的传统教育理念是让学生学习相信，书上写的、老师教的、父母长辈说的、上级领导部署的都是对的，正确无误的，是毋庸置疑的，只要跟着做，照着执行就行了。对了，没有成功的喜悦，没有创新的成就，因为那是前人、先贤早就证明的了是应该的，错了，没有失败的挫折，没有怀疑的心态，因为照做是不可能错的，只是自己的能力、水平不行，执行力不够而从没有质疑本源的错误。在这种教育模式下培养出的学生大多是照本宣科的执行者，绝难产生具有创新意识的时代弄潮儿，这是中国教育体制从古至今的顽疾，也是中国两千多年历史的悲哀。孔孟之后无圣贤，书不读秦汉之后，半部《论语》治天下，一切能够引以为豪的、领先世界的大都是以前的历史，过去的传承，而近

---

① 佟晖，女，抚顺市新抚区教师进修学校一级教师，执教 21 年，2012 年获"辽宁省英语研究型名教师"称号。

代的绝少能够独步天下。可以说，我们的教育结果是学习有余创新不足。而西方的教育恰恰是相反，他们是质疑，怀疑，进而产生创造性，老师告诉你之后你要自己去验证，自己去证实，可以相信，也可以否定，重要的是，学生要思考、要探索，要有个人参与其中的行为，在质疑1+1为什么等于2的思路中，哥德巴赫猜想这类数理明珠才不断被验证，正是在这过程中才"一切皆有可能"，产生大量的理论物理，应用于实践之后，远远超过我国大量的实验物理，真正做到领先世界，引领时代潮流。

当前，英语教学的现实状况来说，基本能够做到在课堂教学中，在明确英语既有工具性，又有思想性的前提下，在听说读写的语境中，做到对语言知识和信息的习得和学习相结合，形成以英语为载体的思想提升，进而培养学生的品格、素养。但是，学生的创造性品格提升得却不明显。因此，要在教学中，抓住德育渗透的切入点，恰到好处地进行德育升华，以提升学上的品德素质，同时，注重激发学生的学习热情和创新意识，让学生不墨守成规，敢于质疑，敢于发表自己的见解，从而有的放矢地培养学生的创造性品格，才有可能培养出创造性人才。

二、培养出具备创造性品格的学生

由于中考的压力，多数老师上课以讲解语法和知识点为主，实施一言堂的模式，老师讲得过多。这样的课堂，忽视了学生在课堂中的主体地位，学生只是在被动地接受知识，同时，由于学生课堂集中精力的时间有限，所以课堂效率不高，也不利于培养学生的创新意识。要明确英语教育的价值在于促进人的心智发展，塑造健康的品格，培养思维能力创新意识。

中国当前的英语课堂语言教学开始时，由于认为掌握英语就是为了跟英语为母语的人进行交往，以这个理念为基础，大部分是设定一个美国或者英国国家现在的生活场景和外国身份，用英语交谈，谈论当地的日常生活、工作等情况，掌握英语国家的文化规范，设计所谓的真实性任务。教材内容多为想象中的国外家庭的现实生活，根据此种构思设计语言等交谈课程，实际上，这些课程设计与学生的内心世界和生活具有相当的距离。教学内容对学生而言缺乏认知思维挑战，学生仅仅是为了学习语言而学习语言，应该创设尽可能贴近学生生活的情境，让学生有身临其境的感觉，让学生"用中学，学中用"，真正体会用所学语言解决问题的成功感，在这样的语境中，学生会有强烈的表达欲望，从而由被动学习转为主动学习，也正是在这个过程中，学生通过动脑思考、小组合作、共同研究、解决问题，实现知识的生成与再现。

所以，在新时代学生跟我们学习外语不是简单地为了让学生今后能够与别人交流，而是要从各个方面改变学生的生活，改变学生的心智，通过吸收新的文化，进而创造出新的成功。培养英语"核心素养"的创新意识时，要注重学生在英语课堂上的创新体验，进而增强创新意识。培养学生良好的创新能力对学生今后的学习有重要作用，这不仅能锻炼学生的学习能力，同时还能丰富学生的知识，开阔视野。英语教师应充分利用每一个教学时机，把学生的兴趣、态度和行为方式考虑进去，辅助学生理清当中思维和对象间存在的联系，为学生设定适合学生的英语教学场景进行教学，而这些必须和他们熟悉的文化环境以及他们关心的事情建立起联系，而不是与他们生疏的外国情景相联系。

三、在教学方法和形式上创新

英语课程标准的总目标是通过英语学习使学生形成初步的综合语言运用能力，促进心智发展，提高综合人文素养。综合语言运用能力的形成建立在语言技能、语言知识、学习策略、情感态度和文化意识等方面整体发展的基础之上。教师在开展英语教学活动时，应注重对学生创新能力的培养，增强学生的创新意识。尽管教材的内容是固定的，但我们可以创造性地使用教材，并努力在方法和形式上有所突破，这样才能使课堂教学活起来、亮起来。一位教育家说过："老师的魅力不在于是否拥有极其渊博的知识，而在于是否能激发学生的学习动机，唤起学生的求知欲望，让他们兴趣盎然地参与到教学过程中来。"因此，我们老师的任务就是怎样使固定的知识上出新花样、新特色。

创造性地备课：尽管对于老师们来说，年年都在教同样的教材，周而复始，循环反复，但对于学生来说是全新的。因此，如果精心设计教学环节、使用灵活多样的教学方法、不断地推陈出新，吸引学生，每一节都可以一样精彩。这就要求我们备课时要想方设法创造条件，最大限度地调动学生的学习热情，最大限度地让学生参与教学活动，使用创造性的教学方法和手段，注重培养学生的创新意识，才能使课堂教学更有效，甚至更高效。同时，要明确教师的施教和学生的学习一般是个由浅入深、由易到难、由简到繁、由点及面的过程。要关注每个学生的学情，有针对性地实施教学。

创造性地上课：课堂上，要关注学生，提高效率。让学生多观察、多分析、多思考、多总结，从而真正成为课堂的主人。不要一言堂，教师要明确自己的角色定位，不能仅仅以讲完课为目标，而是关注学生掌握的程度和水平，通过本节课的教学，真正掌握了多少，记住了多少，还在哪些方面存在质疑和困惑，从而做到因材施教，分层管理。同时，在小组活动中激发学生的求异思维，培养创新意识。

创造性地反思：课后反思本节的亮点是什么？还有哪些没有处理好的地方，如何改进？只有不断反思，才能有所提升。

综上所述，创新的获得是为了使学生能够发展成为更为健全的个体，并为终身学习、终身发展打下良好的基础。对于老师来说，创造性的备课、上课、反思和使用教材，是具有挑战性的，是要在课堂教学中始终坚持不懈并不断深入的，但对于学生而言，有创新才有未来。这就要求老师要有创新意识，精心备课，用心上课，同时，注重学生创新意识的培养。因为英语学科的教育不仅仅教授学生在语境中习得语言，还有育人的价值，从不同的角度促进学生的全面发展。因此，真正的创新是要以英语语言学习为基础，注重从学生的全面发展角度出发，体现促进人的全面发展、适应社会需要这一要求，从而为国家培养有学习能力、语言能力、思维品质和文化品格的社会主义建设者和接班人。

通过课堂教学提升学生核心素养的
有效教学策略研究

唐志红[①]

核心素养是指学生在接受相应学校的教育过程中，逐步形成的、适应个人终身发展和社会发展需要的必备品格和关键能力。它包括文化素养、自主发展、社会参与三大方面。健康生活、学会学习、人文底蕴、科学精神、责任担当、实践创新六大素养。就英语学科的特点而言，学生的核心素养体现在四个方面：语言能力、文化品格、思维品质和学习能力。学生的核心素养是所有学生应具备的最关键、最必要的基础素养，是知识、能力和态度的综合表现。它可以通过接受教育来形成和发展，是有连续性和阶段性的。

课堂教学是育人的主渠道，在学生核心素养形成和发展中起着至关重要的作用。如何通过初中英语课堂教学促进学生学科核心素养的形成和发展是我们广大初中英语教师必须认真思考的问题。本文拟对此问题谈谈自己粗浅的看法：

一、发展学生核心素养的必要性和重要性

首先，核心素养是国际共识。

从国际上来看，关于核心素养研究的兴起和发展，无论在哪个国家或地区，都与时代进步、社会变革，以及教育改革的深化密切相关。目前，我国也正处在全球化的进程中。在世界范围内，经济的全球化必然会导致人才的全球化。随着信息技术的快速发展，世界各国的产业结构也正在慢慢地发生变化。在这样的大时代背景下，一种新型的人才观渐渐形成——即培养具有 21 世纪核心素养的人。

其次，核心素养是我党的教育方针总体要求的具体化与精细化。

---

① 唐志红，女，抚顺市教师进修学院中级教师，执教初中英语 20 年，2017 年获"辽宁省教辅评议名师"称号。

从党和国家的层面来看，核心素养是党的教育目标的具体体现。党的教育方针明确了我们国家的育人目标，即"培养德智体美全面发展的社会主义建设者和接班人"。这样的目标解决了"教育要培养什么样的人"的根本问题。这对人才培养工作是具有全局性和根本性的指导意义。

最后，核心素养是深化素质教育改革的迫切需要和必然趋势。

核心素养是对素质教育内涵的深入而具体的解读，也是全面深化教育改革的极为重要的一个方面。素质教育是相对于应试教育提出的。"素质"指人在先天的生理基础上，通过后天的环境影响和教育训练，所获得的内在的、相对稳定的身心特征及其基本品质结构。它对应的主体是教育。而"素养"指在教育过程中受教育者逐渐形成的知识、能力、态度等方面的综合表现。它对应的主体是"人"，是相对于教育教学中学科本位提出的，强调学生素养的跨学科性和整体性。

我国实施素质教育多年以来，成效显著。但是，通过研究对比，我们也发现，近年来培养的学生暴露出一些问题，而这些问题又都是与素养发展不全面有关，如身体素质下降、社会适应能力不强、实践和创新能力不足等。另外，很长时间以来，由于全社会都将中、高考成绩作为教育质量评价的一个重要标准，这样就导致素质教育实际上很难被真正落实。这些现状与存在的问题都要求我们必须转变教育质量观念，真正确立起以"学生核心素养"为基本框架的评价体系和课程体系，确保素质教育的深化与落实。

二、目前初中英语课堂教学存在的主要问题

1. 重知识、轻能力，忽视对学生语言能力的培养

在中、高考指挥棒的影响下，教师在实际日常的教学中往往只注重学生的卷面得分，忽略了对学生语言能力的培养。授课的过程也基本都是以应试模式为主导，用讲授法对学生进行大量知识的灌输。特别是九年级的授课，教师更多是采用"题海战术"，让学生大量做题。教师希望通过大量习题的训练，让学生对不断再现的语言点进行重复学习，达到巩固强化的作用，以确保考试时不会因为遗忘而导致失分，可是结果却偏偏事与愿违。这样的学习方式和环境使得学生懒于思考、思维局限且比较僵化，甚至有的学生只注重学科知识的学习，而忽视了学科中应有的品格培养。此外，在初中英语课堂上，学生的学习方式单一，习惯了单向的被动输入，这样就导致课堂气氛不活跃，学生容易形成两极分化的局面。并且，随着学生的年龄增加和年级升高，课堂氛围越发沉

闷，课堂上学生也越发习惯于沉默寡言，学习英语的热情和兴趣不断下滑。这在很大程度上影响了学生的语言能力的提升，与新课程改革不相适应。

2. 教学活动中缺乏通过真实的师生互动对学生学习能力的培养

建构主义理论认为，互动是课堂上主要的学习途径之一。在中学英语课堂上，互动的作用尤为重要。而现在很多的初中英语课堂上教师都是习惯于教师主讲，学生倾听。英语活动互动较少，互动形式单一、机械化，学生参与度也较低。还有一些活动，即便看起来是互动活动，可那只是形式上的而不是真实的互动。例如，一位班主任兼英语课教师在自己的班级上课，竟然问自己的学生，"Wang Shuang, What's your name?"（汉语译文：王爽，你叫什么名字?）这样的互动，只是表面上的形式化，并不会有良好的教学效果。由此可见，教师创设的形式上的师生互动活动是不利于学生形成良好的综合语言运用能力和创新思维能力的。综合语言运用能力和创新思维能力的习得不是单一的、由教师向学生教授的，而是由教师和学生在真实的互动过程中共同建构的。因此，在初中英语课堂教学中，教师应注重真实的教学互动，真正做到教学相长。

3. 教学活动设计缺乏对学生思维品质和文化品格的培养

在初中英语课堂上，有些教师特别注重强化基础知识而忽略对学生的思维品质的培养。在学习教材中的文本材料时，教师只是将文本材料中出现的所谓语言点提取出来，呈现在黑板上。学生学习的就是脱离了文本材料情境的、孤立的知识点。很多学生一节课学习结束后，头脑中仅存的印象就是学了几个单词、几个短语和几个句型，或是学习了某个语法项目。而就这篇文本材料讲的内容，人物的逻辑关系和文本的中心，文本材料希望向读者传递的价值观和教育意义，则不太清楚。另外，学生对于本篇文本的写作思路和框架也不甚了解。因此，这样的学习活动对于学生来说是思维层面的训练，和文化品格方面的教育几乎没有，无疑是丢了西瓜捡了芝麻。

三、通过英语课堂教学提升学生核心素养的有效策略

1. 通过激发和维持学生学习英语的兴趣，培养学生的学习能力

教师应让学生体会到学习英语的乐趣，引导和培养他们学习英语的兴趣，从而使他们形成学习英语的积极态度。教师要在课堂上尽力建立一个平等、民

主的师生关系，注意营造轻松、活跃、愉快的学习环境，使进入学生身心愉悦、放松的学习状态。有研究表明，学生在放松状态下的学习效率会比紧张、压抑状态下的学习效率高很多。教师要多观察学生的课堂学习状态，特别是心理状态和情感状态。不断调节课堂活动的内容和节奏，以保证学生始终都能保持饱满的热情，积极参与课堂活动。此外，教师可以根据学生的年龄特点、性格特征和兴趣爱好等，有组织、有计划、有创造性地设计不同的课堂教学活动，保证活动的内容丰富、形式多样并充满新鲜感，如电影片段配音、讲英语故事、英语歌曲表演等，这样就能有效地激发并维持学生的学习兴趣，提高学习效率，开阔视野。

2. 通过提高学生课堂活动的参与程度，培养学生的语言能力

英语课堂上的正确学习方式是学生应该积极地参与到学习活动中来。首先，教师要尽力设计一些真实、有效的课堂活动，如根据要求做一次调查问卷、做一次小采访或是参加一次小组讨论或是比赛等。其次，教师要积极鼓励学生参与课堂上的活动。教师可以在活动过程中多为学生提供练习的机会。学生在外语习得过程中，犯这样或那样的小错误是难免的。教师要懂得使用恰当的时机和话语，保护学生的自尊心和学习的热情，避免因为不断纠错、指正而打击了学生，如学生在参与活动过程中，如果在语法、语音或语调上出现了错误，教师可以先让学生发表自己的建议、完整表达，然后教师再用重复正确的表达这一方式对学生进行言语反馈，使得学生能够树立学习英语的自信心，提高学生的课堂活动参与程度，保证高效率的学习。最后，对学生的每一次课堂活动的参与，教师都要有正面的、积极的评价。这样的评价对于培养学生的参与意识和踊跃发言的好习惯形成具有积极意义。

3. 通过帮助学生加深对文本的理解，培养学生良好的思维品质

在英语学习的过程中，语言能力提升，必然伴随思维的发展。良好的思维品质对于学生更加深入地理解所读文本和形成有效的思维长度、深度和广度。有这样一个故事，文中运用 I don't like…的句式。一般情况下，在教学过程中，老师往往只是机械地看到并训练 I don't like…句型，就是实意动词 like 的否定式的用法。老师如果只从语法角度考虑，就会将该句子为学生解释成：I don't like the cat. 与 I don't like cats. 是一样的，译为"我不喜欢猫"。其实事实并非如此，这里要分析为什么他不说 I don't like cats，而是说 I don't like the cat。因为，此处 the cat 指的是此时此刻的、书中的这一只猫，而不是猫，cats，这个种群。I don't like cats. 指的是不喜爱猫——这一类动物。从实际故事中所配的插图，我们可以看出，这只小猫是很不友好地看着主人公，因而主人公才说：I don't like the cat. 我们平时会学习定冠词 the 的用法，代表特指。但是在这里，I don't like the cat，特指的是这个状态、这个情绪下的这只猫。这只猫也有很可爱的时候，还是很受小主人公的喜爱的，但在这种情况下，小主人公就不喜欢它了。所以，在阅读的过程中，需要有一个思维的深度。

我们老师要提高自己的思维品质，这样才能将学生教清楚、教明白。反之，教师可能会把本来很有思维内涵的一个读本，变成了一个只有语言知识的读本，把一节体验语言、培养思维的好课变成了支离破碎的、孤立知识点的简单罗列。就好比我们把煮了一锅的骨头汤，把里面的骨头拿出来吃掉了，把汤给扔掉了，其实，汤才是精华所在，这种舍本逐末的做法其实是十分可惜的。

4. 通过关注日常的交际活动细节，培养学生的文化品格

文化品格是一种内化的、稳定的价值观念。是一种对中外文化的理解和对优秀文化的认同。在日常生活中，国外的孩子会用语言自然地表达出对他人，特别是对父母的感激之情。

例如，国外的孩子会在家长为他们做了一些事情，如在餐桌上，家长为孩子递过去纸巾或是调味料，孩子会自然地对家长说"Thanks"（谢谢）。而我们中国的孩子大都没有这种习惯，因为他们认为在家里与父母不用那么客气。其实，这是人与人交往最起码的准则——互相尊重，即便是与父母也要表达你的尊重与谢意。中国的孩子不是没有礼貌，而是没有认识到这件事的重要性。孩子需要从小学会尊重他人，及时地、妥当地表达自己对他人的感谢之情。因此，在跨文化交往中有很多的品格，特别是文化品格值得我们向其他国家学习。

通过对上述英语课堂教学活动的思考，我们深感如何有效培养学生英语学科核心素养仍然需要广大教师在教学实践中不断探索，真正将理论落实到实践中去。我们有理由相信，通过教师们的不懈努力，一定会让英语课堂成为提升学生核心素养的有效载体。

中学英语教学中培养学生英语学科核心素养的实践探究

王清华①

五千年的中国文化博大精深，而中华传统文化源远流长，兼容并蓄，是中华文明成果根本的创造力。它统领着我们的生命、道德、意识形态，是中华民族思想的精髓，是中华民族智慧的结晶，是中华民族的历史遗产在现实生活中的展现。这个思想体系蕴含着丰富的文化科学精神，中华传统文化中的诗词曲赋、民俗民风、节气节日及少数民族地方文化都是我们民族文化的瑰宝。随着世界经济、中西方文化的融合，英语的广泛使用，尤其是中国在世界舞台上的崛起，增强世界与中国的相互了解与理解，可以运用到的语言与文字就是最好的媒介。

在英语教学中传播与发扬中华传统文化会让世界更全面地了解中国的历史与发展进程，也会让世界更深刻地理解东方文明，促进世界的和平与发展。同时，从英语学科的工具性和人文性双重性质来看，在英语教学中渗透和传承中国传统文化是其人文性的体现，《英语课程标准》指出英语课程的总目标是提高综合人文素养。遵循总目标，我们英语学科的核心素养应包括语言能力、思维品质、文化品格和学习能力四个方面。笔者认为，在中学英语教学中传播与发扬中国传统文化是培养学生具备学科核心素养的核心，通过浸润与传承中国传统文化，能够增强学生的爱国主义精神，培养学生的国际视野、跨文化意识及跨文化交际能力。为培养学生的学科核心素养，笔者立足初中英语课堂教学，着重从传承中国传统文化入手进行了实践探究，下面笔者就浅谈一下具体做法。

---

① 王清华，女，抚顺市雷锋中学高级教师，执教初中英语23年，2011年获"全国首届外语教师名师"。

一、浸润中国传统文化，培养跨文化意识与爱国主义精神

英语的双语性价值就是在学习与运用英语的过程中，不仅有对英语国家文化的认知，还要能够运用英语语言向世界发出声音，能够使用英语向世界传达东方文明。在初中英语课堂上利用英语教学的双语性浸润中国传统文化，丰富了学生的中国传统文化知识与内涵，增强了民族自豪感，培养了爱国主义精神与跨文化意识，能辩证地去汲取中外文化中的精华。把双语的运用融入学科实践活动中，采取多种方式进行收集、整理中华瑰宝——诗词曲赋，民俗民风，节气节日及少数民族地方文化等。

1. 兴趣分组，进行资料的收集与梳理

将学生分组，由兴趣引领，自由采摘。目前形成六大系列主题：音乐、文字、书籍、建筑、民俗、绘画，以及由这些派生出来的各分支。学生兴趣浓厚，检索认真，小组成员分工合作，边收集，边分类归纳，令人欣喜的是，经常对相关主题达到资源共享。

2. 简报、汇报、演讲、辩论、竞赛、表演等进行活动展示

活动方式多种多样，由学生自主安排，采用适合内容的有效方式用英语表达与分享中国传统文化。每周一期简报，六大系列争相出彩。每两周一次课堂展示，更是给学生提供了更大的空间和舞台。学生的潜能被挖掘，英语课堂活动可以打磨、锻炼、提高和展示孩子的每一面。有学生汇声汇色的成语故事表演、有配音模仿经典名剧、有续写及改编、有诗歌互译及朗诵、有名著及读后感分享，有历史大事再现和分析，有历史名品介绍及鉴赏等。

3. 总结与指导，寓德行教育于润物无声中

虽然教材内容及年级的限制，孩子们在表现过程中还存在这样或那样的问题，但展示即传播，分享即传承，学生主动投入，翻阅双语字典，查阅古今典籍，相互帮助，合作探究，这极大地丰富了学生的知识内涵，逐渐形成知识框架，使其在中华瑰宝的魅力熏陶中，变得自信、自尊、自强。

二、传播中国传统文化，培养学生语言能力和跨文化交际能力

传播中国传统文化，有利于加强学生对中西方文化的对比和了解，增进与

各国青少年的相互沟通和理解，发展跨文化交流能力。而在传播与发扬中国传统文化的过程中，英语语言能力是基础。需要学生通过语言的综合运用，形成语言意识和英语语感，理解与传递语言信息，并进行有效的人际交流与交往。

1. 课前充分预习，学案先行，学习基础知识

有了一定基础知识的储备，才能更好地进行中国传统文化的传播。因此，课前引导学生充分预习，利用学案将基础知识提前布置，使学生课前有目的地投入学习，并将预习重点通过学案进行分门别类、分层次进行输入与练习，推进课堂学习进程。课前充分的预习，基本扫清词汇学习的障碍，这就降低了学习过程中由"不会"到"会"的认知难度，为主动参与课堂学习与深入学习做了准备，也为迅速进入主题节省了时间与精力投入。

2. 课上设计情境，以完成任务为主线，综合运用语言

创设语言运用的情境可灵活，按层次设计活动任务，为学生创造综合运用语言的机会。笔者较倾向于设计能够激发学习兴趣的竞赛和游戏任务，如抢答、抢问、猜谜、PK 赛、示范表演、采访调查、记者报道、想象作文等活动，同学们在活动中使用英语、获得信息、进行交流，在潜移默化中逐步掌握了词—句—文，形成了语言能力。

3. 课后跟踪指导，作业补充，实现语言能力的形成与提高

学习是一个漫长而又会反复的过程，它会受到各方面的影响，要想使学生保持持续的努力只靠其自觉是做不到的，需要有机制去改善出现的问题。那么采用"成长记录袋"和"延伸作业"进行补充，如去购物中心做英语导购，去风景区做导游，就近雷锋纪念馆的小宣讲员用英文对外宾做了有关雷锋故事的传诵得到了大家的赞扬。还有的同学把"口语作业"做到了马路上，在重大节日到来时，在有外国游客的地方，进行指路及提供帮助。在这种真实情境中运用语言达到了真实的人际交流，学生的跨文化交际能力和语言能力同时得到了提高。

三、发扬中国传统文化，提升思维品质及中外文化异同的鉴别能力

具备文化鉴别能力，有利于提高吸引中外文化的精华及增进对世界的相互理解，因而要从提升学生的思维品质做起。提升了思维品质，对中外文化的对

比及鉴别能力也就会随之提高，从而增强发扬中国传统文化的自觉性。我们要从思维品质入手，透过语言表达进行推理、判断其中的思想内涵，并理性表达，使语言学习从表层走向深度学习，提升了思维品质，是提高文化鉴别能力的一个重要保障。

1. 更新教学理念，认真研读分析语篇，深挖主题意义

初中英语学科教学中，语篇的比重比较大，接触到的外国文化范围也就随着学习的深入逐渐扩大。教师要认真研究文本信息，从了解写作背景、写作对象出发，从语言信息所体现的各种现象中梳理、分析信息，找出其中的逻辑关系及写作意图，深挖主题内涵，并能够运用批判性的眼光多角度地去分析解决问题。

2. 整合教材文本，增加课外阅读与写作

学习是需要载体的。阅读是思想的源泉，写作是思维的升华。教材为学生的语言学习提供了素材，但随着学习的深入，只有这一部分还不能构建学生的思维平台，增加相关主题的阅读材料进行延伸阅读将有助于提高对于写作背景的理解与写作者的心灵对话，能够加强对作品本身的文化感知与写作意图的理性判断。例如，在八年级下第六单元教学目标是"tell stories"，是通过中国成语故事"An old man moves the mountains"开始，介绍了中西方经典童话及神话故事，但故事中有其不完美的地方，学生在阅读教材语篇之外，又查阅了相关材料并进行了故事续写及改编，从阅读到写作都得到了思维上的提升。再有培养学生阅读兴趣，增强外文名著的阅读及写读书笔记及读后感，也是提升思维能力的有效办法。将学生分成小组进行讨论、交流阅读感受，相互学习，加深友谊的同时，逐渐形成自己独特的思维角度，形成属于自己的文化立场和判断能力。

3. 利用思维导图及精密设疑，构建思维框架，助力提升思维品质

质疑是学习的开始。如果思维框架搭建得好，将使其工作效率事半功倍。思维导图的学习和使用不仅仅具有阶段性的历史意义，也将为一个人的终身学习助力。充分利用思维导图，引导学生开展有效阅读与写作。学生在阅读时要进行目的性的筛选，还要将一定篇目进行私人定制——精密设疑及绘制思维导图。从这两个方面入手，将一篇文本语段由浅入深，由主题到细节，脉络清晰地进行把握。既加快了阅读速度与主题再现，又可将其运用到写作中，提高写作能力，最终形成自己的思维框架。

四、传承中国传统文化，提高学习能力，形成正确的人生观和价值观

中国传统文化厚重的文化底蕴，是中华民族智慧文明的长期积淀，是中华民族几千年来所创造的物质财富和精神财富的总和，让学生体验"传统文化之美"，将为学生形成正确的人生观和价值观奠定雄厚的文化基础。能够激发其自觉投入学习，主动规划自主学习，努力提升学习水平，提高其学习能力，将是教育育人价值的完美体现。

1. 定期培训，养成教育先行

培养良好的学习习惯，定期开展培训。真实地解决学生学习过程中遇到的问题，从情感态度、学习方法及目标意识等方面入手，给学生信心，是培养学习习惯的最好方法。培训师是老师也是学生自己，培训内容是"名人仿学"之路的践行，是同学们的学习自述，是老师的学法指导与点拨。它是一次动员大会，也是一次激励前行的自我内省，每次效果都会超越预期。

2. 采用多种评价机制，拓宽学习渠道，培养终身学习意识

在初中学段，激发学生的学习兴趣，采用鼓励性评价等多种形成性评价，给学生提供充分的、自我展示的舞台，扩大其成功的情感体验，我们利用课堂教学的优势来设计学习任务，给予学生鼓励性的语言培养合作学习与自主学习能力，引导学生开展组内评价与自我评价，完善自己的学习。21 世纪是信息时代，我们的学习渠道不止于书本和课堂了，而且学习资源异彩纷呈，充分利用各种资源丰富自己的学习内容，拓宽学习渠道，有目的、有意识地提高自我终身学习意识。

在初中英语课堂教学中浸润与传承中国传统文化，是培养学生学科核心素养的首要任务，它帮助学生实现跨学科知识的能力迁移，培养了学生民族自豪感，增强民族意识，同时，提高了国际视野与国际交流能力，用英语描绘的中国文化与中国思想是一张绚烂多彩的中国名片，它增进了世界对中国的了解与理解，缩小了世界与我们的距离。同时，它关注了学生三维目标中的情感态度价值观，培育具有民族意识与国家情怀的"全面发展的人"。当然，在这探索路上还存在很多问题，作为英语语言的教授者，我们自身也存在文化修养不够，中国传统文化知识梳理的不深入及传播中国博大精深的文化内涵意识淡薄，更没有一些方法上的恰当使用，因而在今后的教学中，我们还要不断完善自我，尽管任重道远，我们都要坚定地走下去。

初中英语教学中的核心素养研究

吴晔楠[①]

初中英语课程改革的重要一项内容就是发展学生英语学科的核心素养，特别是在新时期中国的发展与建设中，未来接班人的培养和提高中，核心素养所起到的突出作用越来越得到教育的重视。而在中国汉语的语境下发展学生的英语核心素养的价值就体现得越来越明显了。

一、我国学科核心素养现状

核心素养在我国的提出是根据社会和人文不断发展情况下应运而生的，而对于学生的核心素养的培养关系着祖国未来建设的需要，关系着未来的人的发展的需要。而要实现这一目标，就衍生出学科核心素养的概念。我国学生英语学科核心素养就是在国内外核心素养理论与实践研究的大背景下产生的。

二、学科核心素养研究的体系

对于刚刚起步的我国的学科核心素养的研究，教育学者们经过潜心研究确立了关于核心素养的课程体系，即课程内容如何设计、课堂评价体系如何实施以及教学方法如何创新。其中，教学方法如何创新是学科核心素养的手段，课程体系与评价体系是改进教学方法的理论支持。

1. 课程体系的设计在学科核心素养中的地位

在当今全世界都说中国话的年代，英语这个语种仍然是世界通用语言，而中文的语言环境与发音特点都与英语的语言环境和发音特点完全不同。所以，课程体系的设计对于中国学生来说就显得至关重要了。它是培养学科核心素养

---

① 吴晔楠，女，抚顺市育才中学二级教师，执教初中英语 13 年，2016 年获 "'一师一优课' 抚顺市优秀课"。

的前提，是引领和方法的具体呈现。

2. 评价体系是学科核心素养培养的保障

评价体系是衡量教育质量的重要依据，也是衡量学科素养的重要手段。核心素养的问题实际上是培养什么样的人的问题。以往的课程知识的学习是培养学生基本能力的手段和方法，对于学生全面发展和终身学习没有起到特别重要的作用，对于人与社会的统一和协调发展的关注度也不到位。学科核心素养基于以上的不足，更加强调人与工具、人与自己、人与社会更高程度的结合，是基本素养的提高和发展，更有利于人的发展。

3. 学科核心素养要以教学方法为手段

学科核心素养是要以科学合理的教学方法为手段的。学科核心素养不是一个口号，是要真正落实到学生学科学习过程中去的。基于我国实际语言环境，英语学科核心素养的培养更要注重方法的教学，特别是英语课堂教学过程中如何更好地培养学生的核心素养，形成学生终身学习、终身应用的意识。基于以上原因，教学方法就显得更为重要了。

三、我国英语学科核心素养的研究进展

2016 年，《中国学生发展核心素养》总体框架中指出，中国学生发展核心素养，以科学性、时代性和民族性为基本原则，以培养"全面发展的人"为核心，分为文化基础、自主发展、社会参与三个方面。综合表现为人文底蕴、科学精神、学会学习、健康生活、责任担当、实践创新六大素养，具体细化为国家认同等十八个基本要点。

具体到英语学科，已颁布的《高中英语课程标准》中确定了高中英语的四项核心素养：语言能力、文化品格、思维品质、学习能力。未来即将出台的义务教育英语课程标准的修订也会以此为基础进行修改与补充。

四、我国英语学科核心素养的实质与内涵理解

多数人会认为，英语学科对于我国中学生而言只是一种语言，一种交流的工具。其实，在英语学科教学过程中渗透核心素养，英语就不单单是一种语言技能，更是一个具有育人价值的语言工具。

1. 英语学科核心素养基本要素

（1）英语学科的语言能力

作为一种语言工具学科，英语学科的语言能力是最基本的核心。听、说、读、写是语言学科的基本要求，而英语学科语言能力的更高要求则是语言知识的理解和运用，语言意识、语言交际能力。其具体包括以下几个方面。①英语作为一种国际通用语言，不仅要知其形，更要懂其意，只有做到对英语文化、英语思维的融会贯通，才能更好地掌握这门语言。②英语不仅是一门语言，更是一门知识，先掌握英语知识，才能更好地掌握这门语言。③英语的会话能力和书面语篇的阅读理解能力。④正确地使用英语语言进行交际和书写的能力。⑤应用英语口语进行人与人的交往能力。

特别应该注意的是，知识性是一门语言能力的重要组成部分。而语言知识不仅仅是词汇语法等方面的浅层知识，更高层次的是语篇知识和语用知识。在日常初中英语教学中，应把基本层次的知识提升到语篇知识和语用知识的层面，对学生英语学科核心素养的培养就可以起到终身受益的作用。

（2）英语学科的文化背景

文化品格就是比较抽象的形容一门语言的社会背景。其实，每一门语言都有它实际的社会和人文背景。英语课堂教学不仅仅教给学生英语知识和英语技能，而对这门外语的语言环境和社会背景、文化氛围和文化背景的了解则更为重要。英语学科的教学要面向学生的长远发展和终身发展。中学阶段是人生情感态度、价值观形成和发展的重要阶段，通过了解一门语言的文化背景进而了解这种语言背景下的语言文化、历史发展、人文特点，从而更好地发展自己的情感态度和个人价值观，英语学科核心素养的目标才能更好地实现。例如，人教版英语九年级 Unit 10 单元就是学习英美风俗习惯的单元。在本单元中，介绍了一些英美国家的基本的礼仪，如初次见面应该如何打招呼，餐桌上应该如何吃东西，与别人相约时是否要准时，是否要带礼物以及英美人对于时间的概念等问题。这些风俗礼仪都与中国的传统大相径庭。所以，在学生学习英语的时候，让学生了解所学语言的母语国家的文化背景是非常重要的。只有深刻地了解所学语言的文化背景，才能更好地掌握这门语言的真正内涵，并从这些内涵中去丰富自己的知识储备，从而提高学生的文化素养。

（3）英语学科的思维品质

目前，人类社会的每一种语言都是一种思维方式。中文博大精深，历史悠久，文化底蕴深厚，思维品质则显大气、悠远。英语也是同样具有本身的思维方式和思维品质。英语课堂教学中对英语学科思维能力的发展是非常好的机会。例如，在教授英语当中的概念性的词语时，可以把这些词语的内涵与外延展开来讲解，并把这些词语与英美国家的日常生活联系起来，学会用英语思维，并借助英语形成新的英语思维的概念，加深对于英美国家的了解，从而更好地学习这门语言。

（4）英语学科的学习能力

终身学习是我国教育方针中重要的一项要求，对学生的终身学习意识和自主学习能力的培养是学科核心素养培养中最重要的一项要求。对于初中学生来说，培养他们的自主英语学习能力是重中之重。但是，由于各种因素的影响与限制，对初中生来说，要学好英语并不是一件简单的事情。由于我们与英美的文化背景不同，发音方式不同，还有语法规则等诸多方面的差异，在英语课堂教学中，提高学生对英语学习的正确认识和持续的兴趣，使学生有主动的学习态度和学习的成就感，就需要英语教师认真针对英语教学基本要求，设计科学的教学环节，激励和启发学生学习兴趣，从而树立学生对英语学科的终身学习目标。此外，学生英语学习的评价方式和评价手段也是英语教师应该注意的问题。良好的评价手段是激励学生终身学习的重要手段。例如：人教版英语九年Unit 1，本单元的主要内容就是如何成为一个好的英语学习者。本单元在语言知识点的讲解之外，更注重的是，培养学生的英语学习能力，这种能力其实主要就是指自学能力。教师在讲授这节课的时候，可以借助文本的内容，向学生直接地传授一些英语学习的技巧与方法，给学生提出如何学好英语的合理化建议，并通过师生交流、生生交流的方式，让学生把自己的想法正确完整地表述出来。这将有利于日后学生的自主学习，为今后的终身学习打下坚实的基础。

2. 英语学科核心素养中体现育人价值

学科不仅仅是传授知识，形成知识技能的工具，更是核心素养形成的手段。教师在学科课程教学中还要对促进学生的心智能力、情感态度、思想品德、社会责任等方面的发展做出相应的指导。这也就体现了学科的核心素养的培养。而对于英语学科的学习，不仅是一种语言，更是一种思维方式，是一种对英语领域中经济、政治、文化、历史等领域的学习。学习英语的过程是学生接触其他文化、形成跨文化理解意识与能力的重要途径，也是促进学生思维能力进一步发展的过程。例如，在人教版英语教材七年级学生用书中，第四单元Don't eat in class. 本单元的教学重点是祈使句的应用。但是，本单元更是在讨论规则，从学校规则谈起到家庭规则再到社会规则。既学习了语言知识，又对学生进行了规则方面的教育，从而达到在课堂中的德育目地，是教材与育人的完美结合。对于提高学生的核心素养具有很好的引领作用。

总之，英语学科核心素养的提出与实行是培养学生迎接未来挑战，更好地适应未来社会和生活的重要举措，也是我国教育方针具体落实的具体体现，更是为一线英语教师提供发展的良好契机。抓住机遇，迎接挑战，莫让理论束之高台。从现在做起，在每一节英语课堂教学中提高学生的英语学科核心素养，为提高学生的核心素养奠定坚实的基础。

基于"核心素养"理念的初中英语
教学实践初探

张　丹[①]

在英语课程改革的大浪潮中，在机遇和挑战并存的大背景下，我们认识到，在教育方面更需要严谨，我们应该跟随时代的发展，不断充实自己，以满足时代的需求和学生学习的需要。近年来，发展学生核心素养逐渐成为基础教育界最令人瞩目的热点话题。什么是核心素养？核心素养和英语课堂如何才能有效地结合在一起？这是我们英语教师值得深思和探索的话题。

核心素养是学生在接受相应学段的教育过程中，逐步形成的适应个人终生发展和社会发展需要的必备品格与关键能力。就初中英语而言，核心素养包括语言能力、思维品质、文化意识和学习能力。所以，我们应该在平常的教育教学过程中，以传授学生们语言知识为前提，同时，教会学生们学会学习，提高学生分析问题和解决问题的能力，让学生树立正确的人生观和价值观。只有以语言为载体，合理地设计教学活动，将核心素养理论有效地运用在英语课堂教学中，才能达到思想上的交流，最终达到教学目的。

语言交流目标、思维认知目标和社会文化目标，这三个目标，只有高效地融合在一起，才能算是一个完整的英语教学活动。如果远离目标，或者偏离目标的话，那么核心素养的途径也会出现问题。因此，笔者结合初中英语教学实际情况，在阅读和写作方面对培养学生核心素养做出了初步探索。

在英语阅读教学中，核心素养分为三个层次：一是学生需要对阅读材料进行理解，将知识框架构建在脑海中。这一阶段，支撑学生阅读能力发展的素养是语言知识，为下一步的阅读做好准备。二是通过阅读材料，来揣摩语言知识背后的含义。这个环节，需要学生做出理性的判断，换位思考，判断出文中所表达的真实意义。这一阶段，支撑学生阅读能力发展的素养是思维技能。三是学生需要通过自己思想归纳总结出有效的信息。这一阶段支撑学生阅读能力发

---

① 张丹，女，抚顺县海浪乡九年一贯制学校一级教师，执教初中英语 10 年，2016 年获"抚顺市首届'青蓝教师'"称号。

展的素养是社会常识。

例如，在学习新目标英语八年级上册《Unit10 If you go to the party, you'll have a great time》阅读课的时候．这单元的话题是"做决定"。Section A 以同学们谈论参加聚会为话题，引入本单元的条件状语从句。接着是同学们谈论他们的看法。而本课所描绘的内容是，当今的学生压力很大，他们时常会焦虑。在生活中遇到感到焦虑的事情，以及如何解决的。本课在渗透巩固本单元的语法重点条件状语从句的同时，反映出当今社会青少年出现的问题，潜移默化地反映出，教师和家长们应该关注孩子们的心理变化，进行适当减压，同时，教育学生们应该学会倾诉，让学生们学会与朋友和父母沟通交流。学生们在初一的时候学会了一般现在时态，以及了解了 if 的用法，在第七单元学会了一般将来时态。这些都为本课的阅读理解做好充分的准备。

阅读策略分为跳读、寻读和细节阅读等，这些阅读策略在以前的阅读教学中，学生们都得以锻炼。本节阅读课，学生们依然对以上的阅读策略加以巩固训练。教学难点是一些语言知识的理解。所以，笔者依据新课程标准和对学生核心素养的培养理念，展开教学。从而设定了以下三个目标：

（1）通过小组合作跳读文本，能总结出每段的主旨大意。

（2）通过独立寻读，能从文章中的主人公中获取相关的细节信息。

（3）通过小组讨论，能说出自己成长中遇到的困惑和烦恼。

首先，以学生们的内心独白引入本课的主题烦恼。这是对文本进行有意义的解码和建构，即学生搜集、理解基础信息。

其次，以小组合作的形式让学生进行段落排序。训练学生的跳读获取文段结构技能；这一阶段支撑学生阅读能力发展的素养是思维技能。思维技能具体表现为归类能力、序列感培养、逻辑关系和因果关系分析等。

再次，让学生通过为各段选择题目，培养学生们通过跳读获取文章主旨大意的技能。然后，让学生细读课文，并且回答问题。训练学生寻读获取细节信息的阅读技能；通过思维判断文本阅读中真正有效的信息。

最后，让学生小组合作的形式来探究在成长过程中所遇到的烦恼的事情，这样来实现阅读后语言的输出及对学生英语思维品质的培养。这个环节设计需要学生将信息与自身认知结构相关联，进行思维理解。这一阶段支撑学生阅读能力发展的素养是社会常识，需要学生将信息与自身认知结构相关联，进行思维理解，有助于学生增长见识，丰富社会常识；有助于提高学生阅读后语言能力和英语交流的能力；有助于学生形成良好的思维品质和提升阅读能力的素养。

在英语写作教学中，核心素养也可以分为三个层次：一是对语言符号进行解码和建构，语言知识是学生们写作能力的基础。二是汉译英的过程，也就是汉语思维转化为英语思维的过程，思维技能则是这一阶段支撑学生们写作能力发展的素养。熟悉英语语言思维的人，就能写出很地道的英语文章。因为不同国家的人有着不同的思维方式和文化差异，无论是语篇布局还是语言特点在写作过程中会有很大差异。三是将自己的情感融入写作中。积极乐观地学习态度是写好文章的前提。在写作前，教师应该给学生们足够的信心，培养他们积极进取之心，学会与他人合作，克服困难，永不放弃，从而激发学生们的学习动力，培养健康向上的品格。

根据以上方面，笔者谈谈在写作教学过程中培养学生核心素养的几点做法：

一、调动学生们的积极性，选择学生们感兴趣的话题

兴趣是最好的老师。学生们只有对话题感兴趣，才能乐于去写。例如，他们所熟悉的人或事，接触过的事情，经历过的旅游活动等。例如，笔者给学生布置一篇作文，题目是回忆初中生活。有些学生这样写道：I felt so worried about life in middle school before I entered the middle school, because my friend said that I would have lots of subjects. I am not afraid of the life in middle school now. I have a lot of subjects and some difficulties now, but I can get help from my classmates and teachers. I will meet many challenges, I believe I can overcome them.

因为这些学生们经历过初中生活，所以感受也真实。所以，在英语写作教学中，我们应该鼓励学生们谈自己的内心真实感受，从不同方面谈自己的思想。鼓励他们创新的精神，有自己的特色和想法，给学生们自由发挥的空间。在平常的教学中，让学生们勤练笔，每一个阶段让学生写一篇作文，但我们应该做到定量而不定质，定任务而不定主题，定字数而不定题材，给建议而不批错误。"乱"中启智，"乱"中益智，"乱"中求变，写作教学最后能实现"大乱"到"大治"的辩证统一。

二、增强学生们的自信心，教师的指导作用不容忽视

在英语教学中，学生们最不愿意完成的任务就是写作。在他们内心深处，就有一种畏惧心理，感觉写作是一种负担。所以，在写作中应该给予他们必要的指导，帮助他们树立信心。

1. 词汇量是写好作文的基础

我们要教育学生通过平常的阅读、模仿和背诵来扩大词汇量。为写作积累词汇。因为阅读是输入，写作是输出。只有通过平常的阅读，进行单词的积累，在写作时候，我们才会有话说。因此，我们应该鼓励学生们注意单词的积累，平常多读一些报纸、杂志等。

2. 英汉句型差异是写好作文的关键

由于受到中西方文化差异的影响，学生们还不能灵活运用西方思维方式进行写作。我们往往会看到学生们的作文有很多问题，句子结构不合理，时态不一致等。所以，在初中写作训练中，我们应该尽量教育学生使用简单句，有梯度地进行写作训练。从词到句子，从句子到段落，最后到语篇。

三、重视写作评估中的鼓励性反馈

写作的评价包括过程性的评价和终结性评价。过程性的评价一般在写作过程中进行，采取个人自评，学生互评，教师评价等方式。终结性评价则是对学生成品后的评价。采取的方式大多数是以等级方式进行。以这种方式对学生进行评价，学生们会失去信心，教师们也会感觉到压力很大。而此时表扬比批评更重要。老师们应该对学生们的优点给予充分肯定，进一步端正学生们的学习态度，从而激发学生们的写作热情，提高写作能力。

在写作过程中，只有将多方面进行有机结合，坚持不懈地培养学生们的核心素养能力，才能提高学生们的写作能力。学生自身应该加强基本功训练，养成自主学习的能力，教师也要不断反思自己的教学方式，不断更新教学方法。使学生真正实现综合运用语言的能力，有效地提升学生的核心素养。

由此可见，我们教师在未来的英语教学实践中如何将语言交流目标、思维认知目标和社会文化目标有机地融合在一个教学活动中，将是我们落实英语核心素养培养的关键所在。教师只有建立对学生核心素养培养框架的认知基础，才能在教材中挖掘出文本价值，从而为学生提供语言和思维范式，才能真正帮助学生发展语言和思维的核心能力。

以人教版"东南亚"一节为例，谈初中地理核心素养培养策略

赵芳原①

教育部 2014 年颁布的《关于全面深化课程改革，落实立德树人根本任务的意见（教基二〔2014〕4 号）》，提出"研究制定核心素养体系，主要是明确学生应具备的适应终身发展和社会发展需要的必备品格和关键能力"，核心素养成了推动地理课程改革的核心理念。随后，高中地理核心素养便从地理课程性质中提升出来，即"区域认知、综合思维、地理实践力、人地协调观"。这四种核心素养之间相互关联、相互渗透，综合思维与区域认知是地理学科基本思想和方法，地理实践力是基本活动经验和学习方式，人地观念是地理教育的基本价值观念。虽然目前没有明确初中地理核心素养的内容，但初中地理与高中地理教学内容上具有非常密切的衔接性，因而可以把高中地理核心素养延伸到初中来。

一、"区域认知"素养的培养策略

区域认知素养的内涵是"学生不仅需要了解区域地理事物的空间分布和空间结构，而且要能认识和阐述地理事物在不同区域的空间差异和空间联系，进而解释地理事物的空间运动、空间演变的规律，体现地域认知的具体要求"。初中地理教学中的区域包括大洲、地区、国家、地方等。在进行区域认知素养的培养时最重要的是明确区域位置。

"东南亚"一节中"图 7.19 东南亚在世界的位置""图 7.20 东南亚的地形""图 7.24 东南亚国家主要农作物的分布"成为培养学生区域认知的主要内容。教学过程中要求学生读图完成下列要求：

（1）在"图 7.19 东南亚在世界的位置"上指出东南亚的大洲位置。

---

① 赵芳原，女，北京师范大学研究生毕业，抚顺市教师进修学院初中地理学科教研员，执教 3 年，曾获市级"一师一优课"荣誉。

（2）在"图 7.20 东南亚的地形"上指出东南亚的纬度位置和海陆位置。

（3）在"图 7.20 东南亚的地形"上找出中南半岛、马来半岛、马来群岛，知道东南亚的范围。

（4）在"图 7.24 东南亚国家主要农作物的分布"中找到东南亚的主要国家。

（5）在"图 7.20 东南亚的地形"上找出马六甲海峡的位置并说出重要性。

学生通过解答上述循序渐进的问题明确了东南亚的大洲位置、纬度位置、海陆位置，学会了如何描述一个地区的地理位置。区域空间尺度大小不同，空间尺度越大，等级越高，地理事物越抽象；空间尺度越小，等级越低，区域特征就越具体、详细。学习地区时不仅要描述该地区的地理位置，还要描述这个地区的组成范围及主要包括的国家。教学时运用不同比例尺的地图按照地理空间由大到小的顺序可以帮助学生建立由整体到局部认识区域的思维方式，对区域的认识由粗略到详细。除了运用地图外，还可以用 Google Earth 来帮助学生认识东南亚的地理位置。区域是一个三维立体空间，地图虽然可以帮助学生确定位置，建立空间思维，但它是二维图形，对学生建立空间思维有一定困难性。Google Earth 是一个地球模拟软件，具有立体性，可以动态地将某一区域放大、缩小，还可以进行空间旋转，对学生建立空间思维具有非常显著的效果。区域认知素养要求学生不仅可以描述区域位置，还要认识区域位置在全球的重要性。例如，东南亚在世界当中处于"十字路口"的位置，它不仅沟通了亚洲和大洋洲，同时连接了太平洋和印度洋。尤其是东南亚的马六甲海峡是世界上最繁忙的海峡之一。出示教材中的阅读材料和图 7.21，让学生分析马六甲海峡对我国石油进口的重要性。中国大部分的石油进口都是从中东非洲经马六甲海峡进入中国，马六甲海峡是咽喉要道，它扼住了中国经济发展的能源大动脉。地理位置的优越性也不是一成不变的，会受某种因素的影响发生动态变化。出示瓜达尔港正式开航的图片和材料，让学生知道中东的石油运往中国可不必绕道马六甲海峡，直接通过巴基斯坦的瓜达尔港经管道或高铁运到喀什。让学生知道地理位置的优越性也是不断发展变化的。

明确区域位置后还要让学生认识区域特征，它是某区域区别于其他区域的特别之处。东南亚区别于其他区域的主要特征除了"十字路口的位置"外还有"湿热的热带气候""山河相间纵列分布的地形"。学习气候和地形时要结合东南亚的气候分布图和地形图。这就要求学生学会阅读气候分布图和地形图的方法。出示东南亚的气候类型图，让学生找出东南亚的主要气候类型及其分布范围，东南亚处于热带地区，热量条件充足，主要有热带季风气候和热带雨林气候。出示这两种气候类型的气温曲线与降水量柱状图可以看出东南亚全年降水丰沛。这样的气候特点对自然景观、人类活动、农业生产都具有很大影响。通过东南亚的分层设色地形图可以看出东南亚的主要地形类型及地势特点，通过判断山脉的走向和河流的流向可以得出东南亚的地形特点为山河相间纵列分布的特点。

二、"综合思维"素养的培养策略

地理综合思维是指学生能够全面、系统、动态地认识地理事物和地理现象的思维品质和能力。区域中各个地理要素之间是相互联系、相互影响的。学生能够运用综合思维认识地理环境要素的相互影响，从整体角度解释地理现象、总结地理规律，从时空综合维度分析地理过程的发生、发展和演化。

综合思维可以分成两种思维模式："综合的分析"和"分析的综合"。"综合的分析"指的是由果析因的演绎思维，通常用于地理解释。"分析的综合"是由因推果的归纳思维，通常用于地理预测。地理预测具有不确定性或不可预测性，因而中学地理教学中常用到的是"综合的分析"。地理事物及现象是由各个要素构成的统一整体，要素之间具有关联性、动态性和层次性等特征。综合分析是先将整体分成各个小的部分，即分解成各个要素进行关联分析或全面分析，归纳后得出地理事物的分布规律及发展趋势。全面分析可以分为并列分析和主次分析。当各要素的比例均衡或作用均等时可以采用并列分析，如简述南方地区的自然环境特征。当各要素的比例不均衡或作用不均等时，一般采用主次分析。

本节中可以通过"河流对城市分布的影响"来培养学生的综合思维。要求学生观察"图 7.28 中南半岛河流与城市的分布"，思考讨论下列问题：

（1）中南半岛上地形特点。

（2）找出中南半岛上的主要河流并说出它们的流向。

（3）中南半岛上城市分布有何特点。

（4）形成这种城市分布的原因。

在学习东南亚河流对城市分布影响时用到的是由果析因的演绎思维，先找到城市的分布与河流之间的关系，城市主要分布在河流沿岸及河口三角洲。再分析城市分布在这里的原因，要综合考虑多种要素，其中的主要要素是河流。这里构成地理事物和地理现象各要素的作用不均等，采用的是主次分析，如影响城市分布的主要要素是河流，河流还会影响其他要素，如地形、土壤、交通、人口、农业等，所以在这些要素的主次作用下形成了东南亚的城市分布（如图 1）。这种分析有助于培养学生的综合思维及逻辑思维。教学过程中可以运用思维导图进行综合思维的训练，找到地理要素之间的关联关系，将文字转换为图形，提高学习效率。

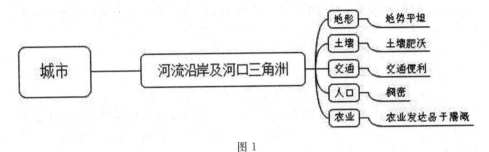

图1

三、"地理实践能力"的培养策略

地理实践能力是指在真实情景中运用所学地理知识和技能，感悟、分析、理解人地关系状况的能力。地理实践力不仅可以在社会调查、野外考察、实验操作中培养，还可以渗透在日常课堂教学中（3）。教师可以带领学生开展形式多样的学习活动，如"辩论会、合作探究、动手演示"等，让学生在实践过程中获得感性认识形成地理思维，培养其正确的人地观念、全球意识、科学素养、审美情趣等。通过实践活动，让学生在生活中遇到问题时能够运用所学知识和技能，收集资料、分析问题，学有所用。

前面以中南半岛为例，认识了河流对城市分布的影响，引导学生将所学的知识联系到日常生活中，以小组合作讨论的方式回答：

（1）说出两个位于河流沿岸的我国大城市的名称。

（2）抚顺市是分布在河流沿岸吗？这条河流的名称是什么？

（3）结合生活经验说出城市分布在河流沿岸有哪些有利条件和弊端？

"热带旅游胜地"这部分内容也可以组织学生实践活动来培养学生的实践能力。可以虚拟"畅游东南亚"活动，将全班分成若干小组，课前上网收集东南亚特色的旅游景点资料，每组选择一个旅游景点准备讲解词并制作 PPT，课上分别对景区进行讲解。游览后组织全班同学设计东南亚旅游路线并讨论东南亚成为中国人出境旅游目的地的优势条件。这样的实践活动可以培养学生收集资料的能力，将所学知识与生活实际结合起来，有助于学生实践能力的提升，提高学生学习兴趣。

四、"人地协调观"的培养策略

人地协调观具体反映在看待"地对人的影响""人对地的影响""人与地如何协调"等问题所持有的见解和观点（1）。"东南亚热带气候与农业生产"部分可以作为材料培养学生的人地观念，了解气候如何影响农业生产。通过方便面与红猩猩的故事认识人对地的影响，最后探讨如何协调农业生产与东南亚热带雨林保护的关系。教师可要求学生课前搜集有关衣、食、住、行等日常消费行为与野生动植物保护相关的故事，培养学生的地理实践能力和人地协调观。人地协调观培养的教学步骤如下：

（1）出示材料，发现问题。出示"方便面与红猩猩的故事"，提出问题：方便面与红猩猩有什么关联？红猩猩为什么要从地球上消失啦？我们能做些什么？该如何帮助它们改变现状？

（2）抽象概括。根据材料找出人对地的影响，概括其内在关联关系（如图2）。

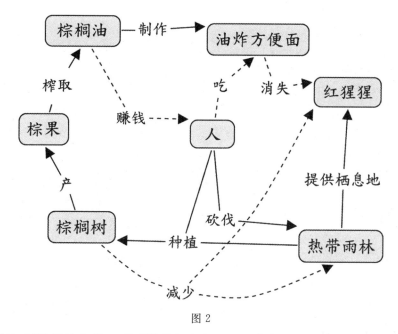

图2

（3）讨论解决方案。以"保护红猩猩，少吃方便面"为题，组织讨论，提出解决方案。

（4）迁移应用。在日常生活中找出类似情景并运用所学的知识和方法运用到实际生活中。

21世纪以来，随着世界经济的高速发展，人地矛盾越来越突出，教师可选取生活中各式各样的人地矛盾问题作为材料培养学生的人地协调观。人地素养的形成是一个长期的过程，需要教师在教学过程中不断渗透。判断一个学生是否形成了人地协调观素养，首先要知道人类行为的不当之处，然后能提出解决措施，最后在生活实践中做出正确的行为。

地理核心素养的培养在初中教学中具有重要意义，地理教师应熟悉地理核心素养的内涵，结合教学内容做好教学安排，在课堂中深化落实，使学生拥有现代公民必备的地理核心素养，适应未来社会的发展与挑战，成为21世纪合格的接班人。

基于学生发展核心素养下的地方课程教学

于利凯[①]

学生发展核心素养主要指学生应具备的能够适应终身发展和社会发展需要的必备品格和关键能力。它包括三个方面（文化基础、自主发展、社会参与）、六大素养（人文底蕴、科学精神、学会学习、健康生活、责任担当、实践创新）、十八个要点。地方课程是国家课程的有益补充，是培养学生核心素养的载体，核心素养则是地方课程的内在目标，两者相互结合才能使学生发展核心素的培养落实到位，才能确保地方课程按正确方向实施。下面结合辽宁省地方课程《人与自然》八年级第二主题《居家环保更健康》谈谈基于学生发展核心素养下的地方课程教学。

一、明确主题中核心素养的重点培养方向

每个地方课程的主题教学都要涉及核心素养的培养，但每个主题中应有侧重，要重点去培养学生一个或几个核心素养，做到有主有次。教师应该选择与主题内容融合最好的核心素养去培养。《居家环保更健康》是把关注的视野从绿色生态环境调整到学生眼前的生活实际中。主题《居家环保更健康》直接切入，明确指出居家环保对人体健康的重要意义，并引申出对待居室环境的友善行为方式。从主题名称就能看出本专题内容就是对核心素养中健康生活的具体落实，教师备课时应该明确这一思路。该主题可以让学生理解生命的意义，培养学生自我保护能力，使学生养成健康文明的生活习惯和生活方式，从而达到对健康生活这一素的培养。教师在备课时应首先明确主题中对学生核心素养的培养方向，这样才能有的放矢，才能正确实施教学。所以，在这个主题的教学中，教师应侧重对健康生活这一素养进行培养。

---

①　于利凯，男，抚顺市教师进修学院初中生物学科教研员，执教 19 年，市级骨干教师，曾获"市级观摩课"等荣誉。

二、选择有效的教学策略

每个地方课程的主题中根据内容不同，教师要选择不同的教学策略，这样才能更好地完成课程内容，才能化繁为简，化难为易。《居家环保更健康》要举例说明家居环境主要污染物的来源，讨论制定防止室内环境污染的有效对策，让学生意识到我们生活的家居环境受到了不同程度的环境污染，引导学生认同绿色消费和绿色文明的观念。教师可以选用合作探究的学习策略，在课前对学生进行分组。学生分别调查卧室中的污染源、厨房中的污染源、家中的其他污染源及防治措施，这种以小组方式的教学方法能最大限度地调动学生的积极性，它能让学生在寻找答案的过程中体会到成就感，减少挫折感。教师适当的引导则会更容易激发学生的学习兴趣，从而将被动学习转化成主动学习。这种方式培养了学生的学会学习这一素养。同时，探究式活动能让学生大胆尝试解决问题的方法，这种思维方式有利于提高学生在学习、生活、工作中解决问题的能力，它是科学、高效的方法之一。利用探究式学习则培养了学生的科学精神这一素养。

三、选择多种教学方法

选择合理的教学方法能让学生更容易地接受知识，提高教学效率，有利于学生核心素质的培养。《居家环保更健康》这一主题在教师引导下主要采用探究式教学方法、实验法、情景激励法等。这些教学方法比较适合本主题。

第一组对卧室内存在的装修污染进行调查。卧室对学生来说是很熟悉的环境，但暗藏的污染源学生不一定知道。教师引导学生分析、查找污染源，学生自发地分成三组，分别对甲醛的危害、测量甲醛浓度、其他装修污染源进行探究。学生对教师提出的问题进一步分析并提出问题，这样的思维有利于提高学生解决问题的能力，培养了学生的科学精神素养和实践创新素养。第一小组汇报结果举例说明甲醛的危害；用化学试剂进行测量，直观的反应出污染程度（视频展示）；发现还存在氡、氨、苯等污染，最后提出利用绿色植物进行防治的措施（小品展示）。通过该小组的活动汇报，学生用亲身经历的实践探究来对课前的问题进行解答，教师要引导学生建立起独立思考、独立判断的意识；利用基本的科学原理和方法解决实际问题；利用科学的探究程序解决问题。这就是教师重点要培养的健康生活素养和科学精神素养。

第二小组对厨房存在的污染进行调查。厨房虽然天天能见到，但学生能亲自去做饭的不多，所以他们并不很了解。小组成员深入厨房，实地进行调查炒菜时的污染情况。经过调查并录制视频，结果发现油烟对人的健康有影响，小组给出有效的防治措施，这时，教师要引导学生发现家长在油烟中受到的影响，从而进行感恩父母的德育教育。通过探究活动，学生发现问题并解决了问题，也明白了父母对自己的关爱是无私的，教师在本组活动中自然地将德育融入教学中，学生既学会了知识，又学会了做人，这就培养了健康生活和责任担当两种素养。

这组另外对吸烟存在的污染做了探究。学生先将香烟加水浸泡后过滤制成烟草浸出液，然后放在锡纸上加热，学生怕火焰温度过高将锡纸熔化，就将锡纸放在盛有水的平底锅中隔水加热，最后得到固体烟草浸出物。烟草浸出物又黑又黏，给学生震撼的感受，这就让学生非常直观地认识到烟草的危害。学生在实践中遇到问题并主动解决，这些内容应该在九年级化学学科才能接触到，但通过各个活动提前就掌握了，这对于学生来说就是锻炼实践能力和创新能力、就是培养了健康生活素养和实践创新素养

第三组调查室内其他污染。学生对其他污染源进行调查，发现还存在光污染、辐射污染、灰尘污染、花粉污染、寄生虫污染、热水器污染等。学生用照片对比出各种污染现象，总结各种污染的危害并找出防治措施。本组调查中，学生广泛收集、查阅资料，最终找到家居环境中存在的污染源，这个活动过程对学生具有积极的作用，这是认知世界最直观的一种形式。所以，教师应在活动前引导学生对资料收集的方法和调查方向进行分析，避免学生盲目活动。通过分组合作、查阅资料、小组汇报等活动，学生顺利完成任务并用最好的效果展示给全班所有学生。通过这些活动培养了学生的健康生活素养和科学精神素养

所有小组汇报完成后，教师设计"室内污染评价师"活动。为了自己和家人的健康，我们要多多宣传环保知识，帮助家人树立环保观念，提倡绿色家居。每组一张家居实景照片，让学生分组进行讨论、找出可能存在的污染源。这个环节让学生学会利用自己的知识参与家庭环境建设，同时也培养学生实践探究的能力。通过这个环节培养学生的实践创新素养、科学精神素养、人文底蕴素养。

四、教学评价

教师在评价时要坚持"立足过程，促进发展"的评价理念，聚焦学生的核心素养，关注学生在学习活动过程中的表现。教师不要用笔试的形式评价，可

采用学生自评、同学互评、家长参评和教师评价等方式。同时，要把日常评价、学生成长记录袋、学生综合素质评价手册结合起来进行评价。对学生做出公平、真实、客观、激励的评价。

《居家环保更健康》这一主题侧重对健康生活素养、科学精神素养和实践创新素养进行培养，涵盖三个方面内容、五大素养。教师通过引导学生对学习目标、内容、方法等进行分析，让学生自己在实践中寻找答案。让学生的个人知识与学科知识对话互动，使之成为学生核心素养生成过程。让学生在教中学、做中学的基础上发现、探究、解决实际问题。研究学生发展核心素养是落实立德树人根本任务的一项重要举措，也是适应世界教育改革发展趋势、提升我国教育国际竞争力的迫切需要。在课堂这个教育的主战场上，我们要继续开展基于学生发展核心素养下的地方课程教学研究，推进两者深入融合。

在生物学教学中培养学生的社会责任

石　琳[①]

　　生物学核心素养是学生后天习得的终身受益成果，是公民核心素养的重要组成之一，是学生在解决真实情景中的生物学问题时表现出来的必备品格和关键能力。基于生物学科的特点，凝练出了生物学科核心素养：生命观念、科学思维、科学探究和社会责任。生物学科的社会责任是指基于生物学认识和能力，参与个人与社会事务的讨论，做出理性解释和判断，尝试解决生产、生活中的生物学问题的担当和能力，能够关爱自己、关注社会、关爱生命、保护生态环境和建立人与人和谐相处等，结合本地资源开展科学实践，尝试解决现实生活中与生物学相关的问题，服务与回报社会，实现人的发展和社会的发展的统一，实现教育的终极目标。

　　笔者除承担初中生物学教学任务外，还从事学校少先队辅导员工作，能够更多地在立德树人方面参与初中生培养，有条件利用少先队阵地开展教育实践活动，在生物学课堂教学、课外实践中能更注重学生社会责任的培养。现将笔者在教育教学中的点滴做法进行分析总结。

一、在课堂教学中培养学生的社会责任

　　生物学科的社会责任要求学生基于生物学认识和能力，能参与个人与社会事务的讨论，尝试解决生产、生活中的生物学问题的担当和能力，关爱自己、关注社会、关爱生命、保护生态环境和建立人与人和谐相处。

1. 结合生物学知识戳穿谣言

　　随着网络的普及，一些组织和自媒体利用公众科学知识的欠缺散播没有事实依据，带有煽动性、目的性的话语。例如，网络上曾频繁流传着受害者被迷

---

① 石琳，女，抚顺市育才中学生物教师兼团委书记、大队辅导员，中学二级教师，执教初中生物9年，获"2016－2017年一师一优课市优课"称号。

晕清醒后发现身上有伤口，肾脏被割走的谣言。实际上，在器官移植前都要进行配型，否则，由于每个人的血型、基因等不一样，器官移植的时候是会出现排异反应，且离体器官保存时间很短，并不是像机器换零件那么容易。在北师大版七年级下册学生学习血型、人体主要系统和器官；八年级上册会学习遗传学知识，教师以此作为案例由同学进行分析，既能巩固知识，又能学以致用。

再如一则视频，录制视频的人自称发现经水洗后肉松面包中的白色絮状可以点燃，进而说我们平时吃的肉松是用棉花做的。这段视频让公众担心不已。教师可以以此引导学生主动探究，分析真伪。北师大版生物教材七年级下册第8章同学们探究过食物中的营养成分，知道有机物能够燃烧，在这里，教师可以指导学生设计探究实验来，通过实验发现棉花和肉松都能燃烧，两者水洗后都成絮状，单从视频无法证明肉松面包里的肉松是棉花。在实验中，我们发现，酒精灯上燃烧肉松时会散发出肉烧焦的臭味而棉花没有，这是因为肉松富含蛋白质，棉花则是由纤维素构成棉，以此来辨别自己购买的肉松面包里是否含有肉松。

虚假信息有很多，它们以吸引关注为目的，有的关乎公民生命、健康。教师帮助学生戳穿谣言巩固所学，利用谣言开展探究实验，学生在思考探究中明辨真伪，向社会传播正确科学知识，进而达到生物学素养的提升。

2. 运用生物学知识解读新闻事件

初中阶段是学生生理和心理开始由孩童向成年人转变的初始阶段，世界观、人生观、观价值观逐步构建，关注的新鲜事物也越来越多，但行为处世偏向自我中心且容易受他人影响。

生物学课程中的很多知识可以有效地帮助学生解读生活中的热点事件。比如，一些人处于善心、祈福、环保之类的目的，放生野生动物。然而"放生不成反成杀生"的新闻也屡次见诸报端。这种盲目方式不仅以破坏生态，甚至对放生地区居民造成损失。在北师大版生物八下23章生态系统的稳定性一节的学习中，笔者利用新闻报道创设情境，结合食物链能量流动知识，引导学生分析盲目放生的危害。学生还能借此分析出外来物种入侵对生态环境的破坏。

在教学中渗透正确看待科学发展的辩证思维，如生物技术推动着人类文明的进步，增强自身改造自然的能力，战胜疾病、解决人类的生存问题，但生物技术也产生了安全性、伦理等问题。以转基因为例，在25章现代生物技术一节中，笔者设计课堂辩论赛，由学生搜集资料，表达想法，最终使学生认同科技的发展给人类带来了巨大的收益，但同时，技术本身是双刃剑，更应该关注的是，如何建立机制去规范和引导技术向正确的方向发展。

党的十九大是全民关注的政治会议，十九大报告中对生态文明建设进行了多方面的深刻论述，将建设生态文明提升为"千年大计"。生态文明是人类遵循人、自然、社会和谐发展这一客观规律而取得的物质与精神成果的总和。在教学中，笔者引导学生关注时政热点，掌握生态系统知识，帮助学生养成低碳生活、在公共场所不随地乱丢垃圾、不破坏绿色园林等小习惯，在潜移默化中做到关注社会事务、关爱生命、保护生态环境。

3. 学习生物学中的榜样，励志成为祖国栋梁

在初中阶段，学生开始有自己的榜样，优秀的榜样会对他们的未来产生影响。发掘教学素材，抓住我国生物学领域专家、科学家的事迹，激发学生的自豪感和爱国之情。把人文情感教育融入自然科学教学中，更容易得到学生的认同。

纵观中学生物教材中很少见到中国科学家的影子，但古往今来，中国的专家、科学家们也对生命科学的发展做出了杰出的贡献。

比如，在七年级上册第二章生物学是探索生命的科学一节中，教材中介绍了"分类学之父"林奈。在我国，比林奈早近200年的李时珍，参考历代有关医药及其学术书籍八百余种，结合自身经验和调查研究，历时二十七年编成《本草纲目》一书，在动植物分类学等许多方面取得突出成就，并对其他有关的学科（生物学、化学、矿物学、地质学、天文学等）也做出贡献。达尔文称赞《本草纲目》是"中国古代的百科全书"。在本节教学中，笔者安排课后作业，收集李时珍及《本草纲目》的故事，学习他以苦为乐、严谨认真的踏实作风。

我国杂交水稻研究创始人，被誉为"杂交水稻之父"的袁隆平，他的事迹是学生最为熟悉的，而在以往，学生不知道什么是"杂交"。在学习过八上第20章生物的遗传和变异后，设计讨论题，引导学生分析杂交水稻的优点，能使学生更深刻地理解袁隆平的伟大之处。

二、在少先队活动中融入生物学，培养学生的社会责任

生物学核心素养要求在培养学生社会责任方面能够结合本地资源开展科学实践，尝试解决现实生活中与生物学相关的问题，服务与回报社会，实现人的发展和社会的发展的统一。

1. 利用重要时间节点开展课外实践活动

在教学中，生物教师总觉得课堂时间有限，学生有中考压力在身，一些参观、调查、收集资料活动没有充分开展的时间。在开展初中少先队工作中，笔者发现生物学科教学和少先队活动、德育常规工作交集很多，让两者结合起来能起到相辅相成的作用。

例如，学生在七年级下生物课上学习出血包扎、心肺复苏等急救知识，但因为急救具有专业性，没有正规训练过的急救容易造成二次伤害，所以不建议学生积极尝试。因此，笔者在"防灾减灾日"时联合德育处开展疏散演练，同时邀请急救专业人员到学校讲授专业急救知识，不仅巩固课堂知识，还拓展了更多生活中需要的急救知识。

在生物课上，学生学习毒品的危害后，笔者布置学生把课堂所学和收集到的资料制作成PPT以演讲的形式在"6·26国际禁毒日"的班、队活动课上展示。

每年6月6日是"全国爱眼日"，此时，七年级下册第12章中学习"眼是感受外界光线的视觉器官"。笔者要求学生制作爱眼主题手抄报，在收集到的手抄报中有同学精心绘制的眼球模式图、有眼疾形成的原因，展览过程中，吸引了大量同学驻足观看，既巩固了课本知识，又出色地完成了"爱眼日"宣传活动。

"节能环保　低碳生活"主题活动是学生德育常规主题。保护生态环境教育更是初中生物学的课程目标之一，是核心素养的要求。在主题班队活动课上，同学们搜集资料、展示，甚至表演短剧，在此基础上，笔者引导学生把素材回归教材，如用知识解读温室效应产生的原因和缓解的原理，雾霾对身体造成的危害和呼吸系统结构的关系等。

2. 走出校园开展社会实践活动

生物学知识的实践还可以在校外开展。比如，我校学生每学期都会走进周边社区参加公益劳动。在夏天，有些小区需要学生帮助除草，以保证花坛的整洁。笔者利用拔草劳动，布置小论文：分析杂草产生的环境条件及影响。学生对生物因素有了直观的认识。

在户外研学活动中，事先了解研学目的地适合开展的生物学习活动，开展观察，调查当地动植物资源种类、分布等研究活动，如走进动物园的研学旅行中，针对七年级学生，提前学习八年级下册关于生物分类中动植物的部分，指导学生利用网络随时查找资料、对照自学，在研学旅行后开展动植物观察报告展览。

综上所述，生物教师要对生物学现象、生物学科进展、社会热点事件长期关注。在课堂上，重视知识内容中蕴含的价值教育内容，通过设计丰富的活动，利用收集资料、调查等科学探究方法培养学生科学的思维方式，提高学生的社会责任感。延伸课堂，把学科教学融入学校德育活动中，在日常生活中解释事件的科学本质。教师在教育中要引导学生利用所学对生活真的事物参与讨论并做出理性解释，辨别迷信和伪科学，从而树立健康生活、关爱生命和保护环境的良好品质。这是核心素养社会责任层面的要求，也是教育育人本质的必然体现。

浅谈初中物理教学中核心素养的培养

包静波[①]

核心素养主要是指一个人成功应对实际生活中某种活动或行为所需要的"胜任力或竞争力",它是由完成该种活动或行为所需要的知识、技能、态度等多种素质要素构成的综合性素质或整体性素质。初中物理学科的核心素养是学生在接受物理教育过程中逐步形成的,带有物理学科特性的品质,是学生科学精神的关键成分。那么,如何在初中物理教学中培养学生的核心素养呢? 笔者认为可以从以下几个方面入手:

一、教师要及时更新教育理念,努力提高自身素养

培养学生的核心素养,课堂是主阵地,而教师是课堂的主导者,也是培养学生核心素养的实施者。一段时间以来,受应试教育的影响,很多教师过多地注重知识的传授,过分地追求升学率,学习对学生来说毫无乐趣而言,他们几乎成了学习的机器。这是对教育的片面认知,也是对学生的伤害。如今,我们的教育已经从"重智轻德,单纯追求分数和升学率"转变成为"为学生的终身发展负责,培养学生适应现代社会所必备的核心素养上来"。这就要求教师要及时地更新自己的教育理念,与时俱进,与先进的教育理念接轨。教师在思想上站得高,看得远,才能更好地进行教育实践。为了更好地教育实践,教师要不断地提高自身的综合素养。以往人们常说,要给学生一杯水,教师就要有一桶水。在现代这样飞速发展的社会,显然教师的一桶水是远远不够的,教师要有终身学习的意识,不断地充实自己,与时俱进,这样才能更好地为人师者。

---

① 包静波,女,新宾满族自治县木奇镇中学一级教师,执教初中物理 14 年,2015 年获"辽宁省'一师一优课,一课一名师'优秀课例三等奖"。

二、注重课堂教学中核心素养的培养

课堂教学是初中物理教育教学的主要形式，也是培养学生核心素养的主阵地。在课堂教学中培养学生的核心素养，要注意以下四点：

（1）制定明确的核心素养培养目标。根据不同的教学内容，制定出不同的核心素养目标，让目标随着教学的进行水到渠成地达成。目标的制定要全面，在实际教学中，教师往往只注重知识层面上的目标，而忽视科学精神、社会参与、学生自主发展等方面的目标。

（2）依据核心素养培养目标，合理开发利用教育资源。例如，依据《物态变化》中水的三态变化制定核心素养培养目标之一（爱护水资源、保护环境，要有节约用水的意识），教材通过文字的形式，对学生进行这方面的思想教育，但这远远不够。教师要有开发利用教育资源的能力，可以采用各种不同的方式、方法培养学生这方面的意识。比如，可以布置社会调查作业，让学生从自家水费开始调查，了解周围人群用水、节水情况，反思自己是否做到节约用水。还可以把了解的情况进一步整理，写成调查报告。根据情况把调查报告提交政府相关部门。再比如，在学习《家庭电路》后，学生通过观察教材图片对安全用电有了一定的了解，教师再播放视频资料（用电不当造成火灾事故），用血淋淋的事实让学生警醒，对电有敬畏心。在教学中这样的核心素养培养目标有很多，这些目标的达成不是靠硬性的命令和说教，更不能像知识一样的传授，而是通过活动潜移默化的影响，切身的经历和体验，逐渐内化形成的。

（3）注重学生的自主学习。自主性是人作为主体的根本属性。自主学习重在强调能主观能动地学习，能有效地选择学习方式方法、乐学善学，勤于反思等。在课堂教学中，教师要给学生充足的时间，以学生为主体，选择合适的教法，最大限度地发挥学生学习的自主性。

（4）习题的设计要生活化、社会化，具有时代特点。知识来源于生活，服务于社会。初中物理属义务教育范围，是自然科学的基础课程。课程内容与学生生活联系紧密。在习题的设计上体现生活化、社会化，使学生在学习中认识到物理与人类文明的有机联系，体会到物理带来的社会进步。例如，利用学生常见的体育项目命题：投掷实心球可以设置以下问题：球在空中运行过程中受力情况，能量转化情况，人对球做功情况等。利用中国自主研发的航母可以考查以下项目：浮力、压强的计算，舰载机的升力，加油机和受油机运动状态的判断等。

三、注重实验探究过程中核心素养的培养

物理是以观察实验为基础的学科，基于物理学科的特点，物理教学中核心素养以培养学生的科学精神为核心。科学精神主要是学生在学习、理解、运用科学知识和技能等方面所形成的价值标准、思维方式和行为表现。具体包括理性思维、批判质疑、勇于探究等基本要点。完整的科学探究包括七个步骤：提出问题，猜想假设，设计实验，进行实验与收集数据，分析与论证，评估，交流与合作。实验探究的过程是学生认识、经历科学的研究历程，学习科学方法，体验科学研究的艰辛和喜悦的过程。在实验探究的过程中，教师要注意多方面培养学生的科学精神。

（1）激发学生的好奇心和想象力。好奇心和想象力是科学不竭的源泉和动力。初中学生好奇心强，思维活跃。教师要注意根据不同的教学内容设置趣味性的问题或活动来激发他们的好奇心和想象力。可以设计实验，可以从学生常见的生活现象入手，还可以从学生罕见的问题或现象入手。例如，在教学流体压强和流速的关系时，教师可以设计实验（向漏斗里吹气），让学生猜想实验现象。实验结果出乎学生的意料，学生感受到了事物的奇妙，也激发了学生的求知欲望，使学生更积极主动地去学习。

（2）培养学生严谨的科学态度。严肃对待探究问题，根据自己已有的知识或生活经验做出猜想。认真制订实验方案，并不断地改进，以求更加完善。实验操作中仔细观察，认真操作，不放过任何一个细节。例如，在"测量小灯泡电阻"的实验中，学生不但要注意观察不同电压下灯泡的亮度，还要感知在不同电压下灯泡的温度，这一细节对整个实验非常重要，但往往在实际操作中被忽视。

（3）培养学生实事求是的科学精神。实验过程中，由于实验方法或实验器材等诸多因素的影响，有时会造成较大实验误差，甚至是错误的现象发生。在测量小灯泡电阻的实验中，学生通过计算发现，在不同的电压下，小灯泡的电阻不同，而且相差很大，可以肯定不是误差的原因。有的学生就开始怀疑自己的实验数据有问题，就更改实验数据。这时就要教育学生按照实验事实记录实验数据，不要篡改数据，尊重实验本身，然后再去寻找原因，从而培养学生实事求是的精神。

（4）培养学生分工合作意识，协作精神。实验探究不是单个人的单项实验，这就需要在实验过程中既有分工，又有合作，只有团队协作才能更好地完成实验。实验中有设计表格的，有仪器操作的，有记录数据的等多个项目分工。实验过程中培养了学生团队意识和互助精神，增强了学生的责任担当。

（5）培养学生创新精神。创新是一个民族进步的灵魂，是一个国家兴旺发达的不竭动力。实验探究中创新精神主要表现在对实验的设计，实验的改进上。实验探究中鼓励学生大胆提出自己的想法，设计不同的实验方案。例如，在探究串联电路电流规律的实验中，大多数学生根据教材的提示设计实验方案：用一个电流表分别测量电路三处的电流。有的学生提出用三个电流表同时测量的方法。虽然改进不大，但对学生来说也是个不小的进步。在九年级复习阶段，多种方法测量小灯泡额定电功率的实验，能更好地培养学生的创新精神。

（6）培养学生不怕失败，不畏艰难，持之以恒的探索精神。任何一项科学发现都不是一蹴而就的，它是科学家们经历多次实验，不怕失败，勇于探索的结果。实验有成功就有失败，尤其是学生实验，影响的因素较多。有时实验方法不当，有时实验操作不当，或者是分析论证思维方法等出现了问题，都会造成实验失败。这时，教师首先要对学生实验的付出给予肯定，保护学生的学习热情，尊重学生的学习劳动。然后用科学家的执着的探索精神教育学生，培养学生不怕困难，永不放弃的精神。

（7）学生体验成功喜悦，获得成就感。有付出就会有收获。学生通过实验探究，发现了规律，找到了问题的答案。这是科学探究的乐趣所在，也是对自我的一种肯定。这种自我价值的肯定，对学生以后的学习，乃至将来进入社会都有良好的作用。

四、加强物理教学与生活、生产及时代发展的联系

知识来源于生活，服务于社会。初中物理教育应关注学生的认知特点，加强课程内容与学生生活、现代社会和科技发展的联系，关注技术应用带来的社会进步和问题，培养学生的社会责任感和正确的人生观。

1. 抓好课堂教学，在课堂教学中渗透物理知识和生活、社会的联系

课堂教学中根据教材内容，找到合适的切入点，把物理与生活、生产联系起来。从生活走向物理，从物理走向社会，能在个人力所能及的范围内对社会的可持续发展做出贡献。例如，在教学光的反射时，可以以街头楼房装饰玻璃幕墙入手，组织学生对这些进行讨论，讨论玻璃幕墙利用的原理，有什么利弊。学生认识到这样的装饰很美观，是街头一道亮丽的风景，但同时也造成的光污染，给人们的生活带来诸多不便。在教学串联、并联时，可以组织学生对

城市的"灯光秀"发表自己的看法。讨论各种灯饰的连接方式，讨论灯光秀的做法是否值得提倡。这样的讨论使学生学着用辩证的思想看待问题，同时也增强了学生的社会责任感。

2. 抓好课外活动，拉近学生和社会的距离

课外活动是课堂教学的进一步延伸，也是培养学生核心素养的又一重要途径。教师可以根据教学内容安排各种各样的课外活动。例如，小制作、小发明、办展览、社会调查、参观访问、听讲座、远足等。这些活动使学生热爱并尊重自然，接触社会，了解社会，开拓学生的视野，增长阅历，使学生更加热爱祖国，增强学生振兴祖国的使命感与责任感。

总之，初中物理教学中核心素养的培养不是一蹴而就的，它是一个漫长而系统的工程。我们有理由相信，随着课程改革的不断深入，核心素养培养的理念会更加深入人心。作为一名学科教师，更应该在实际教学中不断地探索发现，使物理教学中的核心素养培养取得更好的效果。

浅谈初中物理课堂上核心素养的培养

潘莉莉①

党的十八大提出，要把立德树人作为教育的根本任务。

国际上多数国家、地区与国际组织都认为，以个人发展和终身学习为主体的核心素养模型，应该取代以学科知识结构为核心的传统课程标准体系。国际上长达 20 多年的研究表明，只有找到人发展的"核心素养体系"，才能解决好有限与无限的矛盾；只有找到对学生终生发展有益的 DNA，才能在给学生打下坚实知识技能基础的同时，又为未来发展预留足够的空间。

核心素养是学生在接受教育过程中逐步形成的适应个人终身发展和社会发展需要的必备品格和关键能力。

笔者对核心素养的理解是：教育的最终成果不是看这个学生考了多少分，会做多少题，而是讲一道母题后，就会自己做出相关的变形题；讲一种解题方法，就会运用这种方法解决不同知识的同类题型；当学生走出课堂时，即使忘记知识点，也可以查阅资料后能运用知识解决生活实际问题。教育留给他终身受用的这个东西那就是核心素养。

物理学科核心素养是让学生具有物理观点（如物质、运动、能量、场的概念）、科学探究方法、科学思维和科学态度与责任。核心素养不是抽象的，必须落实到课堂中。下面就谈谈在笔者的课堂上，是怎样培养学生的核心素养的：

一、注重知识的形成过程

物理知识主要是指物理当中一些重要的概念和规律、定律的学习和运用，笔者认为，在知识的形成过程中非常重要，所以在教学中，笔者不会照本宣科地直接给出，笔者常用的方法是：

---

① 潘莉莉，女，抚顺市东洲中学一级教师，执教初中物理 22 年，获"抚顺市东洲区首届名师"。

1. 事例、实验、感受与体验得出

比如，讲力这个概念，让学生大量地举出"用力"的事实，分析要产生这个力，离不开两个"物体"，这两个物体之间必须有"作用"。所以，自然得出"力是物体对物体的作用"这个定义。再追问：力的作用一定相互接触吗？相互接触的物体之间就一定有力吗？笔者想，在这样尊重事实的基础上形成力的概念后，对后面的问题"抛出去的球受到推力吗？"会有一定帮助的。

接下来，让学生提起书包，谈谈自己的感受，从而得出"物体间力的作用是相互的"这一结论，体验相互作用的这两个力大小怎样的？再用两只弹簧测力计验证相互作用力的大小是相等的。这样，学生在生活、生产中就会意识到反作用力的危害与利用。

讲摩擦力的时候，笔者让学生做几个动作去体验手的感觉：

①把手放在桌子上，用力向前推动。

②把手放在桌子上用力向前使劲，但手不动。

③把手放在桌子上，不往前推动。

④手不接触桌子，向前动。

⑤把手放在笔杆上，用力向前推动。

通过这样的体验，学生就很容易地得出摩擦力产生的条件以及摩擦力的类型。对以后判断有无摩擦力和摩擦力大小的计算题型会有相当大的帮助。

所以，笔者认为，只有尊重学生的认知规律，通过学生的亲身经历，才能使学生透彻地掌握好概念、规律、定律、原理，这样做题才轻松，要不然将会一塌糊涂。

2. 比值定义法

在物理学中，经常用到比值法定义物理量，学生们最先接触的是"速度"这个定义，应该让学生真正领悟并掌握，一旦这个方法掌握了，后面的学习密度、压强和功率，就完全可以采用类比迁移的方法进行教学，把多个问题归为一类问题，用一类方法来解决，一石数鸟，就能起到很好地知识、能力双赢的效果。

3. 建立模型法

有些物理问题、现象、过程非常抽象，运用模型思维建立起物理模型，会使问题变得直观、形象。比如，磁场是看不见、摸不着的，我们可以用小铁屑的分布、小磁针的分布这样模型来进行认识。为此，引进了磁感线来描述磁

场。类似的还有用光线来形象地表示光；建立原子核式结构模型；用力的示意图分析物体受力的模型；画等效电路图来代替实物电路的模型。这些都有助于使复杂问题简单化、直观清晰化。

二、注重学会物理技能

物理技能主要是指了解主要实验仪器的原理和实验仪器的使用和操作。例如，如何使用刻度尺、如何使用天平、如何使用电压表和电流表等。引导学生总结使用任何一种器材都得先观察，看量程，看分度值，看说明书等再使用，那么，学生在今后工作、生活中就会使用一些电器、会买匹配的电线、空气开关等。在教学中，笔者也会增加学生的动手实践课来发展学生的潜能，激发学生的主动性与积极性。比如，做小孔成像装置，自制照相机，修理、组装电动机，水火箭升天，潜水艇等。笔者想，这对学生今后的工作、生活态度和品质上都是有帮助的。

三、注重物理解题方法

学生要想学好物理，一定要掌握一些基本的解题方法。所以，笔者在讲授时非常注重分析这是一道什么题型，这种题型的解题思路是怎样的。比如，求压强题，首先要分析是属于什么类型的，压强题分为两类：一类是固体对固体的；一类是液体对固体的。不同类型的压强题解决思路是不同的。

还有，学生都认为浮力难，可笔者的学生认为挺简单的。原因是经过复杂的学习过程后提取出"两句话"：知道 V 排用阿基米德原理，不知道 V 排就用受力分析法。按照这样的思路解决求浮力和比较浮力大小题型，学生会感到非常清晰。

在力学和电学这两大板块中，每种题型都有相应的解题思路与方法，这样的教学，使学生轻松解题，也可以促使学生自己总结方法，笔者想，今后对于他们终身的学习会受益匪浅的。

四、注重物理思维与研究方法

我们说学物理要有物理思维，物理是一门以实验为基础的学科，但有些时候实验条件是不能满足的。比如，在讲到牛顿第一定律的时候，现实中满足不了不受力的情况，于是，笔者引导学生树立一种理想化的物理思想，就是让水平面的摩擦力逐渐减小，推理出当摩擦力减小到零时，物体的速度将不会减小，所以将做匀速直线运动。通过这样一个实验，让学生理解到，在研究某些问题时，不妨假设理想化的物理情景，这样可以推理得到一些结论，从中可以培养学生的创造性。

物理中的很多的公式运用了比值定义法，但与数学思维是不同的，不能简单理解为纯粹的数量关系，还有深层次的物理含义。比如，电阻这个公式，不能简单认为表面意义：电阻与电压成正比，与电流成反比。电阻是导体本身的一种性质，与外在的电压、电流的大小无关。类似的还有密度、比热容、热值等。

再比如，在物理教学中经常用到控制变量法，就是影响某一物理量的因素有好多，当其中一个因素变化时会引起物理量怎样的变化，就要控制其他因素不变。这从中也体现着哲学指引科学实验的思想。

物理思维有很多：如抽象思维、形象思维、逆向思维等。正是有了这样的思维才有很多发明和创造。所以，拥有物理思维对学生终身发展也是非常有用的。

五、注重细读多问，培养自学能力

培养学生阅读自学能力是终身发展的基石。教师可以先提出一些问题，让学生带着问题进行阅读，对所学内容有粗略了解。再听老师的讲解是否与自己的理解一样，加深烙印。也可以是在一段话中让学生找到关键词是什么。比如，功的定义关键词"在力的方向上有距离"，重力方向的关键词是"竖直"，能量的关键词是"能够"，这样挖掘内涵，提升理解能力。再比如，"力可以改变物体的运动状态"，能说"一定改变"吗？什么时候力一定改变运动状态，什么时候力一定不改变运动状态？多问几个为什么，弄清其究竟。新课结束后，把每节或每章的知识按"树结构"或以图表形式归纳，使零碎的知识逐步系统化、条理化，使知识得到升华。边学习、边总结螺旋式学习方式也是学生今后发展的主线。

六、注重培养学生观察能力

观察是学习物理获得感性认识的源泉，也是今后生活中必备的能力。初中阶段主要观察物理现象和过程，观察实验仪器和装置及操作过程，观察物理图表、教师板书等。

在教学中，培养学生有目的性的观察，如水的沸腾实验，要带着一些问题去观察：沸腾前气泡发生的位置、气泡大小变化多少？温度计的读数怎样变化？撤掉酒精灯，水是否立即停止沸腾？熄火后，白气是变多了还是少了？

笔者想，学生养成这样的观察能力怎么不会对未来世界有敏锐的察觉呢？

总之，在物理课上落实核心素养，是一个长期而漫长的过程，并且更应思考如何在物理课堂上落实人文底蕴，怎样使学生学会学习，怎样使学生健康生活，具有责任担当、实践创新等方面素养，这需要在今后的工作中不断地总结和反思，尽可能多地将核心素养的其他方面融入物理的教育教学工作中去。

小学阶段学生发展核心素养的实践研究

核心素养，全面发展：谈小学生的核心素养培养

王　丽[①]

学生发展核心素养，主要指学生应具备的，能够适应终身发展和社会发展需要的必备品格和关键能力。

核心素养是党的教育方针的具体化。党的教育方针通过核心素养这一桥梁，可以转化为教育教学实践可用的、教育工作者易于理解的具体要求，明确学生应具备的必备品格和关键能力，从中观层面深入回答"立什么德、树什么人"的根本问题，引领课程改革和育人模式变革。

中国学生发展核心素养以培养"全面发展的人"为核心，分为文化基础、自主发展、社会参与三个方面，综合表现为人文底蕴、科学精神、学会学习、健康生活、责任担当、实践创新等六大素养。

核心素养背景下的学校教育目标要承载培养出能健康发展、幸福生活、成功应对未来挑战的人，有自信、懂自尊、能自强的人，高素养、讲文明、有爱心的人，知荣辱、守诚信、敢创新的人。

笔者是一名小学教育工作者，作为战斗在教学一线的教师、班主任，直接接触孩子的我们，真的应该认真学习《中国学生发展核心素养》，因为它将我们的教育目标具体化。教师在教育教学中，必须以此为指导，才能胜利完成教学目标，不至于南辕北辙，走错了方向，那岂不是违背了中国的教育目标了吗？笔者是一名从教二十多年的老教师了，也是一名班主任，在以前的工作中，凭借的都是自己的价值观，自己对世界、对问题的看法，以此去教育自己的学生，可是，并没有一套完整、规范的理论去指导自己的教育教学，真的缺少科学性、规范性。现在有了正确的目标和方向，就再也不用摸着石头过河了。

下面，笔者想就自己的工作经验和实践，谈谈小学阶段笔者是如何培养小

---

① 王丽，女，抚顺市望花区雷锋小学一级教师，执教小学语文 23 年，2001 年获"抚顺市骨干教师"称号。

学生的核心素养的，鉴于本人的能力和水平有限，可能文章会存在这样那样的问题，希望能和大家一起研究、探讨，以便更好地完成自己的教育教学工作，为国家培养出需要的合格人才。

一、文化基础

1. 小学生人文底蕴的习得

小学阶段，是最基础的时期，孩子们从一个不懂事的顽童，开始学习文化知识、养成良好的学习习惯。有些孩子甚至是从学习拿笔开始的。我们小学阶段特别重视孩子们基础知识的学习。我们认为，小学阶段就相当于盖大楼打基础，如果一栋大楼地基没有打好，可想而知，这座大楼怎么能屹立不倒呢？

笔者是一名语文教师，从拼音开始教起，从一笔一画教起，真的是不敢有一丝一毫的怠慢。字、词、句、段、篇、听、说、读、写在小学的每一节课上，严格认真地训练学生的语文能力和素养。在训练语文能力的同时，也训练着孩子的思维能力。语文教学更是孩子们情感态度和价值观训练的主战场。每一篇课文不光是文字、文学上的典范，更加充满了思想的光辉。比如，人教版四年下的第十六课《触摸春天》，课文主要讲了盲童安静，整天在小区的花园里流连，她居然奇迹般的拢住了一只花蝴蝶，从而经历了生命中从不曾有过的全新的体验。她感受到蝴蝶在自己的手中扑腾，感受到它划出一条美丽的曲线。文章中蕴含着深刻的哲理，那就是，每个人都有生活的权利，谁都可以创造一个属于自己的缤纷世界，无论这个人是健康人，还是残疾人。多么感人的一篇文章啊！孩子们被深深地感染了，他们纷纷表达自己的看法，安静一个盲童都如此善良，如此热爱生命、热爱生活，作为健全人的我们有什么理由不去认真生活，热爱生活呢？孩子们在学习课文的过程中，不仅感受着语言文字的美，同时，感受到生命的价值，这也就是语文的魅力所在吧！

2. 小学生科学精神的培养

笔者还想说说笔者在教学四年下的第三组课文时所感受到的。本组课文的训练主题是大自然的启示，它告诉我们大自然是人类的老师，给了我们很多有益的启示，学生在学习课文的过程中，懂得了很多有关大自然的道理，大自然有它自己的规律，作为人类不能去破坏，而应该去遵循其规律。大自然中的一切都是相互联系的，要保持它的生态平衡，要和大自然和谐共存，而不是肆意地去破坏。《蝙蝠和雷达》这篇课文，讲了科学家从蝙蝠的身上受到启示，发明了雷达，使学生懂得要勤于观察，勤于动脑和思考，要敢于去质疑、勇于探究，才能从身边最平常的事物中，去发现有价值的东西，才能有所发明，有所创造的道理，从而潜移默化地培养了孩子们勇于探究的科学精神。

二、自主发展

1. 培养小学生学会学习的能力

在教学过程中，指导学生形成学习意识、根据学习内容选择合适的学习方法和方式，培养学生爱学习、爱思考的习惯，并且指导学生利用多媒体去搜集材料，查找资料。比如，我们在学习《语文园地四》时，口语交际是《小小新闻发布会》，在课前，笔者要求每一名学生都准备一条新闻，然后在口语交际课上进行交流，同学们在课堂上积极踊跃地介绍自己搜集到的新闻内容，教学效果特别好。孩子们通过搜集新闻，积累了知识，开阔了视野，同时懂得了电脑的重要功能，培养了学生的信息意识。

2. 培养小学生健康生活的价值观

小学语文课本中有很多适合培养学生健康生活价值观的课文，如四年下第二组课文《中彩那天》。课文通过文中妈妈的那句话告诉我们：一个人只要活得诚实，有信用，就等于有了一大笔财富。孩子们通过学习知道了，做人一定要讲诚信，有了诚信才会有朋友的友谊，才会拥有一切，心里才会安宁。《将心比心》告诉我们：如果我们在生活中能将心比心，就会使人与人之间多一些宽容和理解。《触摸春天》等第五组课文，告诉我们，生命是宝贵的，也是美好的。学生随着课文的学习，就可以感受到生命的美好，激发他们对生命的热爱，从而懂得如何去生活，如何去面对生活中的困境和坎坷。懂得生命虽然短暂，但我们可以让有限的生命体现出无限的价值。这对孩子们是多么好的教育啊！孩子们在随文学习中，渐渐地受到了健康生活价值观的熏陶，自然而然会渐渐地形成健康的价值观。

三、社会参与

1. 培养小学生的责任担当意识

四年下第四组课文是有关战争的内容。学习了这组课文，学生看到了生活在硝烟战火中的孩子们失去了家园，失去了亲人，失去了幸福美丽的童年，了解到战争给孩子们带来深重的苦难，聆听他们对和平的呼唤和渴望。在感受战火硝烟中孩子们苦难的同时，激发起学生对战争的厌恶和仇恨，激发他们的社会责任感，让他们知道，为了后代的和平幸福的生活，为了我们的国家不再挨打，我们必须努力学习，保卫自己的家园。不仅保卫自己的国家，还有责任和义务去维护世界和平，让更多的孩子，让所有的孩子和我们一样幸福安康，从而由国家认同上升到国际理解。

2. 培养小学生实践创新的能力

小学的教学内容，不止有语文、数学、英语，还有很多动手实践的课程，如科学课、综合课、美术课等，在科学课上，我们带领孩子们在操场上试飞自己动手制作的降落伞。在综合课上，我们的老师教孩子们亲手制作水果沙拉，甚至我们在课堂上包饺子、煮饺子，教孩子们变废为宝，制作各种小工艺品。在美术课上，老师带领孩子们画风筝、到操场上放风筝等，在这些教学活动中，不仅丰富了孩子们的学习生活，陶冶了孩子们的情操，更加培养了他们的能力，动手的能力、解决实际生活中问题的能力……通过教学，还有通过值日工作的进行，老师手把手地教孩子们怎样扫地、擦地、清洗拖布，也培养了学生的劳动意识和能力。学生不仅学会了自己的事情自己做，还能帮助老师、帮助父母做一些力所能及的工作。

在教学中，我们非常重视孩子们的体验，把"做"放到核心的位置。因为一切的知识经验都是在亲身体验和实践中发生的。核心素养的培养当然也要注重在学生的亲身体验中去培养和习得。不管一切如何变化，教育的本真不会变，我们必定要立足于学生，让他们在实践中去不断成长，成长为能健康发展、幸福生活、成功应对未来挑战的人，有自信、懂自尊、能自强的人，高素养、讲文明、有爱心的人，知荣辱、守诚信、敢创新的人。

这就是我们所有奋战在教育第一线教师的终身奋斗目标！我们以此为荣！

坚持四轮驱动　培养核心素养

赵　雪[①]

自从 2014 年教育部出台《关于全面深化课程改革，落实立德树人根本任务的意见》，明确提出学生发展的"核心素养"，特别是 2016 年 9 月，中国学生发展核心素养研究成果在北京师范大学正式发布至今，教育界上下对"核心素养"的探索愈加积极，研究愈加深入，形成和总结了很多有特色、有深度、有价值的鲜活经验和有益成果。本人作为一名长期从事教学工作，常年和学生共同学习、生活的一线教师，对培养学生的核心素养也有着很深切的体会。笔者个人认为，核心素养与以前我们一直倡导和推行的素质教育本质上是一致的，其根本目标和主要任务，就是培塑适应学生个体终身发展和社会发展需要的必备品格和关键能力，为实现中华民族伟大复兴提供有力人才支撑和坚实后备力量。就小学和初中义务教育阶段来说，实现这一目标，完成这一任务，应该深化人本理念，突出学生这一核心对象，坚持多管齐下，注重综合施策，依托四轮驱动，促其全面发展。

一、坚持以学校为基地，着眼学生的全面发展办学治校

十年树木，百年树人。引导孩子由小到大健康成长，最终成为对国家、对民族、对社会的有用之才，需要家庭、学校、社会多方联手，同步发力，这其中，起主要作用的，无疑是承担育人职责的各个层次的学校。从幼儿园、小学、中学直至大学，学生的主要时光都是在校园中度过的，应该说，学校在培养学生核心素养上，具有得天独厚的优势。对于学校来说，最首要的任务当然是传授知识，这是毋庸置疑的。现在，我们社会各界衡量和评判一个学校的好与差，优与劣，主要的标准就是看其升学率有多高，似乎尖子生、优等生越多，升入重点考上名校的比率越大，这所学校就越好越知名。持有这样观点的

---

① 赵雪，女，抚顺市实验小学高级教师，执教小学数学 18 年，2005 年参加"小学数学辽宁省观摩课"。

同志恐怕不在少数。但细细反思，学校的任务仅仅是让学生掌握知识吗？当然不是，教育教育，我们平时都把关注点和侧重点放在了"教"上，对"育"却一带而过。学校不该只是传授知识、传播文化的一个简单的中转站，更应是立德树人、塑材育人的孵化器，确实能为学生养成独立健全人格，懂得感恩担当，得到全面发展提供必要的条件，创造良好的环境，营造健康的导向。这无疑对学校办学治校的指导思想、教学理念和发展模式提出了很高的标准和要求。对于处在义务教育初级阶段的小学来说，在把教授知识放在第一位的同时，还要着眼孩子们的全面发展精准切入全面发力。从大的方面来讲，就是要在办学治校思想上加以改进更新，牢固树立正确的育人观、成才观，全面贯彻人本理念，一切教学活动都要以学生为核心；在办学模式上充分尊重教育的发展规律和学生的成长规律，不能人为地拔苗助长；在学科设置上坚持各科同等侧重，均等发力，不要过于区分所谓的主科、副科。从小的方面来说，就是要教育孩子从日常的点滴之处做起，如养成良好坐姿，形成良好习惯，学会独立动手，学会礼节礼貌等。万丈高楼平地起，帮助孩子们把这些最基本的习惯养成了，最浅显的道理弄懂了，最实用的技能掌握了，最基本的责任明确了，就是为其一生成长幸福铺路奠基，对其长久发展必然大有助益，今后遇到任何困难，面临任何挑战，都能积极适应，勇敢应对。这才是每所学校都应该一以贯之地坚持好、做到位的。

二、坚持以教改为契机，顺应学生的个性特点革旧立新

明者因时而变，智者随事而制。培养学生核心素养是一项复杂系统的大工程，如何确保相关要求和目标任务落地生根？个人认为，当前正在强力推进的教育改革无疑是个难得的契机。习近平总书记多次强调，要努力让每个孩子享有受教育的机会，努力让13亿人民享有更好更公平的教育。党的十九大报告也明确提出，要"优先发展教育事业""加快教育现代化"。可以想见，在"优先发展教育事业""让每个孩子都能享有公平而有质量的教育"思想主导下，包括中小学在内的教育教学改革必然会驶上快车道，更加蹄疾步稳。有个很明显的例证，不久前，国务院相继印发了《国家教育事业发展"十三五"规划》和《关于深化教育体制机制改革的意见》，对学前教育、义务教育、高等教育各个阶段的育人方式、办学模式、管理体制、保障机制都制定了具体举措，明确了路线图，汇就了时间表，这标志着以培养核心素养为根本要务的新一轮教改大幕不仅全面拉启，而且明显提速。作为教育工作者，我们承担着立德树人、培育英才的重任，必须紧紧抓住教改这个难得的契机，主动作为，积极参

与。一方面要登高望远，革故鼎新，主动摒弃"与我无关""老一套""难推进"等陈旧思想和畏难情绪，主动来一场思想解放的头脑风暴，让思想认识和思维理念紧紧跟上教改创新的步伐；另一方面要紧密结合本地区、本学校、本部门的实际，特别是针对学前、小学、初中、高中和大学不同阶段、不同时期学生的性格特点，在自己力所能及的范围内锐意改革积极创新，坚持使一切工作既符合教育教学规律，做到按纲施教，又符合学生身心发展规律，做到按需施教，如管理制度充满人文关怀，课程建设满足个性选择，德育活动贵在体验感悟，课堂教学鼓励学生参与等，从根本上确保教改释放最大红利，实现最佳收益。

三、坚持以教学为手段，针对学生的优长不足灵活施策

有的放矢方能事半功倍。培养学生的核心素养，很重要的一点，就是对照中国学生发展核心素养成果发布中提及的三大方面、六大素养，深入开展调研，着力弄清现在的中小学生具有哪些优势，有哪些不足，这样把"标靶"找准后再精准发力，效果必然加倍凸显。笔者曾在本班学生中组织过专题问卷调查，结果显示，当代的小学生模仿行为不断增强，是非界限却渐趋模糊，功利思想不断增强，价值标尺却渐趋模糊，个人意识不断增强，集体观念却渐趋淡化，如问及"你需要什么时"？79％的学生集中在对知识、未来有好工作、高分数和爱的渴望等方面；"你对学生吸烟、文身怎么看"？表示"可以理解""感觉很酷"和"无所谓"的竟高达81％。问卷背后折射出的问题发人深思、催人警醒。当然，出现这些问题的原因不仅仅在学校，但我们校园德育教育不力确实是很重要的原因。解决这个问题，对于学校和教师来说，不仅仅是要加大思想品德教育的力度，还要把立德树人的要求有机地融入各个文化课教学中去，毕竟德育课的时间和比重有限，占据我们日常教学最多的，还是以语文、数学、外语为主的文化课。具体来说，就是要用好课堂这个主阵地，用好教学这个主杠杆，一方面针对学生的兴趣爱好因势利导，最大限度地调动他们乐学好学的动力热情，另一方面针对学生的缺失不足对症下药，尽最大努力做好修枝剪杈、导航正向的工作，这样多管齐下，灵活施策，才能收到纠偏治弱强基固本的理想效果。比如，在语文教学中，可以寓游戏于教学中，将游戏用于识字、拼音、课文学习中，充分利用孩子的年龄特性，分层次地组织游戏，通过游戏环节激发孩子求知乐学；在英语教学中，深入推进启发式、研讨式、情景式教学，让学生从中学会学习、学会总结、学会思考、学会独立、学会感恩、学会担当。总之，只要我们紧抓教学这个主业不放，紧扣育人这个主旨不松，

自觉顺应学生成长规律，瞄准他们的成长需求，坚持灵活应变，多样施策，定能把培养核心素养这篇大文章做实、做精、做透。

四、坚持以教师为主导，紧扣学生的成长需求修德强能

"师者，传道、授业、解惑也"，唐朝大散文家韩愈在《师说》中的这句话我们耳熟能详。经过一千多年的发展演变，时至今日，这六个字依然是各级教师最根本、最重要的业务工作。虽然各个学校在教学中一直倡导和推行"以人为本"的原则理念，反复强调要把学生作为主体对象，但实际上，无论从单纯传授知识，还是培养核心素养来说，教师的主导地位作用永远不可或缺、永远无法取代。特别是现在的中小学生，作为"00 后"成长起来的所谓新人类，他们生活在知识爆炸、信息发达的网络时代，获取知识的条件和环境便利快捷。很多同志都有同感，现在的学生懂得东西特别多，有些信息甚至老师都不熟悉。同时，独生子女的特殊身份，优越的成长环境，造成了他们活跃多变而又脆弱复杂的性格特点。这些都决定了我们绝不能单纯地把传授知识作为唯一任务，在倾心倾力、传经送宝的同时，更要把引导孩子们树立正确的人生观、价值观，扣好人生第一粒扣子作为重要职责，既要当好施教者，又要当好领路人。须知给人一碗水，自己先要有一桶水甚至一缸水，想要在培养学生核心素养上交出优异的答卷，首先需要我们补齐自身在核心素养上的短板不足。教师的核心素养是什么？可能不同的人有不同的理解和看法，千人千面，观点各异，笔者觉得最主要的，就是习近平总书记对好老师提出四个标准：一是要有理想信念，二是要有道德情操，三是要有扎实学识，四是要有仁爱之心。达到这一标准要求，最直接最主要的，就是紧抓"学习"二字不放，自觉做到以学修德、以学强能。正如美国著名未来学家阿尔温·托夫勒说的那样，"未来的文盲不再是不识字的人，而是没有学会怎样学习的人"。从我们教师来说，一方面要拿出"三如精神"笃学治学，像品味经典那样熟读教材，精读教育教学专业书籍，通读相关领域的参考资料；另一方面还要坚持知行并举，积极参加各层面教师培训及竞赛，参与全方位、有深度的校本课题与实践研修，建立教师学习共同体等。除此以外，还要本着边学习、边实践、边总结的原则，坚持把这些内容要求有机地融入和运用到全部教学工作中去，并时时处处身体力行、为人师表、立德树人的职责要求，以学有所专、言有所止、行有所成的良好形象来教育学生、感染学生、带动学生，为培养学生核心素养，打牢全面发展根基，造就更多有益国家发展和民族复兴的坚实后备力量矢志奉献，不懈奋斗！

浅谈如何在绘本阅读与写话教学中
提升学生的核心素养

赵 丹[①]

众所周知，学生发展的核心素养，主要是指学生必须具备的，能够适应自己终身发展和社会发展需要的必备品格和关键能力。研究学生发展核心素养，是适应世界教育改革发展趋势、提升我国教育国际竞争力的迫切需要，也是落实"立德树人"根本任务的一项重要举措。中国学生发展核心素养，以"全面发展的人"为核心，综合表现为人文底蕴、科学精神、学会学习、健康生活、责任担当、实践创新六大素养。核心素养的养成是一个螺旋上升的过程，如何不错过任何一个黄金阶段，针对小学低年段学生的年龄特点，笔者借用绘本这种图文结合，最适合低年级儿童阅读的阅读材料，依据新课程标准，开发绘本的潜在功能，帮助孩子认识世界，提升观察力，丰富想象力，升华他们的精神世界，让绘本阅读与写话有机结合，力图从不同方面培养学生的核心素养，取得了较好的效果。

一、热爱生活，感受美好，培养人文情怀

《记忆的瓶子》是一本非常有趣的绘本，在各种奇形怪状的瓶子之中，记录了戴尔先生快乐的童年，成功的喜悦，家庭的温馨……教学中，笔者通过谈话导入新课，"生活中，当你遇到令人难忘的事情，你会怎样记录下来呢？"学生交流后，笔者引领学生走进戴尔先生奇妙的瓶子世界。当学生看到"装满瓶子的小木屋"时，笔者提醒学生抓住瓶子的位置、形状、颜色这些细节，说说哪个瓶子给你的印象深刻，并鼓励学生展开丰富的想象，对瓶子进行细致的描写。学生读懂了藏在瓶子里的六个故事后，笔者请学生谈谈自己的感受。"戴尔先生把哪些事情装入了瓶子？这些事情是和谁发生的？"进而引发联想，"其

① 赵丹，女，抚顺市教师进修学院附属小学一级教师，执教小学语文 19 年，2008 年获"辽宁省小学语文学科专业素质评比与展示一等奖"。

实，在我们每个人的心中，也有许多形形色色、大小不一、五彩斑斓的瓶子，同样记录了我们美好的回忆。谁愿意与大家分享自己'记忆的瓶子'"。于是，学生根据"瞧，这只（　）的瓶子，装着我（　）的回忆，记得那天（　）。"这样的句式汇报自己的故事。因为之前戴尔先生的"瓶子"已经深深地打动了孩子的心，孩子们不知不觉也沉浸在对自己往事的美好回忆中。培养学生抓住细节，仔细观察，找到打动自己的故事，既丰富了学生的想象，训练了学生的语言，也教会学生如何去感悟生活。以人为本，尊重自己的独特体验，能关切到自己生活中幸福的节点，学会感恩，体会感动，不知不觉中培养了学生的人文情怀。

二、尊重自然，崇尚真知，培养科学精神

《动物绝对不应该穿衣服》是一个读起来令人捧腹大笑的绘本。豪猪满身的硬刺把一件好好的花衬衫扎得千疮百孔；骆驼在自己的驼峰上戴了两顶帽子，看起来怪怪的；一头驯鹿永远也穿不上那条背带裤，因为它头上的角实在是太多了。一个个遭殃的动物形象，一幅幅有趣的画面，一次次搞笑的恶作剧。看来，让动物们穿衣服，绝对是一个坏主意！因为对于动物们来说，最好的衣服，就是不穿衣服，那是大自然的恩赐。可是教学中，让孩子强硬地接受这个观点似乎有点为难，怎样才能让孩子们自己认识到"千万不要违反大自然的规律，动物的皮毛才是最有用的衣服"呢？

课堂上，笔者以"衣服"为话题切入主题："我们人类穿衣服有很多种功能，那么，动物适合穿衣服吗？"学生展开了激烈的讨论。有的说蛇只能穿一条腿的裤子，有的说蛇不适合穿衣服，因为它身上的鳞片就不能起作用了。猪太不讲卫生，就别穿衣服了，穿上只能让自己更加难看。母鸡穿这条背带裤倒是挺漂亮的，但一枚鸡蛋卡在屁股下面实在是太尴尬了。长颈鹿存在争议，有的认为它的脖子长，给它带上许多领带，脖子就不怕冷了。有的认为它穿得这么鲜艳，野兽老远就会看见，很容易被野兽吃掉。学生通过能独立思考、独立判断，多角度、辩证地分析问题，最终做出自己的选择。在激烈的讨论后，孩子们通过观看有趣的画面，倾听老师幽默的讲解，在前仰后合的笑声中明白了：无论怎么样，动物都是绝对不应该穿衣服的，因为它们有自己最天然的、真实的衣服——皮毛。

可是，在真实的生活中，我们随处可见穿衣服的动物们。小区里穿着时尚的宠物狗，马戏团里穿着华丽的动物演员，人类把自己的喜好强加给了动物，让保暖、逃避敌人的侵害这些动物皮毛特有的功能荡然无存。现在有很多不法

分子凶残地屠杀动物，用它们的皮毛做成名贵的衣服、高档的皮包，使得大自然里的珍稀动物濒临灭绝。所以，最终告诉孩子们，我们从现在开始就应学会保护动物，关爱动物，做动物的朋友。通过这节绘本教学，孩子们渐渐懂得我们要热爱并尊重自然，崇尚真知，尊重事实，能运用科学的思维方式认识自然、解决生活中的问题、指导自己的行为，培养科学精神尽在不言中。

三、懂得爱与被爱，培养感恩精神

《逃家小兔》讲述了一只想离家出走的小兔，幻想着自己变成了鳟鱼、巨石、小花、小鸟……而兔妈妈没有去阻止，而是说要变成追兔宝宝的渔夫、登山人、园丁、大树……教学中，笔者启发孩子思考：为什么兔妈妈要变成渔夫、登山人、园丁、大树呢？小兔一路逃离，兔妈妈一路保护，即使面对险峻的高山，危险的钢丝绳也丝毫没有动摇。原来，母爱就是不怕山高路远，母爱就是无惧艰险，无惧困难。即使孩子走到天涯海角也要一路追随。这就是母爱的伟大！

在指导《爱心树》时，作品中那棵倾尽所有，把自己的一切都献给了男孩子的大树令我们无限感动。男孩子从大树的身上享受着所有的快乐与幸福，直到风烛残年，身心俱惫，仍然可以在仅剩的老树墩上休息，让我们感到大树无私而伟大的爱……教学中，笔者启发引导：大树为什么快乐？学生通过阅读绘本，知道了孩子的快乐就是大树的快乐，只要看到男孩子幸福，大树失去什么都无怨无悔。笔者顺势引导，"在你的生活中，你拥有属于自己的大树吗？"有的孩子说："爸爸妈妈就是我生活中的大树，每当我遇到困难时，总会想方设法地帮助我，保护我。""爸爸妈妈为了我付出一切都舍得，我要什么他们就给什么，他们也无怨无悔。"接下来，笔者继续启发引导："那么，你愿意成为别人生活中的大树吗？"孩子们在深切地感受父母无私给予自己的同时，自己也要学会去帮助该帮助的人，在施与受之间，也在爱与被爱之间感悟生命的美好。

四、不畏困难，大胆尝试，学会勇敢面对

《勇气》真的是一本极好的教育学生如何勇敢地面对生活的绘本。全书看似零散的叙述，简单的语言，但其实就像一首朗朗上口、风趣幽默的散文诗，通过采撷生活中 37 个小小的片断，用清新优美的语言和活泼搞笑的画面，教给孩子们如何用勇气去面对生活中未知的下一刻：勇气是第一次骑自行车不装

安全轮；是留下一根棒棒糖明天吃；是向陌生人问好；是吃蔬菜时不做鬼脸，先尝尝再说；是必要时说声再见；是坚持自己的梦想。每一页都是人生的考验，每一页都是幽默的对待。教学中，笔者引导学生谈谈"你认为勇气是什么？我们在什么时候需要什么样的勇气呢？"简单交流后，孩子们通读绘本，通过一幅幅画面，一个个不起眼的小事情，感受到勇气有很多种，有的令人肃然起敬，有的平平常常。勇气有时是勇敢，有时是控制，有时是主动，有时是坚持，有时是一种诗意面对生活的态度。当这些感悟都浸润到孩子们的心灵后，笔者又启发同学，"此时，你觉得勇气到底是什么呢？你能不能结合自己的亲眼看见或者亲身体验说一说，什么是勇气？"有的孩子说"勇气是我站在赛场上勇敢地等待发令枪响起"，有的说孩子说"勇气是我在课堂上大胆地举起手发言"，也有的孩子说"勇气是我主动承认给班级扣了分"。看来，孩子们真正懂得了勇气在我们的生活中真的无处不在。坦然地面对生活中的一切，你就是自己的勇士。

好的绘本从不直白地告诉我们什么深奥的道理，但却润物细无声般地滋养你的心灵，启发你深入地思考。你会感到那绘本中的人物就是你，你与他们共同经历，共同成长，共同收获。通过阅读绘本，再加上扩写、仿写、续写等多种形式的写作，儿童不断地进行着丰富的情感体验，升华了人生观、世界观和价值观。孩子们在轻松愉快的阅读中提升着各个核心素养，为学生的终身发展打下坚实的基础。

小学语文核心素养背景下口语
交际教学策略研究

马　骏①

当今社会，交流在人与人之间越来越频繁，社会也越来越迫切地需要有良好口语交际能力的人才，听说能力成为一个人"适应终身发展和社会发展需要的必备品格和关键能力"。在小学语文课堂教学中，培养学生思想交流、表达内心、规范语言交流的能力是非常重要的，提高学生的口语交际能力，其核心就是要落实好学生语文学科核心素养中的语言的建构与运用，思维的发展与提升。口语交际教学就是训练学生运用语言的主要途径。因此，我们更应该研究口语交际教学的策略，让口语交际教学顺应孩子的认知发展特点，为孩子的良好口语能力奠定基础。在此过程中，我们要注意几个相关的问题。

一、口语交际教学中存在的问题

（1）口语交际教学中，许多教师没有系统的教学方法，也没有明确的课程教案课程规划，造成了课堂流程混乱状况。还有的教师没有深刻地理解到口语交际的重要性和学习要领，对课程概念模糊不清，对口语交际的课程目标没有确切的解读，以为是简单解决学生的交流说话等问题，没有对每项学习的层次提出评判要求，没有确切的目标，影响课程质量，导致教学任务不能达标。

（2）只是依靠教材和指导教育教学资料。口语交际的课程应该与学生的学习和日常生活息息相关的，但在教学的过程中总是与实践脱节，只重视书本中的教学课程，并没有认清实际的口语交际的习惯，交流对象，参照别的教师的教学流程去进行教育教学，没有对教材有着构思创造性，显得口语交际的教学中教育成果并不显著，甚至学生没有收获。

---

① 马骏，男，抚顺市教师进修学院小学语文教研员，执教小学语文 13 年，2016 年获"辽宁省优秀课指导教师"。

（3）没有重视说的训练，也没有重视到听的教学上。老师对学生在课堂上的口语交际的要求没有标准准则，随便应付即使是具体的口语交际课，"只要学生开了口，就是好的口语教学"的例子比比皆是，也缺乏清晰的、具体的、鲜活的案例，不能充分调动学生口语交际学习的兴趣。

二、完善口语交际教学的措施

对于以上发生的状况和现象，对应这些问题的发生情况，各位教师应该在口语教育教学中做到：

（1）仔细阅读《语文课程标准》对口语交际教学提出的要求，提炼出它所指的中心思想和指导教育教学的目的标准。《语文课程标准》指出："口语交际能力是现代公民的必备能力。应培养学生倾听、表达和应对的能力，使学生具有文明和谐地进行人际交流的素养。"同时，新课标中如何去与人交流对口语交际交流教学能力的培育问题有了系统的要求和标准。一定要仔细阅读新课标的内容，详细的研究口语交际交流的主要目标是什么，掌握每个年龄层次的口语交际的特点和内容，才能在实际的教学中灵活运用，更好地运用新的课程理念指导教学，达到训练提高的目的。

（2）要学会研究教材，在原有教材的基础上要有突破和创新。《语文课程标准》在教材的使用建议中明确指出：教师要善于结合教学实际，灵活地、有创造性地使用教材，对教材的内容编排顺序、教学方法等方面适当地取舍或调整。培养学生核心素养，需要要求教师改变教育教学方法，面对学生的问题具体分析，变动授课的方法要充分体谅学生的接受程度的问题。不能为完成教学任务忽略了学生的实际问题。例如《讲伟人事迹》，教材要求学生把知道的伟人事迹讲给同学听，面对那些平常阅读比较少的学生，他们对伟人事迹了解较少，无法讲出详细的例子来，假如说教师没有体会到学生的问题依旧往下进行课程，学生对课程的接受程度肯定下滑，而且对口语交际的兴趣也有所下降。要是教师在讲课的时候变换方法就不一样了，把讲伟人事迹扩展成说说你实际生活有趣的故事，学习的氛围就烘托起来了，调动整个的课堂气氛。

（3）要有意识地选择教育教学的方法，教师去引导口语交际能力。选择口语交际训练的内容、训练目标分等级、难度逐步增加，口语交际训练首先要确定话题题目。口语交际的题目应该来源于生活，贴近学生生活话题。口语交际的话题是平常生活中熟悉的，这样会引发学生很浓厚的兴趣，这样就有意愿去讲、去交流，这样才能使课程正常进行下去。制订一个课题是实施口语交际教育教学的必要步骤，制定合适的交际目标是每一样的口语交际的重要组成部分。课题的教育任务应当体现三点（知识与技能、过程与方法、情感态度与价值观），内容一定要与实际情况相符合、实事求是，从中发现水平差异较大的学生重点辅导、补齐短板、促进学生的全面发展。围绕维度，在教学课题的确立和落实的过程中注意分组，还要注意到依次难度上升：首先选择难度稍简单一些，之后根据相应的能力和实际情况而定，以此添加难度逐步递增，再综合提升口语交际能力。教学中的每一个步骤，都应该有一个完成的标准和准则，有一个明确的口语交际的训练计划和检验标准，杜绝"大把抓"这样的情况发生，没有意义，没有章法头绪，不仅教师不是很清楚，在教育教学中影响学生理解口语交际的能力和教育教学的质量。这样太不利于学生口语交际能力的从小培育和发展。

（4）创造贴近生活的课堂，渲染一种亲和的生活气氛。打造一个舒适的口语交际交流的语言环境，培养学生学习口语交际交流的兴趣和感情。浓厚的兴趣，饱满的情感是最好的老师。口语交际交流课上，许多学生很紧张，对老师的提问还是有一些的抵触，没有真正地放开，没有做到放松心情。要真正地解放学生的身心，就要营造宽松的课堂气氛，保护好学生的学习热情、兴趣，带动学生在课堂之中的热情，要给学生一种家的感觉：口语交际课是我们老师精心设置的，是一种轻松愉悦的课堂氛围，是一种很积极向上的环境。如何才能使课堂"体现学生的生活状态"呢？一是提倡营造真实的生活场景习惯，一些细节也要表现出来，或者根据教学内容把课堂上当时事实的情境作为教学情境；二是倡导在教学过程中，让学生主动地去构思生活的场景去展现生活的细节，由学生自己营造的生活场景会更加有代入感，对教育教学的质量是有着飞跃的价值。

善于交流和沟通、评判思维的能力和创新能力是未来人才的三个能力标准。说是根基，听是习惯，要双方都要存在同时努力进行。口语交际交流不同于平常的普通交流说话，它是听与说双方相互结合参与的过程，最终的目标是在实际的口语交际交流的情境中培育出学生在交流中更加的自如。所以，在培养学生交际能力时，要重点培养学生与人交流的能力，引导学生在与别人交流的过程中要认真、仔细，从而接收到别人表达的意思，领略到对方和你谈话重要的中心细节，作用于对人说话的时候更加自如方便地体会到其中的中心主旨，灵活运用口语交际交流的能力。多加训练学生的接收听的过程培训，以便达到良好的效果，如在口语交际《发现生活中最美的事物》这个课题的训练中，要让学生自己表达生活中他最感兴趣的事物，事物的美丽的地方，与其他的事物不同之处，美丽的地方独特地方要向大家做介绍后，大家来评一评谁说得更好、选得事物更加有特点和鲜活好，谁的所认为的事物不符合题意，说清问题的关键，并要提出问题的关键所在等，这样课程中，学生就要先认真听讲，还注意发现他人"语言"中的信息，做出相应的回应，"口语交际"也就开始了。通过我们的努力，使学生爱上口语交际课，从而培养他们乐于与人交流的意识、良好的口语交际能力是我们每一个语文老师的使命与责任。

读写结合培养小学生阅读素养的研究

朱峰虹[①]

学生发展的核心素养，主要指学生应具备的，能够适应终身发展和社会发展需要的必备品格和关键能力。其中，学生的阅读素养是中小学学生发展需要的核心素养之一。如何培养学生具有阅读素养，使其能够适应终身发展的需要是我们教师都面临的需要解决、研究的课题。

"阅读"就是从书面材料中获取信息的过程，是一种由感觉、知觉、思维、想象、记忆等多种心理因素组成的复杂心理活动。

"阅读素养"是指学生通过阅读，吸收知识、理论、艺术、思想等方面的营养，培养科学的阅读习惯，具备一定的阅读能力；具有发展个性特长，陶冶情操，提升思想境界，促进自身素养全面和谐发展的特质。

《小学语文课程标准》在前言中提出，九年义务教育阶段的语文课程，必须面向全体学生，使学生获得基本的语文素养，使他们具有适应实际需要的识字写字能力、阅读能力、写作能力、口语交际能力。其中，阅读能力作为一个重要的内容提出，这是当前社会发展的需要，也是公民适应社会发展的需要。

一些发达国家，如美国、以色列、日本等国家都很重视学生的文本阅读，要求学生通过文本阅读巩固所学的知识，积累语言，提高学生的记忆能力。而中国的中小学，课业负担之重早已闻名全球，孩子们没有自由阅读的时间和精力。一项针对中美儿童的阅读调查称，中国儿童能够独立阅读的年龄，比美国儿童晚了 4 年，阅读量仅及美国儿童的 1/6。在我国，《语文课程标准》对学生的阅读有着具体而明确的要求，要求学生具有独立阅读的能力，学会运用多种阅读方法，能借助工具书阅读浅易文言文，小学阶段课外阅读量达到 145万。那么，如何培养小学生发展的核心阅读素养，把读、写结合起来，培养小学生阅读素养就显得尤为重要。"读写结合"的本质特征就是"模仿迁移"，它不仅要解决"写什么"的内容问题，而且还要更进一步解决"怎样写"的形式

① 朱峰虹，女，抚顺市新抚区教师进修学校附属小学科研主任，执教小学语文 22 年，2016 年获"新抚区'十二五'教育科研优秀实验教师"。

问题。读写结合是一种"以写作为本位"的阅读教学观的体现。

经过笔者为期四年的实践研究，就如何读写结合，培养小学生的阅读素养，形成了以课外阅读辅助课内阅读的训练模式，以读促写分年段构建阅读教学模式，并创建具有特色的阅读指导课，以此来提高小学生发展必需的阅读素养。

一、以课外阅读辅助课内阅读的训练模式

1. 课内阅读以学生为主体，注重阅读方法的指导，提高阅读教学效率

（1）减少语文课堂的讲解和提问，增加学生语言实践的时间

笔者根据学生年龄特点，课内把讲解提问压缩到最低限度，把大量的时间还给学生。低年级主要加强识字的拓展，中年级主要加强优美语句的积累，高年级主要通过阅读加强小练笔，而且对于课上文本的讲解和提问所占课时的比重不超过课堂时间设置的三分之一，学生语言实践活动，如速读、默读、朗读、背诵、复述、画词画句，抄写词句，小练笔等时间不少于课堂时间设置的三分之二。

（2）注重学法指导，学生学会了积累

低年级，笔者主要让学生掌握识字方法，学生可以联系生活实际进行自主识字，如像猜谜语、实物识字法，鼓励学生在社会生活中识字，增大识字的量，进而促进学生的阅读。中高年级主要是能把阅读信息进行提炼，也就是概括文章的主要内容，学会积累好的词汇，优美的句子，丰富语言素养。

2. 课外阅读训练，用灵活多变的形式激发学生的阅读激情

阅读教学是学生、教师、文本之间对话的过程。笔者采用不同的形式来激发学生的阅读兴趣，来提高课内阅读的阅读能力，培养学生的阅读素养形成。

（1）创造条件，形成阅读氛围，为学生创设一个良好的阅读环境

为了让学生获得丰富多彩的阅读材料，班级建立图书角，让学生一进教室，就能看到书柜上的各类图书，让学生阅读的欲望油然而生，并根据不同年级的知识结构增添不同的书籍，一二年级添置了一些带拼音的阅读书籍和绘本，三四年级就改换成没有拼音的阅读书籍。高年级，笔者准备增添一些名人故事，励志书籍等，并利用每天的中午休息时间，孩子们都可以借阅图书来看，自习课上完成作业的同学也可以去图书角选择自己喜欢的图书翻阅。班级的图书角每月更新一次，可以是学生们每月新添置的书籍，也可以是同学们互

相交流添置的。常新的阅读角才更有吸引力，才能更好地丰富他们的阅读世界，促进提高学生的阅读素养。

（2）趣味引领，让孩子感受到了阅读的乐趣

辅助课内阅读的课外阅读是从学生们感兴趣的故事入手，我每天晨读坚持3分钟读书推荐活动，自习课留三四分钟留给孩子们说说他们今天的读书收获。最后拿出一本书介绍给他们，并对他们说想知道结局就自己来借阅这本书等不同形式的读书推进活动。这样，学生就被兴趣推动，纷纷都想来阅读，实践证明，这么做，真的能调动起学生的阅读兴趣。

（3）读写相结合，相互促进发展

笔者充分查找如何培养学生读写能力的各类文章、著作、论文，从理论上有了很好地积累及支持。然后有计划、有效地对学生进行小练笔练习培养。把写话练习由课内延伸至课外。上课之前对教材充分地钻研，每篇课文辅以一篇课外文章来填充对课内文本的理解，然后出示主题通过写话的训练来达到对阅读方法的应用与积累、强化的作用。每个写话练习都能从学生的生活实际出发；都能让读与写有机结合，进行读写的综合训练；每个小练笔或习作，都能充分地批注，提出改进意见，使学生阅读与写作时时相连，紧密结合，真正地达到以读促写，以写助读。

3. 开展了多项活动，提高学生的阅读技能

（1）为提高学生阅读能力及技巧，我班开展了多种的活动来调动学生的阅读热情。比如，每月一次的读书故事会、佳作交流会、古文朗诵赛等。每天晨读的国学积淀这些丰富多彩的读书活动，极大地激发学生课外阅读的信心与热情。在教学中，想方设法引导学生走进文本，潜心读书，不仅让学生要动口说，动脑想，还要动手写，养成不动笔墨不读书的好习惯，促使学生多种感官参与阅读学习，引导他们自主阅读，并交流阅读感受，使阅读成为他们自主探究的快乐过程。

（2）校本教材的开发与使用。积极利用开发我校的校本教材《好孩子学诗文》，每日晨读，颂扬我国的古文诗韵，激发学生对国学的了解与热爱。每学期特别开设不同年段的阅读指导课，课堂上真正地培养学生阅读的兴趣与能力，并提炼出阅读课的教学模式。

（3）教师的读书心得，读书交流活动。要让孩子爱读书，教他的老师一定是热爱读书的，学校也积极倡导教师读书活动，在教室中先掀起读书的风暴，笔者也把自己读书的心得体会在每学期举办的读书交流会上进行交流。

（4）"好孩子"读书卡的使用。以学校好孩子俱乐部为依托，为每个孩子

定制了好孩子读书卡，读书卡分为低、中、高三个不同的年段，不同的年段有不同的读书卡的设计。低年以我的收获为主，收获可以是认识了一个字，可以是知道一个字的笔顺，也可以是把自己想到的画出来的一幅画面，提高低年学生对阅读的独特理解。中年以我的积累为主，重视在阅读中积累好词好句，好的阅读方法，为高年的读写结合奠基加实。高年以我的体会为主，让他们真正地做到读与写的有机融合，写我所想、写我所思、写我所望，真正地落实读写结合培养学生的阅读的素养。

二、以读促写分年段构建了阅读教学模式

1. 低年段以绘本识字为主，挖掘语言隐性知识

低年级的时候，学生以形象思维为主，笔者便根据学生的年龄特点，课堂上以绘本为主，选取配合每个单元主题的绘本。低年段的语文教学，重点要挖掘绘本中语言文字中的隐性知识，体验汉字的演化过程、词语的积累理解辨析、句式的训练、对文本中隐藏的空白的填补、感悟等，让学生扩展识字、自主识字、学习识字方法、积累优美词句并将这些知识内化为自己的财富，在口语交际、习作、阅读中应用这些知识，从而更好地掌握阅读方法、鉴赏更多的文学作品，培养学生的语文素养。

2. 中年段文章阅读法，培养阅读素养

中年段阅读教学中则以一篇精读课文，串起数篇文章，有意识地进行课内外阅读结合训练，扩展学生课外阅读量，同时，结合小练笔的指导，让读到的，体会到的能通过写的练习表达出来，使学生养成写的习惯，为高年段的写作打下坚实的基础。

（1）根据课文体裁，选取相似类型文章进行群文阅读培养。当教学某种文体的课文时，便引导学生选读同类体裁的读物进行课外阅读，以达到课内得法，课外受益的效果。例如，学习了说明文后，掌握了说明文的写作方法和特点后推荐学生读《声音的传播》《隐形人》。

（2）根据不同的作者，阅读一系列作品。例如，在课内教学了某一作者的文章后，便利用课外时间阅读该作者的其他作品。这样既激发学生的阅读兴趣，增加阅读量，又加深对这位作者作品内容的理解和对他写作风格的把握。

（3）根据课文内容，阅读相关的文章：①根据课文内容查找写作相关的时代背景、作者生平、人物故事等资料，如教学《孔子拜师》，课前布置学生查

找有关孔子的生平资料，课后读孔子的故事及孔子语录。②课文是节选一些名著的，到课外查找并阅读原著，如阅读了《狮子和狼》后，课外就读完了原著《伊索寓言》。③以同一主题为切入点：根据小学语文教材中的课文特点，选择相同主题的书籍向学生推荐阅读，如学习神话故事一组课文时，便选取《神笔马良》等一组学生喜欢的神话故事来推荐阅读，让学生能感受到祖国文化的博大精深。

3. 高年段以写促读，培养学生阅读素养

高年段学生已经拥有了一定量的阅读素材，并且已经掌握了抓重点词理解文意法、结合时代背景理解文意法、边读边想、练习上下文理解文意的方法等阅读方法，此时，把自己对文本的感悟、理解或感受用语言文字表达出来就显得尤为重要。便在课内交给学生阅读方法帮助学生理解、体会语文的魅力的同时，把课内的语言文字延伸到课下，延伸到课外，让小练笔、习作来辅助学生形成有特色的语言文字的体会、感受，并结合所学课文选取新颖的视角让学生在课下进行小练笔的练习。笔者在教学六年级第一学期第二组表达中华儿女爱国情怀为主题的课文时，能结合《詹天佑》《怀念母亲》《中华少年》《彩色的翅膀》这节篇文章的特点，布置在每篇课文后完成《我的祖国情》《我的妈妈》《我××的校园》《我的××》这些不同情怀的小练笔。这样做把相同题材、相同主题、相同寓意的内容融会贯通起来，也能把课上学到的阅读的方法得以承接，写的时候也能运用上积累的好词好句，以读助写、以写促读，读写结合培养学生的阅读素养。

三、创建具有特色的阅读指导课

1. 绘本推荐课

这种课型根据学生的能力和原有阅读基础，帮助学生进行绘本的选择。课堂上，教师用生动的语言，以生动的图画为媒介，把绘本中精彩的片段向学生推荐，引起学生的浓厚的阅读兴趣，扩大学生的阅读量。

2. 读物选择课

这种课型是根据学生不会选择课外读物的现状，教师把学生的年龄、特点、课本的编排做以统一考虑，课上交给学生如何选择适合自己的读物，如何去读一本书，怎样揣摩作者的写作意图，从而增强学生对阅读文本的理解及选择，有了好的选择才会有好的阅读收获。

3. 佳作欣赏课

这种课型是根据学生经过一定时间的积累后，对优秀的文学作品有一定量的累积，并通过小练笔的辅助，学生产生了对文学作品的热爱，便选取学生喜欢的古今优秀作品、片段，配以音乐或情景剧表演、表现出来。依此带动更多的学生喜欢这些作品，产生美的鉴赏、享受。

4. 家长评析课

这种课型是根据我们班实际制定的一种课型。我们班家长关注学生阅读情况比较差，所以这种课就让家长参与其中，让家长在孩子对一些作品的赏析，对优秀作品的朗诵表演中，对阅读作品后的评析写作中感受到孩子对文学作品的喜爱，使家长受到促动，增强应为孩子增加读物的必要性。在笔者上的一节评析课中，有好几位家长当听到自己孩子对文学的喜爱而又苦于得不到家长的支持时，流下了愧疚的泪水，同时，产生了支持学生更多地徜徉语文海洋的决心。

5. 交流汇报课

这种课型是根据学生读写结合的培养、训练后，完成了一些非常优秀的小练笔的片段作品和习作作品的现状，笔者给学生一个表达展示的平台，让学生把他们的作品读出来，表达出来，在彼此的交流中，增强学生对文学作品的喜爱，达到资源共享。笔者在上学期上的一节交流汇报课中，学生那触动人心的作品，一字字，一句句让我深感欣慰，也更加感受到我们教师的责任的重大。

小学生的核心素养不是天生的，而是经过后天教育习得的，读写结合使学生以读促写，以写促读立足课堂教学进行阅读素养培养研究，进而培养学生阅读素养为其终身发展奠定基础，是需要我们继续不断地研究实践的。让我们所有教育工作者为了学生的终身发展做出我们自己的努力吧。

在小学语文课堂教学中落实
核心素养的实践探索

战红侠[①]

2014 年，教育部研制印发《关于全面深化课程改革，落实立德树人根本任务的意见》，提出"教育部将组织研究提出各学段学生发展核心素养体系，明确学生应具备的适应终身发展和社会发展需要的必备品格和关键能力。"

之所以印发《关于全面深化课程改革，落实立德树人根本任务的意见》，是中国未来发展的大势所趋。目前，中国教育受应试教育的影响还很深，重智力发展轻德育教育，重书面问答轻口语表达，重成绩提升轻人格发展，这样培养出的"人才"，将在激烈的社会竞争中失去竞争力，而德育教育的缺失，将会给中国未来发展带来许多不可预想的"噩梦"。

发展中国学生核心素养，培养适应未来社会发展的"合格"接班人，是当前中国教育面临的重要任务。小学语文课堂是培养学生核心素养的重要载体。在小学语文课堂教学中落实核心素养，首先得了解小学语文核心素养。

一、对小学语文核心素养的理解

综合理解核心素养就是在文化基础的学习中进行自主发展，同时，树立社会参与意识。具体到小学语文要培养的核心素养，指在教学中，培养学生基本的、稳定的、适应时代发展要求的听说读写能力，以及在语文方面表现出来的文学、文章等学识修养和文风、情趣等人格修养。在这一过程中，培养学生正确的人生观和价值观。

培养小学语文核心素养非"一日之功"，需要六年的常抓不懈。从一线教学看来，语文的阅读课、口语交际课和语文书上的插图都是培养小学语文核心素养的途径和方法。

[①] 战红侠，女，清原满族自治县大孤家镇中心小学一级教师，执教小学语文 20 年，2016 年获"清原满族自治县骨干教师"称号。

二、培养小学语文核心素养的途径和方法

语文课程的工具性和人文性统一的基本特点，使它成为培养小学语文核心素养的重要载体。而语文形式的多样性，又使小学语文核心素养得到多方面的发展。

1. 阅读教学是发展核心素养的最重要的途径

小学阅读课是小学课堂的主体，承担着发展小学语文核心素养的重要任务。

（1）激发兴趣，点燃激情

"兴趣是最好的老师"。要不断激发学生兴趣，使学生愿学、乐学。例如，教学《我多想去看看》一课，先通过多媒体展示北京天安门、天山及雪莲的图片，学生被美丽的图片所吸引，跟随作者的脚步走进文本。因为看到两处景观图片，学生也被激起渴望去的情感，所以在指导朗读时，情感被自然点燃，学习本篇课文自然是激情满满，兴趣浓厚。在兴趣的牵引下，学生乐学爱学，能主动参与课堂，积极展现自我，进而善学。

（2）抓住主线，拓展思维

课文篇幅较长，如果处处照顾到，必然将文章剪碎，造成"贪多嚼不烂"。莫不如抓住文章主线，突出重点，突破难点。比如《地震中的父与子》，提出问题"这是一对怎样的父与子"？学生很容易找到"了不起"。由"了不起"展开，学生抓住人物语言、神态、动作等描写，探索人物内心活动，领悟人物精神面貌，以点带面，学会自我探究，自主学习。学生在教师设计的问题情境中，收集信息，进行总结，思维得到延伸，阅读能力得到提升。长久的训练，便形成了自己的一种基本能力，一种人文积淀。

（3）求同存异，尊重个性

"一千个读者就有一千个哈姆雷特"。学生是独立的个体，阅读是学生个性化的行为。我们应鼓励学生在课堂上，对文本和人物进行多元化的解读，如在《草船借箭》一文中，有学生评价曹操在浓雾漫天的天气，对敌情不了解的情况下，放箭没有错，反而说明曹操考虑事情还是比较全面的。这样对曹操的评价，我们不能说是错的。我们在评价人物时，站的角度不同，自然理解不同。我们既要尊重每个学生独特的个性理解，还要鼓励学生敢于表达与众不同观点。在大胆质疑中深入理解文章的语言文字、情感表达和思想内容，让学生自己从文章的字里行间"挖"出来。教师引导学生理解和尊重文化艺术的多样

性，使学生具有健康的审美价值取向。

2. 不能走形式的口语交际

在注重考试成绩的教学中，口语交际成了"鸡肋"，是可上可不上的课，而这样做的结果是把人的长远发展给忽视了。学生在各种交际活动中，学会倾听，学会表达与交流，学会文明地进行人际沟通和社会交往，发展合作精神。（3）口语交际课，除了训练学生的口语，学生修养和品德也得到展现。在口语交际中，学生敢于表达自己的观点，对不同思想进行批判质疑，增强社会参与意识。

（1）口语交际应该从低年级开展训练

小学是口语发展的关键时期。而学生表达的积极性也是由高到低发展变化的。一年级小学生求知欲强，更有着"初生牛犊不怕虎"的胆识，所以这时培养口语交际是最佳时期。对于口语交际课不能马虎，要上足 40 分钟，把它作为一堂等同于精读的课，引起学生的重视。而低年级学生语言还不成熟，不规范，需要教师引导，甚至完整教授。待学生兴趣一点点培养起来后，高年级的口语交际课就会"生机勃勃"了。

口语交际课不只训练学生的口语表达，更重要的是培养学生的逻辑思维能力，使学生具备一定的科学的思维方式，运用科学的思维方式认识事物、解决问题、指导行为。

（2）口语交际应予鼓励为主

口语交际课以口语表达为主，所谓"言多有失"，学生说错话，会难为情，甚至会引起其他同学的哄堂大笑。这时，教师应鼓励，化解其尴尬。对于那些过于内向的孩子，教师的鼓励，会让他们树立自信。而对于那些善于表达的孩子，教师的鼓励，会让他们的语言表达"更上一层楼"。在口语交际课中，通过教师的鼓励，学生勇敢地将自己的所思所想表达出来，进行更理性的思维，健全了自己的人格。

（3）创造多种口语情境

单纯的个人表达的口语交际课堂，会使学生失去表达的兴趣。创造多种情境，让学生在口语交际教学中，勇于表达自己的思想。教师可以在交际活动中，提供给学生合作的机会，如举行小组辩论赛，排练情境小品等活动。也可以结合时事展开话题。2017 年，中国人掀起了拒绝去"乐天"购物的运动。对这个话题，展开学生应不该去"乐天"购物的大讨论。在讨论中，学生增强了爱国思想，意识到身上承担的责任。对于高年级学生，结合社会现实话题进行交际，更能培养学生的社会参与意识。

3. 语文书中的插图不可忽视

随着越来越多的高科技应用课堂，书本在课堂上出现的频率也随之减少，而书中的插图也逐渐被遗忘在角落。教材中的插图是教材的有机组成部分，对于分析课文起到辅助作用，有其存在的重要意义。

（1）培养学生的观察和口语表达能力

无论是老版和新版的语文教材，对于学习拼音都安插了图画，可见插图的重要性。对于刚入学的儿童，形象思维占据主导地位。通过观察图画，学生记住了字母的字形，加深了字音的印象。而到了中高年级，有很多人物肖像类插图，如《狼牙山五壮士》，教师可引导学生观察五壮士的形象，通过人物的外貌、神情、衣着、动作等外在表现，来揣摩人物的内在品格，从而辅助对人物的思想品质理解。

在观察课文插图的同时，基础知识更扎实了，语言表达能力也一点点培养起来了。

（2）在想象画面的同时，进行创造性思维

小学生纯真烂漫，富于想象。面对色彩斑斓的图画，更易于接受课文内容。在新编一年语文《彩虹》一课，学生就可以根据给定的两幅插图，想象第三幅小朋友拿出月亮当镜子给妈妈梳妆的画面。学生根据已有插图，继续想象画面，创造出新的内容。图画中的具体形象内化为学生头脑中的想象，再进一步创造，想象新的故事和情节。插图能激发学生的想象力和创造力。

（3）发展学生的审美情趣

语文书中的插图，形式多样，配合课文内容，符合儿童的心理认知水平，在设计上遵循美学和色彩搭配，具有很强的视觉美感。在欣赏插图时，无疑不是在欣赏一件件艺术品。在学习课文的同时，受到艺术的熏陶。丰富的教材插图，提高了学生的审美情趣，使课堂变得更加有色彩，使学生具有艺术表达和创意表现的兴趣和意识。

（4）在插图中渗透着思想教育

小学语文课程中要求完成三维目标中的"情感态度与价值观"，在插图中有渗透，如《小公鸡和小鸭子》一课，第一幅图小公鸡捉虫给小鸭子，第二幅图小公鸡在水中趴在小鸭子的背上。学生很容易理解它们在互相帮助，更进一步加深对课文中心的理解和升华。

很多思想教育的内容都用图画去宣传，可见，插图是对学生进行社会责任教育的重要途径。在插图中，学生学会自尊自律，文明礼貌，诚信友善，宽和待人；孝亲敬长，有感恩之心；具有团队意识和互助精神等。

总之，小学语文课文中的插图，多角度、多方位、多层次地展现与课文有关的内容，我们要充分利用插图，更形象、更直接地培养小学语文核心素养。

　　"不积跬步，无以至千里；不积小流，无以成江海"。小学语文核心素养就是在平时课堂教学中一点一滴逐渐培养的。我们教师只要把"发展学生核心素养"作为我们教学的宗旨，未来的人才培养之路一定会一片光明。

小学语文教学中如何培养
学生的语文核心素养

王立萍①

语文学科是人类文化的重要组成部分，具有综合性、基础性相融合的学科特点。语文课程应当致力于学生语文素养的形成与发展，语文教学培养的人文素养包括审美情趣、价值观念、内在气质和精神境界。语文素养是学生学好其他课程的基础，也是学生全面发展和终身发展的基础。小学生正处于学习的起步阶段，作为一名小学语文教师，课堂教学是培养小学生语文核心素养的主要途径，教师在小学语文教学中如何培养学生的语文核心素养呢？下面笔者就小学语文课堂核心素养的培养途径和方法做以阐述：

一、让语文学习成为小学生的学习兴趣

《语文课程标准》指出：语文课程致力于培养学生的语言文字运用能力，提升学生的综合素养，为学好其他课程打下基础；为学生形成正确的世界观、人生观、价值观，形成良好个性和健全人格打下基础。语文是美丽的，我们的生活因语文而美丽。语文声情并茂地朗读，每篇不同课文带给我们不同的感受，古诗经典，中华五千年传统文化的精髓无不在语文中淋漓尽致地体现。我们的语文教师要提高审美情趣，因教学语文而美丽，教育的天地是广阔的，教师因广阔而灿烂。在语文教学中，教师应该具备的素质：

（1）教师要有过硬的语文基本功。作为一名小学语文教师，要想把传统文化在课堂中传道、授业、解惑，把民族文化知识充分渗透给学生，首先自己就要有足够的知识储备，无论是朗读、书法、作文乃至出口成章，成语、名篇介绍、名人名言、格言等应该说招之即来，所以教师在业余时间应该多悉心钻研古典文化，广泛阅读，大量地熟背古诗词，业余时间还要多观看央视董卿的中

---

① 王立萍，女，抚顺市东洲区六四〇九小学一级教师，执教小学语文 21 年，在 2016 年和 2017 年分别在国家教育资源平台"一师一优课"活动中获"抚顺市优秀课"。

国诗词大会节目，从熟练背诵到理解诗句，以及作者的写作背景，节目采用多种形式让观众看到了中国诗词的博大精深，董卿的"腹有诗书气自华"也深深地感染着我们每一个人，教师要提升内在气质，把这种美带到课堂，让学生带着一颗美丽的心去学习，去欣赏美的篇章、美的事物，从而感染孩子们提高语文的审美情趣的核心素养，生活处处留心皆学问，勤于积累、乐于背诵、广泛阅读、认真书法，孩子们快乐地体验学习语文的乐趣。

（2）在网络信息时代，教师要做信息时代的引领者，亲近儿童的多媒体教学已让课本辞谢枯燥的文字，它的有效利用使声音、影像更加直观化，增加学生上课的主动性、积极性。随着信息时代的进入，孩子们也已经全面接受音、色、画……这些能带动感观的学习方式，笔者在每学期初备课时，把每篇课文都落实到多媒体课件教学中，让备课资源尽可能地丰富多彩，这样，每次上课，学生们都情绪高涨，兴趣盎然，学生们爱上、乐上，给老师教学也带来了莫大的鼓舞。在此，笔者作为一线教师，也感谢网上为我们免费提供课件的管理教育资源的部门，现在让老师不必为制作课件绞尽脑汁了，网络的免费课件使老师们更方便授课，我们抚顺地区的抚顺教育网给老师量身打造了网上授课资源，备受青睐。

（3）学校多开展一些文艺活动，聆听音乐美，欣赏艺术美，在活动中都有利于提高学生学习语文的兴趣。比如，活动中争当小主持人、朗诵散文、相声、小品、课本剧这种与语文息息相关的生活中的美的事物，学生们在生活中处处发现美，感染着美。另外，教育文化部门也经常开展一些征文、朗诵的活动，笔者都主动指导学生们参加，乐此不疲地帮他们改稿子，利用业余时间指导孩子参加写作的实践活动，几年来，一届又一届的学生们的小文章都有登录报纸杂志的，像《好孩子画报》《抚顺日报》《少年科普报》都有笔者的学生作品，网上的华育杯征文也有获省级特等奖的作文。学生们通过参赛这种实践活动，体验了成功写作的快乐，更提升了自己的价值观念。

二、让朗读成为学生学习语文的常态

（1）语言文字是人类最重要的交际工具和信息载体，是人类文化的重要组成部分。而朗读是学习语言的重要途径之一，小学语言的教学目的是指导学生正确地理解和运用祖国的语言文字，使学生具有初步的听、说、读、写的能力。朗读就是将无声的文字转换成有声语言的过程，于永正老师说："语文教学的亮点，首先应该在朗读上。"《语文课程标准》要求：能用普通话正确、流利、有感情地朗读。在教学中，笔者根据文章内容的不同，指导朗读，示范朗读，在朗读中抑扬顿挫地读出作者的情感和文章的内涵，引导学生爱上朗读，课堂上既要展示自我，又要全面施教，在读中整体感知课文内容，体会作者的思想感情，也更有利于理解课文。同时，有时间多鼓励和指导孩子们参加网上的朗读者活动。

（2）在教学中，教师可以采取多种方式激发孩子们的朗读，如教师创设情境，让学生们以课本剧的形式分角色表演，小学生们都兴高采烈地举手，笔者在教学人教版四年级上册第25课《为中华之崛起而读书》，学生们做好了充分预习，上课初，笔者将准备好的当时中国被外国列强欺凌的时代背景，周恩来总理的个人简历——放映在大屏幕上，随着图片的出现，老师紧随介绍当时的背景，周恩来同志的简历，当旧中国的画面呈现在学生眼前的时候，学生们都屏住呼吸，像看电影一样观看，这种背景把学生们带到了当时旧中国的历史，使他们对理解本文有了更多的认识，在此基础上，笔者叫学生们把本课演一演，孩子们在充分练习朗读的基础上，分角色上前面表演，纷纷举手，绘声绘色地演出了帝国主义野蛮傲慢的行为，演出了周恩来在课堂上"为中华之崛起而读书"的爱国主义精神，把课本真正地学活了，充分体会出当时列强帝国主义肆意践踏我国领土的丑恶嘴脸，激起了学生们的爱国热情，真正体会了周总理的为中华之崛起而读书的宏伟大志。所以，在朗读教学中，教师放手，叫学生表演课本剧等多种形式，更能调动学生朗读的积极性，也更易于理解课文。

三、教会学生养成积累的好习惯

语文学习是学生们长期积累的过程，小学语文课本都分为八个单元，每个语文园地都有日积月累，都是值得积累的精华名句，要求学生会背诵并默写。除此之外，笔者让每个学生准备一本积累本，为了激发学生积累的兴趣，笔者让他们像做书报一样，设计目录，内容丰富多彩，记录积累的时间，并且可以用彩笔在每页上勾勒美丽的边框，还可以画一些自己喜欢的小图案，这样，孩子们看到了自己辛苦制作的个性化的书报作品，漂亮而有情趣，教师再要求学生们积累词语、名句、好段，他们再也不叫苦喊累了，纷纷叫笔者看他们的"杰作"，笔者也给批示鼓励的评语，布置的积累作业也不再反感了。现在，笔者不用布置积累的作业，学生们无论是课内阅读还是课外阅读，只要看到好词、好句、名人名言都能主动去积累了。

四、写作中历练语言的运用与创造能力

《语文课程标准》指出，写作是运用语言文字进行表达和交流的重要方式。对于语文教学来说，作文是美的创造，作文是学生用文章来表现美、创造美，这是语文教学中审美教育的高级阶段。学生在这种语文综合运用中，可以发现自己的创造能力，并从创造的产品——作文中，感受到自身的本质力量而获得最充分的审美愉悦。由于小学生对事物的观察力和敏感性不强，缺乏鉴别能力，有时往往见丑事容易，见美难，甚至美丑不分。因此，对于语文教学中学生美的创造——作文来说，观察是前提。用审美的眼光来观察：灿烂的阳光是美，和煦的春风是美；鲜艳的花朵是美，飘零的落叶是美；丰硕的果实是美，肥沃的黑土地也是美……只要我们引导学生到大自然中去，到生活中去，留心观察，就能发现各种各样的美，促进美的创造。

笔者在教学人教版小学语文四年级下册第五单元习作中，提前引导学生观察自然界中的花草树木，虫鱼鸟兽，收集有关生命的素材，课堂上，笔者把教材的顺序更换了一下，把日积月累的关于生命的名言先背会，在课堂上，笔者总结本单元学过的关于生命的课文，让学生体会不同文章带给我们不一样的感受，但中心主题只有一个：颂扬生命的伟大和顽强，于是，还在笔者滔滔不绝地讲写作方法的时候，有的孩子就说："老师，我会写了。"思路来了，笔者赶紧叫停，把写作交给孩子们，30分钟，只用了30分钟，有的学生将近400字的作文当堂就写完了，其中，张潇月同学的作文写得很棒，笔者建议她打出来交给笔者，经过笔者的修改，笔者把这篇作文发送到了抚顺日报社，只一周多的时间就见报了，孩子们听说后，都对她羡慕不已，自己也对写作产生了兴趣，回去后也写了一篇自己喜欢的文章，纷纷要求笔者帮改稿子，也想要在报刊上发表呢！成功的体验使得写作成为孩子们自发的行为，写作的实践能力提高了，孩子们感受到了作文的重要性和学习语文带给自己的快乐！

五、走出课堂，博览群书，让阅读丰富我们的生活

高尔基先生说过："书是人类进步的阶梯！"引导学生多读书、读好书是我们语文教师必做的任务，笔者在教学中每堂课留出三五分钟扩展阅读，让学生有自己的体验和感受，丰富他们的思维，学生们不但要走出课内的名篇，还要到更深的领域去遨游，扩大自己的阅读知识面，书读百遍，其意自见，读书能帮助我们更深入地理解阅读，从中体会作者的思想感情。笔者的班里有个女孩

儿，她的阅读量非常大，无论笔者讲哪篇课文，讲到有关什么知识，她都可以说说，甚至能背诵一些古文名篇，古典名著也略知一二，学生们看到她回答的问题总是发出惊讶和羡慕的表情，从而也带动了一些孩子爱上读书的美好愿望。寒假期间，教委下发的小学生必读书目发给家长，家长们都给孩子们买了一些课外阅读书，并写出两篇读后感，笔者也给孩子们增加了一节阅读课，放手让学生们读，并做读书笔记，课堂给学生们时间做读书笔记的交流，课外阅读活动给课堂学习语文，更好地理解文章起到了推波助澜的作用。

总之，小学语文教师如何培养学生的语文核心素养，提高学生学习语文的人文底蕴、审美情趣、实践与创新能力，教师要真抓实干，在不断总结与反思中前行，实现语文教学的核心素养始终化、常态化，从而培养学生语文学习的人文素养、价值观念与内在气质，为学生的全面发展和终身发展打下坚实的基础。因此，如何通过语文课堂教学全面提高学生的语文素养，是语文教育工作者必须深入思考和研究的问题。

浅谈小学生语文核心素养下审美能力的培养

苏　欢①

21世纪初，在教育领域《美学》中对于审美教育定义于教育学与美学的相互渗透。它的主要目的是为了培养学生形成感受美、鉴赏美和创造美的能力，也称美感教育。学生发展核心素养主要指学生自身应具备的，能够适应自我终身发展和社会发展需求的必要品格和主要能力。小学语文学科核心素养是以语文能力为核心的综合素养。其分为四部分：学生语言习惯与养成、思维发展与提高、审美鉴赏能力与发展、文化继承与发扬，四者缺一不可。其中，审美鉴赏能力与发展是语文学科核心素养中的重要内容，

一、审美教育在小学语文教学中的重要作用

在小学语文教学中，审美教育和智育、德育是相互渗透的。审美教育必须以小学生一定的语文知识和技能为基础。在教学过程中，培养学生正确的审美理想和高尚的审美情趣，对语文知识的掌握以及语文技能、技巧的形成有巨大的促进作用。教师要重视学生的审美教育，在审美教育中，情感是人的心理活动的基本要素。在小学阶段语文教学中，教师在课堂中进行的审美教育不仅仅有益于提升孩子们的审美能力，还能通过审美教育启发学生的智力、陶冶情操。与其他学科相比，语文学科在审美教育方面具有无法比拟的优势。在语文教学中，通过情感进行的审美教育和运用智力与思想进行的审美教育相比较，情感所进行的审美教育所要达到的学习效果更为明显，我们可以理性对待情感，可以更加自然地阐述、表达情感，才能体现语文教学和审美教育的一致性，审美教育与小学语文教学才能相互依存、相互促进。小学语文教材中的文章内容十分优美，语文课本中蕴含着丰富的审美教育，这对于学生的美育具有重要意义。

---

① 苏欢，女，抚顺市教师进修学校附属小学一级教师，执教小学语文24年，获"辽宁省小学语文骨干教师"称号。

二、小学语文教学对于审美教育具有针对性

培养中国学生的六大核心素养中，学生的审美情趣是文化基础素养中人文底蕴重要的一部分。语文教学要打破传统的教学模式，培养学生发现、感知、欣赏、评价美的意识和基本能力。我们就要从教材中挖掘美的元素，语文教材中的文章所蕴含的审美教育内容是不一样的。这就要求语文教师要拥有一双发现"美"的眼睛。例如，人教版小学语文教材必修二年级下册第一单元，这一单元主要内容是寻找春天。无论是古诗还是短文，无论是古代诗人还是现代作家，描写的主体都是关于春天的文章。然而，对于东北抚顺的孩子，3月份的春姑娘总是姗姗来迟，可教学进度还要继续开展。那么，如何让孩子们去发现春天，去寻找春天的美呢？则成了教师在语文教学中的难点。教师在进行审美教育的同时必须要有针对性地将审美元素扩大，以此来引起学生共同阅读的兴趣，使学生通过阅读开阔视野，丰富自身的情感世界。教师在进行审美教育时要密切与学生生活实际相关联，让学生将从书本中得到的审美体验更好地迁移到实际生活中，让学生去学会如何发现生活中的美，提升孩子对美的感悟能力。基于上述原因，在本单元教学中，笔者课前让学生收集关于春天的古诗，通过观察春天的图片，积累有关春天词语，拓展视野，在脑海中形成并加固春天的痕迹。只有在打好基础上，我们才能更顺利地展开教学，做到教学相长。在教学中通过朗读感悟美，用语言诠释美。课后在布置作业时让孩子们把在课上体会并且感悟到的春之美体现在图画纸上，画一画属于自己的春天。他们的图画中，有花红柳绿、有放纸鸢的孩子、有泉水叮咚……从中，我们在无形中就将书本中的美转移到了孩子们的审美视觉中。

三、在小学语文教学中审美教育的具体策略方法

（1）语文教师要更好、更全面地把握教材知识。语文教育主要是要通过师生语言对话进行教育，教师要想使学生在书本中学会如何鉴赏美、感悟美，这就要求语文教师必须要从语言文字着手，使学生能够通过对语言文字的学习更好地感受到生活中美的元素魅力。小学语文教师在教学中进行审美教育，应避免进入误区。语文教师单纯地认为审美教育只是简单的音乐教育或美术教育，听听歌曲，看看名家名作而已。语文教师也不能单纯地为了完成课堂中的审美教育而将语文的文字教育变成音乐欣赏或者美术赏析。语文课堂中的审美教育前提是要以语文教材的教学为主，如人教版四年级下册第四单元《鲸》《蝙蝠

与雷达》等这类说明文时，教师可以首先让学生通过视频先观察动物，从而深入了解动物的生活特性，更清晰地知晓课程内容和方向。这样，更为强烈地激发学生保护自然与动物的意识。但是，这些只能作为我们在语文教学时的辅助手段和方法，在教学过程中，我们不能舍本逐末，应分清主次。

（2）在语文教学中，教师要创设教学情境，让学生所处的生活、学习环境影响学生的认知过程。如何在语文课堂中更好地进行审美教育，教师应当从文本出发，灵活自如地运用多种教学方法和手段。为学生创设更好的审美教育，使教学情境的方式、方法更完美地运用到教学情境中，这样可以吸引学生的注意力，提升学生对于语文学习的兴趣，提高教师语文教学的质量和效率。例如，在进行部编版小学语文教材必修二年级上册中涉及的《黄山奇石》《日月潭》等的教学时，教师可以利用多媒体播放黄山美景、台湾的美丽风光等。从相关的视频中资料中引导学生形成高雅的审美情趣导向，养成美好的人生观和价值观。或是可以在语文教学时，通过课文中较为重要的句子引出文章，如《葡萄沟》一课中，通过文章最后一个自然段"葡萄沟真是个好地方"这一句引出整篇文章。葡萄沟好在哪儿呢？激发学生学习和朗读的兴趣，部编教材的编者在编排时更着重结合教材内容配合了相关的插图，图文结合，为学生构建一堂具有审美艺术的语文课。这样做让学生在品读文章时感到身临其境的美妙。让孩子们在朗读文章时体会作者当时的情感，体会在作者写作时用词的准确性。引导学生在学习文章的同时感受美，体会劳动人民的勤劳美，感悟热情好客的维吾尔族老乡的情感美，理解文章中作者所在环境中的情境美。学生更为贴切地领会文本中的美景、美人、美事。

（3）语文教学中的阅读能够使学生将阅读后的资料影像印在脑海中，融化到血液里。而写作呢？它又能够将脑海中的影像转化成为文字呈现出来。审美能力的提升与发展是形成学生语文核心素养的元素之一。在语文教学中，最终体现为阅读与写作能力的培养。教师在语文教学时要想着重培养学生审美能力，要适时、有效地将阅读与写作和审美能力结合在一起。在教学中教给学生学习如何观察、如何理解与体会本章中的美。在阅读文章时，通过多种方法感悟作者当时所处环境中的情感，通过抓住重点词语学习，感悟语言文字带来的美。在写作中形成自己独有的体会与情感交流，从而创造出特有的审美形象。例如，部编教材二年级下册中语文园地四中写话练习，练习要求出示了四幅图片，同时提出了写作要求与重点词语。图片中有谁？他们在干什么？学生通过观察发现四幅图之间的关联。故事是从清晨发生到夜晚，在一天中，蚂蚁、蝴蝶、小虫子发现了许多有趣的故事。首先，孩子在拟确定题目时，有拟《有趣的鸡蛋壳》《美好的一天》和《难忘的一天》等，他们能够准确地通过题目概括出文章的主要内容，其次，通过观察使用词语来表达他们感受到的美，有乘坐热气球时小动物看到的美景，有雨后躲在鸡蛋壳下欣赏着雨景，有美丽的夜晚安稳入睡的情境。最后，只有孩子们真实地从文章中感悟到、领略到特有的美，他们才能轻松自如地展开自己的想象。只有这样，才能让习作不再是无话可说，不再让孩子们无从下笔。

总之，审美教育在小学语文教学中占有不可替代的地位。语文教师如何拥有一双善于发现"美"的眼睛呢，这就要求我们在平时的工作和学习中不断提高自身的素质修养。在教学中时时站在孩子们的角度去思考问题，进行美的情感熏陶。我们要善于发现文章的美，挖掘文本中的美元素，以促进学生更好、更快地发展。虽说教育不是万能，但教育对一个人的形象却又是深远的。这种影响就是人们常说的素养，一个人的发展和终身学习为准则，提高学生的核心发展素养。核心素养的培养不能仅仅局限于国家下发的各个文件中，它是新课标的源头，更是我们教者的风向标，要在日积月累的潜移默化中培养和形成，是我国教育发展的大方向。作为一名在一线工作二十余年的语文教师，我们的能力是有限的，但我们的影响却是无限的。笔者深知自己的力量微弱，希望能够通过此次机会为小学语文教学奉献自己的一分力量。

小学《品德》课程中的核心素养

李　琳①

纵观中国教育史，关于如何培养人正确的道德品质是中国学校课堂上少不了的一门课程，之前叫《思想品德》《品德与生活》《品德与社会》等，自2016年开始，更名为"道德与法治"。

一、品德教育存在的必要性

在学校教育中开设这样一门课程在全世界都是独一无二的。西方一些自由主义学者认为，开展道德教育本身就是一种不道德的行为。所以，按照西方学者的理性角度来看，我们这个"不道德"行为根本没有存在的正义性，也没有了基于正义性所建立起来的价值。但真的是这样吗？笔者不这样认为。每个国家的教育都是根据国情、民情来展开的。我国自古以来就存在对人思想道德的教育，如"故学至乎礼而止矣，夫是之谓道德之极"，"富贵不能淫，贫贱不能移，威武不能屈"，如"勿以恶小而为之，勿以善小而不为"，如"德不孤，必有邻"，又如"上善若水"等，正是因为有了道德启蒙、道德熏陶，中国才成为了世界上的礼仪之邦、泱泱大国，很多思想甚至传到了国外，成为外国人也推崇的思想理念。很多人质疑，中国现在从封建社会走了出来，改革开放后，进入经济飞速发展的新世纪，那么，在经济和生产力第一重要的现在社会，在重视分数的学校教育体系中，道德教育还有必要吗？让我们用事实来说话：地沟油，毒奶粉，广东佛山的两岁女童小悦悦遭汽车碾压、18名路人漠然旁观事件，彭宇案等，触目惊心，这些现象都是人们道德沦丧的外在体现，不得不说，我们现在正在面临亟待解决道德危机。结合中国的基本国情，我国有约十三亿人口，如此庞大的数字，想让全民的道德品质重回正轨，相对有效的途径还是在学校教育体系中开展品德教育。

---

①　李林，男，抚顺市教师进修学院一级教师，小学道德与法治教研员，获"全国基本功比赛二等奖"。

二、小学品德教育面临的现状

（1）很多学校对品德教育不重视。虽然相关文件也组织学习了，《道德与法治》课程也按课时开足了，品德活动也有模有样地开展了，但很多都是流于形式，或者昙花一现，学生们并不明白学校要做什么，或者说这么做是为了什么，自然也谈不触及学生心灵，促进他们道德品质的提高。

（2）大多数授课教师对品德教育不重视。这是一个很早就存在的问题，现在学校里的教师主要分为两大类：主科教师和副科教师。主科自然就是需要考试，需要拿分数的语文、数学和英语，而大多数教授《道德与法治》课程的老师就被归类到副科教师的行列。不需要考试，也没有什么检验教学质量的标准，教得好，学校、家长看不到，反之，教不好也没人看得到，教师自然而言就容易起懈怠之心，对课程的重视自然不足。

（3）家长对孩子道德品质的养成教育不重视。笔者和许多学生家长进行过谈话了解，所有家长都对孩子的教育十分重视，但大部分家长重视的要么是文化课的学习，要么是学生各种技能、才艺的学习，很少有家长期望孩子在品德方面能够有所进步、有所收益。一方面，他们觉得孩子学习好就行，将来考上好大学，找份好工作，或者通过学习掌握一门将来谋生的技能。另一方面，他们并没有认识道德发展在孩子成长中的必要性，有的甚至认为孩子"太善良了容易受人欺负"，在这样的理念下，对孩子道德养成不闻不问，任凭其自由接受、自行成长，有的甚至酿成悲剧。"高考状元吴谢宇杀母震惊北大""药家鑫案"等新闻，现在听来仍然让人胆战心惊。去百度上用相关字眼一搜，案例比比皆是。出现这样的惨剧，能说与家长对孩子道德养成教育不重视没关系吗？

（4）学生本身也不重视这门课程。学生对哪门课程重视，一方面取决于他们对课程本身是否感兴趣，另一方面取决于家长是否重视。相比于美术、音乐等课程，孩子对《道德与法治》课程的兴趣明显不够，出现了不爱上、上完课就忘的现象。放学回家后，家长会问今天数学课学了什么？语文哪个生字还没会？英语哪个单词不会读？很少有家长会问，今天《道德与法治》课上你明白了什么道理？没人重视这门课程，所以孩子自然就不会重视。

三、如何把小学品德教育落到实处，让品德教育真正有效

1. 品德教育要有实效性，要创造良好的道德环境

犯罪心理学中有这样一个破窗效应：一个房子如果窗户破了，没有人去修补，隔不久，其他的窗户也会莫名其妙地被人打破；一面墙，如果出现一些涂鸦没有被清洗掉，很快的，墙上就布满了乱七八糟、不堪入目的东西；一个很干净的地方，人们不好意思丢垃圾，但一旦地上有垃圾出现之后，人就会毫不犹豫地将垃圾顺手丢弃在地上，丝毫不觉羞愧。虽然是犯罪心理学中的内容，但对于良好道德品质养成也十分恰当。因此，创造良好的道德环境显得尤为重要。学校里、班级中要提倡"以德为先"的理念，无论教师还是学生，都要知道德、讲道德。学校的品德活动也应该保持长期性、公开性、示范性，让学校内的教师和学生都能够形成"以讲道德为荣，以不道德为耻"的氛围，让孩子潜移默化地养成良好的道德品质。

2. 品德教育要有实效性，应先对学生家长进行道德熏陶

有人说，家庭是每个人的第一所学校，家长也是孩子的第一任启蒙老师，家长的一言一行影响着孩子的一言一行，甚至成长过程。通过对很多孩子及其家庭情况进行的调查，笔者发现，如果家长是一个道德品质高尚的人，孩子长大后虽不一定会是一个成功人士，但一定会是一个三观正的人，反之，大多数品质不好的人，其家庭中某些成员的道德品质也不会太高。就这方面而言，家庭对孩子的塑造在某些方面比学校、比社会还要大。在学校老师讲了对同学要宽容，回家家长却告诉孩子"谁惹你不高兴就打他"；在学校老师讲了过马路要遵守交通规则，家长却在人行道红灯亮起时带着孩子大摇大摆穿过车流；在学校老师告诉孩子要拾金不昧，家长捡到手机、钱包却当着孩子的面装进自己的包里；在学校老师嘱咐孩子要乐于助人，街上有人摔倒时，家长却置之不理，并拉着孩子大步离去……千里之堤，溃于蚁穴——大概是这种家校教育不统一、不同步、不和谐的最好写照了吧！因此，笔者觉得比起对孩子进行道德养成教育，对家长先进行道德熏陶更重要。

3. 品德教育要有实效性，最好小手拉大手，共同进步

家长是孩子的老师，孩子又何尝不能成为家长的老师呢？在道德养成的过程中，可以让孩子和家长、孩子和学校、孩子和教师互相督促、互相鼓励，既

激发了学生对自身和他人道德品质关注的积极性，又通过孩子促进了家长、教师、学校，甚至社会的道德养成。小手拉大手，让我们的自身和社会道德也跟上时代的步伐。

4. 学校品德教育教学中要注重方法

无论是孩子还是大人，没有人愿意对死板的说教会有兴趣。但是，现在大部分学校的品德教育活动，形式没有新意，活动内容也不贴近学生生活。笔者知道，一个学校开展"道德星"评比活动，学校下放每班一个名额，班主任选出来上报学校，学校开会表彰、发奖状，道德星评选活动就完成了，从头至尾，参与活动的只是部分学生、部分老师，对大多数学生而言，能起到什么教育作用呢？再说《道德与法治》等品德养成的课，教师大多照本宣科，在课上把课文从头至尾念一念，让学生读一读、说一说，一节课就上完了。试问，学生，特别是年龄偏低的小学生，怎么会对课的内容有兴趣呢？没有兴趣如何达到教育效果呢？但是，也有道德与法治课上得好的老师，让学生真正受益，笔者曾经听过市里一位老师的道德与法治课，她善于开发学生生活实际中的资源，运用到课堂教学中来，教学设计贴近孩子的生活，贴近低龄儿童的心理特点和认知水平，她让学生去思考、去探究、去讨论、去做一做、去试一试，让学生发自内心地去认同一些道德观念。这样的课堂，这样的教学，孩子喜欢，自然事半功倍。

路曼曼其修远兮，吾将上下而求索。作为一名教师，深感道德养成教育的迫切与重要，希望我们的社会、家庭和学校能够勠力同心，给孩子创造一个良好的道德环境，让我们祖国的花朵都能成长为有良好道德修养的好公民。

浅谈小学科学课堂教学中培养学生核心素养发展的实践方法

杨易文①

我们的生活在不断变化，信息化、技术化的高度发展，使社会对教育也提出了新的要求。不知不觉中，"核心素养"一词已走进大家视野，逐渐地被大家熟知。中国"学生发展核心素养"主要指学生应具备的、能够适应其终身发展和社会发展需要的必备品格和关键能力及学生的"人文底蕴、科学精神、学会学习、健康生活、责任担当和实践创新"六大核心素养。2016 年起，"核心素养"已开始进入中小学课程，意味着其重要性。小学教育作为基础教育，对于学生学习基础知识和基本技能以及学习兴趣和思维方式的培养具有重要作用。而小学科学学科更注重学生的实践与体验，对于培养学生的核心素养起着重要的作用，那么，怎样在小学科学课堂中让核心素养落地呢？是我们面临的重要问题。

一、探究是科学学习的核心

小学科学注重学生的实践与体验，释放学生们好奇、好动的天赋，让他们担当探索者的角色，把提出的问题和亲身体验与科学知识的学习联系起来，通过开展探究活动来获取知识。对学生进行科学启蒙教育的一门重要的基础学科，无论是从学生自身发展的需求，还是从新世纪国家、社会发展的需求来看，科学技术、科学素养都将会起越来越重要的作用。在中国"学生发展核心素养"对"科学精神"的阐释中，重点强调了培养学生的好奇心和想象力，因为有了好奇心和想象力，学生们才会有探究欲，才会在成长过程中不断地用习得的探究方法去思考。

小学科学教育倡导"做中学"，其实质是通过学习科学养成"动手动脑"

---

① 杨易文，女，抚顺市新抚区北台小学二级教师，执教 7 年，2017 年获"教育部'一师一优课一课一名师'活动部级优秀课"荣誉称号。

的学习习惯，在"做"中发现，在"做"中体验，在"做"中感悟。例如，笔者在《水是什么样的》一课中，导入部分就抛出来问题："同学们，水是什么样的呢?"孩子们面对每天都接触到的水，却一时不知道从何回答。于是，请同学们用手、鼻子、嘴巴、眼睛等"感官"进行观察，运用符合学生年龄特点的探究方法来帮助学生体验科学带来的乐趣，培养学生的探究精神，提高学生的探究水平。通过自主讨论和教师引导得出水的特点——水没有颜色、没有气味、没有味道，没有一定的形状……既突出了学生的主体地位又树立了学生的自信心。课堂内在学生们了解的水的特点之后，采用小游戏——"大家来寻宝"，学生们以小组为单位打破了教材的限定，用不透明的袋子把豆油、牛奶、木块等物体装起来。学生摸着不透明的袋子怀着一种神秘感，自然而然会主动探究里面到底是什么。以小组为单位确定了答案之后，老师作为课堂的引导者又将课堂交还给课堂的主人——学生，来揭秘答案并且说明原因。

小学科学课程就是这样一门活动性和实践性课程兼具的课程。探究性学习是科学学习的核心。探究要不满足于书本所给予的知识，改革一味地课堂教学，走出教室、走出校园。要有新观念，使学生自己主动去探究，发现问题、解决问题，培养自己的创新能力。又比如，前不久，笔者带领学生探究"食物中的霉菌"问题，从我们身边的水果"发霉"来引导学生来探究原因，亲自带学生到水果超市去观察发霉的水果，然后到资料室查阅资料、去霉菌室观察培育霉菌。很多学生继而产生了研究的热情，查阅到很多关于霉菌的资料。

二、创新是科学学习的根本

创新是一个民族进步的灵魂，在中国"学生发展核心发展六大素养"中，创新素养对学生终身发展和社会民族进步有着重要影响。今天，科学技术已经渗透到我们每个人的生活当中，人人都要与之打交道，人人都要具备相应的科学素养。教育不是灌一桶水，而是点燃一把火。科学课程已进入学校核心课程的时代，科学素养必定要为学生终身发展增添色彩。

在小学科学教学中培养学生的核心素养，我们可以在教材内容和教学设计上下功夫，鼓励学生创新思维。以电路知识为例，电路是小学科学课程标准中物质科学领域的重要内容，要求学生通过观察和实验，开展对电的探索，了解电路的基本构成。但是，小学生对于硬邦邦的电路知识学习兴趣并不高，而在纸上就能连接电路就是一个创新。于是，笔者开发并执教了校本 STEM 课程《创意纸电路》一课，课题的选择来源于生活中常见的 LED 灯，充分考虑了学生的已有知识背景、认知能力、年龄特点以及学习兴趣，利用到铜箔胶带导电的特殊性。通过新旧知识的累积与碰撞，注重教学创新，从培养学生能力入手。导入部分，笔者从上节课学生已经学过的制作的一盏 LED 小灯的作品进行回顾，请学生交流想法和注意事项的同时，也是在帮助学生复习操作流程。随后提出今天活动的内容——制作的主要教学内容是制作多盏 LED 小灯同时亮起的纸电路，请学生以小组为单位自行设计作品。目的是发挥学生的主体性，体现学生是学习的主人，培养学生运用知识并进行表述的能力。本节课的教学过程重在体验、探究、合作，让学生在动手制作的过程中掌握连接多盏电路的思维方法。学生们在体验"纸电路"制作的过程中，表现非常积极，成功点亮了属于自己制作的纸电路的喜悦溢于言表。这不仅了解了电路的基本知识，同时也在动手动脑中积极探索、用于实践、发挥创造力以及团队协作能力。

《创意纸电路》一课将科学、技术、工程、数学的内容有机地融合在了一起，是在学生掌握了串联和并联电路连接方法及各自特点的基础上，运用已学的知识进行具有挑战性的创作。这一创新活动的设计，极大地调动了学生的参与意识，激发了学生的学习动机，培养学生的创造能力，使学生在交互碰撞中实现了理解性学习，培养了创新思维，提升了学生多方面的技能和认识，这就是课程赋予的意义。培养学生的创新与探索的精神，以促进他们的发展，这正是核心素质教育所祈求的目的。小学生的创新思维，对民族的发展和学生的终身学习和发展起着巨大的作用。

三、日常生活是科学学习的来源

《小学科学课程标准（2017 版）》明确提出小学科学课程的总目标是培养学生的科学素养，并为他们继续学习、成为合格公民和终身发展奠定良好的发展基础。要想让核心素养落地、生根、开花和结果，教师在教学内容上就要将课本知识与学生日常生活结合起来。正所谓：好奇心是学生们探究的动力源头和起点。熟悉的生活元素是科学学习的来源，学生通过多观察、多思考，能更好地激发学生对问题的探究兴趣，保持自主学习的热情。

执教小学鄂教版三年级《科学》"蚕"的知识时，笔者就号召同学们利用课余时间来养蚕，学生通过"蚕宝宝"一点一点长大，绝大多数同学对"蚕宝宝"产生了越来越浓厚的兴趣，对课前老师布置的预习作业能够积极地、严肃认真地去完成。许多同学将养蚕记录成手抄报、视频与老师和同学一起分享。通过在生活中喂养"蚕宝宝"，他们有了学习的积极性，拓展思维，拓宽了学习空间。在《我们的校园》一课，笔者带学生们到校园的小花园去观察树木、观察葡萄的生长、观察小蚂蚁的生活；在《国旗是怎样升上去的》一课，笔者带领学生们研究校园里的国旗杆；在《水是怎样烧开的》一课，笔者带小组同学仔细观察烧水的过程等。这些都是我们生活中随处可见的，当学生们静下心来仔细观察，认真研究时，探究氛围自然就流畅许多。让学生体会到科学就在我们身边，科学知识是无处不在的，它随时都在指导帮助人们更好地生活，能让学生将科学知识与生活关联起来，懂得用科学探究方法解决问题，用科学知识解释生活现象。

小学科学教育就是要贴近生活，在生活中挖掘出科学元素。充分调动学生的创新精神、实践能力，将科学课程中学到的知识带入到生活中，将生活中发现的科学现象带回到课堂里，给学生提供充分的科学探究机会，体验学习科学的乐趣。

总之，培养学生的核心素养不仅有助于发展小学生的综合能力，而且还能在一定程度上提高学科的教学质量。因此，我们就可以通过改革教师的教学方式，多给学生主动探索的机会，培养学生的科学思维方式，将教学内容与日常生活相联系等策略，来真正提高小学生的科学精神和实践创新能力，进而提高学生的整体核心素养。

互联网＋时代下的核心素养与小学科学

郭　阳①

2014年，在党的十八大和十八届三中全会的背景下，教育部提出"各学段学生发展核心素养体系，明确学生应具备的适应终身发展和社会发展需要的必备品格和关键能力"，核心素养成为我国教育界的新热点，也成为深化基础教育改革关键要素。我国的基础教育正式走向"核心素养"时代。

当今世界科技日新月异，互联网、云计算等信息技术，正改变着教育的面貌，推动着教育向数字化、网络化和智能化方向发展。因此，合理使用互联网技术，建构基于互联网技术的新型课堂在发展学生科学精神、学会学习、健康生活、实践创新等素养方面，具有在传统课堂方式下无法比拟的优点。

《中国学生发展核心素养》明确给出了"互联网＋"时代应该培育什么样的人才，中国学生发展核心素养以培养"全面发展的人"为核心，分为文化基础、自主发展和社会参与三个方面。

一、文化基础主要强调人要有人文底蕴和科学精神

借助互联网技术，增强学生的信息意识。面对知识经济和信息化社会的挑战，传统的课堂必然会从知识导向过渡到素养导向。《中国学生发展核心素养》中提到了要发展学生的信息意识，培养学生的信息意识不论是对提升学生的信息素养，还是让学生具有能够适应社会发展需要必备的关键能力都有着不可或缺的作用。在小学科学课堂中，教师应当在兼顾发展学生信息技能的基础上，发展学生的文化基础。

对于小学科学课堂而言，让学生亲历科学探究的过程、获取第一手的探究数据也是极为重要的。因此，除了从互联网直接获取信息，借助互联网技术收集实验信息是发展学生信息文化基础的途径之一。例如，某学校在学习动物的

---

① 郭阳，女，教师进修学院小学科学教研员，一级教师。

繁殖相关内容时，有学生提出了问题：鸡蛋自然孵化与孵化箱孵化有什么不同？借助学校的农植园，教师带领学生进行了对比实验，并在孵化中观察、记录了外界环境对孵化的影响。在这个过程中，农植园内的监控摄像装置会实时地采集、记录、分析并发布各项数据，师生可通过网络终端实时查看。引导学生跳出课堂进行自我学习、小组探究，学生收获的不仅仅是知识，更训练了学习的技能。长此以往，学生利用网络信息的意识和能力必将得到有效发展。

二、自主发展主要强调人要学会学习、要健康生活

借助互联网技术逐步培养学生自主探究的能力。学会学习具体包括乐学善学、信息意识等基本要点。在学习过程中能够根据已学到的知识去应对还未出现的问题，要有解决问题的能力，学习、合作的能力。自主性是人作为主题的根本属性，然而，处于小学阶段的学生，其自主性尚处于发展之中。尤其是面对新生的技术手段，在应试课堂仍大行其道的今天，只有时常让学生沉浸其中，才有可能让学生逐步将这些手段内化并形成自觉。例如，"相貌各异的我们"一课，通过对人类自身的研究，使学生认识到同种生物不同个体间的存在差异，如人的外貌差异，这种差异是由于生物不同性状特征的不同组合而形成的，在把复杂的学习任务分解为5个小活动后，让学生利用互联网，借助互联网便捷的信息传输、直观的图像、丰富的资源等优势，开展自主探究学习，从而感性地完成对概念意义的构建，依托互联网，搭建学生自主探究的学习平台，让学生学会学习，这也正对应了自主发展的素养。

三、社会参与主要强调责任担当和实践创新

借助互联网技术引导学生开展分布与协作学习。社会参与，重在强调能处理好自我与社会的关系，增强社会责任感，处理与社会、国家等方面所形成的价值取向、情感态度。提升创新精神和实践能力，主要是学生在日常活动、问题解决方面所形成的实践能力，促进个人价值实现，推动社会发展进步，发展成为敢于担当的人。

科学在不断发展与进步，科学知识的相对性、暂时性是因为它的产生受到了社会和个人因素等影响。如今，互联网技术的发展更是加速了科学的进步，如果没有互联网信息传递的作用，那么，不同的科学研究之间如何交流？没有交流，如何让学生在课堂上亲历科学探究？

例如"植物的叶"一课，教师就利用分布于协作的方式让学生亲历科学知

识，参与实践。本科的第一课时，教师先让学生说说关于叶你知道什么，还想了解哪些方面，然后引导学生分组，分别探究叶的某一个方面。然后，学生分别带上自己的任务利用平板电脑、手机等智能终端自主探究学习，有的在校园各个角落寻找并采集、拍摄所需的素材，有的放学后到公园继续进行，素材收集完成后，按小组进行汇总、整理和加工，并进行相关的前期实验工作。第二课时，学生利用多媒体进行展示交流收集整理过的信息。由此，全班学生共同建构了一个关于叶的比较全面的知识。在这个过程中，全班学生通过多个层面的分布与协作模拟了科学知识的构成，当然，这是一个比较复杂的过程，还有不断地证伪和更新的过程。但是，很有必要借助各种不同的机会，利用互联网让学生逐步接触、逐步适应这样的过程，从而在发展学生科学本质观的同时，更有效地发展学生协作交流、合作解决问题的能力。

传统的课堂中，常常是以教师为中心的授课模式，限于课堂教学目标，师生之间的交流和互动也经常是几个学生与教师之间的点到为止。互联网的发展，尤其是微博、微信等平台的日益风靡，显然为这样的困境指明了一个方向。有教师在进行"月相变化"相关教学时就利用了 QQ 空间。月相变化是一个长时间的观察活动，在教学中维持学生观察是一项具有挑战性的任务，同时，课外观察活动引起的评价难、互动难更加剧了完成的程度。教师利用空间，引导学生把观察的照片和文字编辑成日志发布在网络上。这样不仅教师可以随时打开进行评价，还可以追踪每一名学生的完成情况。课堂交流时，只需要打开电脑开始链接，进行交流汇报。这样让学生对自己的成果有更全面认识的同时，也能获得更多的成就感，促进其持续的观察。互联网环境下学生主体的彰显，很多时候，借助互联网技术，教师将能够在课堂上关注到学生，关注到学生的发展，从而实现人的全面发展，人与人、人与物和谐发展是发展学生核心素养的终极目标。

依托于互联网的课堂教学评价也具有两个方面的优势：一是评价的依据更丰富。依托互联网的评价能够克服传统课堂中评价难以收集、评价信息单一化的问题。它不但可以全程采集数据，更可以手机练习成绩以外的数据，如情感因素、实践能力等，从而能够支持综合性、系统化的评价，使得评价的内涵和功能得到拓展。另一方面是评价的应用更便捷。借助互联网平台，除了自动生成的客观评价，教师还可以实时依据表现评价学生。而通过这些评价数据，学生自己、家长、学校等都可以对学习的质量、学习的情况进行分析，从而更充分地发挥评价的功能。

显而易见，构建基于互联网＋的科学课堂能够促进学生核心素养的发展。科学课程需要学生去实践，去亲历探究的过程，而课堂的 40 分钟往往不能满足于学生的好奇心和求知欲。借助互联网技术，让学生主动的探究，坚持不懈的探索，从而发展学生勇于探究的科学精神、乐于善学的自主发展的素养。互联网技术、多媒体技术等现代信息技术的发展不仅是教育技术的革新，它带来的更是对学习、教学及其组织模式的冲击以及对教育理念的深层次影响。基于互联网技术的新型课堂并不意味着就一定需要花费大量的财力去建设所谓的智慧教室，利用现有设备有效地将互联网技术融入课堂，切实地提高学生的信息意识等核心素养才是最需要考虑的问题。乘着技术革新的东风，新型的课堂在发展学生核心素养方面有着不可替代的作用。

浅谈农村小学英语核心素养的培养方法

王婷婷①

所谓"学生发展核心素养",主要是指学生应具备的、能够适应终身发展和社会发展需要的必备品格和关键能力。可以概括为文化基础、自主发展、社会参与三个方面,综合表现为人文底蕴、科学精神、学会学习、健康生活、责任担当、实践创新六大素养,具体细化为国家认同等 18 个基本要点。那么,英语作为一门基础语言学科,英语学科的核心素养是什么?该如何培养农村小学生的英语核心素养?这些都是值得研究的问题。

一、核心素养概念

"核心素养"这个词语,来于西方单词——Key Competencies。"Key"的汉语意思有"关键的""必不可少的"。"Competencies"直译为"能力",但从它内容看翻译成"素养"更好。总之,"核心素养"就是"能力素养"。欧盟的框架中八大核心素养之一,就是英语学科核心素养。宗旨在能使用外语说话、交流,可以用英语与他人自然交谈。英语的核心素养的内涵可以概括为三个方面(语言能力、思维品质、文化意识)和两个关键(学习能力和情感态度)。简要概括为五维目标,即语言知识、语言技能、学习策略、情感态度、文化意识。义务教育阶段英语课程的总目标是:通过英语学习使学生形成初步的综合语言运用能力,促进心智发展,提高综合人文素养。以语言技能、语言知识、情感态度、学习策略和文化意识等五个方面共同构成的英语课程总目标,既体现了英语学习的工具性,也体现了其人文性;既有利于学生发展语言的运用能力,又有利于学生发展思维能力,从而全面提高学生的综合人文素养。

① 王婷婷,女,抚顺县救兵镇九年一贯制学校一级教师,执教小学英语 10 年,2011 年获"抚顺县政府优秀班主任"称号。

二、加强农村小学生英语核心素养培养的重要性

英语学科核心素养分为语言能力、文化意识、思维品质三个方面和学习能力、情感态度两个关键。提高小学特别是农村小学英语的核心素养，培养学生的全面素质迫在眉睫。在农村小学英语教学中，注重核心素养的提高，不仅可以提高学生学习知识的技能，还得扩大范围，拓宽视野，不可以只局限于书本知识。提高学生的综合素质，培养良好的道德修养任重道远。长期以来，我国都是以老师教得很老旧的教育模式，以提高学习成绩为主要教育教学目标，只单方面注重学生们的学习成绩，恰恰忽视了学生核心素养的培养，致使很多的学生一离开教科书，离开学校，离开学习的环境，便一无所知，社会知识和社会技能都不具备。农村小学英语的情况也是这样，老师们只注重学生考试的成绩，书本知识一再强调，根据教材内容知识的重、难点，采用枯燥单一的教学模式进行教学，不能融入英语核心素养，致使很多学生对英语学习不感兴趣，不想学习，成绩不理想，偏科厌学，放弃英语科目学习，那是因为学生缺乏正确的英语学习态度，在学习中感觉不到快乐，没有学习兴趣，无动力，枯燥乏味，严重影响学生综合素质能力的培养与提高。只要我们的教师认真研读教材，采取有趣的教学方式，贴近学生生活的教学模式，端正学生的学习态度，激发他们的学习兴趣，我们农村学生的英语综合素质能力提高，前景必然会一片大好。

三、农村小学英语核心素养的培养方法

1. 培养学生的信息获取能力，培养学生的语言能力

（1）创设适合小学生的"语境"学习

语言能力是英语学科核心素养的基础，包括语言知识、语言技能、语言理解和语言表达。农村小学生语言知识技能掌握得还是很少，不够丰富，很多信息来自于教科书。小学英语教师针对学生的这一特殊情况，想尽方法，为学生创造有利于他们口语表达的真实情境。建构主义认为，学习总是与一定的社会文化背景即"情境"相联系的，在实际情境下学习，可以使学生能利用原有认知结构中的有关经验去同化和索引当前学习到的新知识，从而赋予新知识以某种意义；如果原有经验不能同化新知识，则要引起"顺应"过程，即对原有的认知结构进行改造和重组。例如，在人教版精通四年级上册 Unit5 I like those shoes Lesson27 中，本单元的主题就是"购物"。英语教师就创设了一个购物的情境，首先，教师为大家介绍他的朋友——Cathy，她是一名商场售货员，由她引出新知识的教授。由帮她整理衣橱，巩固新知。再出示学生商店，谁愿意帮她卖衣服，引出情感态度目标，帮助需要帮助的人，乐于助人是中华传统美德。最后，同学们帮助她，成了售货员——创编新对话，根据不同的场景设置，编出适合场景的新对话，这样语言的表达自然生成。通过这个情境的呈现，既让学生在整体的情境中学到了语言知识（重点词汇），又让学生在情境中锻炼自己的语言理解能力。通过语言技能的训练，在一定程度上提升了语言表达。

（2）利用各种音频，视频资源

听、说、读、写四项基本技能，听放在了首位，可见其重要的地位。因此，教师要尽可能多地为孩子创造听原声带的机会，现代技术飞速发展，农村家庭拥有计算机等通信设备的与日俱增。为此，我们要跟家长联合起来，运用好现代技术为英语服务。英语教师们还应该在课前预习作业布置时，尽可能地把手机、MP3、IPAD、多媒体电脑与教学相关的视听元素相结合起来，音乐等与之准备的素材要让学生们感兴趣，吸引学生的学习英语的注意力，这样提高学生学习英语的兴趣。多样化的教学手段既可以提高小学生们的英语学习兴趣，还有助于学生积累英语语言经验，加深对课文内容的理解和掌握。教师选取最恰当的学习素材，贴近学生的生活，素材的选用一定要符合学生的认知水平和接受能力，更要考虑到年龄的教学难度、差异性，具有广度、高度。我们学校英语教师利用午读时间播放教学视频，音频学习资料，尽量多地为学生提供听的机会，因为本身我们农村的孩子听英语的机会就少，因而我们农村的教师更应该为孩子多提供听英语的机会，在听、读练习中获取言语感知方法，提高认知水平，进而提高听、读能力，达到听懂，开口说英语的水平。模拟优质听音跟读训练，我们的教师会经常带领学生一起大声朗读，利用晨读、午读时间，小视频作业等。通过使学生跟读，让学生进行模拟听音训练。通过学生的不断跟读，激发跟读兴趣，赛读，利用各种形式跟随教师的发音，语速和语音语调，体会阅读英语的语感，还可以纠正自己的发音、重音、停顿等错误，经常这样阅读，提高学生的阅读能力和阅读的连贯性，不断提高英语阅读、理解水平。语言能力最终形成。

（3）课文表演

课文表演，可以提高英语的运用能力。在班级内可适当开展朗读课文比赛、背诵课文比赛，加上动作表情的表演话剧比赛。通过朗读、背诵、话剧表演、模仿，使孩子积累英语习得经验，培养英语语感，提高学生兴趣。通过课前对话展示，既锻炼学生说英语的胆量，又提高了学生用英语交际的能力。这里的交际，指的不仅仅是"面对面的真实"交际，也指的是借助网络平台与国外的"面对面的虚拟"交流。每一次的交流都运用了所学到的语言知识及文化。这样既培养了学生的语言能力和思维品质，又让学生提升了自己的文化意识和情感态度。

2. 创造英语环境，教学中——问题导入，引领学生的思维品质

用兴趣做引线，引导小学生形成良好的英语学习氛围。中国传统的"灌输式"，目的只为提高成绩，关乎升学率，提高"分数"，学生学习负担特别重，没有自我学习的空间，压力大，严重挫伤学生学习的积极性。加之农村学校学生学习习惯不好，学习环境不比市内，家长不重视，造成学生学习效率极低，甚至导致他们厌学，放弃学习，根本提不到核心素养的培养。小学英语教师，要转变这一教学模式，要重视学生的思维开发、学习能力思考，引导学生对英语产生兴趣，让学生能够主动学习，积极参与学习中来，会学习，成为学习的主人。例如，人教版精通六年级上册 Unit2 What's your hobby? Lesson9 中，以 "What's your hobby?" 的问题激活学生的思维，培养思维的敏捷性。学习"爱好"这个单词，以及学生常见的爱好，引申出她的、他的爱好问答的方式，再由问题导出游戏，学生边做动作边说爱好，学生爱好得到认可、拓宽，思维的创造性、深刻性得到了锻炼。最终教师总结，希望孩子们拥有广泛的爱好，因为它是成功的阶梯。思维是智力与能力的核心，智力品质是智力活动中，特别是思维活动中的智力与能力在个体身上的表现，因而它又叫思维的智力品质或思维品质。思维品质只要包括敏捷性、灵活性、创造性、批判性和深刻性五个方面。这样设计，一个问题贯穿整个课堂的教学，学生的思维得到了有效地提高与锻炼。

3. 课外阅读提高小学生的人文素养

小学英语课堂教材，内容简单较为单一，只是满足教学需求，存在比较大的局限性。书本上所学到的知识与现实生活中实际遇到的情况存在着很大的区别，也存在很大的距离。书本知识要结合实际生活去引导，才能使学生更精准地掌握所学。教师们在课堂上除去书本教材，必须在课堂以外，还应当适当地补充一些课外知识，读一些孩子们感兴趣的 English stories，唱一些简单的 English songs，玩一些 English games……都能很好地调节课堂气氛和提高学生的学习兴趣，还可以指导学生们多读一些课外阅读，使学生在阅读中不断扩大知识面，培养学生的文化素养。我们的老师还经常组织学生利用课余时间到市图书馆进行英语阅读，英文电影观看、动画等来加深学生们对文章阅读的理解。有能力的孩子还可以观看中央9套电视节目。英汉两种语言在思维模式之间的异同、联系、转换、互补会给学习者以跨地域、跨文化的思维想象空间，帮助学习者拓宽视野，为形成良好的文化意识打下坚实的基础。课外阅读是一项很有效的途径。

　　一种良好的学习习惯的养成是英语核心素养的培养。教育者应当不断探索和创新在教学中的方法，注重培养学生们英语的核心素养。让英语知识和英语交际紧密结合起来。使学生能听、乐于开口说英语，喜欢用英语交流，还要会读、能写、能译。在这一连串的教学过程中，提高英语学习水平，学会合作交流，互帮互助，共同进步。在综合实践活动中，提升英语学科综合素养的教育；我们在教学中，结合教学内容与目标，采用有效的教学方式和适合学生的教育教学方法，培养学生们的英语核心素养，使学生形成高尚的品德，提高自身的综合素养。为以后的成长，乃至成才铺设一条平坦大道。

浅谈如何在英语教学中培养
小学生的核心素养

张　雪①

核心素养是现在新的教学理念，小学英语学科的核心素养应主要包括语言能力、思维品质、文化品格和学习能力四个方面。语言能力是指在社会真实情境中通过语言来表达和沟通的能力；文化品格指对中外文化的了解和对文化内涵的理解；思维品质指人的思维个性特征，反映其在思维的逻辑性、批判性、创造性等方面所表达的水平和特点；学习能力指学生主动拓宽学习渠道，积极调试学习策略，努力提升学习效率的意识、品质和潜能。

在当下传统英语教学还是以考试为终极目标，这样只重目的不重过程的教学模式必定会造成学生学习方法的机械化，不利于学生的综合发展，本文从核心素养的不同方面探讨如何在英语教学中提高小学生的核心素养。

一、重视学生的英语交流，培养学生的语言能力

英语是重要的语言，更是一种重要的交流交际工具。在当前的英语课堂中，教师往往把握了主导地位，学生从开始的不会说到后来不愿说，陷入了恶性循环的境地，要改变这样的课堂现状，英语教师在课堂教学中要转变思想，不要怕学生说错，积极地鼓励学生说英语，给学生提供说英语的机会与时间，努力营造出说英语的浓厚氛围，保证课堂的时效性。

良好的语言能力的前提是说一口流利纯正的英语，培养学生正确的语音语调，让他们多听多看，发音标准，语调优美，说起英语来给人美的享受，学生才更爱开口，更爱表达。

在真实情景中鼓励学生说英语。例如，在教学 Shopping 环节时，教师可以设计真实的购物情境，学生可以购买他们感兴趣的东西，除了目标语言外还

---

① 张雪，女，清原满族自治县铁北小学二级教师，执教英语 5 年。

可以加上自己的语言，这样贴合学生实际的对话交流会让学生有话可说。教师要鼓励学生说英语，多和同学之间交谈会消除他们的紧张情绪，他们就会积极地投入到互动中。

另外，大量的英语阅读也会丰富学生的语言储备，教师应多鼓励学生在课上和课外多阅读英语书籍，精心挑选适合小学生阅读的绘本和英语故事书，既培养小学生的阅读能力，又丰富了他们的知识内涵，在阅读中，学生获得了英语的语言体验和语言习惯，同时，一些有趣的故事也会培养他们对英语的学习兴趣。因此，英语教师要精心地结合教学内容为学生创造良好的学习环境，以保证学生英语学习的有效性，尽可能地培养学生的英语核心素养。

二、渗透中西方文化，培养学生的文化品格

英语教学的一个重要作用就是向学生渗透中西方文化，这种渗透是一种文化品格的培养，在当今社会飞速发展的今天，跨文化交流已经非常频繁，语言是文化的载体，中西文化中存在着比较明显的差异。因此，应该从多方面了解西方文化。这就需要我们教师在钻研教材的时候，要关注文化的渗透点，不能仅仅关注课本的语言知识点。那么在教学中，一定要注意向学生渗透中西方文化，以及对比它们之间的差异。

在小学阶段的英语教学中，在低年级的时候就要注重学生文化意识和文化品格的培养。重中之重在于如何帮助他们树立文化意识理念，形成良好的文化意识品格，在教学中要侧重文化意识和文化差异的培养，增长学生的见识，丰富他们的内涵。

例如，笔者问学生当别人夸赞你时，你如何用英语应答他呢？有的学生就直说 no，no，no. 这是因为我们中国人比较内敛、含蓄，面对别人的夸赞总会先否定自己，这样别人夸我们的时候才不会不好意思。而西方人比较直接，对你的夸赞他们会觉得这是对他们的肯定，所以直接说谢谢，虽然这只是生活中不起眼的一句话，但这就是差异，这就是中西方文化的差异，文化是很大的一个词，包含很多，从小到大，了解文化差异，接受文化差异，才能更好地了解世界，更好地丰富自我，这就需要我们教师在教学中随时渗透，从多角度培养学生的文化品格。

三、创设思维品质培养空间，培养学生多元思维能力

良好的思维品质是多元化的，不是千篇一律，不是机械记忆，不是题海战

术，是具有批判性的、开放性的、发展性的和创造性的思维能力，一个人如果没有良好的思维品质，就算读再多的书，认再多的字也没有用处，没有良好的思维品质就等于没有灵魂，不会思考，总是依附于别人的观点和理论，凡事说不出个所以然来，所以培养学生的思维能力是重中之重，相当于挖掘一个人的灵魂，而现在的教育禁锢了很多人的思想，把批判的火苗扼杀在摇篮之中，把开放的思维禁锢于心灵中，教师要注重培养学生的思维品质，因为思维是从孩提时就存在的，在实际的英语教学过程中，教师应该摆脱传统"一言堂"的教学模式，构建开放性的英语课堂模式，鼓励学生发散思维，允许有"不一样的声音"，正确引导学生的这种思维，这样学生才能敢说敢做，有自己的思想。

那么，在英语教学中，教师要善于设计和创设各种有趣的教学活动，培养学生的突破性和创新性思维。教师可以让学生以小组为单位，在讨论和做活动等环节，给予学生自由，给学生时间，让他们畅所欲言，不拘泥于文本，对于积极向上的态度要予以表扬，鼓励学生大胆发言，树立他们正确的世界观、人生观和价值观，消除他们的负面情绪，培养积极向上的精神，提高学生的抗挫折能力，遇事不慌不乱，沉稳有内涵。

例如，教师可以开展各种各样的教学活动，如开展辩论赛、英语情景剧表演、说唱英文歌曲等，培养他们的创新意识，丰富他们的知识构建。在平时的教学活动中，教师要更多地向学生渗透有关人性思考和为人处世的思想，甚至可以结合当下社会主义核心价值观中的要求来引导学生树立正面向上的思想观念，激励他们在应对挫折、困难时，克服负面情绪，提高团队合作和抗挫折能力，在教学实践活动中不断学会正确调整自己的人际关系，提升核心素养。

四、运用多种方法培养小学生的英语学习能力

小学生的学习能力主要包括解决问题的能力、创造性思维能力以及对学习方法和学习过程进行反思和调整等。如果学生具备了一定的学习能力，他们就掌握了打开知识之门的金钥匙。反之，学生的英语学习只能成为被动、机械地接纳，无法提高英语学习的效率。

兴趣是打开知识大门的钥匙，培养良好的英语学习兴趣会使学生更加积极主动地学习英语，并且效果也会更好，教师在备课中要积极探寻小学生的兴趣所在，这样才能吸引学生的注意力，如在教授 weather 这一课时，笔者先播放天气变化的视频，出示各种天气的图片和单词，学生被视频和图片所吸引，产生了学习兴趣，才能更快地投入到英语学习中去。

教师在教学中要利用多种教学手段，如任务型教学，任务型教学是把教学

目标整合到一个或多个教学活动中，通过活动，学生在不知不觉中就学会了英语，并且在活动中锻炼了学生的学习能力和思维能力。

在日常教学中还要让学生掌握正确的学习方法，好的方法能够起到事半功倍的作用，学生感觉学得轻松而且学会了知识，对以后的学习是有推进作用的，如有的学生在背单词的时候总是死记硬背，没有掌握正确的方法，记单词又慢又不牢固，我们可以交给学生"自然拼读法"，这个方法是笔者在教低年级的时候就教给学生的方法，就是根据字母发音规律拼读单词，在教每个单词的时候都让学生自己说出每个字母的发音规律，久而久之，学生就掌握了字母的发音规律，背单词的时候自然而然地按照单词拼读的规律写出来，掌握了这种方法或者说这种思维习惯对小学生，尤其是低年级的学生来说是非常好的，为以后的英语学习奠定了良好的基础。

总之，作为一名一线的英语教师，在日常教学工作中，要具备耐心和爱心，始终秉承育人为本，牢记自己的使命，不忘初心。用心教学生，走进学生的心灵，把育人放在首要的位置，将培养学生的核心素养化为日常点滴的教学行为，培养学生的核心素养不是一朝一夕，但通过朝夕的努力，使学生具有正确的价值观，形成高尚的品德，成为具有综合素养的人才。